大规模现代汉语分词语料库构建及应用

黄水清 王东波 著

南京大学出版社

图书在版编目(CIP)数据

大规模现代汉语分词语料库构建及应用 / 黄水清，王东波著. — 南京：南京大学出版社，2023.11
 ISBN 978-7-305-27148-9

Ⅰ. ①大… Ⅱ. ①黄… ②王… Ⅲ. ①《人民日报》—语料库—建设—研究 Ⅳ. ①G219.23

中国国家版本馆 CIP 数据核字(2023)第 125602 号

出版发行	南京大学出版社		
社　　址	南京市汉口路 22 号	邮　编	210093

书　　名　**大规模现代汉语分词语料库构建及应用**
　　　　　DAGUIMO XIANDAI HANYU FENCI YULIAOKU GOUJIAN JI YINGYONG
著　　者　黄水清　王东波
责任编辑　张淑文　　　　　　　　　　　编辑热线　(025)83592401

照　　排　南京南琳图文制作有限公司
印　　刷　南京新世纪联盟印务有限公司
开　　本　718 mm×1000 mm　1/16 开　印张 30.25　字数 450 千
版　　次　2023 年 11 月第 1 版　2023 年 11 月第 1 次印刷
ISBN 978-7-305-27148-9
定　　价　95.00 元

网址：http://www.njupco.com
官方微博：http://weibo.com/njupco
官方微信号：njupress
销售咨询热线：(025) 83594756

* 版权所有，侵权必究
* 凡购买南大版图书，如有印装质量问题，请与所购
　图书销售部门联系调换

序 言

黄水清、王东波的《大规模现代汉语分词语料库构建及应用》即将出版。此书是用语料库和统计方法研究现代汉语的著作,它的出版证明了使用语料库和统计方法来研究语言,是完全可行的。我们应当提倡这样的方法。

语言学研究的目的是生产正确的、有说服力的语言知识,帮助人们利用这些语言知识,从而更好地使用语言。语言学研究的历史也就是"语言知识生产"(language knowledge production)的历史。

在语言学发展的历史上,语言学方法论的变革或创新与语言知识生产范式(paradigm of language knowledge production)有着密切的联系。按照语言学科发展的顺序,语言知识生产范式的发展大致可以分为如下4个阶段:

1. 基于规则的语言知识生产范式:这样的范式以语言学家的"内省"(introspection)为主要手段,靠语言学家本人的语言直觉和聪明才智来研究语言,语言学家既是语言数据的提供者,又是语言数据的分析者和研究者。当语言学家感到自己的知识不足的时候,他们还可以通过实地调查或问卷的方式,从别人那里"诱导"(elicitation)出他们感兴趣的语言知识,进行语言知识的生产;这时语言学家不再充当语言数据的提供者,而需要通过对他人的"诱导"才可以获取到语言知识。通过"内省"和"诱导"两种方式,语言学家数十年如一日地探讨语言规律,深入地洞察各种语言现象,取得了辉煌的成果,写出了汗牛充栋的语言学著作。他们的这些语言知识产品对于各种语言现象具有很强的解释力。但是，这样的研究范式往往会受到语言学家本人的主观意识的影响，可能具有主观性和片面性，使用这样的范式研究出来的语言规则对于纷繁复杂的语言现象的覆盖面不强，难免出现以管窥豹或以蠡测海的弊病。

2. 基于统计的语言知识生产范式：这样的语言知识生产范式从大规模的(large scale)、真实的(authentic)语料库中，通过机器学习(machine learning)来获取语言知识，不再依靠语言学家的"内省"或"诱导"，避免了知识获取方法的主观性和片面性，提高了语言知识的可靠性和科学性。为了提高机器学习的效果，语言学家需要对语料进行人工标注，这样的范式巧妙地把人的主观知识与语料库的客观知识结合起来，大大地提高了语言知识的可解释性，也显著地扩充了语言知识的覆盖面。

3. 基于深度学习和神经网络的语言知识生产范式：近年来，随着大规模并行计算以及图像处理器(Graphic Processing Unit，GPU)的普及，计算机的计算能力得到大幅度提高，可供机器学习的数据资源的规模也越来越大。在计算能力和数据资源规模的支持下，计算机已经可以通过"深度学习"(deep learning)的方式，训练大规模的"神经网络"(neural network)，进行全自动的语言知识生产。

4. 基于生成式人工智能的语言知识生产范式：2022 年 11 月，以 ChatGPT 为代表的"大语言模型"(large language model)，从语言大数据中获取了丰富的语言知识，在语言生成任务上达到了相当高的水平，在人工智能领域掀起了一场史无前例的海啸。ChatGPT 采用了一种基于"生成式人工智能"(generative artificial intelligence)的语言知识生产范式。ChatGPT 的训练语料高达 100 亿个句子，包含约 5 000 亿个词元(tokens)。ChatGPT 可以通过使用大量的训练数据来模拟人的语言行为，生成人类可以理解的文本，并能够根据上下文语境，提供出恰当的回答，甚至还能做句法分析和语义分析，进行机器翻译，帮助用户调试计算机程序，写计算机程序的代码，做数学题，而且能够通过人类反馈的信息，不断改善生成的功能。

ChatGPT已经具备了很强的自然语言生成能力,计算机的语言知识生产产品可以与人类的语言知识生产产品媲美。

从语言知识生产范式的角度来看,《大规模现代汉语分词语料库构建及应用》一书采用的语言知识生产范式,完全摆脱了传统的基于规则的语言生产范式,不再采用"内省"和"诱导"的方法来获取语言知识,这就克服了语言知识生产的主观性和片面性,避免了以偏概全的弊病。

20世纪90年代到21世纪初年,计算语言学进行了从基于规则的语言知识生产范式到基于统计的语言知识生产范式的战略转移(strategy transit)。

1993年7月在日本神户召开的第四届机器翻译高层会议(MT Summit IV)上,英国著名学者J. Hutchins在他的特约报告中指出,自1989年以来,机器翻译的发展进入了一个新纪元。这个新纪元的重要标志是,在基于规则的技术中引入了语料库方法(corpus approach),其中包括统计方法、基于实例的方法、通过语料加工手段使语料库转化为语言知识库的方法,等等。这种建立在大规模真实文本(large scale and authentic text)处理基础上的机器翻译,是机器翻译研究史上的一场革命,它将会把计算语言学推向一个崭新的阶段。

从此,计算语言学的研究产生了显著的变化,进行了从基于规则的语言知识生产范式到基于统计的语言知识生产范式的战略转移。在这样的战略转移中,统计方法逐渐成为计算语言学研究的主流方法,形成了基于统计的语言知识生产范式。

20世纪90年代,我国北京大学俞士汶先生主持研制的1998年1月人民日报标注语料库,即北京大学人民日报语料库,因其高质量的标注以及原始语料《人民日报》的权威性,20多年来被学界和业界广泛采用,是受到普遍欢迎的大规模现代汉语精加工通用语料库。这个语料库采用的获取语言知识的方法是有监督的机器学习方法,需要人工对语料库进行精细的标注,工作量巨大,是我国计算语言学发展史上著名的"语言特征工程"(language feature engineering），产生了广泛的影响和良好的经济效益。俞士汶先生因此而获得中国中文信息学会终生成就奖。

不幸的是，俞士汶先生积劳成疾，于 2022 年去世，我国一直没有像他研制得那样好的精加工语料库。这 20 多年来，由于时代的发展，我国的语言生活发生了很多变化，俞士汶先生牵头研制的北京大学人民日报语料库已经显得有些陈旧了。

黄水清、王东波接过俞士汶先生点燃的火炬，采用手工方式对《人民日报》原始语料进行精加工，建立了新版人民日报分词语料库（New Edition *People's Daily* Segmented Corpus，NEPD）。

NEPD 语料库共收录了《人民日报》2015 年 1—6 月、2016 年 1 月、2017 年 1 月、2018 年 1 月、2022 年 1 月共 10 个月的全部文章，规模超过 3000 万汉字，而且全部为人工分词的精加工语料。在目前能见到的现代汉语通用语料库中，有的规模比 NEPD 语料库小很多，有的不是人工标注的精加工语料库，还有的不但规模比 NEPD 语料库小，同时又不是人工标注的精加工语料库。NEPD 语料库是目前世界上规模最大的精加工现代汉语通用分词语料库。

为高质量完成 NEPD 语料库的构建，他们首先制定了标注规范和标注工作流程，并对标注人员进行培训，保证精加工语料的质量。在 NEPD 语料库构建完成后，他们对分词结果进行了分词实验和性能测评，进行语言知识的生产，产出了一些可喜的研究结果。

他们从字维度和词维度两个方面，研究了 NEPD 语料库的句长分布，并在词维度上验证了齐普夫定律（Zipf's Law）。他们对 NEPD 语料库的分词情况进行了分词歧义的分析，构建了面向 NEPD 语料的深度学习分词模型。他们还对 NEPD 语料进行了新闻关键词抽取、新闻自动摘要、新闻文本自动分类、新闻词汇级检索，获得了相关领域的新知识，达到了语言知识生产的目的。

他们的这些研究，完全摆脱了传统的"内省"和"诱导"的知识获取方式，语言知识的获取是完全建立在 NEPD 语料基础之上的。在语言知识生产的过程中，他们还把基于统计的语言知识生产范式与基于深度学习和神经网络的语言知识生产范式结合起来，取得了可靠的数据，得到了可喜的成果。

目前，基于生成式人工智能的语言知识生产范式逐渐成为自然语言处理的主流范式，这样的语言知识生产范式深刻改变了传统的语言知识获取方法，呈现出语言学的研究主体从单一的个体钻研到团体的群智协同，语言学的研究过程从人工的经验积累到自动的数据分析，语言学的研究形式从原理形态转向交叠形态，进行跨学科、多模态的研究。这是语言知识生产范式在方法论上的剧烈变革和重大创新，这样的变革和创新将会推动整个中国语言学的发展。希望本书作者关注这种新的语言知识生产范式，进一步提高语言知识生产的效果。

奥地利维斯特奖获得者
中国计算机学会 NLPCC 杰出贡献奖获得者
香港圣弗兰西斯科技人文奖获得者
中国中文信息学会会士
冯志伟
2023 年 10 月 25 日

目 录

第1章 绪论 ·· 1
  1.1 背景与目标 ·· 2
  1.2 价值与意义 ·· 4

第2章 语料库研究及国内语料库的建设与发展 ············ 10
  2.1 国内语料库研究的定量分析 ·························· 11
    2.1.1 发文量和发文时间 ······························· 12
    2.1.2 语料库研究学者合作分布 ······················· 13
    2.1.3 语料库研究主题演变 ···························· 14
  2.2 语料库的研究内容 ···································· 16
    2.2.1 语料库的构建 ····································· 17
    2.2.2 语料库的应用研究 ······························· 25
  2.3 国内代表性的语料库介绍 ···························· 34
    2.3.1 通用单语语料库 ································· 35
    2.3.2 汉英双语平行语料库 ···························· 37
    2.3.3 其他汉外平行语料库 ···························· 39
    2.3.4 其他特色语料库 ································· 40
  2.4 小结 ·· 43

第3章 NEPD 语料库构建及测评 ·············· 45
3.1 汉语分词语料及分词模型 ················ 46
3.2 原始语料获取及预处理 ················· 52
3.3 标注规范、过程及结果 ················· 53
3.4 NEPD 语料库分词性能测评 ··············· 58
3.4.1 分词性能比较的思路 ················ 59
3.4.2 性能测评与对比 ·················· 60
3.5 小结 ······························ 75

第4章 NEPD 语料句长与词汇分布 ·············· 77
4.1 句长与词汇分布的研究及 NEPD 的句子类型 ······ 78
4.2 字维度上的句长分布 ··················· 85
4.2.1 2015 年 1 月人民日报语料字维度上的句长分布 ······ 85
4.2.2 2015 年 2 月人民日报语料字维度上的句长分布 ······ 88
4.2.3 2015 年 3 月人民日报语料字维度上的句长分布 ······ 92
4.2.4 2015 年 4 月人民日报语料字维度上的句长分布 ······ 95
4.2.5 2015 年 5 月人民日报语料字维度上的句长分布 ······ 98
4.2.6 2015 年 6 月人民日报语料字维度上的句长分布 ······ 101
4.2.7 2016 年 1 月人民日报语料字维度上的句长分布 ······ 104
4.2.8 2017 年 1 月人民日报语料字维度上的句长分布 ······ 107
4.2.9 2018 年 1 月人民日报语料字维度上的句长分布 ······ 110
4.2.10 2022 年 1 月人民日报语料字维度上的句长分布 ··· 113
4.3 词维度上的句长分布 ··················· 115
4.3.1 2015 年 1 月人民日报语料词维度上的句长分布 ······ 116
4.3.2 2015 年 2 月人民日报语料词维度上的句长分布 ······ 119

  4.3.3 2015年3月人民日报语料词维度上的句长分布 …… 123
  4.3.4 2015年4月人民日报语料词维度上的句长分布 …… 126
  4.3.5 2015年5月人民日报语料词维度上的句长分布 …… 130
  4.3.6 2015年6月人民日报语料词维度上的句长分布 …… 133
  4.3.7 2016年1月人民日报语料词维度上的句长分布 …… 136
  4.3.8 2017年1月人民日报语料词维度上的句长分布 …… 140
  4.3.9 2018年1月人民日报语料词维度上的句长分布 …… 144
  4.3.10 2022年1月人民日报语料词维度上的句长分布 … 147
 4.4 词分布上的齐普夫定律验证 …………………………………… 151
 4.5 小结 …………………………………………………………… 161

第5章 面向NEPD语料的分词歧义分析 …………………………… 162
 5.1 分词歧义研究现状 …………………………………………… 163
 5.2 分词歧义统计分析 …………………………………………… 168
  5.2.1 整体词频统计分析 ………………………………………… 169
  5.2.2 不同词长词频统计 ………………………………………… 169
  5.2.3 变异词及异例词词频统计分析 …………………………… 170
 5.3 小结 …………………………………………………………… 182

第6章 面向NEPD语料的深度学习分词模型构建 ………………… 184
 6.1 深度学习汉语自动分词研究现状 …………………………… 184
 6.2 自动分词深度学习模型介绍 ………………………………… 190
  6.2.1 Bi-LSTM模型 ……………………………………………… 190
  6.2.2 Bi-LSTM-CRF模型 ………………………………………… 193
 6.3 深度学习分词模型构建及性能分析 ………………………… 195

  6.3.1 分词模型构建流程及评价指标 ·················· 195
  6.3.2 深度学习分词模型的参数设置 ·················· 197
  6.3.3 基于 Bi-LSTM 模型的自动分词性能分析 ·········· 198
  6.3.4 基于 Bi-LSTM-CRF 模型的自动分词性能分析 ······ 201
 6.4 小结 ··· 205

第 7 章 面向 NEPD 语料的新闻关键词抽取 ················ 207
 7.1 关键词抽取研究现状 ··························· 208
 7.2 关键词抽取代表性算法 ························· 212
  7.2.1 基于统计特征的关键词抽取算法 ················ 212
  7.2.2 基于词图方法的关键词抽取算法 ················ 214
  7.2.3 基于主题模型的关键词抽取算法 ················ 216
 7.3 关键词抽取的算法流程 ························· 217
 7.4 关键词抽取的算法性能 ························· 219
  7.4.1 抽词效果 ································ 219
  7.4.2 关键词分布 ······························ 222
 7.5 小结 ··· 226

第 8 章 面向 NEPD 语料的新闻自动摘要 ···················· 227
 8.1 文本自动摘要相关研究 ························· 228
 8.2 算法模型介绍 ································· 237
  8.2.1 抽取式自动摘要 ·························· 238
  8.2.2 生成式自动摘要 ·························· 239
 8.3 新闻语料自动摘要实验 ························· 240
  8.3.1 数据预处理 ······························ 242

8.3.2　实验环境与参数设置 ·············· 243
　　　8.3.3　实验流程 ·············· 243
　8.4　结果评价与分析 ·············· 246
　　　8.4.1　评价指标 ·············· 247
　　　8.4.2　实验结果 ·············· 248
　8.5　小结 ·············· 254

第9章　面向NEPD语料的新闻文本自动分类 ·············· 256
　9.1　汉语新闻文本自动分类相关研究 ·············· 257
　　　9.1.1　新闻文本语料 ·············· 257
　　　9.1.2　深度学习分类方法 ·············· 259
　　　9.1.3　文本预处理方法 ·············· 261
　9.2　语料与模型介绍 ·············· 262
　　　9.2.1　语料选取 ·············· 262
　　　9.2.2　算法介绍 ·············· 264
　　　9.2.3　评价方法与指标 ·············· 267
　9.3　算法运行环境与过程 ·············· 268
　9.4　文本分类结果对比分析 ·············· 269
　　　9.4.1　不同算法的分类效果对比 ·············· 269
　　　9.4.2　不同训练集的分类效果对比 ·············· 270
　　　9.4.3　分词特征对分类效果的影响 ·············· 271
　9.5　小结 ·············· 276

第10章　面向NEPD语料的新闻词汇级检索 ·············· 278
　10.1　国内外研究现状 ·············· 279

- 10.2 检索模型 …………………………………………………… 283
- 10.3 系统架构及实现 ……………………………………………… 285
- 10.4 小结 …………………………………………………………… 292

第11章 结 语 …………………………………………… 293

参考文献 ……………………………………………………… 298

附 录 …………………………………………………………… 333

- 附录1 NEPD语料库构建及测评 …………………………………… 333
- 附录2 NEPD语料句长与词汇分布实验 …………………………… 375
- 附录3 面向NEPD语料的分词歧义分析实验 ……………………… 396
- 附录4 面向NEPD语料的深度学习分词实验 ……………………… 414
- 附录5 面向NEPD的关键词抽取实验 ……………………………… 420
- 附录6 面向NEPD语料的新闻自动摘要生成实验 ………………… 433
- 附录7 面向NEPD语料的文本自动分类实验 ……………………… 454

后 记 …………………………………………………………… 467

第1章 绪　论

我们身处科学技术蓬勃发展的时代，其中，信息技术的引领作用尤为突出。信息技术深刻地影响甚至完全改变了一些学科领域的研究对象与研究方法，进而催生了许多新兴学科。在多学科交叉基础上产生并发展起来的自然语言处理就是其中之一。

从目前已掌握的科学证据来看，语言是人类区别于其他生物的特有能力。尤其是作为人类历史上最伟大发明和创举之一的文字，更是为人类所独有。如果没有文字的发明与使用，人类便无法记录、保留并跨越时空传递海量的知识、信息，人类文明甚至不可能出现。《淮南子·本经训》中描述了仓颉创造文字后"天雨粟，鬼夜哭"的情景，用神话的笔法形象地揭示了文字发明与使用在人类文明史上开天辟地的作用。

语言不仅是人类的交流工具，同时也是人类最重要、最有效的思维工具，人类的智能常常与语言和语言能力存在密切的关系。因此，自然语言的计算机处理往往与人工智能联系在一起。

自然语言处理以各种人类自然语言为对象，以计算机的加工、处理、分析功能为手段，对语言及语言携带的相关信息进行定量化的研究，使人类自然语言成为人类与计算机可以共同理解与使用的对象，进而成为人机之间通信与交互的工具和桥梁。自然语言处理广泛应用于语言学、计算机科学、图书情报学等学科领域，基于语料和语料库的研究方法是其中的一个分支。

1.1 背景与目标

语料,即语言材料,指的是为一定目的收集的真实语言环境中出现过的语音、词汇、句子、语法等素材,可以是原始录音、文字,也可转化为计算机存贮方式。语料通常需要达到一定的规模,视情形不同语料规模可大可小,以句子数量为例,从几百句至数亿句甚至更多均有可能。目前,语料以存贮于计算机中的文本形态比较多见。而语料库则是对真实语料进行人工或机器加工、标注后形成的数据集。根据对象与目的不同,语料库可以划分为多种类型,譬如,根据所收录语料的语种可分为单语语料库、双语语料库、多语语料库,根据所收录语料的主题可分为通用语料库、专题语料库,根据所收录语料的时间跨度可分为共时语料库、历时语料库,根据所收录语料是否书面语可分为口语语料库、书面语语料库。

语料库承载了语言知识,因而是开展与自然语言有关研究的有效工具和手段。自20世纪80年代以来,以语料库为基础的自然语言处理研究得到长足发展,多种规模、多种类型、多种语言的语料库纷纷出现,语料库的加工程度也越来越深化和细致。语言体现了人类思维方式,在人工智能语料库蓬勃发展的今天,语料库也常常被用作机器学习模型的训练集,直接决定了机器学习的运算效果。

在现代汉语通用语料库方面,由北京大学计算语言研究所俞士汶先生构建的1998年1月精加工北京大学人民日报语料库最具代表性,影响力也最大。以该语料库为主要工作内容,俞先生团队获得了包括国家科技进步二等奖在内的一系列奖项。除北大人民日报语料,国家语委现代汉语通用平衡语料库、清华汉语树库以及宾州树库中的现代汉语部分也为学界所知,但这几种语料库的原始语料与北大人民日报语料一样基本上都是2000年之前的。随着时代的发展,现代汉语在语言风格和使用习惯等方面不断地发生着更迭和变化,20多年前的这4种语料库若应用于当前的自然语言处理任务,在时效性、完备性和覆盖度等方面都将可能存在一定的不适应性。因此,对于自然语言处理以及与之相关的图书情报学、语言学、计算机等学科领域的研究者及应用人员来说,急需构建与时俱进的精加工现代汉语通用语料库。

语言是鲜活的,伴随着人类社会的发展,语言也在不断地变化、发展。人们在生产劳动和日常生活中每时每刻都可能创造出新的语言素材。以当代活语言为对象的现代汉语语料库,需要与时俱进,应该从能够跟上现代汉语发展变化的语言素材中选择具有典型性、代表性的对象作为原始语料,与丰富多彩、日新月异的现代汉语发展保持同步。

《人民日报》是党和国家与人民沟通、国内外文化交流的重要桥梁,是宣传党和国家政策方略、记载国家社会发展变化的主要媒介,在对国内外新闻事件的报道上具有权威性以及正确的导向性。对于学术界而言,《人民日报》刊载的文章以具有时代特点的规范现代汉语撰写,是极有价值的通用型现代汉语书面语原始语料。此外,《人民日报》每天出版,不同时期的现代汉语在《人民日报》的文章都有对应的反映。如果能够持续性地以《人民日报》的文章为原始语料构建人民日报语料库并开展相关研究,意义重大。

本书以中国特色社会主义进入新时代以后的《人民日报》为原始语料,构建了新版人民日报分词语料库(New Edition *People's Daily* Segmented Corpus)。为体现新版人民日报分词语料库原始语料的时代特色,也可将其命名为新时代人民日报分词语料库(New Era *People's Daily* Segmented Corpus)。方便起见,本书统一简称为 NEPD、NEPD 语料或 NEPD 语料库。面向 NEPD,本书开展了系列研究,探索了大规模现代汉语精加工通用分词语料库的构建及应用。为高质量完成 NEPD 语料库的构建,本书首先制定了标注规范和标注工作流程,标注人员在接受培训后统一对语料进行标注,以保证精加工语料的质量。在 NEPD 语料库构建完成后,本书对分词结果进行了分词实验和性能测评,并与北京大学1998年1月人民日报语料进行了对比实验,在验证 NEPD 语料库分词性能的同时,从历时角度分析了人民日报语料的句式特征、语体特征等方面的分布及变化。此外,本书还开展了语料库应用方面的研究,将 NEPD 分别应用于自动分词模型构建、关键词抽取、新闻自动摘要生成、长文本自动分类等研究中,结合传统机器学习和深度学习等技术方法构建相应算法模型,为 NEPD 语料的分析和应用提供思路和启示,最终达到为相关学科领域的研究与应用提供专业知识资源和拓展研究方法的目的。

NEPD 语料库构建完成后将成为目前世界上规模最大的精加工现代汉语通用分词语料库。NEPD 语料库共收录了《人民日报》2015 年 1—6 月、2016 年 1 月、2017 年 1 月、2018 年 1 月、2022 年 1 月共 10 个月的全部文章,规模超过 3 000 万汉字,而且全部为人工分词的精加工语料。目前最具影响力的 4 种现代汉语通用语料中,只有北大人民日报语料库为人工分词精加工语料,实际规模约 100 万字,对 170 万字 1998 年 1 月《人民日报》原始语料中的 100 万字进行了精标。国家语委现代汉语通用平衡语料库、清华树库中的标注语料以及宾州汉语树库都是机标后人工校对。其中,国家语委现代汉语通用平衡语料库中的标注语料约 5 000 万字,清华树库中的标注语料约 100 万字,宾州汉语树库 9.0 版约 200 万词。较之于 NEPD,目前能见到的现代汉语通用语料库有以下几种情况:精加工人工标注语料库,但规模比 NEPD 小很多;规模虽然比 NEPD 大,但不是精加工人工标注语料库;既不是精加工人工标注语料库,规模也比 NEPD 小。总之,NEPD 语料库是目前世界上规模最大的精加工现代汉语通用分词语料库。

1.2 价值与意义

构建大规模现代汉语精加工通用分词语料库,对于图书情报学、语言学、计算机等学科领域涉及的中文信息处理、新闻文本研究、词典编纂、信息组织和知识挖掘等方面，以及面向领域问题的跨学科研究与应用，均具有重要的价值。

对于汉语文本而言，分词是开展各种汉语自然语言处理任务的基础，分词质量在很大程度上决定了实体抽取、文本分析等后续研究的效果。优质的分词语料库能够在分析和应用过程中发挥巨大作用。此外，作为精加工语料，分词的一致性也尤为重要。

随着包括《人民日报》在内的众多现代汉语图书、报刊等的不断刊印与出版，现代汉语文本日积月累，数据量越来越大，对信息处理技术的要求也相应地提高。人工智能和大数据技术的迅猛发展为大规模语料的获取、组织、标注、挖掘等文本信息处理过程提供了便利高效的手段，而语料库的应用贯穿于其中，是文本信息处理与知识挖掘的重要环节和基础。因此，构建能够承载非结构化数据的语料库对实现文本自动化处理与智能知识挖掘具有重要意义。此外，跨领域、跨学科研究近年来成为趋势，但是专业知识的壁垒提高了跨学科研究的难度，而语料库的构建和完善有利于打破学科壁垒。将人工或机器标注好的真实语言数据集提供给研究者，在一定程度上也相当于将质量高、领域性强的专业知识提供给了不同学科领域的研究者，为跨学科合作和研究提供了便利。

构建NEPD语料库，探索大规模现代汉语精加工通用分词语料库构建的理论、方法及应用，有助于开展现代汉语书面语的句、词特征分布及利用的研究。基于NEPD语料库，可以从语言学和统计学的角度对不同时期以《人民日报》为代表的现代汉语书面语的句长和词汇分布展开统计分析。句长分布研究有利于语言规律和文本特征的挖掘，同时也是深度学习与传统机器学习特征统计和选取的依据。词汇分布研究则为自然语言处理的基础任务提供了特征知识，如自动分词、词性标注、句法分析等，也有助了解和掌握日常语言中词汇的使用习惯。从语言学和统计学的角度对NEPD语料的句长和词汇分布展开统计分析，提炼和发现句、词特征，将为研究人员构建语料库提供数据支撑和分词依据，对通用型语料库构建具有重要意义。

构建NEPD语料库,探索大规模现代汉语精加工通用分词语料库构建的理论、方法及应用,有助于现代汉语分词歧义研究的开展。汉语文本与英文不同,同一个短语片在不同的语料中可能会出现不同的分词方式,由此产生的分词歧义现象会降低中文信息处理的准确度,进而对后续的机器翻译、信息检索等研究任务造成严重影响。北京大学人民日报语料库等目前已有的现代汉语通用分词语料库多为20世纪90年代末构建,这些语料库中的分词规律对于进入新时代以后的现代汉语语料不具备良好的适用性,分词歧义现象更为明显。因此,基于NEPD语料,对最近几年的现代汉语文本的分词歧义现象进行统计分析,能够充分了解现代汉语表达中最新的词汇用法和习惯,为中文信息处理提供词汇特征知识,为适应当前汉语发展的现代汉语分词词典编纂或规则制定提供依据,进而推动语料库构建、自然语言处理等研究的发展。

构建NEPD语料库,探索大规模现代汉语精加工通用分词语料库构建的理论、方法、技术及应用,有助于基于语料库的跨学科研究的开展。目前,科学研究逐渐呈现多学科融合的趋势,打破学科壁垒,突破专业知识限制,跨学科学术研究亟待实现。作为学术研究中的常用基础数据源,通用型语料库的构建对解决上述问题具有重要价值。已有的分词工具或语料资源通常存在领域知识缺失、时效性差、规模不够大等问题,NEPD将是目前世界上规模最大的精加工现代汉语通用语料库,既能够为跨学科研究者提供领域知识,又能保证语料库中数据的数量和质量,促进图书情报学、语言学和计算机科学等领域的合作交流,提高知识挖掘效率,为相关领域的研究提供服务和解决方案。

构建NEPD语料库,探索大规模现代汉语精加工通用分词语料库构建的理论、方法、技术及应用,有助于促进现代汉语词典编纂及研究。语料库的构建是语料库研究的基础,随着大数据时代信息技术的发展,基于语料库的词典编纂方法成为词汇学领域词典编纂研究的主要方法,而数据标注质量在语料库的质量、应用性能和使用范围等方面起到至关重要的作用。基于 NEPD 语料库能够深入了解当前现代汉语的语言习惯和规律,将分词歧义分析和未登录词抽取结果应用到现代汉语词典的编纂中,更新和补充汉语词汇语料,为语言学、词汇学、计算机科学等领域提供技术支持和数据基础。

构建 NEPD 语料库,探索大规模现代汉语精加工通用分词语料库构建的理论、方法、技术及应用,有助于为信息组织与服务等方面的研究与发展提供支撑。NEPD 语料库可应用于自动分词模型构建、关键词抽取、自动摘要生成、长文本自动分类等多项任务,为中文信息处理的上层应用提供数据支持。同时,基于 NEPD 语料库构建的各类模型均具有较强的通用性和可移植性,对大部分中文信息处理研究具有适用性,为基于大规模数据的中文信息组织和知识服务提供有力支撑。

本书的研究工作对图书情报学、语言学、新闻学等相关学科领域的研究与发展具有促进作用。NEPD 语料库是经过人工精确标注的大规模现代汉语规范文本通用语料库,为图书情报学、语言学、新闻学等学科领域的研究提供了精准化、细粒度的高质量语料,有助于促进相关研究的数字化、精细化和体系化。NEPD 语料库不但可以为词汇检索、词典编纂提供基础语料素材,而且有助于语义层级检索、深层搭配知识抽取的实现。

本书的研究工作对人工智能、自然语言处理、数据管理与数据科学的研究与发展具有促进作用。在人工智能时代,数据的"偏见"会通过机器学习模型影响运算和决策,机器学习需要好的语料库类似于人类学习需要好的教材。《人民日报》的文章为现代汉语规范文本,且全面准确地反映了各时期的中央政策与中央精神。因此,NEPD 在原始语料的语言风格、思想意识方面均大大优于同时代的网络语料以及 20 年前的规范文本语料。同时,NEPD 有极高的标注质量。由于 NEPD 在文本内容和标注质量两个方面的优势,使其可作为机器学习的优质"统编教材",为人工智能、自然语言处理、大数据和数据科学等学科领域提供真实、全面、精准符合时代特征的语言知识,从领域化的角度推进上述学科领域的发展,同时也有利于进一步发展数据驱动的文化传播新业态、新模式,打造文化传播数据产品和服务体系。

本书的研究工作对人文社会科学研究范式拓展具有促进作用。当前,以数据为驱动力的科学研究新范式——第四范式,在各学科领域得到广泛认同。具体到人文社科领域,数字人文和计算社会科学发展迅速。NEPD语料库以丰富的现代汉语数据为人文社科多个学科领域的探索提供了新素材、新策略、新视角,丰富了人文社会科学的研究内容,拓宽了人文社会科学的研究对象,拓展了人文社会科学的研究范式。NEPD语料及建立于其上的机器学习模型为利用精准的数据、信息和知识开展人文社科相关研究,以计算思维方式探索新的人文社会科学研究范式,提供了数据可能性和技术可行性。

具体来说,本书借助在语料库构建、语料库性能、语料库分析方法、语料库应用等方面的研究工作,作用和贡献于多个学科领域的研究与发展。

(一)语料库构建方面。

所构建的 NEP 语料库,包含了《人民日报》2015 年 1—6 月、2016 年 1 月、2017 年 1 月、2018 年 1 月、2022 年 1 月共 10 个月的全部文章,全面深入地揭示了以《人民日报》为代表的规范化现代汉语书面语的内容特征、语言风格。在 NEPD 的数据标注过程中,采用多次交叉标注校对的方式进行分词标注,以确保人工标注的精准性,之后,又通过设计标点符号机器校对程序进一步提升标注结果的精准度,最终达到为用户和研究者提供广泛、准确的多维数据和知识的目的。

(二)语料库性能方面。

基于机器学习模型,测评了 NEPD 的分词性能,证明 NEPD 具有极高的标注质量。同时,比较了 NEPD 与 1998 年人民日报语料的分词性能。结果表明,用当年语料训练出的模型处理当年的《人民日报》文章,两者在性能上基本上没有区别,但是用基于 1998 年语料训练得到的模型处理 20 年后的《人民日报》文章,比用 NEPD 中对应年份的语料训练得到的模型性能上低了接近 15 个百分点。这表明,1998 年人民日报分词语料在时效性、完备性和覆盖度等方面已落后于时代,而 NEPD 适应了语言的发展,解决了这方面存在的问题。NEPD 将随着时代的发展不断增加新语料,既从历时的角度扩充和延续了现代汉语通用语料,也为基于新语料开发高性能的命名实体识别模型、精准语义检索系统和浅层句法分析器等提供了资源支撑。

(三)语料库分析方法方面。

通过对超过 3 000 万字的大规模人民日报分词语料的分析,得到了现代汉语多维度语料特征以及汉语分词歧义的分布规律,对通用型现代汉语语料库的构建具有重要意义。同时,突破传统学术研究的学科领域壁垒,将词汇学、语言学方法和图书情报学、计算机科学、计算语言学等学科的研究方法进行整合,在研究方法上实现跨学科的融合与创新,不仅提升了语料库的性能,而且在拓宽和深化研究与应用的同时,还能够为其他学科领域提供可迁移的思路与方法。

(四)语料库应用方面。

基于传统机器学习和深度学习方法,通过对多种方法的对比分析,构建了基于 Bi-LSTM 和 Bi-LSTM-CRF 的自动分词模型、基于 TF-IDF、Yake 和 TextRank 的关键词抽取算法、基于抽取式和生成式的自动摘要模型以及多算法、多特征下的长文本自动分类模型,并结合相应的评测指标对算法和模型进行了性能分析,较为全面和深入地对 NEPD 语料库的应用开展了示范性研究,有利于推动更多学科和领域的学者们利用该语料开展研究,实现更加高效便捷的科学探索。

第 2 章 语料库研究及国内语料库的建设与发展

20 世纪 80 年代以来，以语料库为基础的计算语言学与自然语言处理研究得到了极大的发展。国内外建立了多种规模、类型、语言的语料库，语料库的加工程度也越来越深化和细致。

语料库最早的定义可追溯至 1982 年美国布朗大学教授法兰西斯（Francis）。他认为语料库是用于语言分析的文本集合，该集合中的文本对语言或语言的某个方面应具有代表性[1]。之后，英国伯明翰大学的辛克莱教授（J. Sinclair）也提出了对于语料库的定义——语料库是自然产生的语言的集合，用于反映某种语言的状态和变化[2]。由此可见，早期的语料库主要是用来研究语言的规律、发展和变化的语言材料集合。随着计算机技术与语言学研究的紧密结合，杨惠中对语料库提出了新的定义：语料库是由大量的语言实际使用的信息组成的，专供语言研究、分析和描述的语言资料库，在计算机网络技术和信息技术快速发展的现代社会，语料库主要指经科学取样和加工的大规模电子文本库[3]。何婷婷认为语料库是为某种或多种

---

[1] Francis N. Problems of assembling and computerizing large corpora [C] // Computer corpora in English language research. Bergen: Norwegian Computing Centre for the Humanities, 1982: 7-24.

[2] Sinclair J. Corpus, concordance, collocation [M]. Oxford: Oxford University Press, 1991.

[3] 杨惠中, 卫乃兴. 语料库语言学导论 [M]. 上海: 上海外语教育出版社, 2002.

应用目的而专门收集的、有一定结构的、有代表性的、可以被计算机程序检索的、具有一定规模的语料集合①。近几年,文献中很少见到学者们再给语料库下明确的定义,但是,综合上述几位学者的定义可以看出,语料库是语料的集合,必须已经数字化,有一定的规模,且经过了一定程度的加工(标注),能被计算机程序处理。总之,在大数据以及人工智能大行其道的新时代,语料库研究离不开计算机技术的支持,语料库研究也在这个背景下迈上了新台阶。

本书将语料库定义为由人工或机器标注好的真实语言材料组成的数据集②。语料库收录经过标注的自然语言素材。发展到今天,语料库已经全部是数字形态。语料库须有一定规模,既可以数据库方式存储,也可以文本文件等非数据库方式存储③。

随着大数据和人工智能技术的深入发展,国内的语料库研究得到越来越多的关注和重视。从最开始的面向语言学研究的语言材料集合,到如今支撑知识挖掘和发现的深度标注知识资源,国内语料库及相关研究的深度和广度也得到了充分的探索。本章以国内期刊文献为对象,首先从定量角度分析我国语料库研究的发文趋势、作者合作态势以及各时期研究热点,然后从定性角度详细梳理和探讨国内语料库的构建和标注的方法、流程和策略,并从语言教学、信息检索等领域阐释语料库的应用现状,最后全面梳理国内具有代表性的各类语料库,并对其建设和发展特点进行总结和概括。

2.1 国内语料库研究的定量分析

我国语料库的研究起步于 20 世纪 90 年代,近 30 年来,语料库研究的

---

① 何婷婷.语料库研究[D].武汉:华中师范大学,2003.
② 黄水清,王东波.国内语料库研究综述[J].信息资源管理学报,2021(3):4-17,87.
③ 黄水清,刘浏,王东波.计算人文学科的内涵、体系及机遇[J].图书与情报,2023(1):1-11.

对象从单一的汉语语料库发展到多语种的平行语料库,其研究内容从面向语言学的研究到多领域的知识挖掘和知识发现。可以说,语料库是计算机科学和语言学共同发展的纽带和桥梁。为厘清近 30 年来国内语料库研究的发展脉络和发展方向,以"语料库"为检索词,选择篇名、关键词、摘要为检索入口点检索 CNKI,从 CNKI 收录的北大核心期刊、CSSCI 以及 CSCD 期刊论文中总共检出了 6 046 篇论文。对这些论文进一步筛选,排除误检,保留下的检出文献集合便可进行一系列的统计分析。

2.1.1 发文量和发文时间

从图 2-1 可以看到,国内核心期刊发表关于语料库的研究论文始于 1992 年。1991 年底,国家语委文字应用管理司在北京召开了现代汉语语料库第一次专家论证会,这次会议的主要内容是制定现代汉语语料库的总体设计、选材原则以及汉语语料库的规范和标准。此次会议达成了构建现当代汉语语料库以推进我国信息化社会进程的共识,是我国语料库建设与研究的里程碑。不过,从 1992 年到 2003 年的 12 年间,我国语料库相关研究发展缓慢,年均发表研究论文不超过 100 篇。2004 年后的 10 年里,语料库研究才得到迅速发展,年均发文量超过 100 篇并逐年递增。这得益于自然语言处理、大数据和机器学习为语料库的建立和深度挖掘提供的重要技术支撑。2012 年,国内期刊上发表的语料库研究论文突破了 350 篇,并且在此之后的几年基本保持平稳。2012 年后发表量保持平稳的态势并不意味着语料库研究的停滞,而可能与技术创新及研究国际化相关。一些学者倾向于将相关研究发表在国际期刊上,造成了中文期刊关于语料库研究的论文数量保持稳定。总体上来看,我国语料库的研究成果持续增长,在国际化以及技术发展的推动下,未来语料库的研究论文将继续保持增长的态势。

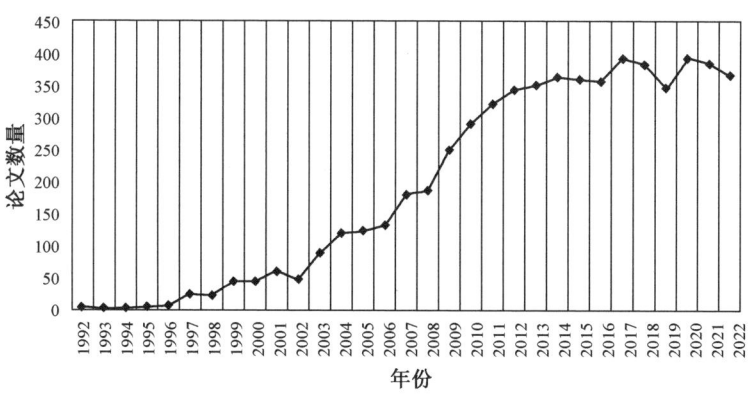

图 2-1 国内语料库研究相关论文年代分布

2.1.2 语料库研究学者合作分布

将检索出的文献数据导入 Citespace 软件,可以绘制出语料库研究的作者发文及合作网络图,如图 2-2 所示。可以看出,我国在语料库研究领域科研学者众多,有多个高产作者,并形成多个紧密联系的合作社群,体现出该领域科研学者注重合作的特点。最大的合作网络是以胡开宝、王克非、刘鼎甲等为代表的语言学学者,共包含 31 位作者,主要应用语料库进行翻译以及应用语言学研究。其中胡开宝和王克非的发文量较高,分别发文 36 和 23 篇,且研究时间跨度较广,与上海外国语大学和北京外国语大学的其他学者进行了广泛的合作。以周国栋、李培峰、朱巧明为代表的语料库研究学者也形成了清晰的合作网络,共包含 19 位作者。其研究主要集中在 2013—2017 年,研究主题包括中英语料库构建与应用、篇章结构分析、中文情感分析等等,但近年来在语料库领域发文较少。第三个主要合作社群是由黄水清、王东波、李斌等为代表的自然语言处理研究学者,该社群包含 14 位作者,主要来自南京农业大学、南京大学、南京师范大学等。相较于前两类合作社群,这一社群的研究主要集中在 2017—2022 年,是近年来在语料库领域取得显著研究成果的高产团队,其研究主题主要包括知识图谱与语料库构建、古籍自然语言处理、预训练语言模型应用等等。除了以上几个主要的作者社群外,还有以卫乃兴、王文斌、许家金等高产作者为核心的多个小规模合作网络,说明我国语料库研究领域内合作较为广泛。但通过对各个合作社群构成进行探究可以发现,学术合作主要集中在同一机构或同一研究子领域下,学者们更倾向于与同一研究方向的学者合作发文,而跨学科的科研交流与合作(体现为不同社群间作者的合作发文)相对较少。

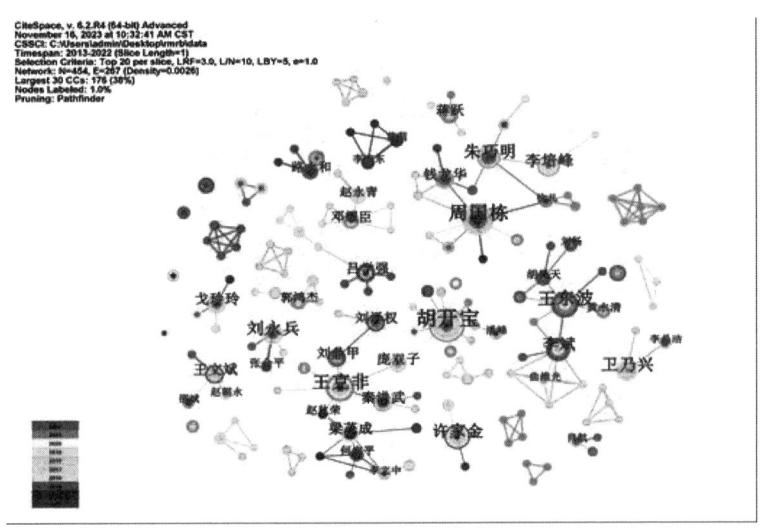

图 2-2 语料库相关研究学者分布

2.1.3 语料库研究主题演变

我国的语料库研究经历了不同的发展阶段,根据检出文献集合中的论文关键词可以绘制与语料库研究的相关关键词随时间变化的情况图,如图2-3所示。根据关键词汇聚的情况,图2-3可以划分为五个阶段。在第一阶段,语料库的研究热点围绕着自然语言处理、中文信息处理、分词、词性标注、机器翻译等内容开展。第二阶段的研究热点则有人工智能、标注、数据驱动学习等。前两个阶段，计算机自然语言处理技术都起着引领语料库研究的作用。第三阶段，平行语料库、翻译教学、译者风格等词汇进入学者的视野，表明以平行语料库为代表的应用语言学研究方面开始引起学者的研究兴趣。在第四阶段，条件随机场模型、最大熵分类监督学习模型在分词、标注、分类等自然语言处理问题中得到了广泛的应用。从该阶段开始，与语料库研究紧密相关的关键词更加偏向于自然语言处理与信息挖掘领域。第五阶段的主要热点有大数据、情感分析等与语料库研究的结合。最近几年，随着深度学习模型的发展，面向语料库研究的自然语言处理得到了广泛的实践和应用，结合领域词典、词向量等不同维度的特征，语料库的研究取得了巨大的进步。

综上可见，语料库的研究与计算机技术的发展紧密相关，研究主题主要呈现出以下两方面的趋势。一是研究对象从单一到多元的变化，由最开始的汉语单语语料库向着汉英平行语料库、多语种平行语料库、小语种语料库、民族语言语料库以及一些基于领域知识建立的专用语料库发展。这也顺应了我国语料库研究逐渐与国际接轨以及针对中华民族特色领域知识的发展趋势。二是技术方面从最开始的中文信息处理、自然语言处理、语料库语言学等领域相关的总体概念向条件随机场、词向量、情感词典等一系列方法发展，说明近些年来我国的语料库研究的内容愈发细致与深化。这些研究同时也是近年来计算机自然语言处理所研究的关键技术和方法。因此，语料库的研究紧跟当今计算机的新技术和新方法，针对领域语料库的挖掘也说明语料库研究的学科壁垒正在被不断突破。

总体而言，近30年来国内语料库的研究呈现迅速发展的态势，受到多个学科领域的广泛关注，同领域的学者合作发文较多，但是跨学科之间尤其是语言学与计算机科学之间的合作相对较少。因此，要想构建标注完备的大规模现代汉语语料库，并且在构建完成之后充分利用语料库资源进行知识的挖掘和服务，需要加强不同学科之间的合作与交流。现今，语料库研究

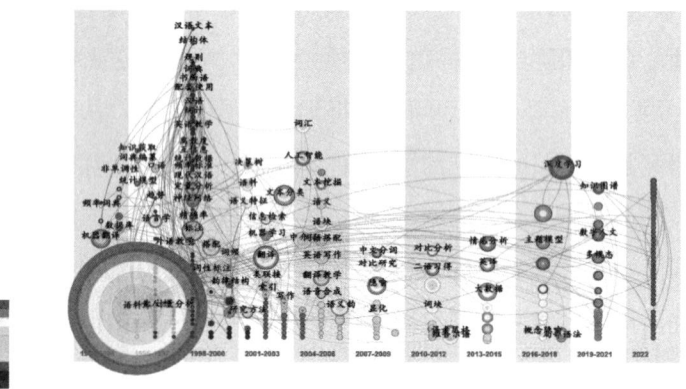

图 2-3 语料库研究的主题演变

已不再是语言学与计算机科学的专属对象,众多学科也在发挥语料库研究的优势,与领域知识相结合,运用相关的技术和方法,为本学科领域的研究提供服务并解决各自领域的特定问题。

2.2 语料库的研究内容

国内语料库研究从内容上看大致可以分为两种类型。第一种类型为语料库构建。在明确语料库构建流程的基础上,以各种领域文本为对象的研究层出不穷,同时面向自然语言处理和知识挖掘的数据标注也至关重要,如何在标注深度和效率之间取得平衡成为语料库标注需要解决的关键问题。第二种类型为语料库的应用。相关研究涉及领域十分丰富,从语言学领域的语言教学,到词汇学领域的词典编纂,再到信息抽取、机器翻译、信息服务等图书情报学、计算机科学领域的前沿技术。语料库研究与应用场景的广泛性体现出语料库在信息时代的重要研究价值与应用价值。

2.2.1 语料库的构建

语料库的构建是整个语料库研究的基石,从首个语料库的诞生到语料库现今的蓬勃发展,从手工语料库到数字化语料库,构建方法、存储方式和应用技术都发生了日新月异的变化。国内的学者对语料库构建的研究处于不断探索和进步的阶段,成果主要集中在规范语料库的构建流程、提高语料库数据的标注质量。这些研究成果也化解了当前语料库研究中的一些困窘。

(1) 语料库的规范构建流程

构建语料库一般需要经过语料库设计、语料采集、数据标注、数据存储、数据更新和维护等步骤,研究者们在语料库构建流程方面有着较为深入的探索。在语料库的设计方面,首先要确定语料库总体构架流程及其功能模块[1],明确语料库的总体目标、服务对象和服务内容是构建一个语料库的基石。有研究者梳理了标准文献语料库通用构建方法和过程[2],而更多学者则根据语料库的内容和目的提出了不同的语料库设计方案。郝晓燕等[3]探讨了中文阅读理解语料库(CRCC)的构建过程,李军辉等[4]提出了实现邮件语料库系统的框架,宋鸿彦等[5]探讨了中国汽车网论坛短评的文本语料库

---

[1] 刘华. 超大规模分类语料库构建[J]. 现代图书情报技术,2006(1):71-73,70.
[2] 李景,李国鹏,汪滨,等. 标准文献语料库构建研究[J]. 图书馆理论与实践,2013(12):41-44.
[3] 郝晓燕,李济洪,由丽萍,等. 中文阅读理解语料库构建技术研究[J]. 中文信息学报,2007(6):29-35.
[4] 李军辉,朱巧明,李培峰. 基于邮件过滤的中文邮件语料库构建[J]. 计算机应用与软件,2007(8):56-58,121.
[5] 宋鸿彦,刘军,姚天昉,等. 汉语意见型主观性文本标注语料库的构建[J]. 中文信息学报,2009(2):123-128.

构建流程,杜雪琴等[1]详细介绍了构建小型中医英语口语语料库的过程和方法,刘妍和熊德意[2]探讨了波斯语到汉语、印地语到汉语、印度尼西亚语到汉语的面向小语种机器翻译的平行语料库构建方法。其次,需要确定语料库语料的来源及语料采集方案。目前,学者们构建语料库的语料来源主要有文献数据库[3]、专业新闻网站[4][5]、用户发布在网络上的产品评论[6]、古籍文本[7]、行业数据库[8][9]等。除此之外,还有学者研究了特殊类型语料库的构建。张辰麟[10]从四本常用的委婉语词典选取 923 个委婉语作为研究样本基础,然后从《人民日报》提取了含委婉语的 63 159 个句子,利用自然语言处理技术进行委婉语自动识别,实现了语料库的自动更新。宋鹏飞[11]基于大气污染微博舆情数据和公众投诉数据构建了大气污染专题语料库。

除单语语料库外,双语语料库和多语语料库也很早就进入了研究人员

---

[1] 杜雪琴,窦川川,晏丽,等. 小型中医英语口语语料库构建研究[J]. 中国中医基础医学杂志,2018(9):1315-1318.

[2] 刘妍,熊德意. 面向小语种机器翻译的平行语料库构建方法[J]. 计算机科学,2022(1):41-46.

[3] 马海群,张涛. 文献信息视阈下面向智慧服务的语料库构建研究[J]. 情报理论与实践,2019(6):124-130.

[4] 黄水清,王东波. 新时代人民日报分词语料库构建、性能及应用(一)——语料库构建及测评[J]. 图书情报工作,2019(22):5-12.

[5] 黄水清,王东波. 新时代人民日报分词语料库构建、性能及应用(三)——句长与词的分析比较[J]. 图书情报工作,2019(24):5-15.

[6] 刘远超,宋明凯,刘铭,等. 用于细颗粒度挖掘的产品评论语料库构建技术[J]. 哈尔滨工业大学学报,2012(3):64-68.

[7] 葛彦强,汪向征,杨彤. 基于贝叶斯网络的甲骨文辅助考释专家系统语料库的构建[J]. 计算机应用与软件,2011(11):125-127,131.

[8] 曲春燕,关毅,杨锦锋,等. 中文电子病历命名实体标注语料库构建[J]. 高技术通讯,2015(2):143-150.

[9] 杨锦锋,关毅,何彬,等. 中文电子病历命名实体和实体关系语料库构建[J]. 软件学报,2016(11):2725-2746.

[10] 张辰麟. 基于自然语言处理技术的汉语委婉语资源库构建与应用[D]. 南昌:江西师范大学,2021.

[11] 宋鹏飞. 大气污染专题语料库构建与语料空间化方法研究[D]. 青岛:山东科技大学,2020.

的视野,主要包括汉英[①]、汉印[②]、汉俄[③]、汉蒙[④]、汉纳[⑤]、汉藏[⑥]等双语语料库构建规范和流程的研究。在多语语料库构建方面,张姝等[⑦]在2004年就提出多语语料库构建与单语、双语类似,都需要经过语料收录、加工、标注和编码四个步骤。王成平[⑧]就彝、汉、英三语语料库的构建流程和规范制定,特别是构建过程中的对齐技术展开了深入研究。除了多语语料库的研究外,也有学者构建多模态语料库。林玉萍等[⑨]提出深度水平集算法的医学影像分割方法,结合自然语言处理技术实现了电子病历文本的标注,构建了影像与文本病历多模态语料库。

语料库设计和语料采集完成之后的数据标注是当前语料库研究中的一个重点及难点。下文将单独介绍语料库建设过程中数据标注方面的研究进展。

语料库的存储、更新和维护主要通过设计语料库管理程序、开发相应的语料库应用软件。在更新和维护时也会涉及语料库架构在设计以及语料重新标注的情况。

[①] 李晓光,王鹏,张威,等.面向多领域资源的汉英双语语料库构建的研究[J].计算机应用,2008(1):146-148.

[②] 郑铿涛,林楠铠,付颖雯,等.汉语-印尼语平行语料自动对齐方法研究[J].广西师范大学学报(自然科学版),2019(1):89-97.

[③] 原伟.基于俄汉政治外交平行语料库的短语对应单位抽取研究[J].解放军外国语学院学报,2020(5):38-45.

[④] 淑琴,那顺乌日图.面向EBMT系统的汉蒙双语语料库的构建[J].内蒙古社会科学(汉文版),2006(1):140-144.

[⑤] 赵芳婷,余正涛,线岩团,等.纳-汉双语语料库构建及双语语料对齐[J].广西师范大学学报(自然科学版),2009(1):161-164.

[⑥] 才让加.面向自然语言处理的大规模汉藏(藏汉)双语语料库构建技术研究[J].中文信息学报,2011(6):157-161.

[⑦] 张姝,赵铁军,杨沐昀,等.面向事件的多语平行语料库构建研究[J].计算机应用研究,2005(11):23-24,30.

[⑧] 王成平.信息处理用彝、汉、英三语平行语料库的建设与语料对齐技术研究[J].科技通报,2012(2):131-133.

[⑨] 林玉萍,郑尧月,郑好洁,等.基于医学影像分割方法的多模态语料库构建[J].模式识别与人工智能,2021(4):353-360.

(2) 语料库构建过程中的数据标注问题研究

在语料库构建过程中,数据标注起着举足轻重的作用。标注质量在很大程度上影响着语料库的质量、语料库研究成果的准确性以及语料库的可使用程度。一般来说,关于语料库数据标注问题的研究主要集中在语料库的标注粒度和标注策略(标注方法)两方面。

1) 语料库数据标注粒度

语料的标注粒度一般是根据语料自身的特征和标注内容的价值而制订的。生语料经标注后成为能够进一步研究和利用的熟语料。最常见的标注粒度是词汇级,汉语语料最基本的标注是分词。汉语分词至今仍面临着分词歧义、未登录词等问题,而词语又是进行检索、挖掘的基本单元,因此分词是汉语语料库研究无法回避的步骤[①②③]。此外,有的语料库构建者根据语言知识对语料进行了词性标注[④],这一类语料库为实体关系挖掘、句法分析等自然语言处理问题提供了优秀的学习语料和测评数据。除了分词、词性这两种标注粒度外,根据领域的不同和研究问题的导向,还可以根据学科和研究问题标注出实体,即进行相应的实体标注。尤昉等[⑤]和徐琳宏等[⑥]均针对标注体系、标注集、标注工具和标注质量自动控制方面进行了深入研究和探讨,前者主要利用《知网》语义关系体系成果,通过人工标注构建了基于语义依存关系的汉语语料库,后者则构建了多类型文本情感语料库。刘远

---

① 黄水清,王东波.新时代人民日报分词语料库构建、性能及应用(一)——语料库构建及测评[J].图书情报工作,2019(22):5-12.
② 黄水清,王东波.新时代人民日报分词语料库构建、性能及应用(二)——深度学习自动分词模型构建[J].图书情报工作,2019(23):5-12.
③ 黄水清,王东波.新时代人民日报分词语料库构建、性能及应用(三)——句长与词的分析比较[J].图书情报工作,2019(24):5-15.
④ 留金腾,宋彦,夏飞.上古汉语分词及词性标注语料库的构建——以《淮南子》为范例[J].中文信息学报,2013(6):6-15,81.
⑤ 尤昉,李涓子,王作英.基于语义依存关系的汉语语料库的构建[J].中文信息学报,2003(1):46-53.
⑥ 徐琳宏,林鸿飞,赵晶.情感语料库的构建和分析[J].中文信息学报,2008(1):116-122.

超等[1]以手机产品为例,详述了细颗粒度产品评论标注原则,标注后的数据存储到数据库中,构建了产品评论语料库。曲春燕等[2][3]根据中文电子病历特点,构建了较大规模的中文命名实体相关语料库。苏嘉等[4]与专业医生和医学研究人员共同制定了针对中文电子病历的心血管疾病风险因素标注体系,并构建了心血管疾病风险因素标注语料库。曹紫琰根据语料本身的特点和研究问题提出了不同于以上几种标注粒度的标注方案,并基于对象、属性、极性"三要素"构建面向情感分析的汽车评论语料库,以便开展更细致的情感计算[5]。裘白莲等[6]则针对机器翻译中存在的错误,对源语言句子、机器译文、人工参考译文、译后编辑译文、词错误率和错误类型等进行标注,构建了一个细粒度英汉机器翻译错误分析语料库。总之,语料库的应用目标不同使得语料库标注粒度多样化,研究的问题也更加深化和细化,充分发挥了语料库研究的作用和价值。

2) 语料库数据标注策略

目前,主要的数据标注策略(标注方法)有人工标注、机器标注和人机结合标注三种,研究者们正在不断探索中尝试可以用计算机辅助,甚至代替人工标注,降低人工成本,提高标注效率。

人工标注指的是依靠标注人员的知识储备和对语料自身的判断,必要时借助相应的知识库进行辅助判断标注内容的方法。这种标注方法需要耗

---

[1] 刘远超,宋明凯,刘铭,等.用于细颗粒度挖掘的产品评论语料库构建技术[J].哈尔滨工业大学学报,2012(3):64-68.
[2] 曲春燕,关毅,杨锦锋,等.中文电子病历命名实体标注语料库构建[J].高技术通讯,2015(2):143-150.
[3] 杨锦锋,关毅,何彬,等.中文电子病历命名实体和实体关系语料库构建[J].软件学报,2016(11):2725-2746.
[4] 苏嘉,何彬,吴昊,等.基于中文电子病历的心血管疾病风险因素标注体系及语料库构建[J].自动化学报,2019(2):420-426.
[5] 曹紫琰,冯敏萱,毛雪芬,等.细颗粒度汽车评论语料库的构建和分析[J].中文信息学报,2020(9):28-35.
[6] 裘白莲,王明文,李茂西,等."细粒度英汉机器翻译错误分析语料库"的构建与思考[J].中文信息学报,2022(1):47-55.

费大量时间,并且要求标注人员具有一定的领域和行业背景,以实现标注内容的高效性和准确性。现有的一些小型领域语料库一般依靠人工标注完成。例如,谢家成[1]主要针对个人教学语料库展开研究,并提出了两种语料标注方法。姚源林等[2]和戴敏等[3]分别基于微博和中文产品评论中的情感信息文本,根据相应的情感信息对语料进行标注,并进行语料库的构建。胡韧奋等[4]认为话题在教育教学中是核心内容的体现,并构建了较大规模对外汉语教学话题语料库。黄一龙等[5]提出了基于子话题事件相关性分类标注规则,以ACE2005中文语料库broadcast news作为语料来源,通过人工标注构建了中文事件相关性语料库。王敬等[6]根据标注词典和经典领域词表确定了标注体系和重点多义词,采用人工标注和校对的方式构建了面向汉语二语教学的词义标注语料库。人工标注工作量巨大,大规模语料库建设极少采用。在NEPD语料库出现之前,尚未发现千万汉字以上级别的大规模人工标注汉语语料库。

在人工标注的过程中,学者们会借助一些现有的标注工具和软件提高标注的效率并方便组织和管理标注的语料[7][8][9]。随着自然语言处理和计

---

[1] 谢家成.论个人教学语料库的构建[J].外语电化教学,2003(3):27-30.

[2] 姚源林,王树伟,徐睿峰,等.面向微博文本的情绪标注语料库构建[J].中文信息学报,2014(5):83-91.

[3] 戴敏,朱珠,李寿山,等.面向中文文本的情感信息抽取语料库构建[J].中文信息学报,2015(4):67-73.

[4] 胡韧奋,朱琦,杨丽姣.对外汉语教学领域话题语料库的研究与构建[J].中文信息学报,2015(6):62-68.

[5] 黄一龙,李培峰,朱巧明.中文事件相关性语料库构建及识别方法[J].计算机工程与科学,2015(12):2306-2311.

[6] 王敬,杨丽姣,蒋宏飞,等.汉语二语教学领域词义标注语料库的研究及构建[J].中文信息学报,2017(1):221-229.

[7] 崔大志,李媛.网络评论情感语料库的构建研究[J].中国社会科学院研究生院学报,2010(4):119-123.

[8] 张振虹,何美,韩智.大学公共英语多模态语料库的构建与应用[J].山东外语教学,2014(3):50-55.

[9] 陈珍珍,林枫,邓宝梅,等.命名性失语的汉语普通话语料库构建[J].中国康复医学杂志,2018(6):669-674.

算机性能的提升,更多的学者倾向于使用人机结合的方式对语料进行标注。留金腾等[1]通过自动分词和词性标注以及人工校对两个步骤构建了上古分词及词性标注语料库,并运用领域适应方法优化了自动标注过程。张冬瑜等[2]制定了详细的标注策略和流程,采用人机结合标注方式以多类型感情色彩丰富的文学作品及评论为原始语料,构建了大规模汉英情感隐喻语料库。张亚军等[3]基于已有的中文突发事件语料库(CEC),通过自动生成和人工标注,以事件为知识单元构建了面向事件的中文指代语料库。徐琳宏[4]同样采用人机结合策略,通过引文标注系统辅助构建了较大规模中文文献引文情感语料库。莫天金等[5]根据我国公路桥梁检测特定文本进行了多轮迭代标注实验之后展开正式标注,构建了较大规模的高质量公路桥梁定期检测命名实体语料库。人机结合标注方法的优点是减少了人工标注的工作量,节省了时间成本,此外,人机协作的方法使得标注的一致性较高,减少了判断的歧义。但是,人机结合标注方法的缺点也不容忽视:在进行人工校对的过程中,人们往往会依赖自动标注的结果,减少对标注合理性的思考,标注质量可能存在瑕疵。人为参与的减少也可能会忽略语料本身的规律和问题。

除了上述两种标注策略外,学者们一直在朝着实现完全机器标注的方向努力。李培峰等[6]提出了一种基于网络和 Wiki 技术的半自动化大规模

---

[1] 留金腾,宋彦,夏飞.上古汉语分词及词性标注语料库的构建——以《淮南子》为范例[J].中文信息学报,2013(6):6-15,81.
[2] 张冬瑜,杨亮,郑朴琪,等.情感隐喻语料库构建与应用[J].中国科学:信息科学,2015(12):1574-1587.
[3] 张亚军,刘宗田,李强,等.面向事件的中文指代语料库的构建[J].上海大学学报(自然科学版),2018(6):900-911.
[4] 徐琳宏,丁堃,陈娜,等.中文文献引文情感语料库构建[J].情报学报,2020(1):25-37.
[5] 莫天金,李韧,杨建喜,等.公路桥梁定期检测领域命名实体识别语料库构建[J].计算机应用,2020(S1):103-108.
[6] 李培峰,朱巧明,钱培德.基于 Web 的大规模语料库构建方法[J].计算机工程,2008(7):41-43,46.

语料库构建方法。赵世奇等[1]将双语平行语料库通过翻译引擎转换为单语平行语料库,并以此为基础抽取词汇级复述信息,自动构建了复述语料库。李纲等[2]通过文本分类算法、文本相似度计算处理原始语料,再将语料应用实体识别技术进行抽取、统计和可视化,最终构建了突发公共卫生事件网络语料库。冯冠军等[3]根据维吾尔语情感表达特点,基于CRFs构建了维吾尔语情感词语料库。张大奎等[4]强调自然输入分词标记信息在自动构建分词语料库中的重要作用,并获取了带有优秀用户输入标记的文本用于自动构建分词训练语料库。李雁群等[5]通过中文维基条目实体分类和嵌套命名实体自动生成过程,基于机器学习算法自动构建了大规模中文嵌套命名实体识别语料库,并在《人民日报》语料上进行了人工标注和机器标注对比实验。但是,就目前的研究来看,要实现完全的机器标注,还需要改进非监督学习的性能。并且,完全的机器标注也依托于大量精细的人工标注语料作为学习对象[6],首先需要构建大规模人工标注的语料库。

另外,针对一些非文本语料库的构建,一般会将数据转写为文本(词语、文档等),进而构建相应语料库[7][8]。例如,王艳文[9]构建了一个包括较为完

---

[1] 赵世奇,刘挺,李生.基于自动构建语料库的词汇级复述研究[J].电子学报,2009(5):975-980.

[2] 李纲,陈璟浩,毛进.突发公共卫生事件网络语料库系统构建[J].情报学报,2013(9):936-944.

[3] 冯冠军,禹龙,田生伟.基于CRFs自动构建维吾尔语情感词语料库[J].现代图书情报技术,2011(3):17-21.

[4] 张大奎,尹德春,汤世平,等.探索用户自然输入标记及其在构建分词语料库中的作用[J].中文信息学报,2018(2):58-65.

[5] 李雁群,何云琪,钱龙华,等.中文嵌套命名实体识别语料库的构建[J].中文信息学报,2018(8):19-26.

[6] 徐俊利,赵江涛,赵宁,等.营销活动问题标签分类语料库的构建与分类研究[J].计算机应用与软件,2019(3):42-48,61.

[7] Johnston T A. W(h)ither the deaf community population, genetics, and the future of Australian sign language[J]. American annals of the deaf, 2004(5): 358.

[8] 赵晓驰,任嫒嫒,丁勇.国家手语词汇语料库的建设与使用[J].中国特殊教育,2017(1):43-47.

[9] 王艳文.英美文学文化语境"三源泉"语料库的构建研究[J].现代教育技术,2010(11):93-95.

整的英美名家名作语料的英美文学文化"三源泉"语料库,资源丰富,包括文本、图片、音频、视频、网络资源链接等格式。也可以借助根据数据特征搭建的标注平台或软件工具,比如 ELAN 工具等,这些工具可以对视频、音频等内容进行复杂标注[1]。Bungeroth 等[2]和吴蕊珠等[3]均利用 ELAN 对视频或图片等内容进行标注,并构建了手语双语语料库。

综上,如果建设高质量的语料库,首先,应参考和遵循成熟的标注理论和标注策略,并在建设过程中针对语料库的特点和实际标注效果不断改进和提升标注策略。其次,还需从多维度出发实现多种粒度的标注,这样既丰富了语料库的特征又便于充分发挥语料库在知识挖掘方面的作用,参考现有词典和词库提高标注一致性也是提升标注效率的方法之一。最后,应尽量实行多次交叉标注,提升语料标注的一致性和准确性,在不影响标注质量的前提下还需考虑减少标注时间成本和人力成本,最大程度上优化标注过程。

2.2.2 语料库的应用研究

随着计算机技术的迅猛发展,以语料库为基础的语言学研究取得了丰硕的成果,语料库的应用范围也日益广泛,在语言学研究和自然语言处理中发挥了越来越重要的作用。语料库建设过程涉及多学科,语料库的应用也覆盖了多个学科和各个方面。

(1) 语料库在语言教学中的应用

语料库在语言教学中的应用是相关研究中不可忽视的部分。单语语料

---

[1] Hellwig B, Uytvanck D V, Hulsbosch M. ELAN-Linguistic Annotator (Version 6.0) [EB/OL]. (2020-11-25)[2021-03-09]. http://tla.mpi.nl/tools/tlatools/elan/.

[2] Bungeroth J, Stein D, Dreuw P, et al. A German sign language corpus of the domain weather report[C]//Proceedings of the 5th international conference on language resources and evaluation. Genoa, 2006: 2000-2003.

[3] 吴蕊珠,李晗静,吕会华,等. 面向 ELAN 软件的手语汉语平行语料库构建[J]. 中文信息学报,2019(2):43-50.

库在外语尤其是英语教学中的应用已有相当多的研究成果,主要是围绕语料库辅助课堂教学,包括英语词汇搭配、句型表达、语法学习、翻译检测、语言错误等。闫鹏飞[1]围绕北京地区某研究型大学开设的博士生英语课程,介绍了研究论文语类分析和语料库文本分析相结合的教学模式,该模式提高了研究生学术英语教学的实效性。刘静轩[2]等人以语料库分析为研究方法,以批评话语分析为理论框架,分析了西方媒体的北京冬奥会报道对中国国家形象的话语表征及意义构建。运用语料库进行检索和索引分析,在这个过程中培养发现、分析、解决问题的能力[3]。除用于英语教学的语料库,也不乏汉语教学的语料库。郑艳群[4]从语料库建设、加工和应用方面总结了语料库技术在汉语教学中取得的成绩,比如在语料库加工中的错别字及语音语料标注技术、语法偏误自动识别技术等。

另外,双语语料库应用于翻译教学也是十分重要的发展方向。夏云[5]采用英汉翻译历时平行语料库,考察了一个世纪以来汉译语言中虚义动词使用特征的演化。张利蕊和姚双云[6]利用英汉双语平行语料库以"语义镜像法"考察了"其实"的多义性。韩露[7]等将中医汉英双语平行语料库应用于实践教学并进行了对照研究,结果表明,双语平行语料库是一种可靠和高效的方式,对学生的专业词汇学习具有积极促进作用。在对语料库的规模

---

[1] 闫鹏飞.基于语料库和语类分析的博士生学术英语教学模式[J].外语教学理论与实践,2022(1):102-110.
[2] 刘静轩,张子轩,于杰,等.多元与偏见:西方媒体北京冬奥会报道中的中国国家形象话语表征[J].武汉体育学院学报,2022(3):23-29,100.
[3] 娄宝翠.语料库在研究生学术英语教学中的应用探索[J].学位与研究生教育,2020(7):51-56.
[4] 郑艳群.语料库技术在汉语教学中的应用透视[J].语言文字应用,2013(1):131-138.
[5] 夏云.基于历时语料库的汉译语言虚义动词演化研究——以"进行"为例[J].外语教学与研究,2022(2):265-276,320-321.
[6] 张利蕊,姚双云."语义镜像法"与词汇的多义性研究——以"其实"的语义为例[J].当代修辞学,2022(1):48-61.
[7] 韩露,余静,吴虹,等.汉英双语平行语料库在高职英语教学中的应用研究——以中医双语翻译人才培养为例[J].职教论坛,2017(8):75-79.

和功能进一步完善后,能在教学中将语料库工具利用到最大化。彭馨葭[①]等介绍了 iWeb 语料库的特色功能,其中提到,相较于 COCA,iWeb 除了具备词频表、高频搭配、索引行,还具有了类似词典词条的功能,并且可以利用现有语料库的架构构建符合自己研究需求的虚拟语料库,同时还能通过不同的方式检索词汇,得到特定词表,以期更高效地为英语教学服务。王克非[②]认为平行语料库在翻译课堂上能更全面地呈现数据,提升翻译学习的效率,同时通过研究其词性分布、句段长度等还有助于改善译文的评估方式。他还通过具体的实例,介绍了如何利用基于语料库开发的检索平台开展语料库翻译研究[③]。

(2) 语料库在领域词表和词典编纂中的应用

基于语料库的辞书编纂是语料库的应用之一,大规模语料库已成为词典编纂的前提和主要工具。除了常见的单语语料库外,双语语料库同样可以为词典的编纂提供参考,并能提高词典编纂的质量、节约词典编纂的时间。更进一步,基于双语语料库编纂的词典能保证所有的词义、句法信息都得到真实语料库的验证,保证信息的可靠性和准确性。Michael Rundell[④][⑤]认为目前词典的编纂多以语料库为首要语料来源,语料库为词典编纂者提供了分析词语意义和用法的原始数据。大多数词典通常会借助语料库数据来计算词频、分析词汇的搭配问题等。常宝宝等[⑥]指出,基于语料库的词典

[①] 彭馨葭,Mark Davies. iWeb 互联网语料库及其在英语教与学中的应用[J]. 外语电化教学,2020(4):73-81,12.

[②] 王克非,秦洪武. 论平行语料库在翻译教学中的应用[J]. 外语教学与研究,2015(5):763-772,801.

[③] 王克非,刘鼎甲. 大规模英汉平行语料库的检索与应用:大数据视角[J]. 外语电化教学,2017(6):3-11.

[④] Rundell M. 语料库词典学的最新发展和未来趋势(上)——语料库数据在学习词典中的显性应用[J]. 夏立新,朱冬生,译. 辞书研究,2009(3):71-78.

[⑤] Rundell M 著. 语料库词典学的最新发展和未来趋势(下)——语料库数据在学习词典中的显性应用[J]. 夏立新,朱冬生,译. 辞书研究,2009(4):81-91.

[⑥] 常宝宝,俞士汶. 语料库技术及其应用[J]. 外语研究,2009(5):43-51.

编纂平台主要提供词汇分析功能,具体包括提供词频表、词语检索、检索结果排序、词汇搭配、搭配框架、近义词辨析等。此外,在情感分析中,在标注基础上利用形态分析还原和去重,构建相关领域的情感词典[①]。饶洋辉等[②]对基于语料库方法生成的文本情感词典进行了总结,并论述了文本情感词典在情感自动标注和极性分类中的应用。苗祥等[③]基于大规模语料库的统计学方法,针对几大具体的专业汽车评论网站,为其中评论最多的七个汽车特征词构建了同一特征词组,通过考察它们的分布规律并逐一构建情感词集,对汽车产品进行情感分析。这些词表和词典既具有领域代表性,也可作为其他信息研究的辅助工具。由于情感是抽象且不易描述的,张冬瑜等[④]借助大规模汉英双语情感隐喻语料库,构建情感隐喻识别引擎,将其应用在情感类别判定、机器翻译以及外语教学中。

(3) 语料库在信息检索和信息抽取中的应用

词典和词表的另一个典型应用是信息检索和信息抽取。郝国生等[⑤]基于语料库构建了语义解释空间原型系统,并将其应用于语义关联词汇检索。张淑静[⑥]利用语料库在语言描述和分析中常用的主题词检索、索引行分析、语义韵考察及词频统计等手段,通过与动态的社会情境相结合进行批评话

[①] 朱珊珊,原伟.面向俄文情感分析的新闻评论语料库建设与应用[J].外语学刊,2020(1): 24-29.
[②] 饶洋辉,李青,刘文印,等.公众文本之情感词典研究进展[J].中国科学:信息科学,2014 (7):825-835.
[③] 苗祥,刘业政,孙春华.领域同义特征词的统计规律及其在情感分析上的应用研究[J].计算机应用研究,2014(11):3333-3336.
[④] 张冬瑜,杨亮,郑朴琪,等.情感隐喻语料库构建与应用[J].中国科学(信息科学),2015 (12):1574-1587.
[⑤] 郝国生,杨茂云,韩玉强,等.基于语料库的语义解释空间构建及其应用[J].江苏科技大学学报(自然科学版),2017(6):806-813.
[⑥] 张淑静.语料库在批评话语分析中的应用[J].郑州大学学报(哲学社会科学版),2014(3): 130-133.

语分析。张敏[1]借助语料库分析工具进行了主题词分析,拓宽了语料库研究方法在文本分析中的适用范围。李淑平[2]通过提取和分析中国学习者英语口语语料库中的主题词和关键主题词,通过建立词表数据库和主题词分析实现了个体主体图式的构建。林丽[3]团队自行构建了"越南语军事新闻语料库",尝试运用框架语义标注方法对语料库进行加工处理,以此抽取特定的事件信息。这里的信息检索不仅仅是指查找信息的搜索行为,而是广义的信息组织、处理、检索和展示的全过程。语料库同时还被应用于领域知识图谱的构建[4]、信息检索系统的设计[5]等方面。

(4) 语料库在语言对比和翻译研究中的应用

自语料库翻译研究20世纪末兴起以来,我国学者对其进行了诸多研究。尤其近年来,语料库翻译研究发展很快。孙东云[6]在对单语语料库在翻译教学中的应用研究现状进行总结的基础上,从BBC汉语语料库的具体用途和教学方式两方面尝试将BCC汉语语料库应用于具体翻译教学。陈宁[7]等认为建设中医英语语料库能对中医翻译人才的培养起到积极作用,能为中医药术语翻译提供强有力的支撑。赵会军和林国滨[8]从机器翻译译

---

[1] 张敏.基于语料库的主题词分析在国外科技人力资源跟踪中的应用[J].科技管理研究,2013(18):124-129.
[2] 李淑平.基于语料库的主题图式构建[J].情报科学,2009(3):402-405.
[3] 林丽.试析框架语义标注在新闻事件抽取中的应用——以越南语军事新闻为例[J].山西大学学报(自然科学版),2013(4):510-516.
[4] 昝红英,刘涛,牛常勇,等.面向儿科疾病的命名实体及实体关系标注语料库构建及应用[J].中文信息学报,2020(5):19-26.
[5] 欧阳剑.大规模古籍文本在中国史定量研究中的应用探索[J].大学图书馆学报,2016(3):5-15.
[6] 孙东云.BCC汉语语料库在英汉翻译教学中的应用[J].外语教学理论与实践,2018(3):71-78,98.
[7] 陈宁,张晓枚,李晓莉.语料库技术在中医翻译人才培养中应用的可行性分析[J].中国中医基础医学杂志,2012(5):570-571.
[8] 赵会军,林国滨.机器翻译词语漏译的语料库语境策略研究[J].外语教学与研究,2022(2):277-287,321.

后和机器翻译应用两个方面,采用本地语料库和机器翻译数据的语境交叉确定漏译词语,认为语言学干预语料库因素和词向量语境因素可以减少漏译比例。

相比单语语料库,双语平行语料库更常应用于语言对比和翻译研究中。平行语料库通常以互译句对的形式出现,二者之间是一种对应关系,通过加工和处理能应用于多数语言对比及翻译研究中。原伟[1]认为其所构建的政治外交领域俄汉平行语料库经短语对应单位抽取后,能应用于双语词典编纂、翻译以及自然语言处理。张继东等[2]基于英汉平行语料库,对《追风筝的人》的不同译本的翻译风格进行研究。于红[3]基于平行语料库,比较《世说新语》原文和英语译本,并深入具体内容进行对比分析。王伟[4]针对新闻英语长句翻译问题,利用汉英平行语料库对汉英句子对应情况进行统计,并探究其翻译方法。管新潮等[5]借助《资本论》德汉平行语料库,以 aufheben 一词为例,分析汉译研究的准确性和严谨性。刘泽权和汤洁[6]则基于语料库的考察,对比了王际真与麦克休《红楼梦》的英语节译本的风格。

(5) 语料库在自然语言处理中的应用

自然语言处理研究的第一步往往是寻找或自主构建大型的语料库,所以学者们为了研究自然语言处理领域的问题,也会注重语料库的选择和构建。

---

[1] 原伟.基于俄汉政治外交平行语料库的短语对应单位抽取研究[J].解放军外国语学院学报,2020(5):38-45.

[2] 张继东,朱亚菲.基于语料库的《追风筝的人》两译本风格对比研究[J].外语电化教学,2020(5):50-57,8.

[3] 于红.美国汉学家马瑞志《世说新语》的人名翻译研究[J].国际汉学,2020(3):43-52,202.

[4] 王伟.基于语料库的新闻英语长句翻译研究[J].解放军外国语学院学报,2017(2):18-23,50.

[5] 管新潮,王金波.《资本论》汉译本重要术语的翻译考析——以 aufheben 一词为例[J].上海翻译,2016(6):60-66,94.

[6] 刘泽权,汤洁.王际真与麦克休《红楼梦》英语节译本风格对比——基于语料库的考察[J].红楼梦学刊,2022(2):255-277.

温潇[1]构建了一个大规模新闻中文语料库用以研究词的分布式表示与组合模型。为研究少数民族语言的机器翻译，才让加[2]构建了面向汉藏机器翻译的大规模汉藏双语对齐语料。刘金凤[3]着眼于自然语言处理的需要，研究了句子层面的汉语语义知识库。唐玉玲[4]等人则提出结合深度学习和语言难度特征的句子可读性计算方法，构建了规模更大的汉语句子可读性语料库。

在自动分词研究中，章登义等[5]利用 BLSTM 和 CRF 模型对数据集进行单独训练和多语料库共同训练，证明大规模语料库共同训练具有良好的分词效果。在词性标注研究中，王素格、张永奎[6]从已标注词性的语料库中获取候选搭配模式规则，选出可信度高的规则，再通过测试新语料来完善规则用于词性标注。他们还分别采用统计与规则相结合的方法设计了汉语词性自动标注系统，基于规则的方法为基于统计的方法提升了 2%—3% 的标注正确率。孙静等[7]探索了语料库规模对标注精度的影响。陈火龙[8]利用提取好的古汉语虚词词性标注语料训练 Bi-LSTM-CRF 模型，训练好的模型可以有效完成古汉语虚词词性标注任务。梁茂成[9]以中国英语学习者的书面语构建语料库，研究了基于概率的词性赋码器和基于规则的词性赋码

---

[1] 温潇. 分布式表示与组合模型在中文自然语言处理中的应用[D]. 南京：东南大学，2016.
[2] 才让加. 面向自然语言处理的大规模汉藏（藏汉）双语语料库构建技术研究[J]. 中文信息学报，2011(6)：157-161.
[3] 刘金凤. 面向自然语言处理的汉语句子语义知识库构建研究[D]. 烟台：鲁东大学，2009.
[4] 唐玉玲，张宇飞，于东. 结合深度学习和语言难度特征的句子可读性计算方法[J]. 中文信息学报，2022(2)：29-39.
[5] 章登义，胡思，徐爱萍. 一种基于双向 LSTM 的联合学习的中文分词方法[J]. 计算机应用研究，2019(10)：2920-2924.
[6] 王素格，张永奎. 基于搭配模式的汉语词性标注规则的获取方法[J]. 计算机工程与应用，2001(5)：56-58.
[7] 孙静，李军辉，周国栋. 基于条件随机场的无监督中文词性标注[J]. 计算机应用与软件，2011(4)：21-23,46.
[8] 陈火龙. 基于 Bi-LSTM-CRF 的古汉语虚词词性标注系统[D]. 武汉：华中科技大学，2019.
[9] 梁茂成. 学习者英语书面语料自动词性赋码的信度研究[J]. 外语教学与研究，2006(4)：279-286.

器的赋码准确度,发现基于概率的词性赋码器的准确率更高。在术语抽取研究中,蒋俊梅[1]基于双语平行语料库构建了双语术语抽取系统,并在此基础上证明了不同相似度函数、不同语料规模以及改进方法对双语术语抽取结果有影响。在实体识别研究中,刘殷等[2]以标准 ACE 语料库为对象,验证了条件随机场与多层算法模型的实体自动识别效果。

在句子对齐研究中,陈相等[3]利用生物医学文献语料库中语料的锚点对段落句子分别计算相似度,舍弃双语词典,实现了句子对齐。在句法分析研究中,吕雅娟等人[4]以中英双语对齐语料库为基础,利用英语句法分析结果提取汉语组块边界信息和相关句法规则,充分利用了英语句法的研究成果。王琳[5]采用经过依存句法标注的汉英语码转化语料库,从句法和认知的双重视角考察了汉英语码转换的句法变异,并揭示了动词在汉英语码转换过程中的认知功能。傅兴尚[6]构造了以词为基本操作单位的俄语词汇知识库,并在俄语语义分析等实验中展现了俄语知识库在自然语言处理中的作用和运作机制。

语料库翻译既是机器翻译的基础,又是机器翻译的研究方向。机器翻译模型的训练需要基于大规模的平行语料库,通过对原始单语言语料库构建平行语料库,从而实现机器学习模型的训练。黄佳跃等[7]用欧洲议会平行语料库进行实验,发现在基于注意力机制的神经机器翻译模型中使用协

---

[1] 蒋俊梅.基于平行语料库的双语术语抽取系统研究[J].现代电子技术,2016(15):108-111.
[2] 刘殷,吕学强,刘坤.条件随机场与多层算法模型的实体自动识别[J].计算机工程与应用,2016(11):141-147.
[3] 陈相,林鸿飞.基于锚信息的生物医学文献双语摘要句子对齐[J].中文信息学报,2009(1):58-62,78.
[4] 吕雅娟,李生,赵铁军.基于双语模型的汉语句法分析知识自动获取[J].计算机学报,2003(1):32-38.
[5] 王琳.汉英语码转换的句法变异问题探索——基于树库的动词句法配价分析[J].外语与外语教学,2014(5):47-53.
[6] 傅兴尚.俄语词汇知识库在 NLP 中的运作机制[J].外语学刊,2002(3):95-99.
[7] 黄佳跃,熊德意.利用协同训练提高神经机器翻译系统的翻译性能[J].厦门大学学报(自然科学版),2019(2):176-183.

同训练的方法对于翻译性能提升具有一定效果。蔡子龙等[1]以藏汉、汉英两个语料库为对象进行试验,发现在语料资源贫乏的情况下数据增强技术能有效提高神经机器翻译的性能。杨云等[2]针对双语平行语料稀缺问题,提出一种联合 EM 算法的自动语料扩充方法,在基于小规模双语语料预训练的单向 Transformer 模型上使用联合 EM 算法,通过减少翻译损失达到迭代更新模型的目的,实验结果证明该方法在中英机器翻译任务上有良好表现。

(6) 语料库在其他领域的应用

学者们还基于不同学科的需求建设了解决不同学术问题的语料库。鲍玲玲[3]从新闻语体研究、语言教学以及教学模式等方面论述了新闻语料库的广阔发展前景以及对新闻学发展的作用。在教育学领域,吴福焕等[4]认为新加坡教育专用语料库的核心产出为词表与句型表;胡开宝等[5]对我国建设的当代英语教材专用语料库(CECTEC)的建设和应用进行了探讨,认为 CECTEC 可应用于英语教材课文的组编、内容的编排以及练习册的制定与在线学习平台的研发。在医学领域,齐晖[6]基于自建的医学学术论文英文摘要语料库,探讨医学学术论文英文摘要中动词的使用特征。在古汉语及先秦文学领域,黄水清等[7]基于自建先秦语料库对典籍中的地名进行了

---

[1] 蔡子龙,杨明明,熊德意.基于数据增强技术的神经机器翻译[J].中文信息学报,2018(7):30-36.
[2] 杨云,王全.EM 算法在神经机器翻译模型中的应用研究[J].计算机应用与软件,2020(8):250-255.
[3] 鲍玲玲.新闻英语语料库研制及应用分析[J].宏观经济管理,2017(S1):248.
[4] 吴福焕,林进展,周红霞.新加坡教育专用语料库的建设与应用[J].华文教学与研究,2016(3):36-45.
[5] 胡开宝,李翼.当代英语教材语料库的创建与应用研究[J].外语电化教学,2016(3):34-39.
[6] 齐晖.基于语料库的医学论文摘要动词语言特点探析[J].福建医科大学学报(社会科学版),2012(2):68-72.
[7] 黄水清,王东波,何琳.基于先秦语料库的古汉语地名自动识别模型构建研究[J].图书情报工作,2015(12):135-140.

自动识别研究。在语言测试领域,邹绍艳[1]梳理了语料库在国际语言测试领域包括考试开发、考试效度验证、自动评分系统、语言能力表构建四个方面的应用,并详细阐明了语料库应用于国内英语学习者能力表构建的过程。

在实际工作中,语料库也发挥出其优势。翟振等[2]详细介绍了语料库在稿件送审以及语言润色中的应用方式,认为其能辅助编辑提高期刊的学术质量和写作质量。随着阅读行为研究的深入,眼动追踪语料库应运而生。王晓明等[3]介绍了眼动追踪语料库的内容及各项指标,并对其在认知心理学、应用语言学和计算机科学等领域的应用研究展开评述。由此可见,语料库研究已经从最初的语言学领域扩展到了各个学科领域,为不同的研究问题提供了对应的研究基础和数据支撑。未来,语料库的研究将会应用于各个学科领域,实现为不同的学术问题研究提供服务。

纵观上述内容可知,语料库的应用贯穿于整个信息的生产、组织、标注、检索、挖掘和展示过程,最终为用户提供服务。随着人工智能和大数据的迅速发展,作为非结构化数据重要载体的语料库在整个智能知识挖掘的过程中起到了越来越重要的作用。

2.3 国内代表性的语料库介绍

早在20世纪20年代,我国著名教育学家陈鹤琴在语料统计的基础上,编写了《语体文应用字汇》,在研究的过程中建立了小规模的汉语文本语料

---

[1] 邹绍艳.语料库在语言测试中的应用:回顾与反思[J].中国海洋大学学报(社会科学版),2016(6):109-114.
[2] 翟振,王久丽,蔡建伟,等.语料库在科技期刊编辑工作中的应用[J].编辑学报,2016(5):447-449.
[3] 王晓明,赵歆波.阅读眼动追踪语料库的构建与应用研究综述[J].计算机科学,2020(3):174-181.

库,这被视作我国现代语料库的雏形[①]。20世纪80年代初,我国语料库建设的目标主要是汉语词汇的统计研究。北京语言大学的前身北京语言学院依托"现代汉语词汇统计研究"重点科研课题,收录了报刊政论、科技和科普文章、口语材料、文学作品等语料,于1983年构建完成了182万字的汉语语料库。进入20世纪90年代以后,语料库方法在自然语言处理领域得到了广泛的应用,语料库的建设也随之得到快速发展。调研相关的语料库研制单位和查阅相应的参考文献,可以获得国内现有语料库的相关信息。以下将对代表性的语料进行简单介绍,并尽可能提供使用、下载和获取相应语料库的链接。

2.3.1 通用单语语料库

目前,国内具有代表性的通用单语语料库以汉语语料库为主,主要包括国家语委现代汉语通用平衡语料库、北京语言大学语料库中心BCC语料库等。除了上述大型通用汉语语料库外,哈尔滨工业大学、南京大学、山西大学等国内研究中文信息处理的单位都分别建立了大规模真实文本的汉语语料库。现将代表性语料库介绍如下。

(1) 国家语委现代汉语通用平衡语料库

由国家语言文字工作委员会主持,面向语言文字信息处理、语言文字规范和标准的制定、语言文字的学术研究、语文教育以及语言文字的社会应用,总体规模达1亿字,语料时间跨度为1919年至2002年,收录了人文与社会科学、自然科学及综合三个大类约40个小类的语料。其中的标注语料库为国家语委现代汉语通用平衡语料库全库的子集,该子集是按照预先设计的选材原则进行平衡抽样,对语料进行自动分词和词类标注,并经过3次

---

① 郑艳群. 语料库技术在汉语教学中的应用透视[J]. 语言文字应用,2013(1):131-138.

人工校对,最后得到约 5 000 万字符的标注语料库①。

(2) 北京语言大学语料库中心 BCC 语料库

以汉语为主,兼收英语、西班牙语、法语、德语、土耳其语等共 9 种语言的语料,规模约 12 亿单词。其中的汉语语料涵盖了报刊、文学、微博、科技、综合和古汉语等多领域。BCC 语料库包括了生语料、分词语料、词性标注语料和句法树。目前已对现代汉语、英语、法语的语料进行词性标注,中、英文句法树则是引自美国宾州大学的中文和英文树库②。

(3) 清华 TH 语料库

该语料库于 1994 年 6 月建成。根据语料加工深度的不同,其总库采用了分级管理的原则,分成生语料和熟语料两大类,其中 0 级生语料分库涵盖了一般书、报纸、论文、杂志、工具书等五类子库语料素材③。经过近年来不断的升级和更新,已更名为 THCHS-30 语料库。

(4) 北京大学 CCL 语料库

CCL 语料库中包含现代汉语语料、古代汉语语料两类单语语料(http://ccl.pku.edu.cn:8080/ccl_corpus/index.jsp?dir=xiandai),收录文献的时代从公元前 11 世纪到当代,未经分词处理。其中现代汉语语料约 6 亿字符,涵盖了文学、戏剧、报刊、翻译作品、网络语料、应用文、电视电影、学术文献、史传、相声小品、口语等多个类型。CCL 语料库中的古代汉语语料约 2 亿字符,收录了从周代到民国的语料及大藏经、二十五史、历代笔记、

---

① 冯志伟.中国术语标准化的由来与发展[J].中国标准化,2002(10):6-7.
② 荀恩东,饶高琦,肖晓悦,等.大数据背景下 BCC 语料库的研制[J].语料库语言学,2016(1):93-109,118.
③ 罗振声.清华大学 TH 大型通用汉语语料库系统的研制[J].清华大学学报(哲学社会科学版),1996(1):94-98.

十三经注疏、全唐诗、诸子百家、全元曲、全宋词、道藏、辞书、蒙学读物等的杂类语料。除了两大单语语料库的扩容外,近年来 CCL 语料库融入了一些专题语料库,例如早期北京话材料、留学生汉语作文语料、汉语构式语料库、中文学术文献语料库、海外华文网络语料等①。

(5) 北京大学人民日报标注语料库

该语料库是我国第一个大型的现代汉语人工标注语料库,以《人民日报》的纯文本语料为原始语料,完成了词语切分、词性标注、专有名词标注、语素子类标注、动词和形容词特殊用法标注、短语型标注等加工工作。总规模现已扩充至 3 500 万字,北京大学计算语言学研究所对 1998 年 1 月语料中的约 100 万字语料完成了词语切分、词性标注和汉语拼音标注的加工任务,还利用所研制的《现代汉语语义词典》,参照《现代汉语词典》,根据语料实际使用情况对词义描写进行调整,研发了一个大规模、高质量的现代汉语词义标注语料库(Chinese Word Sense Tagging Corpus,STC)②。

(6) 清华汉语树库(Tshinghua Chinese Treebank,TCT)

该语料库从包含文学、学术、新闻、应用四大体裁的 200 万汉字平衡语料库中提取了 100 万汉字规模的语料文本,经过自动断句、句法分析,再进行人工校对,形成了有完整的句法结构树的汉语句法树库语料。③

2.3.2 汉英双语平行语料库

除了单语语料库外,国内有代表性的通用双语语料库主要包括中国科

---

① 詹卫东,郭锐,常宝宝,等.北京大学 CCL 语料库的研制[J].语料库语言学,2019(1):71-86,116.
② 俞士汶,朱学锋,段慧明.大规模现代汉语标注语料库的加工规范[J].中文信息学报,2000(6):58-64.
③ 周强.汉语句法树库标注体系[J].中文信息学报,2004(4):1-8.

学院汉英平行语料库、南京大学双语词典研究中心英汉双语平行语料库、清华大学中英平行语料库等。除此之外,中国科学院软件研究所英汉双语语料库包含15万对平行句对,东北大学英汉双语语料库包含100万对平行语句,哈尔滨工业大学英汉双语语料库的句对规模约为50万对。现将代表性语料库介绍如下。

(1) 中国科学院汉英平行语料库

中国科学院汉英平行语料库是在对中英文篇章对齐的双语文本进行段落对齐、句子对齐加工后建立的一个句子级对齐的双语语言信息和知识库。该语料库借助互联网等媒体搜集中英文篇章级对齐的双语文本,面向多领域多体裁,采用基于双语辞典的句子对齐方法进行了文本对齐,并对双语文本句子对齐结果实现自动评价①。

(2) 南京大学双语词典研究中心英汉双语平行语料库(NJU_BDRCBC)

该语料库的总体规模共约200万对英汉平行句对,英语和汉语词例数高达2亿词次,其素材一方面来源于南京大学双语词典中心拥有自主知识产权的双语辞书标准数据以及英汉双语对照文献,另一方面也面向网络获取了大量的英汉双语平行对语料。南京大学双语词典研究中心还跟商务印书馆联合开发了 CONULEXID(The Commercial Press and Nanjing University Lexical Database)英汉语言资料库,该语料库系统于1994年正式开始创建,并于1997年通过验收。②

---

① 薛松.汉英平行语料库中名词短语对齐算法的研究[D].北京:中国科学院研究生院(软件研究所),2003.
② 吴迪.浅谈开发《CONULEXID英汉语言资料库》的意义[J].科技与出版,1998(4):3-5.

(3) 清华大学中英平行语料库

清华大学中英平行语料库①，由清华大学自然语言处理与社会人文计算实验室在国家863计划项目"互联网语言翻译系统研制"的支持下，利用自身研发的互联网平行网页获取软件和双语句子自动对齐软件获取并处理得到的，共包含285万中英平行句对。

2.3.3 其他汉外平行语料库

除英汉、汉英双语语料库以外，部分机构还推出了其他语种与汉语的双语语料库，主要包括北京大学计算语言研究所双语平行语料库、北京外国语大学双语平行语料库、南京农业大学古代汉语典籍平行语料等。现将代表性语料库介绍如下。

(1) 北京大学计算语言研究所双语平行语料库

该语料库为大型汉英、汉日双语语料库，包含汉英句子级对齐语料20万句对、汉日句子级对齐语料2万句对、汉英词汇级对齐语料1万句对，旨在为机器翻译等应用系统的研发提供基础资源和标准的评测语料②。

(2) 北京外国语大学双语平行语料库

北京外国语大学汉英和汉日两个平行语料库由王克非负责构建，目前

---

① Natural language processing and computational social science lab. THUMT：an open source toolkit for neural machine translation[EB/OL]. [2023-08-20]. http://thumt.thunlp.org/.

② 柏晓静,常宝宝,詹卫东,等. 构建大规模的汉英双语平行语料库[C]//机器翻译研究进展——2002年全国机器翻译研讨会论文集. 北京：中国中文信息学会,2002：8.

仍处于建设过程中[①]。该语料库包括2 000万字的日汉对译文本语料库和3 000万字词的通用型汉英平行语料库两个部分。日汉对译文本语料库的平行对应语料分为文学与非文学、汉译日和日译汉语料,目前已做到了段落级对齐,开发的检索工具可对汉日语料做各种词语、短语、句型和搭配检索。通用型汉英平行语料库分为4个子库,即"百科语料库""翻译文本库""双语语句库"以及"专科语料库",目前已基本做到句级对齐,其中2 000万字词语料已完成最终校对、标注、双语链接。

(3) 南京农业大学典籍平行语料库

该语料库包括十三经、《战国策》、前四史等典籍及其所对应的白话文和英文翻译等语料,基于深度学习模型实现了古文句子与白话文和英文的自动对齐,并对古文、白话文和英文进行了分词、词性和实体标注,形成了独具特色的典籍平行语料库[②][③]。

2.3.4 其他特色语料库

国内特定领域的语料库也有一定的发展,具有代表性的有汉语中介语语料库、北京语言大学HSK动态作文语料库、中国传媒大学有声媒体文本语料库等。

(1) 汉语中介语语料库

北京语言大学汉语中介语语料库[④]立足于汉语教学而建设,收录了

[①] 王克非,刘鼎甲.大规模英汉平行语料库的检索与应用:大数据视角[J].外语电化教学,2017(6):3-11.
[②] 王东波.面向知识挖掘的平行句法语料库构建研究[M].南京:南京大学出版社,2019.
[③] 梁继文,江川,王东波.基于多特征融合的先秦典籍汉英句子对齐研究[J].数据分析与知识发现,2020(9):123-132.
[④] 北京语言大学语言资源高精尖创新中心,北京语言大学汉语国际教育研究院.全球汉语中介语文本语料库[EB/OL].[2023-08-21]. http://qqk.blcu.edu.cn/login.

1 635 位外国学生共 5 774 篇的汉语作文或练习材料,总字数约 353 万,其中 1 731 篇约 104 万字的语料经过断句、分词和词性标注等加工处理。目前,北京语言大学仍然致力于建设全球汉语中介语语料库,其规模预计达 5 000 万字,包括笔语语料、口语语料和多模态子库。笔语语料规模为 4 500 万字,其中 2 000 万字将加工成为熟语料;口语语料 450 小时,约合 400 万字;多模态语料 110 小时,约合 100 万字[1]。

(2) HSK 动态作文语料库

该语料库收录了 1992 年至 2005 年部分母语非汉语的外国人参加高等汉语水平考试(HSK)作文考试的答卷语料[2]。2006 年 12 月上线语料库 1.0 版本,现已上线语料库 2.0 版本,语料总数达 11 569 篇,共计 424 万字。此外,北京语言大学还建立了首都外国留学生汉语文本语料库、汉语学习者口语语料库等多种类型的汉语语料库,中山大学则建立了留学生中介语语料库、汉语连续性中介语语料库,广东外语外贸大学与兰卡斯特大学联合建立了 Guangwai-Lancaster 汉语学习者语料库。

(3) 中国传媒大学有声媒体文本语料库

由中国传媒大学国家语言资源检测与研究有声媒体中心开发[3],2003 年开始建设,2005 年上线,其后不断扩大语料规模,并于 2016 年进行了第三次改版。该语料库包括 2008 至 2013 年六年的 3 万多个广播、电视节目的转写文本,总字符数达到 2.4 亿个,并对所有文本进行了自动分词和词性标注。

---

[1] 张宝林. 从 1.0 到 2.0——汉语中介语语料库的建设与发展[J]. 国际汉语教学研究,2019(4):84-95.
[2] 北京语言大学语言资源高精尖创新中心,北京语言大学汉语国际教育研究院. HSK 动态作文语料库[EB/OL]. [2023-08-23]. http://hsk.blcu.edu.cn/login.
[3] 中国传媒大学国家语言资源监测与研究有声媒体中心. 媒体语言语料库(MLC)[EB/OL]. [2022-04-06]. http://ling.cuc.edu.cn/RawPub/.

(4) 名著汉英平行语料库

《红楼梦》汉英平行语料库是国内第一个根据译者选用原底本所做的句子对齐平行语料库。它的成功发布为"红学"不同英译本的研究提供客观科学的平台,为翻译教学提供丰富的资源,为翻译理论探讨提供基本素材[1]。莎士比亚戏剧英汉平行语料库则由上海交通大学的学者研究构建,由英文原文和3个版本的译文构成,总规模约600万字词,在分词的基础上实现了词性标注以及人物对话层面的对齐。该语料库可以展开一对一及一对多的平行检索,为莎剧翻译研究和语言研究提供了宝贵资源[2]。

(5) 少数民族语言语料库

除了汉语相关语料库之外,国内少数民族语言语料库的构建研究工作也正在逐步发展,尤其是蒙古族、维吾尔族、藏族等几个少数民族的语料库。内蒙古大学蒙古语文研究所于1998年构建完成了现代蒙古语语料库,总规模达500万词,涵盖了文科教材、理科教材、文学、新闻、政治、社会科学、自然科学、口语等多种类型的语料[3]。内蒙古大学蒙古语文研究所还于2003年开始建设汉蒙双语语料库,该语料库总规模达10万个句对,为蒙古文信息处理、语言教学、汉蒙双语研究和汉蒙双语词典编纂等工作的发展奠定了基础[4]。新疆大学于2002年开展建设现代维吾尔语语料库,生语料规模达800万词[5]。西藏大学的大型藏文语料库总规模高达1.5亿藏文字符,其中

---

[1] 任亮娥,杨坚定,孙鸿仁.《红楼梦》汉英平行语料库[EB/OL].[2020-11-02]. http://corpus.usx.edu.cn/hongloumeng/images/shiyongshuoming.htm.
[2] 胡开宝,邹颂兵.莎士比亚戏剧英汉平行语料库的创建与应用[J].外语研究,2009(5):64-71,112.
[3] 斯日古楞.《现代蒙古语语料库管理平台》建设[D].呼和浩特:内蒙古大学,2010.
[4] 淑琴,那顺乌日图.面向EBMT系统的汉蒙双语语料库的构建[J].内蒙古社会科学(汉文版),2006(1):140-144.
[5] 毕丽克孜.现代维吾尔语语料库词频统计实验性研究[D].乌鲁木齐:新疆大学,2003.

3 000万藏文字符经过分词和词性标注加工①。除此之外,还有新疆师范大学的200万词规模的维吾尔语语料库,西北民族大学的约1.3亿字节的大型藏文语料库,中国社会科学院民族学与人类学研究所的500万藏语字符的藏语料库等。

纵观国内语料库的建设进程,其发展特征可以大致概括如下:① 建库所收集的素材来源为现代文学、政治领域报刊文献,并逐渐拓展至古代文献、网络文献、有声媒体等多种体裁和形式;② 语言的种类逐渐增多,少数民族语言的语料库建设工作也正在逐步发展中;③ 语料库加工的程度逐渐加深,从早期的生语料发展到如今根据不同目的加工而成的熟语料,语料库加工的深度和精度都得到很大提升;④ 建库的目的更加多元化,从传统的语言教学到现代的自然语言处理、机器学习,语料库的建设进一步呈现多元发展趋势。

2.4 小 结

本章总结了近30年来我国语料库的研究与发展,从定量和定性两个角度概括了语料库的研究变化和研究热点。国内语料库方面的研究存在着同领域的学者合作发文较多、跨领域合作相对较少的特点。令人欣喜的是,尽管目前语料库研究的跨学科合作相对较少,但是学科壁垒正在悄悄突破,语料库在自然科学与人文社会科学的研究中都得到广泛的应用。

在语料库的构建方面,本章重点强调了语料库的构建流程规范和语料标注问题。目前,语料库构建流程有既定的规范和标准,不同的研究人员又针对原始语料来源、学科、语料库规模以及语料库其他特征等方面存在的差

---

① 高定国,索郎桑姆.大型藏语平衡语料库建设中样本类别号的研究[J].西藏大学学报(自然科学版),2013(1):54-58.

异提出了相应的改进方案,使得语料库的构建流程在设计、采集、标注、存储、更新和维护的框架指导下既有共性又有差异性。

语料的标注粒度和标注策略是构建语料库的核心和根本。提高语料库标注质量主要有以下4个方面的措施:一是参考和遵循一些成熟的标注理论和标注策略,并针对语料库的特点改进和提升标注策略;二是从多维度出发,实现多种粒度的标注,这样既丰富了语料库特征的多样性,又能充分发挥语料库的挖掘作用;三是参考一些现有的词典和词库,做到标注统一,提升标注效率;四是实行多次交叉标注,提升语料标注的一致性和准确性。并且,在不影响标注质量的前提下,应尽量减少标注时间和人力成本。

语料库的应用贯穿于整个信息的生产、组织、标注、检索、挖掘和展示过程。随着多领域语料库的建立,语料库已应用于多学科,不再局限于语言学以及计算机科学,在教育学、心理学、医学、文学等领域都有相应的代表性应用。对于已构建完成的语料库,还需要建立规范的管理模式和定期更新维护机制,以保证语料库的活力,实现语料库资源的充分利用。国内现有语料库目前主要是汉语语料库,随着技术和研究能力的提升,国内的语料库建设正向着原始语料资源越来越丰富、语料库规模越来越大、加工程度更加细致、功能更加完善、应用目的更加多元化的方向发展。

第 3 章　NEPD 语料库构建及测评

语料库是由人工或机器标注好的真实语言材料组成的数据集。早期的语料库都是人工完成的,规模相对较小且形式比较单一,主要是用于研究语言的规律、发展和变化的一个集合。随着计算机技术的迅速发展,语料库的规模不断壮大,语料库的形式也呈现多样化的趋势。如今,语料库必须是数字化的、有一定规模的、能够被计算机程序处理的语料集合。总之,语料库的发展正迈向一个新的台阶。开展与自然语言相关的研究,语料库是有效的工具和手段。依据语料库既可以研究语言普遍规律,也可以针对具体文本开展研究。

词是自然语言中最小的有意义的构成单位。汉语文本是基于单字的文本,汉语的书面表达方式以汉字作为最小单位,词与词之间没有明显的界限标志。相较于英语、法语、德语等拉丁语系的自然语言,汉语比其他语种的自然语言处理多了自动分词环节。

汉语经过上下五千年的历史沉淀,人们对词的认知发生了很大的变化,造成对词与非词认识的偏差。这种偏差不仅存在于普通人之间,即使在中文信息处理研究领域,至今也没有一个公认的、权威的对词的定义。近年来,新词不断产生,原有的词也可能被赋予新的用法。比如,在信息交流日益便捷的情况下,外来词大量涌入、网络名词等不断产生,使得词不断变化和扩展。上述问题的存在给汉语分词技术带来了巨大的挑战。

所谓分词,就是把一句话、一篇文章甚至一部著作中的词逐个切分出来。汉语自动分词是中文信息处理的基础,汉语分词质量的好坏直接决定了词性标注、实体抽取、自动句法分析和机器翻译等其他中文信息处理任务的性能。目前汉语自动分词的主流技术是机器学习,即通过机器学习模型从精加工的语料中自动学习词汇的分布特征和知识,进而完成对汉语字符串中词汇的自动识别。分词语料库是汉语语料库中最重要的类型之一。自动分词实践表明,虽然在同一语料库上基于不同的机器学习模型可以构建不同的分词模型,但其整体性能可能差距并不是太大,反倒是训练语料的标注精准度对分词结果影响较大。在中文信息处理研究中,训练语料通常由通用语料和领域语料组成。在汉语通用语料方面,由北京大学计算语言研究所构建的 1998 年人民日报语料最具代表性,影响力也最大。但是,随着时间的推移,1998 年所构建的精加工人民日报语料,在词汇的时效性、完备性和覆盖度方面存在一定问题。

基于此,有必要以近年来《人民日报》发表的文章为对象,构建新版人民日报分词语料库,即 NEPD 语料库。目前,NEPD 语料库已涵盖了《人民日报》2015 上半年(1—6 月)及 2016 年 1 月、2017 年 1 月、2018 年 1 月、2022 年 1 月共 10 个月的语料。为促进语料资源的开放和共享,NEPD 的相关语料已对学界公布,供学术研究用,并且后续还将不断补充最新语料。NEPD 语料库不仅具有动态的历时跨度,而且具有静态的语义丰富度。本章将介绍 NEPD 语料库的构建过程、相应规范和原则,基于条件随机场构建分词模型测评并对比 NEPD 语料与 1998 年 1 月北京大学人民日报语料的性能。

3.1 汉语分词语料及分词模型

汉语分词语料库的出现,让汉语定量研究成为可能,在汉语分词语料库的帮助下,能精准地完成词频统计、关键词抽取、文本分类等一系列文本分析任务。通用汉语分词语料库中,最具代表性、影响力的依次是北京大学人民日报语料库、国家语委通用平衡语料库、清华汉语树库和宾州汉语树库4种语料库。北京大学的人民日报分词语料中最重要的是经过人工精标的1998年1月部分人民日报语料,由俞士汶先生带领北京大学计算语言研究所的研究人员完成。在该语料库的研制过程中还提出了标注规范,并研究了检索方法[1][2]。国家语委现代汉语通用平衡语料库的突出特征是平衡性和规模大,不仅具有新闻语料而且涵盖了经济、军事、体育等不同领域的素材[3]。清华汉语树库中的分词语料基于黎锦熙先生的"凡词,依句辨品,离句无品"的语言学理论实现对汉语分词[4]。宾州汉语树库中的分词语料按照结构主义语言学的理论完成对汉语分词[5]。在上述4种汉语分词语料中,前两种分词语料规模较大,所使用的分词理念和规范具有较强的一致性,但是,随着时间的推移,语料时效性问题越来越突出。后两种分词语料所采用的语言学理论具有一定的独特性,但规模上相对较小,且同样存在语料时效性较差的问题。

基于上述对已有汉语分词语料库应用现状及性能的分析,有必要选取最新的汉语文本构建汉语分词语料库。最理想的方案是延续俞士汶先生的工作,以近年来的《人民日报》作为原始语料构建新的汉语分词语料库,使广受欢迎的人民日报语料库扩大规模,跟上时代变迁和语言发展。具体来说,就是选取2015—2022年的《人民日报》文章作为原始语料,经人工分词,构

---

[1] 俞士汶,段慧明,朱学锋. 北京大学现代汉语语料库基本加工规范[J]. 中文信息学报,2002(5):49-64.

[2] 王洪俊,施水才,俞士汶. 人民日报标注语料的索引方法研究[C]// 全国计算语言学联合学术会议. 全国第八届计算语言学联合学术会议(JSCL-2005)论文集. 南京:南京师范大学,2005:576-578.

[3] 国家语言文字工作委员会. 国家语委现代汉语语料库[EB/OL]. [2019-06-02]. http://www.cncorpus.org/.

[4] 周强. 汉语句法树库标注体系[J]. 中文信息学报,2004(4):2-9.

[5] Aatony P J, Warrier N J, Soman K P. Penn treebank-based syntactic parsers for South Dravidian languages using a machine learning approach[J]. International journal of computer applications,2010(8):14-21.

建分词语料库,即 NEPD 语料库。

NEPD 语料库的构建理由、目标及基本思路,主要基于以下 5 个方面的考虑:① 从时间上看,中国经过 20 年的快速发展,1998 年所构建的人民日报语料库无论是在词汇的丰富性方面还是覆盖度方面均不能反映当下社会和汉语的风貌,需要更新和完善;②《人民日报》在国内外具有很大的影响力,《人民日报》的文章是最为规范和标准的现代汉语,且内容与各时期的中央精神保持高度一致,故仍然选取《人民日报》作为语料库构建的数据源;③ 北京大学 1998 年 1 月人民日报语料在汉语自然语言处理领域影响力巨大,以最新的《人民日报》为数据源构建新语料库,既延续了前人的成果,也便于开展持续性的研究;④《人民日报》持续出版,今后可以将《人民日报》的新文章不断补充到语料库,扩充 NEPD 语料库,使得 NEPD 语料库能够与时俱进,形成能满足时效性要求的实用型大规模现代汉语语料库;⑤ 相较于汉语词汇的界定,语言学界目前对于汉语词性的数量和分类标准没有达成相对一致的标准和规范,因此 NEPD 语料库只实现汉语分词,不进行词性标注。

为保证质量,与 1998 年 1 月北大人民日报语料一样,NEPD 拟采用人工分词方式构建,不考虑汉语自动分词方法。目前,汉语自动分词方法最优模型的 F 值大致在 95% 左右。换言之,哪怕是性能最优的汉语自动分词模型仍有百分之几的差错率。在目前的技术条件下,自动分词仍然是因为无法承受人工分词巨大的工作量退而求其次的方案。

汉语自动分词方法主要有 3 种类型,分别是基于规则的分词方法、基于统计的分词方法和基于序列标注的分词方法。

基于规则的分词方法也被称为机械分词法或基于字典的分词方法。其基本思想是:遵循一定的策略,将待分词的句子与一个事先准备好的词典进行比对,若在词典中找到某个字符串,则匹配成功,否则即视为匹配失败。匹配原则又可进一步细分为正向最大匹配法、逆向最大匹配法、双向最大匹配法、逐词遍历法、最小切分法等。基于规则的汉语自动分词方法的优点是算法简单、易于实现,但其缺点同样也很明显,即词典的好坏直接影响分词的效果。

基于统计的分词方法其基本思想是:统计语料中相邻汉字的组合频度,以此作为分词依据。即统计"字"和"字"的组合频次,某个组合在不同的文本中出现的次数越多,就代表这个组合有很大概率是一个词。最典型的基于统计的分词方法是基于 n-gram 语言模型的分词方法和最大熵模型。相比于基于规则的方法,基于统计的方法实用性更好,如果有足够大的训练语料更容易得出规律。但是,该方法也存在一定的局限性,比如语料不够大,或者语料覆盖面不够广,把高频次的搭配错认作词等。

基于序列标注的分词方法建立在序列标注基础之上。序列标注在自然语言处理中的应用非常广泛,涵盖了自动分词、词性标注、命名实体识别、关键词抽取等诸多任务。在深度学习模型出现之前,传统机器学习模型是序列标注的主要途径。序列标注对序列中的每个元素赋予一个标签。一般情况下,序列就是子句,而元素则是子句中的词或字。不同的序列标注任务就是将目标句中的字或者词按照需要的方式标记。常用的汉语分词机器学习模型主要有隐马尔科夫模型、最大熵模型、条件随机场模型(Conditional Random Fields,CRFs)。在这 3 种模型中,最大熵模型通过当前字的上下文特征,计算该字分别属于哪个分类标签的概率分布,选择其中概率最大的类别作为当前字符的类别,实现汉语自动分词。最大熵模型的缺点在于约束条件数和样本数有关,当样本数量越来越大的时候,对应的约束条件也会相应增多,导致计算量上升,迭代速度下降。而在隐马尔科夫模型中,模型具体的状态在序列中是未知的,该模型是一个双重随机过程,只获取状态转移的概率,即模型的转移状态转换过程是不可观察的。条件随机场不仅解决了独立性假设和标记偏置的问题,而且在模型训练的过程中能够任意添加特征知识,因此该模型成为汉语分词的主流技术。

条件随机场是一个无向图判别模型。条件随机场模型的一般定义如下:设 x 是所要标注的观察序列上的随机变量,y 是相应的标注序列的随机变量。假设所有 Y 的组成部分 Y_i 包括在一个固定的符号集 L 中。例如,x 为一个句子,y 为对应于这个句子的标注序列,L 则是所有可能的标注符号集。给定一个无向图 $G=(V,E)$,其中 V 是图的顶点集合,E 是边集合。y 对于 G 上的节点集合 V 中的每一个节点 v 都有一个标签 y_v,当 x 是一个能够确定的条件,且每一个随机变量 y_v 对于 G 中的任意点都具备马尔科夫性质:

$$p(Y_v \mid X, Y_w, w \neq v) = p(Y_v \mid X, Y_w, w \sim v)$$

其中,$w \sim v$ 表示两个顶点之间有连接边,即表示 w 和 v 在图 G 中位置相邻,那么,条件分布 (x,y) 便是一个条件随机场。

CRFs 的优点是能有效整合多种特征,即使有些特征之间存在交叉现象,CRFs 还是能发挥很好的性能。针对汉语分词领域,随机变量 X 是测试的语料,随机变量 Y 是训练语料,表示已经被标记的字符串序列。条件随机场模型的基本要求并没有要求随机变量 X 和 Y 具有相同的结构。对于汉语分词来说,X 和 Y 具有相同的图结构,因此,一般使用的是线性链条件随机场。汉语分词中,字的特征只和相邻的字产生关系。

基于条件随机场的分词模型研究产生了一系列有代表性的研究成果。Huang 和 Zhao[1] 对 1997—2007 年的汉语分词进展进行了回顾,指出相较于基于规则的分词方法,统计学习的分词方法在前者难以解决的未登录词问题上取得了较大突破,是当时的最优解。另外,该作者还强调了公开测评数据集的重要性。与将特征函数定义为二值函数的方法不同,李双龙等[2] 将特征函数定义为任意实数值函数,从而减少了特征的数量、降低特征选择的复杂度,在 1st SIGHAN 测试集上封闭测试的 F 值为 95.2%。沈勤中等[3]

---

[1] Huang C, Zhao H. Chinese word segmentation: a decade review[J]. Journal of Chinese information processing, 2007(3): 8-19.

[2] 李双龙,刘群,王成耀. 基于条件随机场的汉语分词系统[J]. 微计算机信息,2006(10),178-180.

[3] 沈勤中,周国栋,朱巧明,等. 基于字位置概率特征的条件随机场中文分词方法[J]. 苏州大学学报:自然科学版,2008(3):49-54.

从字的构词能力角度出发,在基础特征之外再加入字的位置概率特征,实验证明该特征的引入使 F 值提高了 3.5%,达到 94.5%。迟呈英等[①]在 SIGHAN 2006 Bakeoff 的 Uppen、Msra 两种语料的封闭测试中准确率分别达到了 95.8% 和 95.9%,同时也指出条件随机场模型对多字符未登录词的切分效果不佳。宋彦等[②]提出将字、词信息融合的中文分词方法,将条件随机场模型和 Bi-gram 语言模型融为一体,并在 Bakeoff 3 上进行封闭验证,最终混合模型效果优于单一模型,F 值达到 93.9%。刘泽文等[③]提出 5-Tag 标记方法,实验首先将 LCCRF 模型应用于中文短文本,在此基础上利用词典对初步分词结果进行修正,在 Sighan bakeoff 2005 的 4 个语料测试集上平均 F 值超过 95%。他们的实验表明,加入不合适的特征不但会导致标注结果的 F 值下降,时间复杂度和空间复杂度的上升也更为明显。冯雪[④]利用词典信息设计了一种基于统计的模型,将词典特征融入字的序列标注模型和词的柱搜索模型中,在同领域和跨领域中取得较好的性能。王若佳等[⑤]结合国内权威词典、官方标准和医学补充词库构建了 10 万数量级的医学辞典,对电子病历进行分词,实现了基于条件随机场的实体识别,F 值达到 82% 的效果,并对识别效果进行了分析。

  汉语自动分词方法虽然不用于 NEPD 语料库的构建,但可以在语料库构建完成后用于基于语料库的分词模型构建和分词性能测评。由于条件随机场模型应用于分词这样的线性序列任务性能较好,故拟采用条件随机场模型,以对应月份 NEPD 语料为基础语料构建分词模型。以条件随机场模

[①] 迟呈英,于长远,战学刚. 基于条件随机场的中文分词方法[J]. 情报杂志,2008(5):79-81.

[②] 宋彦,蔡东风,张桂平,等. 一种基于字词联合解码的中文分词方法[J]. 软件学报,2009(9):2366-2375.

[③] 刘泽文,丁冬,李春文. 基于条件随机场的中文短文本分词方法[J]. 清华大学学报(自然科学版),2015(8):906-910,915.

[④] 冯雪. 中文分词模型词典融入方法比较[J]. 计算机应用研究,2019(1):14-16.

[⑤] 王若佳,赵常煜,王继民. 中文电子病历的分词及实体识别研究[J]. 图书情报工作,2019(2):34-42.

型结合不同月份的 NEPD 语料构建分词模型，可以将基于 2018 年 1 月人民日报语料构建的分词模型与基于 1998 年 1 月人民日报语料构建的模型进行性能对比，同时，也能对其余 9 个月的 NEPD 语料进行性能测评，从而验证新语料的分词性能。

3.2 原始语料获取及预处理

NEPD 的原始语料可以从《人民日报》图文数据全文检索系统下载得到。所谓原始语料，是指未进行任何标注的、从文本中获取的语言符号的字符序列。为保证 NEPD 语料库在词汇上的覆盖度和历时性，NEPD 的原始语料包含了 2015 年 1—6 月、2016 年 1 月、2017 年 1 月、2018 年 1 月、2022 年 1 月总共 10 个月《人民日报》的全部文章。

原始语料获取的具体流程如下：① 确定所要获取的《人民日报》原始语料的时间段，组织人力把时间段内出版的《人民日报》的全部文章从《人民日报》图文数据全文检索系统中下载下来；② 把所获得的全部原始语料统一以文本文件形式存储，并保留《人民日报》原有的段落和格式，以方便人工对原始语料进行分词加工和标注；③ 把所有文本文件统一按月组织在一起，形成给定时间段的完整《人民日报》原始语料。

针对所获取的《人民日报》原始语料，还需要对数据做某些预处理。首先，需要删除其中不属于《人民日报》正文的内容。人工下载的过程中会把一些非《人民日报》正文的内容复制下来，比如"人民日报 2015.01.27 第 6 版 冯华"这样的内容。对于这些内容可以统一用程序去除。其次，需要统一《人民日报》原始语料的字符编码。数据获取人员在存储所下载的内容过程中可能会使用不同的字符编码，为了便于后续的统一处理和加工，数据预处理过程中统一将全部数据的编码转化为了 UTF-8 编码方式存储。

如此，经过上述数据预处理后，得到了待标注的《人民日报》原始语料文本。具体样例如表3-1所示：

表3-1 《人民日报》待标注语料样例

编号	待标注语料样例
1	有知情人告诉本报记者,建立于1997年的证券交易所大楼,在2002年时发生过恐怖爆炸事件,也许对建筑本身的牢固性产生了长期的影响。
2	该平台将整合全国农业科教系统相关资源,为广大农民和各类现代农业生产经营主体提供精准、及时、全程顾问式的科技信息服务,促进农业科技创新和成果转化、新型职业农民培育,支撑现代农业的发展。
3	外交部发言人华春莹25日宣布,应国务院总理李克强邀请,大不列颠及北爱尔兰联合王国首相特雷莎·梅将于1月31日至2月2日对中国进行正式访问并举行新一轮中英总理年度会晤。
4	易司卡尔建议,尽管坍塌对整栋大楼没有太大影响,但如果大楼管理方仍要使用余下的内部通道,就需要对建筑结构进行加固处理,应采取添加支柱等措施,并进行全面安检。

3.3 标注规范、过程及结果

为保证NEPD的标注质量,需要对标注人员进行知识、技能和规范方面的培训,以确保标注人员的整体能力。

所有的标注人员必须掌握如下知识:现代汉语词汇的定义、体系和相关语言学理论;分词在整个中文信息处理研究中的价值和意义;分词不一致的定义和标注;歧义的基本定义及组合型歧义与交集型歧义的区别。

所有标注人员必须掌握应用自行设计的程序实现以下功能的能力:词频统计以及基于齐普夫定律的词频分布规律分析;针对中文的最长匹配分词算法;基于规则的汉语词汇歧义消解算法。

所有标注人员必须系统和完整地熟记国家标准《信息处理用现代汉语分词规范》(GB/T 13715-92),以及针对NEPD所做的补充与修订,并能基于规范及补充与修订举一反三。

对标注人员完成上述知识、技能和规范方面的培训后,便可通过以下3

个步骤对经过预处理的《人民日报》原始语料进行人工分词标注。原始语料的具体标注步骤如下。

首先,由第一组标注人员完成对《人民日报》原始语料的词汇切分。词与词之间切分标记用"/"表示。比如,"坚持依法治国、依法执政、依法行政共同推进,坚持法治国家、法治政府、法治社会一体建设",经过第一组的标注后,结果变成"坚持/依法/治国/、/依法/执政/、/依法/行政/共同/推进/,/坚持/法治/国家/、/法治/政府/、/法治/社会/一体/建设/"。

其次,由第二组标注人员对第一组的标注结果进行核对。第二组人员需重点关注第一组标注人员是否按照规范对标注对象进行了标注。比如,成语有时被分开标注了。"向/全党/提出/扎/扎/实/实/把/全会/提出/的/各项/任务/落到/实处/的/总/要求",按照标注规范"扎扎实实"应该标注为一个词,正确的标注结果应为"向/全党/提出/扎扎实实/把/全会/提出/的/各项/任务/落到/实处/的/总/要求"。

最后,第三组人员对经第二组标注人员核对过的分词结果再次进行核对,以确保标注结果的精准性。

经过上述3个步骤,《人民日报》原始语料实现了分词标注。为了进一步提升标注结果的精准性,在上述3轮标注的基础上,还须设计专门的程序对所有的标点符号进行机器校对,因为标注人员在标注过程中注意力集中在汉语词汇上,容易漏掉对标点符号的标注。

经过上述3轮标注和标点的核对之后,最后得到的才是标注完成的NEPD语料。具体的标注结果样例如表3-2所示:

表3-2 NEPD语料标注结果样例

编号	标注结果语料样例
1	全面/推进/依法/治国/是/一/个/系统/工程/,/是/国家/治理/领域/一/场/广泛/而/深刻/的/革命/,/
2	冰期/输水/技术/成熟/,/严格/调度/可/在/稳定/冰盖/下/正常/输水/

(续表)

编号	标注结果语料样例
3	利/节水/、/可/承受/、/保/运行/，/沿线/省/市/根据/实际/制订/居民/水价/方案/。
4	"/芝麻官/、/千钧担/。/作为/县委/书记/，/肩负/着/推动/科学/发展/、/为/民/谋利/造福/的/重任/。/"/广东/省/罗定/市/(/县级/市/)/市委/书记/万/木林/说/
5	个性化/地/掌握/每/一/名/持证/残疾人/的/基本/状况/

NEPD 语料的标注过程中，在涉及以下几种情形的分词标注中采用了特例规范：

第一，人名在分词过程中采用姓和名分开标注的方式。之所以采用姓与名分开标注的规范，一方面是为了便于以后给姓名添加词性，从而方便统计《人民日报》当中所涵盖的姓氏，另一方面也便于对比 NEPD 与 1998 年人民日报语料词汇的分布并开展相应的实验。

第二，从语义的组合性上和惯用性方面考虑，在分词标注的过程中将成语看作完整的词汇，但对于字数较多的歇后语、惯用语等，则分开标注成多个词。

第三，对于数字与计量单位组合的情形，统一进行切分处理，即切分成数词和量词两个词。比如，在"个性化地掌握每一名持证残疾人的基本状况"这一表述中，"一名"这一数词与量词的组合应切分为"一"和"名"两个词，具体的标注结果为"个性化/地/掌握/每/一/名/持证/残疾人/的/基本/状况/"。

经过上述过程，最终完成 2015 年 1—6 月、2016 年 1 月、2017 年 1 月、2018 年 1 月、2022 年 1 月共计 10 个月的《人民日报》全部内容的人工分词标注，形成超过 3 000 万字的精加工人民日报分词语料库，即 NEPD。经统计，NEPD 的语料规模共计 119 173 KB，共包含 33 986 809 个字符、803 725 个句子、17 512 428 个词。从表 3-3 可以看出，各月份之间的整体规模相差较小。

表 3-3 NEPD 语料库基本信息

语料	文件大小	总字符数	总句数	总词数
2015 年 1 月	12 462 KB	3 539 035	81 385	1 838 055
2015 年 2 月	10 058 KB	2 871 639	72 593	1 490 587
2015 年 3 月	12 054 KB	3 450 554	83 608	1 765 073
2015 年 4 月	12 134 KB	3 463 948	84 236	1 796 717
2015 年 5 月	12 484 KB	3 566 241	87 357	1 846 229
2015 年 6 月	11 959 KB	3 406 709	79 182	1 757 992
2016 年 1 月	12 628 KB	3 589 565	81 476	1 849 486
2017 年 1 月	11 046 KB	3 162 010	77 000	1 629 325
2018 年 1 月	11 872 KB	3 404 317	77 608	1 752 931
2022 年 1 月	12 476 KB	3 532 791	79 280	1 786 033

根据人工分词后的语料,可以统计出《人民日报》的词长分布、频次及占比。以各年间 1 月份的语料为例,从表 3-4 可以看出,NEPD 语料中的词汇仍以单字词(词长为 1)和二字词(词长为 2)居多,二者之和占比约为 93%。词长为 5 或者以上的词多为固定搭配词汇或是英文字符。

表 3-4　NEPD 语料库词长及频次

词长	2015 年 1 月 频次	占比/%	2016 年 1 月 频次	占比/%	2017 年 1 月 频次	占比/%	2018 年 1 月 频次	占比/%	2022 年 1 月 频次	占比/%
1	655 972	35.69	640 293	34.62	564 637	34.65	617 433	35.22	585 847	32.80
2	1 060 204	57.68	1 080 856	58.44	955 366	58.64	1 011 838	57.72	1 066 351	59.70
3	85 206	4.64	90 596	4.90	78 044	4.79	87 179	4.97	90 499	5.07
4	31 156	1.70	31 848	1.72	26 616	1.63	30 658	1.75	34 609	1.94
5	3 332	0.18	3 712	0.20	2 733	0.17	3 313	0.19	6 083	0.34
6	1 066	0.06	1 051	0.06	1 032	0.06	1 106	0.06	1 127	0.06
7	578	0.03	608	0.03	470	0.03	535	0.03	642	0.04
8	249	0.01	301	0.02	209	0.01	220	0.01	222	0.01
9 及以上	292	0.02	221	0.01	218	0.01	649	0.04	653	0.04

3.4 NEPD 语料库分词性能测评

Lafferty 等人于 2001 年提出了用于标注和切分序列数据的条件概率模型[1]，即条件随机场模型。为测评 NEPD 的分词性能，可以从 NEPD 语料中将 2018 年 1 月的语料单独抽出，与北京大学 1998 年 1 月人民日报语料做分词性能对比。同时，测评包括 2018 年 1 月在内的 10 个月（2015 年 1—6 月、2016 年 1 月、2017 年 1 月、2018 年 1 月、2022 年 1 月）新语料的分词性能。分词实验利用自行封装后的条件随机场开源工具包 CRF++ 0.58 版。CRF++ 使用率较高、可用性较强，特别是在应用于文本处理时，易用性、准确率、使用稳定性及通用性等方面均表现突出。CRF++ 的可移植性也很强，被广泛运用于自然语言处理的分词、命名实体识别及抽取、语义分析等方面。

CRF++ 工具包中的主要文件包括：① crf_learn.exe：CRF++ 的训练程序；② crf_test.exe：CRF++ 的预测程序；③ libcrfpp.dll：训练程序和预测程序需要使用的静态链接库；④ doc 文件夹：官方主页的内容；⑤ example 文件夹：有四个任务的训练数据、测试数据和模板文件；⑥ sdk 文件夹：CRF++ 的头文件和静态链接库。

实际使用过程中需要的只是其中的 crf_learn.exe、crf_test.exe 和 libcrfpp.dll 文件。

通过自行开发的封装了 CRF++ 0.58 的分词训练和测试平台，首先分别针对 1998 年 1 月和 2018 年 1 月的语料构建自动分词模型，对比它们的性能。随后选取基于 1998 年 1 月语料所构建的性能最好的模型去标注 2018 年 1 月的语料。然后，将标注结果与人工构建的 2018 年 1 月的语料

---

[1] Lafferty J, Mccallum A, Pereira F. Conditional random fields: probabilistic models for segmenting and labeling sequence data[C]//Proceeding of international conference on machine learning. Williamstown: International Machine Learning Society, 2001: 282-289.

进行对比,测评分词性能。最后,扩展实验语料至10个月,即2015年1—6月、2016年1月、2017年1月、2018年1月以及2022年1月,进一步测评分词性能。

通过上述过程,一方面可以测评NEPD语料库的整体性能,另一方面也可以证明构建NEPD语料库的必要性。

3.4.1 分词性能比较的思路

为测评语料库的分词性能,首先需要分别观察所选训练语料和测试语料,根据语料表现形式等特点从整体上设计标记符号和特征模板。再分别对所选语料进行相应的标记,将其处理成CRF++能够识别的格式。对训练语料选取特征并分别进行组合,构造成为不同的特征模板。随后,通过CRF++工具对训练语料的数据及特征模板进行处理,训练得到分词模型。再用该分词模型对已被同样处理为CRF++可识别格式的测试语料进行分词。输出结果示例如表3-5所示:

表3-5 CRF分词后输出结果示例

文本语料	训练学习标记	测试输出标记
个	B	B
性	M	M
化	E	E
地	S	S
掌	B	B
握	E	E
每	S	S
一	S	S
名	S	S
持	B	B
证	E	E

最后是模型的测评及优化,即分别利用不同的特征模板训练分词模型,再基于所得到的模型完成对测试语料的自动标注,并计算测评指标的分值,然后根据分值对分词性能进行评测。

分词性能的测评指标主要由精准率 P(Precision)、召回率 R(Recall)和调和平均值 F(F-measure)构成。具体的计算公式如下:

$$精准率(P) = \frac{标注正确的标记数}{标注为该标记的总数} \times 100\%$$

$$召回率(R) = \frac{标注正确的标记数}{应标注为该标记的总数} \times 100\%$$

$$调和平均值(F) = (2 \times P \times R)/(P+R) \times 100\%$$

基于上述公式,对不同特征及组合分别进行实验,得到相应的测评结果,观察它们之间的差异,最终得到分词效果最优的特征选择、特征模板以及对应的分词模型。

为更加细致和全面地评估分词模型的性能,不仅需要评估所有标记的标注结果,还需评估多字词(由两个或两个以上汉字构成的词汇)中的单一标记标注结果。在对 NEPD 语料进行测评时,主要使用了构成词的字自身这一单一特征,不涉及音、形等其他类型的特征,在后续还可以增加拼音、部首、字的位置等不同的特征进行分词实验。

3.4.2 性能测评与对比

为构建基于条件随机场的分词模型,并对比时间间隔了 20 年的 1998 年 1 月与 2018 年 1 月两个月语料的分词性能以及 10 个月的新语料的分词性能,采用十折交叉验证法开展测评与对比,即把所有月份的语料以句子为单位进行切分,每个月的语料随机分为 10 等份,每次测评时,选取其中 9 份作为训练语料,1 份作为测试语料。具体而言,首先分别将 1998 年 1 月、2015 年 1—6 月、2016 年 1 月、2017 年 1 月、2018 年 1 月以及 2022 年 1 月共 11 个月的语料随机分为 10 等份,再按照 1∶9 的比例分为测试数据集和训练数据集。在特征选择上,为更加公平地对比基于不同语料训练得到的模型的性能,仅仅使用构成词的字本身的特征,不添加其他任何特征。

在 CRF++ 中的 template 文件,一般被用来定义一些简单的特征模板。条件随机场中的简单特征模板可以分为两类:一类是 Unigram 模板,以"U"作为开头;另一类是 Bigram 模板,以"B"作为开头。CRF 模型是一个链式有向无环图,Unigram 模板提取的特征是有向无环图的点,Bigram 提取的特征是有向无环图的边。下面用表 3-5 所呈现的标注样式结合图 3-1 的简单特征模板来举例说明。

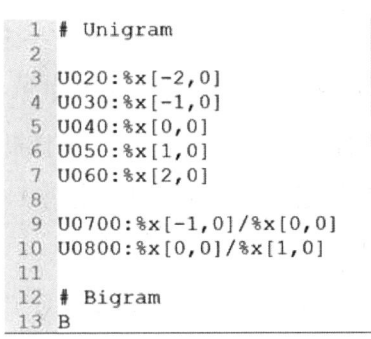

图 3-1　CRF++简单特征模板

图 3-1 每行的具体释义如表 3-6:

表 3-6　条件随机场模型特征模板具体含义

特征模板	具体含义
U020:%x[-2,0]	当前字往前两个字
U030:%x[-1,0]	当前字往前一个字
U040:%x[0,0]	当前字
U050:%x[1,0]	当前字往后一个字
U060:%x[2,0]	当前字往后两个字
U0700:%x[-1,0]/%x[0,0]	前一个字对当前字的转移概率
U0800:%x[0,0]/%x[1,0]	当前字对后一个字的转移概率

以"…个性化地掌握每一名持证…"为例,如果当前词是"地",则第一个模板 U020:%x[-2,0]产生的特征如下:

U020:%x[-2,0]====➔性

U030:%x[-1,0]====➔化

U040:%x[0,0]====➔地

U050:%x[1,0]====➔掌

U060:%x[2,0]====➔握

U0700:%x[-1,0]/%x[0,0]====➔化/地

U0800:%x[0,0]/%x[1,0]====➔地/掌

不同的标记集合的数量会对模型的性能具有一定的影响。在中文信息处理的序列化标注任务中,汉语词汇以字为衡量单位的整体长度集中在 2—3 之间,因此可以把标记数目限定为 4。人民日报语料中词汇的字长分布也集中在 2—3 之间,标记的数量同样可限定为 4,即所采用的标记集合为{B,M,E,S}。具体标记的语义如表 3-7 所示:

表 3-7 训练和测试标记含义

标记名称	标记含义
B	B 表示词的第一个字
M	M 表示词中间的字,并且 M 可依据词的长度进行无限制使用
E	E 表示词的最后一个字
S	S 表示单字词字(随着汉语词汇的发展,虽然目前双字词或多字词为主,但仍有一定量的单字词,并且绝大部分单字词的使用频率相对较高)

将 1998 年 1 月、2015 年 1—6 月、2016 年 1 月、2017 年 1 月、2018 年 1 月以及 2022 年 1 月语料分别划分得到的 10 份语料按 1—10 进行编号,具体语料分配处理如表 3-8 所示:

表 3-8　实验语料具体分配

编号	训练语料	测试语料
1	2—10	1
2	1,3—10	2
3	1—2,4—10	3
4	1—3,5—10	4
5	1—4,6—10	5
6	1—5,7—10	6
7	1—6,8—10	7
8	1—7,9—10	8
9	1—8,10	9
10	1—9	10

在训练语料中,标记都置于每个标注元素的最后一列(参见表3-5)。利用训练集数据训练CRF++,得到训练后的分词模型,再利用得到的分词模型对测试集进行分词,向测试集添加特征标记。所添加的标记在测试集中同样置于每个标记元素的最后一列。依据测试集中的特征标记可以将字组成词,从而实现对1998年1月、2015年1—6月、2016年1月、2017年1月、2018年1月以及2022年1月人民日报语料的分词。为了便于比较2018年1月和1998年1月两份语料以及全部10份新语料的分词效果,后续实验及测评所使用的标记和特征模板均是相同的。

完整的基于条件随机场模型的NEPD自动分词实验及测评步骤如下:

① 选定标准分词结果。以精加工NEPD语料的分词结果作为机器分词性能测评的参照系,用于计算精准率、召回率以及调和平均值。

② 序列标注。按所选定的四位标记集合即{B,M,E,S}对分好词的实验语料进行字序标注。

③ 语料切分。将实验语料以句子为单位切分成10份,每次实验取其中的9份作为训练语料,1份作为测试语料,以此进行十折交叉验证。

④ 格式转化。将切分标注后的语料转化成CRF++工具包所需格式。

⑤ 选取合适的特征模板。

⑥ 分词实验。按照CRF++工具包使用方法分步骤进行分词。训练时执行以下命令：crf_learn template train.txt model。在该命令中，crf_learn代表条件随机场的学习算法，template表示特征模板文件的文件名，train.txt表示训练文本，model是训练过程中生成的模型文件。需要注意的是，每次实验新生成的model都会自动覆盖上次实验形成的model，因此，如果想保存之前的分词模型，需将每次的model文件命以不同的文件名。训练完毕后执行"crf_test-model test.txt＞output.txt"命令进行测试。在测试命令中，crf_test表示条件随机场的测试算法，model代表训练过程中生成的模型文件，test.txt代表测试语料文本，output.txt表示进行CRF测试后生成的测试结果文件。

⑦ 实验结果评价。基于条件随机场模型，从1998年1月人民日报语料和新构建的2018年1月人民日报语料中分别选取训练集和测试集，按照上述流程，分别得到10个分词模型，再通过自行编写的Python程序计算对应的精准率、召回率、调和平均值。它们在测试语料上的整体性能见表3-9与表3-10。

表3-9 1998年1月人民日报语料的整体性能

模型	评测对象	精准率/%	召回率/%	调和平均值/%
模型1	B	97.14	98.28	97.71
	E	97.20	98.34	97.76
	M	94.44	92.13	93.27
	S	97.62	95.67	96.64
	所有标记	97.10	97.10	97.10
模型2	B	97.17	98.40	97.78
	E	97.13	98.36	97.74
	M	94.69	92.63	93.65
	S	97.75	95.50	96.61
	所有标记	97.13	97.13	97.13

(续表)

模型	评测对象	精准率/%	召回率/%	调和平均值/%
模型3	B	97.17	98.36	97.76
	E	97.15	98.34	97.74
	M	94.75	92.65	93.69
	S	97.66	95.53	96.58
	所有标记	97.12	97.12	97.12
模型4	B	97.02	98.23	97.62
	E	96.99	98.20	97.59
	M	94.50	92.20	93.34
	S	97.52	95.46	96.48
	所有标记	96.97	96.97	96.97
模型5	B	97.13	98.35	97.73
	E	97.13	98.35	97.74
	M	94.55	92.34	93.43
	S	97.76	95.57	96.65
	所有标记	97.12	97.12	97.12
模型6	B	97.31	98.37	97.83
	E	97.20	98.26	97.73
	M	94.53	92.60	93.55
	S	97.67	95.78	96.71
	所有标记	97.18	97.18	97.18
模型7	B	97.18	98.35	97.76
	E	97.18	98.35	97.76
	M	94.40	92.27	93.33
	S	97.70	95.60	96.64
	所有标记	97.12	97.12	97.12
模型8	B	97.24	98.36	97.79
	E	97.13	98.24	97.68
	M	94.39	92.70	93.54
	S	97.80	95.74	96.76
	所有标记	97.15	97.15	97.15

(续表)

模型	评测对象	精准率/%	召回率/%	调和平均值/%
模型9	B	97.15	98.37	97.76
	E	97.11	98.33	97.72
	M	94.58	92.48	93.52
	S	97.66	95.46	96.54
	所有标记	97.09	97.09	97.09
模型10	B	97.15	98.26	97.70
	E	97.05	98.16	97.60
	M	94.32	92.41	93.36
	S	97.50	95.53	96.50
	所有标记	97.01	97.01	97.01

从所有标记的调和平均值的结果来看，基于1998年1月人民日报语料所构建的分词模型最优性能达到了97.18%，而所训练的10个模型的平均调和平均值为97.10%。在具体的分词标记上，多字词的首字调和平均值最优性能达到了97.79%，平均调和平均值为97.74%；多字词的中间字最高调和平均值为93.69%，平均调和平均值为93.47%；多字词的尾字调和平均值最高为97.76%，平均调和平均值为97.71%。从多字词的3个标记的整体性能看，中间字的性能影响了整个多字词的调和平均值，因为中间字的召回率整体性能较差，最低的召回率仅为93.27%。跨度比较大的多字词导致了这一问题，比如"沙曼·维雅吉"，这是一个人名，本来是一个词，但在所构建的模型中被识别成了"沙曼·维雅"和"吉"两个词。单字词的最高调和平均值为96.76%，平均调和平均值为96.61%。虽然单字词的整体性不是最为突出的，但其整体性能分布较为均匀，在一定程度上确保了整个分词模型的性能较为突出。

表 3-10　2018 年 1 月人民日报语料的整体性能

模型	评测对象	精准率/%	召回率/%	调和平均值/%
模型 1	B	98.08	99.09	98.58
	E	97.96	98.97	98.46
	M	95.28	86.43	90.64
	S	97.85	97.70	97.78
	所有标记	97.80	97.80	97.80
模型 2	B	98.04	99.04	98.54
	E	97.91	98.91	98.40
	M	95.06	86.82	90.75
	S	97.76	97.49	97.62
	所有标记	97.73	97.73	97.73
模型 3	B	98.05	99.02	98.53
	E	97.94	98.90	98.41
	M	94.96	87.10	90.86
	S	97.78	97.52	97.65
	所有标记	97.74	97.74	97.74
模型 4	B	98.01	99.04	98.52
	E	97.87	98.91	98.39
	M	94.90	86.39	90.45
	S	97.79	97.53	97.66
	所有标记	97.70	97.70	97.70
模型 5	B	97.96	98.99	98.47
	E	97.85	98.88	98.36
	M	94.99	86.36	90.47
	S	97.75	97.52	97.64
	所有标记	97.67	97.67	97.67
模型 6	B	98.00	99.08	98.54
	E	97.88	98.96	98.42
	M	95.23	86.13	90.45
	S	97.78	97.54	97.66
	所有标记	97.73	97.73	97.73

(续表)

模型	评测对象	精准率/%	召回率/%	调和平均值/%
模型 7	B	98.05	99.09	98.57
	E	97.91	98.95	98.43
	M	95.36	86.72	90.84
	S	97.84	97.56	97.70
	所有标记	97.78	97.78	97.78
模型 8	B	97.99	99.07	98.53
	E	97.85	98.93	98.39
	M	95.24	86.22	90.50
	S	97.78	97.55	97.66
	所有标记	97.71	97.71	97.71
模型 9	B	98.10	99.09	98.59
	E	97.96	98.96	98.46
	M	95.22	86.88	90.86
	S	97.85	97.57	97.71
	所有标记	97.80	97.80	97.80
模型 10	B	98.01	99.05	98.53
	E	97.87	98.92	98.39
	M	94.99	86.46	90.53
	S	97.84	97.56	97.70
	所有标记	97.72	97.72	97.72

基于新构建的2018年1月人民日报语料,在对所有标记进行评测的基础上,最优模型的调和平均值达到了97.80%,比基于1998年1月所构建的最优模型高出了0.62%。所有标记模型的平均调和平均值达到了97.74%,比1998年1月所有模型的平均调和平均值高出了0.64%。在多字词的首字上,最高调和平均值为98.59%,平均调和平均值为98.54%,比1998年1月的首字平均调和平均值高出0.8%;多字词的中间字的最高调和平均值达到了90.86%,平均调和平均值为90.64%,比1998年1月的中间字平均调和平均值低了2.83%;多字词的尾字最高调和平均值为98.46%,平均调

和平均值为 98.41%,比 1998 年 1 月的尾字平均调和平均值高出 0.70%。从历时对比上看,条件随机场模型在中间字的识别方面性能降低,这是词汇长度跨度增大造成的。在单字词的识别性能上,最高的调和平均值达到了 97.78%,平均调和平均值为 97.68%,比 1998 年 1 月的单字词识别性能分别高出了 1.02% 和 1.07%。

为从模型性能的角度说明构建 NEPD 语料库的必要性,可以从基于 1998 年 1 月语料所构建的 10 个模型中选取调和平均值最高的模型依次去标注 2018 年 1 月的 10 个测试语料,得到的分词标注结果如表 3-11 所示:

表 3-11 1998 年 1 月最优模型标注 2018 年语料的性能验证

模型	评测对象	精准率/%	召回率/%	调和平均值/%
模型 1	B	84.39	92.00	88.03
	E	83.78	91.33	87.39
	M	69.65	32.03	43.88
	S	83.31	82.42	82.86
	所有标记	83.21	83.21	83.21
模型 2	B	84.47	91.79	87.98
	E	83.96	91.23	87.44
	M	68.95	31.77	43.50
	S	82.96	82.87	82.91
	所有标记	83.17	83.17	83.17
模型 3	B	84.55	91.79	88.02
	E	83.94	91.13	87.39
	M	68.96	32.37	44.06
	S	83.18	82.50	82.84
	所有标记	83.26	83.26	83.26
模型 4	B	84.38	91.74	87.91
	E	83.76	91.06	87.26
	M	68.64	32.12	43.76
	S	83.15	82.43	82.79
	所有标记	83.11	83.11	83.11

(续表)

模型	评测对象	精准率/%	召回率/%	调和平均值/%
模型 5	B	84.24	91.82	87.87
	E	83.76	91.31	87.37
	M	70.28	31.52	43.53
	S	82.72	82.60	82.66
	所有标记	83.03	83.03	83.03
模型 6	B	83.89	91.87	87.70
	E	83.40	91.33	87.18
	M	70.43	30.92	42.97
	S	82.81	82.66	82.74
	所有标记	82.81	82.81	82.81
模型 7	B	84.46	92.02	88.08
	E	83.94	91.44	87.53
	M	70.71	31.80	43.87
	S	82.97	82.94	82.96
	所有标记	83.25	83.25	83.25
模型 8	B	83.75	90.81	87.14
	E	83.83	90.89	87.22
	M	69.64	32.17	44.01
	S	82.22	82.42	82.32
	所有标记	82.71	82.71	82.71
模型 9	B	84.07	91.86	87.79
	E	83.47	91.21	87.17
	M	70.45	30.77	42.83
	S	82.81	83.10	82.95
	所有标记	82.90	82.90	82.90
模型 10	B	84.43	91.83	87.97
	E	83.84	91.18	87.36
	M	69.32	32.01	43.80
	S	83.14	82.68	82.91
	所有标记	83.18	83.18	83.18

从表 3-11 可以看出，基于 1998 年 1 月语料构建的最优标注模型在 2018 年 1 月语料上所取得的标注结果与表 3-10 基于 2018 年 1 月语料所构建的分词模型整体性能差距非常大。所有标记的最高调和平均值为 83.26%，平均调和平均值仅达到了 83.06%，比基于 2018 年 1 月语料所构建模型分别低了 14.54%、14.68%。性能指标出现这么大的差异，根本原因是基于 20 年前的语料所训练出来的模型在词汇的覆盖度和新颖性上已经不能完成对当前文本的精准标注。这也说明，1998 年人民日报语料已不适合用于处理当前的最新汉语文本，如果要对当前文本进行自动分词，有必要采用 NEPD 这样的基于当前文本的新语料。另外，在多字词的中间字的识别方面，基于 20 年前语料所构建的模型的性能更差，最优调和平均值仅为 44.06%，而平均调和平均值也仅为 43.62%，与基于 2018 年 1 月语料所构建的模型相比分别低了 46.80% 和 47.02%。这一指标表明，基于 1998 年 1 月语料所构建的模型用于对 2018 年 1 月语料的自动分词时不能解决长词的精准分词问题。上述实验数据从技术指标方面充分证明了构建 NEPD 语料库的必要性。

以上实验仅基于一个月的人民日报语料。为训练出更精准的分词模型，特将语料扩充至 10 个月。在原有 2018 年 1 月语料的基础上，加入 2015 年 1—6 月、2016 年 1 月、2017 年 1 月以及 2022 年 1 月的语料。从表 3-12 可以看出，在 10 个分词模型中，所有标记的调和平均值最高达到了 98.48%，平均调和平均值为 98.46%。各分词模型之间相差结果甚微。在具体的分词标记方面，多字词的首字最高调和平均值为 99.06%、平均调和平均值为 99.04%；多字词的中间字最高调和平均值为 97.47%、平均调和平均值为 96.06%；多字词的尾字最高调和平均值为 99.00%、平均调和平均值为 99.00%。在单字词的识别性能方面，最高的调和平均值达到了 98.37%，平均调和平均值为 98.35%。总体而言，基于 10 个月语料的 10 个分词模型表现优于仅基于 1 个月语料的分词模型，整体效果俱佳，但在多字词的识别过程中，中间字的识别性能仍与首字和尾字存在较大差距。

表 3-12 基于 10 个月语料构建的分词模型的整体性能

模型	评测对象	精准率/%	召回率/%	调和平均值/%
模型 1	B	98.95	99.18	99.06
	E	98.88	99.13	99.00
	M	96.37	95.56	95.96
	S	98.59	98.16	98.37
	所有标记	98.52	98.45	98.48
模型 2	B	98.91	99.17	99.04
	E	98.86	99.12	98.99
	M	96.38	95.37	95.87
	S	98.55	98.14	98.34
	所有标记	98.48	98.43	98.45
模型 3	B	98.92	99.16	99.04
	E	98.87	99.13	99.00
	M	96.41	95.39	95.90
	S	98.54	98.15	98.34
	所有标记	98.48	98.42	98.45
模型 4	B	98.93	99.17	99.05
	E	98.86	99.12	98.99
	M	96.34	95.56	95.95
	S	98.55	98.13	98.34
	所有标记	98.48	98.44	98.46
模型 5	B	98.94	99.17	99.05
	E	98.89	99.12	99.00
	M	96.27	95.55	95.91
	S	98.58	98.15	98.36
	所有标记	98.51	98.44	98.47
模型 6	B	98.90	99.16	99.03
	E	98.88	99.13	99.00
	M	96.31	95.35	95.83
	S	98.56	98.11	98.33
	所有标记	98.48	98.42	98.45

(续表)

模型	评测对象	精准率/%	召回率/%	调和平均值/%
模型 7	B	98.91	99.16	99.03
	E	98.87	99.12	98.99
	M	96.42	95.36	95.89
	S	98.54	98.13	98.33
	所有标记	98.48	98.43	98.45
模型 8	B	98.92	99.15	99.03
	E	98.89	99.11	99.00
	M	96.36	95.43	95.89
	S	98.54	98.16	98.35
	所有标记	98.48	98.43	98.45
模型 9	B	98.89	99.16	99.02
	E	98.86	99.13	98.99
	M	96.39	98.58	97.47
	S	98.57	98.11	98.34
	所有标记	98.48	98.42	98.45
模型 10	B	98.93	99.16	99.04
	E	98.89	99.12	99.00
	M	96.33	95.55	95.94
	S	98.55	98.14	98.34
	所有标记	98.49	98.44	98.46

基于10个月的语料在分词模型效果上整体表现较好,调和平均值不论是相较于2018年1月还是1998年1月的单月语料均有一定程度的提升。为了进一步验证分词模型的有效性,特将2015年、2016、2017、2018、2022年1月份的语料、2015年1月至6月的语料按照上述步骤进行十折交叉验证实验(实验结果分别见表3-13和表3-14),分别统计其在所有标记、单字词、多字词上的识别效果。鉴于数据量较大,为了更直观地对比各个年份以及各个月份的分词效果,仅展示及对比各个模型的最高调和平均值以及平均调和平均值。从表3-13可以看出,5个1月份语料中,在所有测评对

象的识别表现方面,2017年1月份语料表现最佳。其中,所有标记的最高调和平均值达到98.15%,平均调和平均值为98.06%;多字词的首字调和平均值最高性能达到98.74%,平均调和平均值为98.66%;多字词的中间字最高调和平均值为95.17%,平均调和平均值为95.12%;多字词的尾字调最高调和平均值为98.72%,平均调和平均值为98.66%;单字词的最高调和平均值为98.12%,平均调和平均值为98.04%。

表3-13 五年的1月语料分词模型效果统计

评测对象	调和平均值	2015年1月	2016年1月	2017年1月	2018年1月	2022年1月
B	最高调和平均值/%	98.26	98.34	98.74	98.59	98.68
B	平均调和平均值/%	98.20	98.30	98.66	98.54	98.61
E	最高调和平均值/%	98.16	98.34	98.72	98.46	98.63
E	平均调和平均值/%	98.09	98.27	98.66	98.41	98.59
M	最高调和平均值/%	92.72	93.09	95.08	90.86	95.17
M	平均调和平均值/%	92.48	92.83	94.89	90.64	95.12
S	最高调和平均值/%	97.14	97.37	98.12	97.78	98.06
S	平均调和平均值/%	97.05	97.25	98.04	97.68	97.98
所有标记	最高调和平均值/%	97.28	97.46	98.15	97.80	98.08
所有标记	平均调和平均值/%	97.19	97.38	98.06	97.74	98.01

在对比了不同年份1月份语料的分词模型后,再基于2015年上半年6个月的人民日报语料分别构建分词模型并测评分词性能。在对所有标记进

行测评的基础上,最优模型为2015年3月人民日报语料,最高调和平均值达到了98.51%,平均调和平均值达到了98.43%;在对多字词首字的识别上,六个月中最优模型的调和平均值达到了99.02%,平均调和平均值达到了98.97%;在多字词的尾字上,2015年3月语料识别效果的最高调和平均值达99.00%。但就平均调和平均值而言,2015年5月语料的模型效果更好,达到98.81%;而多字词中间字的识别效果仍然有待提高,最高平均调和平均值仅为95.90%,远不及其他类型的测评对象;在单字词的识别性能上,最高的调和平均值达到了98.47%,平均调和平均值为98.38%。

表3-14 2015年1—6月语料分词模型效果统计

测评对象	调和平均值	2015年1月	2015年2月	2015年3月	2015年4月	2015年5月	2015年6月
B	最高调和平均值/%	98.26	98.66	99.02	98.86	98.88	97.61
	平均调和平均值/%	98.20	98.62	98.97	98.77	98.81	97.56
E	最高调和平均值/%	98.16	98.68	99.00	98.86	98.87	97.48
	平均调和平均值/%	98.09	98.63	98.64	98.79	98.81	97.43
M	最高调和平均值/%	92.72	94.95	95.90	95.49	95.49	89.51
	平均调和平均值/%	92.48	94.68	95.65	95.23	95.24	89.24
S	最高调和平均值/%	97.14	98.15	98.47	98.29	98.33	95.97
	平均调和平均值/%	97.05	98.04	98.38	98.21	98.24	95.80
所有标记	最高调和平均值/%	97.28	98.09	98.51	98.33	98.35	96.15
	平均调和平均值/%	97.19	98.04	98.43	98.23	98.27	96.06

3.5 小 结

在分析了目前已有汉语通用分词语料库的基础上,本章给出了所构建的NEPD语料库的数据来源、清洗过程、标注规范和标注流程,由此完成了

NEPD语料库构建,并采用条件随机场模型测评和验证了NEPD的整体性能。测评结果表明,NEPD性能突出。

测评过程中还将NEPD与1998年1月的北京大学人民日报语料进行了分词性能对比。结果表明,用当年语料训练出的模型处理当年的《人民日报》文章,NEPD与1998年1月的北京大学人民日报语料性能上基本上没有区别,证明1998年语料与NEPD的标注质量都非常高。但若用基于1998年语料训练得到的模型处理20年后的《人民日报》(即NEPD语料)中的文章,比用NEPD语料训练得到的模型在性能方面低了接近15个百分点。这表明,基于20年前的语料所训练出来的模型从词汇的覆盖度和新颖性上来说,已经不能达到对当前《人民日报》文本的精准标注,即已不再适用于面向当前现代汉语通用文本的自然语言处理,再次证明了构建NEPD语料库的必要性。

NEPD可以弥补北京大学人民日报语料用于处理当前文本时的不足。一方面,NEPD的构建解决了目前该类分词语料陈旧、落后时代变迁与语言发展的问题,从历时的角度实现了对已有人民日报语料的延续和有效扩充。另一方面,NEPD可以为开发新的高性能的命名实体识别模型、精准语义检索系统和浅层句法分析器提供有力的资源支撑。

第4章 NEPD 语料句长与词汇分布

　　词汇和句子是语言的重要组成部分,围绕词汇和句子开展了很多语言学研究,同时也为文本挖掘和自然语言处理研究提供了数据支撑。从语言学和统计学的角度对文本构成的句子和词汇进行统计和分析是开展语言分析和文本处理的前提。句长的厘定,对语言学研究来说,有助于语言规律的挖掘、二语习得教学的展开;对机器学习来说,有利于特征的统计和选取。词汇分布情况的统计不仅有益于人们了解自我使用语言词汇的概貌,而且也为汉语的自动分词、词性标注和句法分析提供了最为直接的词汇特征知识。鉴于此,基于 NEPD 语料库进行字和词维度上的句子长度分布和词汇分布的统计与分析,不仅可以从句子长度和词汇分布上全面展示新旧语料的相同之处,也可以呈现其不同之点。对句子长度和词汇分布的研究有助于了解当代汉语文本的语言学特征,进而开展自然语言处理和文本挖掘。

　　本章基于 NEPD 语料库从不同维度统计分析句子长度和词汇分布。本章选取了 NEPD 中的 2015 年 1—6 月、2016 年 1 月、2017 年 1 月、2018 年 1 月和 2022 年 1 月的人民日报分词语料作为具体研究对象,以句号、问号、叹号、分号、冒号、省略号为分隔标识,将句子划分为 6 种类别,分别统计和分析以字、词为单位的句子长度分布,并基于齐普夫定律揭示词汇静态分布情况。基于字、词维度的句子长度分布情况和词汇的齐普夫分布状态,可以探讨汉语句子长度和词汇的分布是如何随着时间的推移变化和发展的。

4.1 句长与词汇分布的研究及 NEPD 的句子类型

句长作为重要的语言特征,具有较高的研究价值。无论是语言的纵向发展还是不同语言间的横向比较,从字和词的角度分析句长都是其中的关键研究要素。关于句长的研究,目前主要集中在非特定领域的句长规律分析和语言教学领域的句长探究这两个方面。

非特定领域句长规律的代表性研究产生了如下典型性成果。基于对赫西俄德和荷马等人的现存著作中句长进行分析,Clayman[1] 证明了句子长度和音素数量的分布与作品风格和主题存在着极大的联系。这一研究成果对作者所属艺术流派的鉴别判断有重要的借鉴作用。通过对 120 万字汉语语料中所有句子进行切分和统计,黄自然[2] 分别从"字"和"词"的维度统计了句子长度的分布,总结了句长和平均句长频次分布的内在规律。在结构和使用细节上,古汉语和现代汉语存在着较大差异,李青苗[3] 基于对《左传》中的偏正结构和句子长度的统计分析,从句法分析的角度证明了汉民族对细节意义逐步重视,从而使得现代汉语比先秦古代汉语在句长上增加非常多。在句长研究的基础上,王萍与石锋[4] 结合"阅读语调"对汉语普通话中不同语句类型的阅读时长表现进行了细致的分析和比较,归纳出了"阅读时

---

[1] Clayman D. Sentence length in Greek hexameter poetry [J]. Hexameter studies, quantitative linguistics,1981(11):107 - 136.

[2] 黄自然.以"字"为单位的汉语平均句长与句长分布研究[J].齐齐哈尔大学学报(哲学社会科学版),2018(1):133 - 138.

[3] 李青苗.从《左传》的偏正结构和句子长度看现代汉语细节意义的增强[J].东北师大学报(哲学社会科学版),2018(4):99 - 103.

[4] 王萍,石锋.汉语普通话不同语句类型的时长分布模式[J].语言教学与研究,2019(2):101 - 112.

长"的分布模式,该研究是对句长研究的拓展和补充。在张绍麒和李明[1]对汉语句长的研究基础上,左思民[2]指出人脑的信息加工处理方式、语调以及某些强制性的表达格式是制约句长增长的三大因素。蒋跃等[3]基于双语平行语料库,结合计量语言学中的句法结构定律探究语言结构间的规律特征。金真星[4]对《春香传》原作与译本的语言风格和句长进行定量分析,证明句子长度与语言风格存在较强的关联性,为今后翻译的研究提供了新思路。葛厚伟[5]基于《尚书》语料库,从句长、句段长、句子类型和形合度等四个方面分析了句法特征和译者风格。

对语言教学特别是儿童语言教学方面的句长研究成果非常丰富。句长是评价儿童句法发展的一个关键性指标,在儿童母语习得研究、智障儿童语言习得研究和第二语言习得研究方面均有重要应用。从词和语素的角度,黄自然和贾成南[6]统计了不同年龄段儿童的平均句长,并在实验中将平均句长与句法结构复杂度结合起来,证明了平均句长作为评测儿童语言发展的有效性。与上述研究类似,在针对儿童词汇广度和句法复杂度的实验研究中,金志娟、金星明[7]和 Montgomery 等[8]还分别分析研究了学龄前儿童的语言整体发展状况。学界对句子长度的研究不局限于单一语言的历史发

---

[1] 张绍麒,李明. 小说与政论文言语风格异同的计算机统计(实验报告)[J]. 天津师大学报(社会科学版),1986(4):82-86.

[2] 左思民. 汉语句长的制约因素[J]. 汉语学习,1992(3):16-21.

[3] 蒋跃,马瑞敏,韩红建. 句法层面"第三语码"的计量研究[J]. 外语教学与研究,2021(6):830-841.

[4] 金真星. 基于计算风格学的《春香传》中译本研究[D]. 南京:南京师范大学,2020.

[5] 葛厚伟. 基于语料库的《尚书》英译本句法特征及译者风格分析[J]. 鲁东大学学报(哲学社会科学版),2020(1):54-62.

[6] 黄自然,贾成南. 平均句长在语言习得研究中的应用与问题[J]. 长江大学学报:社会科学版,2013(1):95-97.

[7] 金志娟,金星明. 学龄前儿童普通话平均句子长度和词汇广度研究[J]. 中国循证儿科杂志,2008(4):261-266.

[8] Montgomery M M, Montgomery A A, Stephens M I. Sentence repetition in preschoolers: effects of length, complexity, and word familiarity[J]. Journal of psycholinguistic research, 1978(6):435-452.

展情况和儿童语言的习得,在第二语言的学习过程中句长的研究也具有较高的价值和意义。通过对中美高中生的英文写作结果的统计分析,李建平和张晓菡[1]发现中国中学生写作的平均句长低于美国中学生写作的平均句长,且不同长度句子在分布上存在很大差异,从二语习得的角度证明了句长研究的现实价值。陈晶[2]经过实证研究得出结论,在第二语言教学中句子长度是影响练习达到熟练程度的重要因素。高思畅和王建勤[3]研究发现,句子长度对汉语学习中的口语韵律边界强度和韵律组块手段具有显著的影响。

综上,非特定领域的句长规律分析的研究中多以某一特定作品为研究对象,从而得出句长分布的结论,这与本书对 NEPD 语料的研究范式类似,而语言教学的研究则主要是针对句子长度对儿童语言教学的影响。

除了句子长度的研究,学者们结合齐普夫定律对词汇的分布状况也开展了研究。齐普夫定律是美国学者齐普夫[4]于 20 世纪 40 年代提出的词频分布定律,在 90 年代早期,国内一些学者对该定律进行了一些探索和研究,产生了一些具有代表性的研究。冯志伟[5]对齐普夫定律的来龙去脉做了说明,同时指出当出现同频词时,同频词的排序等级还有待进一步研究。孙清兰和王肇建[6]对上述问题进行了探讨,并通过理论研究和实例验证证明最大值法为齐普夫定律词级确定的最优方法。为了揭示词出现的频次与同频

---

[1] 李建平,张晓菡.中美中学生英语写作句子长度对比分析———一项基于高考英语作文的研究[J].教育测量与评价(理论版),2015(7):50-53.

[2] 陈晶.第二语言语法教学的句子长度与熟巧练习耗时调查[J].科学咨询(科技·管理),2020(12):82.

[3] 高思畅,王建勤.句法结构和句子长度对汉语学习者口语韵律组块的影响[J].世界汉语教学,2020(1):115-128.

[4] Zipf G K. Human behavior and the principle of leasteffort:an introduction to human ecology[M]. Cambridge:Addison-Wesley Press, 1949.

[5] 冯志伟.齐普夫定律的来龙去脉[J].情报科学,1983(2):37-42.

[6] 孙清兰,王肇建.齐夫定律的词等级确定方法探讨[J].东北师大学报(自然科学版),1993(3):32-37.

词数量的制约关系,孙清兰[①]提出了新的高频、低频词的界分公式,并通过理论分析和实验验证表明了其可靠性。Li[②]对齐普夫定律的数学验证方式做了总结和归纳。在齐普夫定律的验证和应用方面,相关学者也做了许多工作。基于由1949年至2008年间意大利十位总统的年终演讲组成的语料,A. Tuzzi等[③]统计发现,即使文本的编撰者不止一人,词汇分布依然遵循齐普夫定律,而且不同人的语言风格也能在词频上清晰地体现出来。沈关龙[④]统计了英文文献《国外电力可靠性文献检索系统》中篇名的标题词频,对齐普夫第一定律和齐普夫第二定律低频区词频分布理论做了验证。基于《科技情报工作的科学技术》语料,王崇德和来玲[⑤]通过计算C值的中心特征,说明中文文集中的词汇呈现了齐普夫分布规律。通过对中文小说《坚硬的稀粥》的前18个段落进行词频统计与分析,何凤远[⑥]发现词频在分布上呈现出较为明显的齐普夫分布规律。

齐普夫定律在生活中普遍存在。除了自然语言领域,一些学者将齐普夫定律的应用延伸到了城市规模[⑦]、公司规模[⑧]、网站访问量[⑨]以及文献计量学等领域,依然可以得到大量符合齐普夫定律的场景。

齐普夫定律被应用于城市规模方面的研究,成为城市规模分布的经典理论,其核心观点是城市规模分布在位序-规模的双对数图上呈现斜率为1

[①] 孙清兰. 高频、低频词的界分及词频估计方法[J]. 情报科学,1992(2):28-32.
[②] Li W. Zipf's law everywhere[J]. Glottometrics, 2002(5):14-21.
[③] Tuzzi A, Popescui I, Alatmann G. Zipf's laws in Italian texts[J]. Journal of quantitative linguistics, 2009(4):354-367.
[④] 沈关龙. 齐普夫定律与专题文献标题词频的研究及应用[J]. 情报理论与实践,1988(2):58-64,130.
[⑤] 王崇德,来玲. 汉语文集的齐夫分布[J]. 情报科学,1989(2):1-8.
[⑥] 何凤远. 中文词频分布与齐夫定律的汉语适用性初探[J]. 现代语文(下旬·语言研究),2010(10):110-111.
[⑦] Gabaix X. Zipf's law for cities: an explanation[J]. The quarterly journal of economics, 1999(3):739-767.
[⑧] Axtell R L. Zipf distribution of U.S. firm sizes[J]. Science, 2001(5536):1818-1820.
[⑨] Adamic L A, Huberman B A. Zipf's law and the internet[J]. Glottometrics, 2002(1):143-150.

的直线。Eeckhout[1]研究了美国城市的分布,提出对数正态分布对城市规模分布的拟合更好,而Giesen等[2]则认为Reed等[3]提出的双帕累托对数正态分布更符合实际。关于城市规模分布的演化,研究普遍发现发达国家相对稳定,而发展中国家的城市规模分布变化幅度更大。孙斌栋等[4]对中国城市位序规模分布的形态特征和演变趋势进行了实证分析,结果证明中国城市分布符合齐普夫定律。魏守华[5]等在阐释齐普夫定律和Gibrat定律的理论机制基础上,运用中国646个县级以上城市数据检验其在城市规模分布上的适用性,结果表明齐普夫定律的拟合效果最好。陈彦光和周一星[6]基于城市等级体系的分形递归模型及其等价形式三参数齐普夫定律提出关于城市位序规模分布的多分形模型,并进行了实证分析。

齐普夫定律还被用于研究网站访问量。在P2P网络研究中,Cai等[7]提出了在结构化P2P网络的信任发现中仍然存在齐普夫定律的猜想,并用实验证实了该猜想,同时研究了齐普夫定律在其中的存在形式与特点。张秋娈和路紫[8]统计了旅游网站分省访问量资料,构建了网站信息流距离衰减曲线模型,并深入研究了旅游网站信息流距离衰减的集中度问题,证明旅游网站信息流的位序-规模分布符合齐普夫定律。

在信息计量方面,齐普夫定律发挥着重要的作用。网络信息计量也引

---

[1] Eeckhout J. Gibrat's law for (all) cities[J]. American economic review,2004(5):1429-1451.

[2] Giesen K,Zimmermann A,Suedekum J. The size distribution across all cities-double Pareto lognormal strikes[J]. Journal of urban economics,2010(2):129-137.

[3] Reed W J. The Pareto,Zipf and other power laws[J]. Economics letters,2001(1):15-19.

[4] 孙斌栋,王言言,张志强,等. 中国城市规模分布的形态和演化与城市增长模式——基于Zipf定律与Gibrat定律的分析[J]. 地理科学进展,2022(3):361-370.

[5] 魏守华,孙宁,姜悦. 齐普夫定律与Gibrat定律在中国城市规模分布中的适用性[J]. 世界经济,2018(9):96-120.

[6] 陈彦光,周一星. 城市等级体系的多重Zipf维数及其地理空间意义[J]. 北京大学学报(自然科学版),2002(6):823-830.

[7] Cai B,Chen L Y. Zipf's trust discovery in structured P2P network[C]// Proceedings of the WKDD 2010,2010:191-194.

[8] 张秋娈,路紫. 旅游网站信息流距离衰减的集中度研究[J]. 地理科学,2011(7):885-890.

入了齐普夫定律。刘胜久等[①]采用公开的词语集在几个代表性的搜索引擎中进行实验验证,证实了搜索结果数目近似服从齐普夫定律的结论。

由于齐普夫定律是 Pareto 方程的对数变换,满足分形分维特征,将齐普夫定律与分枝分维等其他理论与方法相结合,拓宽齐普夫定律的研究应用领域,并探讨其在其他领域的存在形式是当前齐普夫定律研究的重点。

综上可知,句长分析是语言的重要特征,句长分析在语言学中有重要的研究价值,而词汇分布的研究与齐普夫定律密切相关,在分析词汇分布时与齐普夫定律结合有助于探究人民日报语料的词汇分布规律。在上述国内外研究的基础上,本章选取了 NEPD 中的 2015 年 1—6 月、2016 年 1 月、2017 年 1 月、2018 年 1 月和 2022 年 1 月的人民日报分词语料作为具体研究对象,从字、词维度的句子长度分布与词汇的齐普夫分布这两个角度进行系统而全面的统计与分析,并对相应结果进行对比研究。

根据 2011 年 12 月 30 日中国国家标准化管理委员会发布的《标点符号用法》的规定,汉语常用标点符号共有 17 种,即逗号、句号、问号、感叹号、冒号、分号、引号、顿号、括号、破折号、省略号、书名号、着重号、间隔号、连接号、专名号、分隔号。其中,着重号、专门号放在文字的下边,不单独占格,不可能单独成句,在 NEPD 中可以忽略。逗号、引号、顿号、括号、破折号、书名号、间隔号、连接号、分隔号也不能组织并形成完整的句式和语义,不能作为完整句子的结束标记。因此,NEPD 选择相对来说具有完整句义表达能力的句号、问号、感叹号、分号、冒号、省略号 6 种标点符号作为句子结束标记。

为了更加充分和全面地统计人民日报语料中句长的分布情况,可以按照"。"(句号)、"?"(问号)、"!"(感叹号)、";"(分号)、":"(冒号)、"……"(省略号)这 6 种标点符号统计人民日报语料中以字和词为单位的句长及整体分布。以句号结尾的句子通常用来表示一个独立句子的结尾,用于陈述句当中,如:"12 月 31 日,全国政协在北京举行新年茶话会。""再过几个小时,

---

① 刘胜久,李天瑞,珠杰. Zipf 定律与网络信息计量学[J]. 中文信息学报,2015(4):89-94.

新年的钟声就要敲响了。"以问号结尾的句子用于表达新闻中的强烈情感，如："为什么出事的总是临时工？"以感叹号结尾的句子同样用于表达强烈的情感，如："不能任由形式主义影响政府公信力！"以分号结尾的句子作用与句号类似，如："成就，是过往的辉煌；明天，又是奋进的崭新起点。"以冒号结尾的句子用于语气停顿或提示下文、总结上文，如："曲老师说：做学问不难。""通过现场走访，刘文洁确定了一个基本事实：程家反映的情况属实。"以省略号结尾的句子在新闻中主要表达语义难尽和断断续续，如："设备正常，状态正常……"。其他类主要包括部分特殊表达如新闻标题以及人物对话，如："（新华社记者丁仁贵摄）""图片新闻""二、原因和教训""上海综合指数周K线图"和"一次公司下班后开会，会议结束前，徐柏玉问：'哪一位夜晚从家外出不关灯？请举手！'"等。以包含了人物对话的最后一个例句为例，按规则将其分为4句话：① 一次公司下班后开会，会议结束前，徐柏玉问：② 哪一位夜晚从家外出不关灯？③ 请举手！④ "哪一位夜晚从家外出不关灯？请举手！"。由于引号内的两句话已计入问号类别和叹号类别，故将第4句归为其他类，在后文的分析中不予统计。表4-1列举了NEPD的2015年1—6月、2016年1月、2017年1月、2018年1月、2022年1月语料中不同类别句子的分布情况。

表4-1 人民日报语料不同类别句子分布情况

句子类别	2015年1月	2015年2月	2015年3月	2015年4月	2015年5月	2015年6月	2016年1月	2017年1月	2018年1月	2022年1月
。	68 412	61 463	71 336	71 174	74 327	66 980	69 023	65 986	65 865	66 550
：	4 372	3 748	4 598	4 537	4 413	4 276	3 857	3 536	3 672	4 165
！	809	750	622	959	1 027	668	743	861	809	1 396
；	4 400	3 792	4 320	4 254	4 259	4 329	4 731	3 836	4 194	3 998
……	805	790	691	876	954	796	986	903	1 072	1 772
？	2 587	2 050	2 041	2 436	2 377	2 133	2 136	1 878	1 996	1 399
总计	81 385	72 593	83 608	84 236	87 357	79 182	81 476	77 000	77 608	79 280

从上述的统计中可以直观地了解到,在历年的人民日报语料数据中,以句号结尾的句子占绝大部分,均保持在80%以上。可见,陈述句在新闻中是常用句式,其他的标点符号会在不同的情境中有着特定的使用方式,在新闻中出现较少。除了数据量的变化,各种类型句子的使用方式和习惯也在随之改变,但在整体的分布上,以句号为结尾的句子在人民日报语料中仍然占比最大,其余句子的占比并无明显变化,表明句子的使用习惯改变较小。下文将分月度在字维度上和词维度上对句长分布进行详细的分析。

4.2 字维度上的句长分布

按照上述6种句子类型的划分方式对NEPD语料进行句子划分后,可对6类句子的长度按照字的数量统计句长,进而分析字维度句长的整体分布情况,并比较不同时期6类句子字维度句长的变化,从一个侧面反映7年来现代汉语规范文本在语言现象方面的变化与发展。

4.2.1 2015年1月人民日报语料字维度上的句长分布

在2015年1月人民日报语料的基础上,分别以"。""?""!"";"":""……"为分隔符得到6类句子共81 385句。以字作为句子的基本构成单位,对句子的长度和出现频次进行统计,选取全部类型句子中长度出现频次排前20名的句子,得到表4-2所示的句长分布情况表。

表4-2　2015年1月人民日报语料句子长度整体分布

序号	长度/字	频次/次	序号	长度/字	频次/次
1	30	1 560	11	23	1 453
2	26	1 547	12	24	1 444
3	27	1 543	13	36	1 425
4	25	1 517	14	35	1 414
5	29	1 514	15	32	1 411
6	28	1 511	16	38	1 402
7	22	1 510	17	37	1 401
8	31	1 499	18	21	1 401
9	34	1 487	19	20	1 344
10	33	1 477	20	41	1 325

对2015年1月的人民日报语料句子长度的统计表明,出现频次排名前20的句子长度频次均在1 300次以上,总出现频率为29 185次,占6类句式全部句子数的35.86%。从总体来看,句子长度分布为20—41个字,句子长度的跨度较大,但出现频次的波动较小,出现频次最多的为30字的句子,较出现频次最低的41字的句子多235次。出现频次的前3位为30、26、27字的句子,占全部出现频次排前20名的句子总数的15.93%,占比较高。排名为后3名的句子句长为21、20、41字。

以"。""?""!"";"":""……"为句子分隔符,分别统计6类句子的数量和长度,分析不同类型的句子在语料中出现的频次及占比情况。6类句子长度具体分布情况如表4-3所示。

表4-3　2015年1月人民日报语料6类句子长度具体分布

序号	句号 长度/字	句号 频次/次	分号 长度/字	分号 频次/次	感叹号 长度/字	感叹号 频次/次	冒号 长度/字	冒号 频次/次	省略号 长度/字	省略号 频次/次	问号 长度/字	问号 频次/次
1	30	1 339	29	121	8	39	3	339	15	23	15	104
2	31	1 309	18	116	12	34	4	292	26	20	14	102

(续表)

序号	句号 长度/字	句号 频次/次	分号 长度/字	分号 频次/次	感叹号 长度/字	感叹号 频次/次	冒号 长度/字	冒号 频次/次	省略号 长度/字	省略号 频次/次	问号 长度/字	问号 频次/次
3	27	1 302	20	114	19	26	5	177	19	20	12	101
4	34	1 282	34	109	10	26	8	149	20	20	11	98
5	29	1 280	21	108	26	24	6	134	24	20	9	96
6	26	1 279	28	108	9	23	7	134	21	20	13	94
7	33	1 269	25	107	14	22	19	132	22	18	10	91
8	28	1 262	27	106	13	22	14	112	35	18	16	85
9	36	1 252	22	104	3	21	15	112	38	17	8	83
10	25	1 243	17	104	11	19	9	111	18	17	17	78
11	35	1 238	23	102	17	19	16	111	34	17	19	74
12	37	1 228	24	99	28	19	12	111	25	17	18	73
13	22	1 227	30	95	22	18	17	109	16	16	7	72
14	32	1 225	26	95	20	18	13	107	32	16	20	70
15	38	1 224	33	93	6	18	18	104	39	16	22	70
16	23	1 194	32	92	30	18	11	103	29	15	26	63
17	41	1 187	31	90	4	18	10	98	23	15	21	60
18	24	1 182	19	90	16	17	21	94	50	15	24	58
19	40	1 137	38	83	5	16	25	81	36	15	23	55
20	39	1 136	37	83	24	16	23	78	49	14	6	55

以句子长度出现频次作为排序依据,得到出现频次前20名的句子长度分布情况。其中,以句号为分隔符的句子共出现68 412次,占全部6种句式句子总数的84.06%,比重极大。句子长度出现频次排前20位的数量为24 795次,占全部6种句式句子总数的30.47%,占以句号为分隔符的句子总数的36.24%。以句号为分隔符的句子中,长度为30字的句子出现的频率最多,为1 339次;句子长度为39字的出现频次最低,仅为1 136次,两者仅相差203次,表明句子长度分布呈现集中态势。

以分号为分隔符的句子出现4 400次,占全部6种句式句子总数的

5.41%,其长度分布情况与以句号为分隔符的句子有很高的相似性,但数量和占比远远低于以句号为分隔符的句子。以分号为分隔符的句子出现频次排名前 20 的长度区间为 17—38 个字,共出现 2 019 次。

感叹号作为特殊的句子分隔符,总体出现频次较少,所有长度的感叹号句子共出现 809 次,占 6 种句式句子总数的 0.99%,数量和比例都远远低于以句号和分号为分隔符的句子。出现频次排名前 20 的句子长度区间为 3—30,共出现了 433 次。

以冒号为分隔符的句子共出现 4 372 次,出现的频次仅次于以句号和分号为分隔符的句子,占全部 6 种句式句子总数的 5.37%,占比和频次都远低于句号和分号为分隔符的句子。句子长度出现频次排名前 20 的句子的长度区间为 3—25 字,共出现 2 688 次。

以省略号为分隔符的句子共有 805 句,占 6 种句式全部句子数的 0.99%,大多是在列举后使用。

问号作为分隔符的句子数量为 2 587 句,占 6 种句式全部句子数的 3.18%。出现频次排在前 20 位的句子长度区间为 6—26 字,共出现了 1 582 次。

从上述分析可以得出如下结论:在具体的使用习惯方面,用于表达强烈情感的句子,如以感叹号和问号为分隔符的句子占比较少,以句号结尾的句子数量和占比较高,表明 2015 年 1 月语料的语言风格趋于客观。

4.2.2　2015 年 2 月人民日报语料字维度上的句长分布

对 2015 年 2 月人民日报语料,分别以"。""?""!"";"":""……"为分隔符共得到总数为 72 593 句的 6 类句子。以字作为句子的基本构成单位,计算句子的长度,统计不同句长的句子和数量,选取全部类型句子中长度出现频次排在前 20 名,其分布情况如表 4-4 所示。

表 4-4 2015 年 2 月人民日报语料句子长度整体分布

序号	长度/字	频次/次	序号	长度/字	频次/次
1	26	1 405	11	28	1 289
2	30	1 378	12	23	1 276
3	20	1 365	13	22	1 265
4	27	1 342	14	19	1 263
5	29	1 332	15	35	1 257
6	24	1 326	16	32	1 253
7	25	1 326	17	34	1 245
8	21	1 326	18	36	1 201
9	31	1 321	19	37	1 198
10	33	1 320	20	18	1 195

从上表可以看出,出现频次排名前 20 的句子长度频次均大于 1 000 次,总出现频率次为 25 883,占全部句子的 35.65%。从总体来看,出现频次排名前 20 的句子长度分布在 18—37 个字之间,长度平均值为 27.50 个字,句子长度的跨度较大,出现的频次波动也有较大差距,频次最多的为 26 字的句子,共出现 1 405 次;出现频次最少的为 18 字的句子,共出现 1 195 次,两者相差 210 次。出现频次的前 3 位为 26、30、20 字的句子,较同年 1 月的数据有所下降,但变化不大。排名在最后 3 位为 36、37、18 字的句子,与同年 1 月的数据相比则句子长度有所减少。

以"。""?""!"";"":""……"为句子分隔符,完整统计 6 类句子的数量、长度,分析不同类型的句子在语料中出现的频次及占比情况。6 类句子长度具体分布情况如表 4-5 所示。

表4-5　2015年2月人民日报语料6类句子长度具体分布

序号	句号 长度/字	句号 频次/次	分号 长度/字	分号 频次/次	感叹号 长度/字	感叹号 频次/次	冒号 长度/字	冒号 频次/次	省略号 长度/字	省略号 频次/次	问号 长度/字	问号 频次/次
1	26	1 264	12	115	4	28	3	221	38	24	12	114
2	30	1 242	24	101	9	27	13	219	40	23	13	114
3	20	1 232	15	96	19	27	11	189	12	19	14	114
4	27	1 226	20	94	8	26	15	139	18	19	10	103
5	29	1 226	18	93	10	26	27	139	17	18	15	103
6	24	1 221	21	93	13	26	6	138	19	17	8	91
7	25	1 220	22	92	3	25	17	127	20	17	6	90
8	21	1 176	14	91	6	25	23	127	35	17	20	90
9	31	1 165	16	90	16	22	24	127	46	16	7	89
10	33	1 163	23	88	21	22	30	117	31	16	9	89
11	28	1 157	19	87	24	22	4	116	27	15	11	78
12	23	1 153	10	87	46	22	20	106	42	15	17	78
13	22	1 145	13	87	49	22	35	96	36	13	18	78
14	19	1 099	27	86	7	21	7	95	49	12	5	66
15	35	1 098	29	86	15	18	32	95	32	10	19	65
16	32	1 095	11	86	17	18	19	94	25	8	21	63
17	34	1 078	17	85	26	17	26	88	27	7	25	62
18	36	1 051	38	85	30	17	4	88	14	6	16	61
19	37	1 037	25	84	36	17	8	87	29	5	26	51
20	18	1 030	36	81	42	17	10	87	28	5	23	40

以字为单位计算句子长度,得到出现频次前20名的句子长度分布情况。其中,以句号为分隔符的句子共出现61 463次,占全部句子数量的84.67%,比重极大;句子长度出现频次前20位的数量为23 078次占全部句子总和的31.79%,占以句号为分隔符的句子总数的37.55%。句子长度为26字的句子出现的频率最多,为1 264次;句子长度为18字的句子出现频

次最低,为1 030次,两者相差234次,虽然跨度较大,但平均数为1 153.90,表明数据的分布形式较为集中,句子长度分布呈现集中趋势。以句号为分隔符的句子长度在18—37字间内,与同年1月的数据相比,数量和比重有减少,但幅度极小。

以分号为分隔符的句子出现3 792次,占全部句子的5.22%,占比较小。前20位的总频次为1 807次,占全部分号句子数量的47.65%。其长度分布情况与句号为结尾的句子类似,但数量和占比远远低于以句号为分隔符结尾的句子。句子长度区间为10—38个字,与同年1月的数据相比,句子数量有所提升,句子长度区间有所减少,整体变化较小。

感叹号总体出现频次仍然较少,共出现750次,句子长度出现频次排名前20的句子,共出现445次,占所有感叹号句子数量的59.33%,但占全部句子数量的不足1%,数量和比例远远低于以句号和分号为分隔符的句子。句子长度区间为3—49,与同年1月的数据比较,变化较小,维持稳定的趋势。

以冒号为分隔符的句子共出现3 748次,出现的频率仅次于句号和分号为分隔符的句子,占全部句子的5.16%。句子长度出现频次排名前20的句子的长度区间为3—35字,共出现2 495次,与同年1月的数据相比较,无较大变化,这表明在同一年份,语言的使用习惯无较大变化。

以省略号为分隔符的句子共有790句,占全部句子总数的1.09%。句子长度出现频次排名前20位的句子长度区间为12—49字,与同年1月的数据相比,句子长度区间的上限和下限有所改变,其余特征无明显变化。

问号作为分隔符的句子数量为2 050句,占总体数量的2.82%。出现数量排在前20位的句子长度区间为5—26字,共出现1 639次,占全部的79.95%,与同年1月的数据相比,变化幅度小。

从上述分析可以得出如下结论:2015年2月的数据与2015年1月的数据相比较,除部分数量有所改变外,并无明显变化。这表明在同一年中,句子的使用风格有使用规范约束。

4.2.3 2015年3月人民日报语料字维度上的句长分布

在2015年3月人民日报语料的基础上,以"。""?""!"";"":""……"为标点符号得到6类句子,共83 608句。以字作为句子的基本构成单位,对句子的长度和出现频次进行统计,选取句子长度出现频次前20名,如表4-6所示。

表4-6 2015年3月人民日报语料句子长度整体分布

序号	长度/字	频次/次	序号	长度/字	频次/次
1	26	1 559	11	22	1 500
2	25	1 558	12	34	1 498
3	28	1 548	13	21	1 498
4	29	1 546	14	36	1 490
5	23	1 546	15	19	1 489
6	31	1 546	16	30	1 488
7	38	1 538	17	33	1 486
8	27	1 525	18	20	1 479
9	32	1 511	19	35	1 476
10	24	1 509	20	37	1 469

如上表所示,排在前20位的句子长度出现频次均超过了1 400次,总出现频次为30 259次,占全部句子数量的36.19%,超过总数的三分之一。上述数据中,句子长度区间为19—38字,长度跨度较大,且出现频次落差较大,如长度为26字的句子出现频次最多为1 559次,长度为37字的句子出现最少为1 469次,两者相差90次。前20名的句子长度的频次平均值为1 512.95次,与中位数差距较小,变化曲线较平稳。同时从句长排序居前三的数据分布来看,2015年3月的句子与2015年1月的数据相比较,在长度上有所减少,但出现频次增加。

对 6 种不同类型的句子长度分布情况进行统计,并以句子长度出现频次降序排列,选取排在前 20 位的句子长度及出现频次,如表 4-7 所示。

表 4-7 2015 年 3 月人民日报语料 6 类句子长度具体分布

序号	句号 长度/字	句号 频次/次	分号 长度/字	分号 频次/次	感叹号 长度/字	感叹号 频次/次	冒号 长度/字	冒号 频次/次	省略号 长度/字	省略号 频次/次	问号 长度/字	问号 频次/次
1	26	1 359	14	126	11	38	3	238	23	24	11	117
2	25	1 348	16	119	10	35	14	229	34	23	10	104
3	28	1 348	21	118	15	35	38	199	31	19	9	92
4	29	1 328	26	109	30	35	16	178	26	19	12	92
5	23	1 326	18	105	12	34	11	175	22	18	8	91
6	31	1 326	12	104	34	33	23	145	13	17	13	90
7	38	1 304	15	101	35	32	35	137	25	17	15	89
8	27	1 300	13	98	30	31	25	135	35	17	14	87
9	32	1 298	20	97	22	30	19	135	29	16	16	87
10	24	1 290	24	97	24	28	21	120	36	16	7	76
11	22	1 289	19	96	7	28	30	116	20	15	19	76
12	34	1 278	25	95	8	28	34	107	24	15	18	75
13	21	1 269	30	93	13	27	9	105	8	13	22	74
14	36	1 266	10	92	23	26	20	97	27	12	6	63
15	19	1 259	23	92	28	25	33	95	32	10	23	63
16	30	1 257	29	91	37	24	24	95	30	8	17	58
17	33	1 256	27	90	6	20	26	92	16	7	20	57
18	20	1 251	8	89	21	18	27	91	17	6	21	55
19	35	1 216	17	88	19	17	29	90	19	5	5	51
20	37	1 206	22	86	17	15	22	90	28	5	24	41

以句号结尾排名前 20 位的句子数量为 25 774 次,占全部以句号结尾句子的 36.13%,占全部句子数量的 30.83%,这表明与其他月份类似,以句号结尾的句子占所有句子的大部分。以句号结尾的句子长度区间为 19—38 字,其中句子长度为 26 字的句子出现频次最多为 1 359 次,句子长度 37

字的句子出现为1 206次,两者相差153次,跨度较大。前20位的句子长度都在1 200次以上,与2015年1月和2月的数据相比,在数量和长度区间上有略微浮动,但无较大变化。

以分号结尾排名前20位的句子数量为1 986次,占全部以分号结尾句子的45.97%,占全部句子数量的2.38%,占比较小。句子的长度区间为8—30字,句子长度区间有较大跨度,但平均长度为19.45,这表明句子长度区间较为集中。相比于以句号结尾的句子,句子长度区间减少,句子数量减少。出现最多频次的句子长度为14字,共出现126次;第20位22字的句子出现频次为86次,两者相差40次,有较大差距。相比于2015年1月和2月的数据,并无明显的变化。

以感叹号结尾排名前20位的句子数量为559次,占全部句子数量的不足1%,占比极小。句子长度区间为6—35字,跨度极大,这表明感叹号使用于不同长度的句子。其中11字长度的句子出现最多为38次,较第20位17字长度句子多23次。相比于2015年1月和2月的数据,句子数量无明显变化,句子长度区间有所下降,整体无较大变化,这表明以感叹号结尾的句子只用于特定的场合,在新闻中使用较少。

以冒号结尾排名前20位的句子数量为2 669次,占全部句子数量的3.19%。该种类型的句子长度区间为3—38字,跨度较大,平均句子长度为22.95字,出现频次较多的句子也相对集中在22字左右,这反映了句子长度集中的趋势。与其余月份的数据类似,3字的句子出现较多,在新闻中的使用大多是"XX说:",在其他特征上无明显的变化。

以省略号结尾排名前20位的句子数量为282次,占比极少。以省略号结尾的句子长度区间为8—36字,跨度较大,平均句子长度为24.75字,与其余类型的句子类似,表明句子呈现集中趋势。与其余月份的数据相比较,除数量特征,外无明显的变化。

以问号结尾排名前20位的句子数量为1 538次,占全部以问号结尾句子的75.36%,可见长尾现象。句子长度区间为5—24字,平均长度为14.5

字,平均长度区间较短,长度跨度较大。与其余年份的数据相比较,以问号结尾的句子变化不大。此外,以问号结尾的句子长尾现象尤为突出,是重要的研究数据。

从上述分析可以得出如下结论:2015 年 3 月的数据与 2015 年 1 月和 2 月的数据相比较,无明显变化。这表明在同一年中,句子的使用风格由使用规范约束。

4.2.4　2015 年 4 月人民日报语料字维度上的句长分布

在 2015 年 4 月人民日报语料的基础上,以"。""?""!"";"":""……"为标点符号得到 6 类句子,共 84 236 句。以字作为句子的基本构成单位,对句子的长度和出现频次进行统计,选取全部类型句子中长度出现频次前 20 名,如表 4-8 所示。

表 4-8　2015 年 4 月人民日报语料句子长度分布

序号	长度/字	频次/次	序号	长度/字	频次/次
1	26	1 620	11	32	1 532
2	28	1 611	12	30	1 530
3	22	1 600	13	36	1 511
4	27	1 589	14	29	1 501
5	23	1 550	15	33	1 485
6	31	1 547	16	21	1 446
7	24	1 540	17	20	1 445
8	34	1 535	18	37	1 434
9	35	1 534	19	38	1 422
10	25	1 533	20	39	1 418

如上表所示,排在前 20 位的句子长度出现频次均超过了 1 400 次,总出现频次为 30 383 次,占全部句子数量的 36.07%。排名前 20 位的句长度区间为 20—39 字,跨度较大,平均长度为 29.5,出现频率最高的句子长

度为26字,频次为1 620次;第20位为39字,出现频次为1 418次,两者相差202次,差距很大。前20名的句子长度的频次平均值为1 519.15次,与中位数差距较小,变化曲线较平稳。同时从句长排序居前3的数据分布来看,2015年4月的句子在长度上与2015年其余月份的数据相比较,无较大变化。

对6种不同类型的句子长度分布情况进行统计,并以句子长度出现频次降序排列,选取排在前20位的句子长度及出现频次,如表4-9所示。

表4-9 2015年4月人民日报语料6类句子长度具体分布

序号	句号 长度/字	句号 频次/次	分号 长度/字	分号 频次/次	感叹号 长度/字	感叹号 频次/次	冒号 长度/字	冒号 频次/次	省略号 长度/字	省略号 频次/次	问号 长度/字	问号 频次/次
1	26	1 470	20	135	9	48	24	232	22	22	10	119
2	22	1 420	18	120	21	44	3	224	35	21	6	107
3	28	1 408	14	119	3	37	20	200	13	18	11	97
4	27	1 377	23	113	7	37	28	172	25	18	12	96
5	23	1 374	16	111	15	34	29	170	23	17	13	95
6	31	1 371	24	109	24	32	6	151	31	16	14	95
7	24	1 366	26	101	27	32	22	139	33	16	19	95
8	34	1 358	21	99	29	31	25	139	26	16	7	93
9	35	1 337	17	99	31	30	27	136	30	15	8	90
10	25	1 332	15	96	33	29	39	131	36	15	9	90
11	32	1 329	19	95	28	29	11	122	21	14	17	88
12	30	1 320	22	95	8	28	12	117	24	14	18	80
13	36	1 308	25	94	10	27	17	108	7	13	20	79
14	29	1 297	30	92	23	26	16	96	27	12	15	77
15	33	1 281	10	92	26	25	19	95	32	10	16	76
16	21	1 270	28	91	35	24	36	94	34	8	5	65
17	20	1 250	31	90	4	20	5	91	14	7	4	63
18	37	1 239	12	89	6	18	31	88	19	5	21	53
19	38	1 218	29	88	13	17	13	87	17	5	29	53
20	39	1 197	8	85	16	16	14	85	29	5	32	52

在 2015 年 4 月的数据中,以句号为分隔符的句子出现频次为 71 174 次,占全部句子数量的 84.49%,占全部句子数量的绝大部分。出现频次前 20 位的数量总和为 26 522 次,占全部句子总和的 31.49%,同时占以句号为分隔符的句子总数的 37.26%,句子长度区间集中在 20—39 字。排名前 3 位的句子长度为 26、22、28 字,前 20 位平均句子长度为 29.5,呈现集中趋势。与 2015 年其余月份的数据相比,各指标特征变化浮动较小,没有较大变化。

以分号为分隔符的句子共出现 4 254 次,占全部句子的 5.05%,占比较低。出现频次前 20 位的数量为 2 013 次,占全部以分号为分隔符句子的 47.32%。句子长度区间为 8—31 字。与 2015 年其余月份的数据相比,在句子数量上变化较小。

以感叹号为分隔符的句子共出现 959 次,占总体数量的 1.14%。出现频次前 20 位的句子总频次为 584 次。前 20 位的句子长度区间为 3—35 字,不同频次的句子之间句长跨度较大。与 2015 年其余年份的数据相比,句子长度区间上下限有所改变,句子数量增加,但整体变化较小。

以冒号为分隔符的句子共出现 4 537 句,占全部句子总数的 5.39%。出现频次前 20 位的句子共出现 2 677 次,句子长度区间为 3—39 字。在句子数量和句子长度区间上,与 2015 年其余年份的数据相比较,无明显变化。

以省略号为分隔符的句子数量为 876 句,占句子总量的 1.04%,出现频次前 20 位的句子共出现 267 次,句子长度区间为 7—36 字,跨度很大。与 2015 其余月份的数据比较,无明显变化。

以问号作为分隔符的句子数量为 2 436 句,占总体数量的 2.89%。出现频次前 20 位的句子共出现 1 663 次,句子长度主要分布于 4—32 字之间。与 2015 其余月份的数据比较,在句子数量占比和句子长度区间上无明显变化。

由上述分析可以总结出,2015 年 4 月的人民日报语料与 2015 年其余月份的语料数据相比,变化较小,在句子的长度区间中有细微波动。这表明在不同年份和月份中,由于新闻种类的变化,句子使用风格会有微小变化,从而导致句子的长度区间发生改变。

4.2.5 2015年5月人民日报语料字维度上的句长分布

在2015年5月人民日报语料的基础上,以"。""?""!"";"":""……"为标点符号得到6类句子,共87 357句。以字作为句子的基本构成单位,对句子的长度和出现频次进行统计,选取句子长度出现频次前20名,如表4-10所示。

表4-10 2015年5月人民日报语料句子长度分布

序号	长度/字	频次/次	序号	长度/字	频次/次
1	30	1 681	11	34	1 582
2	26	1 680	12	21	1 580
3	29	1 652	13	32	1 578
4	27	1 648	14	20	1 566
5	28	1 647	15	37	1 521
6	22	1 644	16	33	1 518
7	23	1 640	17	19	1 511
8	31	1 598	18	35	1 507
9	24	1 592	19	36	1 489
10	25	1 588	20	18	1 478

排名前20位的句子长度出现频次均在1 400次以上,总计31 700次,占所有句子的36.29%。句子的长度分布在18—37字之间,长度跨度为19字,跨度较大。句子长度平均值为27.5字,出现频次平均值为1 585次。30字的句子出现最多为1 681次,出现频次第20位的为长度18字的句子,共出现1 478次,两者相差203次,有较大差距。排名前20位的句子中前3位是30、26、29字的句子,后3位是35、36、18字的句子,长度差别很明显,

除此之外句子长度在 40 字和 10 字以下的句子并未出现在排名前 20 的句子中。与 2015 年其余月份的句子相比较,句子平均长度有所减少。在句子的出现频次上,相比于 2015 年其余月份的数据,有微小变化但幅度很小。

对 6 种不同类型的句子长度分布情况进行统计,并以句子长度出现频次降序排列,选取排在前 20 位的句子长度及出现频次,如表 4-11 所示。

表 4-11 2015 年 5 月人民日报语料 6 类句子长度具体分布

序号	句号 长度/字	句号 频次/次	分号 长度/字	分号 频次/次	感叹号 长度/字	感叹号 频次/次	冒号 长度/字	冒号 频次/次	省略号 长度/字	省略号 频次/次	问号 长度/字	问号 频次/次
1	30	1 491	14	134	6	42	14	242	27	29	11	128
2	26	1 478	16	130	3	41	16	230	30	28	15	115
3	29	1 454	23	125	8	41	4	215	37	27	13	101
4	27	1 452	22	120	12	40	7	198	22	25	18	100
5	28	1 450	18	119	7	39	3	198	26	24	12	98
6	23	1 441	20	119	9	39	30	172	16	23	21	98
7	22	1 438	17	108	5	38	32	165	23	22	16	96
8	31	1 434	26	105	35	38	12	153	39	22	8	95
9	24	1 431	13	103	10	37	25	147	24	21	10	95
10	25	1 409	34	98	14	37	34	135	36	20	14	94
11	34	1 391	24	97	29	37	6	127	21	18	19	94
12	21	1 389	25	90	16	36	18	116	5	18	17	93
13	32	1 385	11	89	23	36	13	105	9	18	7	92
14	20	1 361	28	89	34	35	27	98	15	17	9	89
15	37	1 345	12	88	13	34	36	97	30	16	6	87
16	33	1 341	15	88	26	33	26	95	32	16	24	85
17	19	1 316	19	87	4	30	24	92	17	15	5	83
18	35	1 290	21	87	22	28	29	92	19	15	26	82
19	36	1 288	33	87	24	28	28	92	18	14	4	70
20	40	1 250	10	86	25	27	21	89	11	12	22	68

在2015年5月人民日报的数据中,以句号为分隔符的句子共出现了74 327次,排名前20位的共出现27 834次,占全部以句号为分隔符句子的37.45%,长尾现象在以句号为分隔符的句子中体现并不突出。前20位的句子长度区间为19—40字,平均长度为28.6字,在陈述句中,长度较为适中。与2015年其他月份的数据相比,以句号结尾的句子都占了全部句子的绝大部分,是新闻中句子的主要类型,在句子长度上有细微变化,在其他部分无明显变化趋势。

以分号为分隔符的句子共出现了4 259次,排名前20位的共出现2 049次,占全部以分号为分隔符句子的48.11%。前20位的句子长度区间为10—34字,平均长度为20.05字,长度适中。与2015年其他月份的数据相比较,无明显变化。

以感叹号为分隔符的句子共出现了1 027次,排名前20位的共出现716次,占全部以感叹号为分隔符句子的69.72%。前20位平均出现频次为35.8次,前20位的句子长度区间为3—35,平均长度为16.25字,长尾现象在这类句子中较为明显。与2015年其他月份的数据相比较,句子长度区间有细微改变,其余方面无明显变化。

以冒号为分隔符的句子共出现了4 413次,其中排名前20位的共出现2 858次,占全部以冒号为分隔符句子的64.76%,前20位平均出现频次为142.9次。前20位的句子长度区间为3—36字,平均长度为20.25,跨度较大,但长度较为集中。与2015年其他月份的数据相比较,无明显变化。

以省略号为分隔符的句子共出现了954次,排名前20位的共出现400次,占全部以省略号为分隔符句子的41.93%,前20位的句子长度区间为9—39字,平均长度为23.8字,句子长度的跨度很大,但句子分布较为集中,符合长尾现象。与2015年其他月份的数据比较,无明显变化。

以问号为分隔符的句子共出现了2 377次,排名前20位的共出现1 863次,占全部以问号为分隔符句子的78.38%,前20位句子的长度区间为4—26字,平均出现频次为93.15次,平均长度为13.85次。与其他的数据相比,以问号为分隔符的句子的长尾现象都很明显。

综合上述分析,句子长度具有明显的集中趋势,出现频次前20位的句子长度集中在20字附近,但句子长度区间从3字到49字都有,跨度很大,表明新闻数据中的长尾现象是普遍存在的,以句号结尾的句子是新闻中句子的主要类型。

4.2.6 2015年6月人民日报语料字维度上的句长分布

在2015年6月人民日报语料的基础上,以"。""?""!"";"":""……"为标点符号得到6类句子,共79 182句。以字作为句子的基本构成单位,统计并计算句子的长度,选取全部类型句子中长度出现频次前20名的句子,长度降序排列,如表4-12所示。

表4-12 2015年6月人民日报语料句子长度分布

序号	长度/字	频次/次	序号	长度/字	频次/次
1	26	1 479	11	28	1 341
2	24	1 418	12	14	1 333
3	29	1 411	13	20	1 331
4	25	1 405	14	33	1 314
5	30	1 396	15	18	1 312
6	31	1 365	16	32	1 286
7	23	1 364	17	34	1 283
8	21	1 361	18	17	1 282
9	22	1 361	19	13	1 273
10	27	1 341	20	19	1 272

排名前20位的句子长度出现频次均在1 200次以上,总计26 928次,占所有句子的34.01%。句子的长度分布在13—34字之间,长度跨度位21字,跨度较大。句子长度平均值为24.30字,出现频次平均值为1 346.40次,各句总体之间变化不大,但仍有差距,如26字与19字的句子出现频次

之间相差207次。排名前20位的句子中前3位是26、24、29字的句子,后3位是17、13、19字的句子,长度差别很明显,除此之外,句子长度在40字和10字以下的句子并未出现在排名前20的句子中。与2015年其余月份相比较,句子平均长度有所减少,较2015年其余月份的数据要高,句子出现频次有所增加。

对6种不同类型的句子长度分布情况进行统计,并以句子长度出现频次降序排列,选取排在前20位的句子长度及出现频次,如表4-13所示。

表4-13 2015年6月人民日报语料6类句子长度具体分布

序号	句号 长度/字	句号 频次/次	分号 长度/字	分号 频次/次	感叹号 长度/字	感叹号 频次/次	冒号 长度/字	冒号 频次/次	省略号 长度/字	省略号 频次/次	问号 长度/字	问号 频次/次
1	26	1 285	22	54	5	37	7	205	41	21	9	116
2	30	1 263	20	52	18	36	4	203	32	19	12	92
3	32	1 241	25	52	9	34	10	182	27	18	14	87
4	31	1 218	26	51	7	33	8	170	21	15	10	82
5	25	1 215	23	50	13	29	17	168	25	14	8	71
6	34	1 198	17	49	3	28	9	159	20	13	16	61
7	28	1 197	19	49	6	27	5	137	30	13	17	55
8	35	1 192	18	48	10	26	27	124	26	12	15	54
9	37	1 167	15	45	17	25	13	110	31	11	11	53
10	29	1 166	33	45	25	24	22	106	18	10	13	53
11	39	1 164	27	43	45	24	19	104	24	9	6	52
12	33	1 162	29	43	48	24	23	101	14	8	18	52
13	36	1 157	30	43	49	23	20	96	19	8	7	49
14	41	1 145	24	41	15	22	18	96	8	8	20	45
15	24	1 144	28	40	26	21	16	96	17	6	21	43
16	23	1 138	39	40	19	20	24	93	39	6	24	41
17	38	1 131	21	38	12	18	21	85	36	6	19	40
18	22	1 127	16	37	11	18	26	85	33	5	29	36
19	40	1 104	13	34	4	16	15	83	42	4	23	35
20	42	1 097	31	34	8	16	25	82	35	4	5	33

以句号作为分隔符的句子出现频次为 66 980 次,占全部句子数量的 84.59%,超过五分之四,占全部句子的大部分。句子长度出现频次前 20 位的数量总和为 23 511 次,占全部句子总和的 29.69%,同时占以句号为分隔符的句子总数的 35.10%,超过三分之一。句子长度区间集中在 22—42 字内。与 2015 年其余月份的数据相比,各指标较为均衡,变化较小,在句号作为分隔符的句子的数量上有所提升,但比例仍保持不变,都为全部句子的三分之一。

以分号为分隔符的句子共出现 4 329 次,占总体数据的 5.47%,占比较低。出现频次前 20 位的句子长度主要分布于 13—39 字区间内。与同年 2015 年其余月份的数据相比,在句子数量和句子长度区间上的变化较小。数据表明,相较于 2015 年以分号为分隔符的句子,句长有所提升,占比仍旧较小,分号用在长句的场景增多。

以感叹号为分隔符的句子,共出现 668 次,占总体数量的 0.84%。出现频次前 20 位的句子长度区间为 3—49 字,跨度较大。与 2015 年其余月份数据相比,句子长度区间上下限有所改变,句子数量减少,但整体变化较小。

以冒号作为句子分隔符的句子数量占所有句子的第三名,共 4 276 句,占全部句子总数的 5.40%。出现频次前 20 位的句子长度区间为 4—27 字。相比于 2015 年其余月份的数据,数量和占比并无较大变化。

以省略号为分隔符的句子数量为 796 句,占总体数量约为 1%,占比极小。出现频次前 20 位的句子长度区间为 8—42 字,跨度极大,其中不同排名间的句子长度跨度也较为明显。与 2015 年其余月份的数据比较,句子数量和占比都有较大的下降,表明不同月份中的新闻内容,在语言表达上有所变动。

以问号为分隔符的句子数量为 2 133 句,占总体数量的 2.69%,句子长度主要分布于 5—29 字之间。与 2015 年其余月份的数据比较,在句子数量占比和句子长度区间上无明显变化,这表明问句在使用习惯和方式上变动不大。

从上述分析可以总结出,2015年6月的人民日报语料相比于2015年其余月份的语料,以省略号为分隔符的句子变化较大,其他类型的句子并无较大的改变,在句子长度上的变化也较小。2015年6月的数据在分布上也符合长尾分布,句子的长度分布较为集中,个别句子的字数较少。

4.2.7　2016年1月人民日报语料字维度上的句长分布

在2016年1月人民日报语料的基础上,同样以"。""?""!"";"":""……"6种标点符号为句子分隔符,共获得了81 476个句子。统计不同长度句子的出现频次,对频次降序排列,并选取出现频次前20名的句子长度为示例和研究对象,如表4-14所示。

表4-14　2016年1月人民日报语料句子长度分布

序号	长度/字	频次/次	序号	长度/字	频次/次
1	24	1 594	11	13	1 457
2	26	1 582	12	18	1 447
3	22	1 556	13	15	1 444
4	20	1 540	14	32	1 442
5	27	1 531	15	37	1 498
6	29	1 500	16	23	1 429
7	30	1 481	17	38	1 423
8	34	1 479	18	28	1 416
9	21	1 472	19	31	1 415
10	25	1 467	20	29	1 411

表中句子长度前20位的句子出现频次均超过了1 400次,总出现频次为29 584次,占全部句子数量的36.31%,超过总数的三分之一。句子长度区间为13—38字,跨度为25字,长度跨度很大,各句长的频次分布较均匀。排名前20位的句子出现频次平均值为1 479.20次,起伏较小,最大频

次差距在183次。排名前3位的句子长度为24、26、22字,共出现4 732次,占前20位句子的16.00%。相比于2015年1—6月的数据,句子出现频次的跨度增大,其余特征并未出现很大的差异性。

对6种不同类型的句子长度分布情况进行统计,并以句子长度出现频次降序排列,选取排在前20位的句子长度及出现频次如表4-15所示。

表4-15 2016年1月人民日报语料6类句子长度具体分布

序号	句号 长度/字	句号 频次/次	分号 长度/字	分号 频次/次	感叹号 长度/字	感叹号 频次/次	冒号 长度/字	冒号 频次/次	省略号 长度/字	省略号 频次/次	问号 长度/字	问号 频次(次)
1	26	1 253	25	84	3	29	3	218	48	31	11	105
2	32	1 243	17	82	12	25	12	192	32	31	12	98
3	25	1 232	20	81	4	25	4	179	28	29	10	85
4	28	1 227	15	80	22	24	22	149	33	25	8	82
5	29	1 217	16	78	9	23	6	133	26	19	14	82
6	34	1 212	21	76	15	22	15	128	41	17	13	80
7	30	1 196	28	73	20	22	20	120	31	17	10	79
8	33	1 193	24	72	19	22	19	117	27	17	6	75
9	27	1 192	27	72	29	21	9	115	37	16	9	74
10	37	1 191	18	69	6	20	7	114	38	16	15	71
11	36	1 181	22	69	10	20	10	113	24	15	7	69
12	35	1 173	29	69	11	20	11	105	34	15	16	66
13	38	1 162	19	68	23	19	13	96	18	15	19	59
14	31	1 147	30	67	24	19	14	96	36	14	24	55
15	39	1 147	26	66	26	19	16	96	19	14	21	55
16	22	1 123	23	65	38	19	21	93	30	14	17	54
17	23	1 110	40	65	25	18	25	85	35	14	22	53
18	40	1 102	13	61	27	18	17	85	7	14	5	48
19	41	1 092	31	61	8	16	18	83	50	14	29	45
20	24	1 084	14	60	14	15	24	82	25	13	33	43

以句号作为分隔符的句子出现频次为69 023次,占全部句子数量的

84.72％。与以上统计过的数据类似,占全部句子的五分之四以上,足以证明以句号为分隔符的句子是新闻中句子的主要类型。句子长度出现频次前20位的数量总和为 23 477 次,占全部句子总和的 28.81％,同时占以句号为分隔符的句子总数的 34.01％。句子长度区间集中在 22—41 字内。与 2015 年 1—6 月份的数据相比,各指标变化浮动稳定,没有较大变化。

以分号为分隔符的句子共出现 4 731 次,占全部句子的 5.81％,占比仍然较低,句子长度区间主要分布于 13—40 字内。与 2015 年 1—6 月份的数据相比,在句子数量上变化较小;在句子长度区间上,2016 年 1 月的句子长度上限有所减小,但幅度较小。

以感叹号为分隔符的句子共出现 743 次,占总体数量 0.91％,不足百分之一,句子长度区间为 3—38 字,不同频次的句子之间句长跨度较大。与 2015 年 1—6 月份的数据相比,句子长度区间上下限有所改变,句子数量减少,但整体变化较小。

以冒号为句子分隔符的句子数量在 2016 年 1 月份的数据中仅次于句号和分号,共 3 857 句,占全部句子总数的 4.73％。句子长度区间为 3—25 字。相比于 2015 年 1—6 月份的数据,句子数量及句子长度区间并无较大变化。

以省略号为分隔符的句子数量为 986 句,占句子总量的 1.21％,句子长度区间为 7—50 字,跨度极大。与 2015 年 1—6 月份的数据比较,数量和占比都有较大的增加。

以问号作为分隔符的句子数量为 2 136 句,占总体数量的 2.62％。句子长度主要分布于 5—33 字之间。与 2015 年 1—6 月的数据比较,在句子数量占比和句子长度区间上无明显变化。

由上述分析可以总结出,2016 年 1 月的人民日报语料与 2015 年 1—6 月的语料相比,变化较小,在句子的长度区间中有些微波动,这表明在不同年份和月份中,由于新闻类型的不同,句子的长度区间会发生改变。同样,2016 年 1 月的句子分布也存在长尾现象,这是这些语料的共同点。

4.2.8 2017年1月人民日报语料字维度上的句长分布

在2017年1月人民日报语料的基础上,以"。""?""!"";"":""……"6种标点符号为句子分隔符得到6类句子,共77 000句。以字作为句子的基本构成单位,对句子的长度和出现频次进行统计,选取句子长度出现频次前20名,如表4-16所示。

表4-16 2017年1月人民日报语料句子长度分布

序号	长度/字	频次/次	序号	长度/字	频次/次
1	24	1 641	11	23	1 578
2	26	1 635	12	22	1 576
3	29	1 633	13	21	1 575
4	27	1 612	14	32	1 565
5	31	1 598	15	37	1 551
6	25	1 597	16	20	1 531
7	33	1 596	17	34	1 522
8	26	1 595	18	38	1 518
9	30	1 595	19	19	1517
10	28	1 580	20	36	1 505

表中句子长度前20位的句子出现频次均超过了1 500次,总出现频次为31 520次,占全部句子数量的40.94%。句子长度区间为19—38字,跨度为19字,长度跨度大。各句长的频次分布较均匀,句子长度排名前20位的句子频次平均值为1 576次,起伏较小,最大频次差距在136次。排名前3位的句子长度为24、26、29字,共出现4 909次,占前20位句子的15.57%。相比于2015年1月,句子出现频次的跨度增大。较2015年其余月份数据和2016年1月的数据,变化较小,并未出现很大的差异性。

对6种不同类型的句子长度分布情况进行统计,并以句子长度出现频次降序排列,选取排在前 20 位的句子长度及出现频次,如表 4-17 所示。

表 4-17　2017 年 1 月人民日报语料 6 类句子长度具体分布

序号	句号 长度/字	句号 频次/次	分号 长度/字	分号 频次/次	感叹号 长度/字	感叹号 频次/次	冒号 长度/字	冒号 频次/次	省略号 长度/字	省略号 频次/次	问号 长度/字	问号 频次/次
1	24	1 347	14	131	4	36	9	225	22	28	10	112
2	26	1 311	24	120	11	34	19	213	31	27	8	109
3	29	1 302	20	114	12	34	16	198	32	24	11	97
4	31	1 294	21	112	7	34	13	168	25	19	9	96
5	25	1 292	23	111	10	33	14	165	23	18	12	95
6	33	1 255	17	109	16	32	24	151	13	18	6	94
7	30	1 253	18	105	24	31	22	128	26	18	19	93
8	28	1 242	26	98	14	30	7	125	37	17	7	92
9	23	1 240	27	98	15	29	15	123	29	16	14	88
10	22	1 226	19	97	13	27	3	121	35	15	16	86
11	21	1 218	22	96	21	27	5	109	20	15	17	85
12	32	1 210	28	95	8	26	10	107	9	14	13	84
13	37	1 201	34	93	6	25	34	104	24	14	18	83
14	20	1 181	25	92	9	24	18	98	27	13	5	78
15	34	1 169	10	92	19	24	21	96	34	12	32	65
16	38	1 138	29	91	23	22	26	96	30	11	21	60
17	19	1 127	31	89	29	21	29	96	19	9	27	58
18	36	1 125	13	87	32	19	12	92	28	8	23	55
19	35	1 116	16	87	34	16	17	89	16	8	37	52
20	18	1 088	30	85	35	14	23	85	17	5	22	45

在 2017 年 1 月的数据中,以句号为分隔符的句子共出现 65 986 次,其中出现频次前 20 位的总计 24 335 次,占全部以句号为分隔符句子的 36.88%。前 20 位的平均出现频次为 1 216.75 次,长度区间为 18—38 字,跨度较大,平均长度为 28.05 字,前 3 位为长度 24、26、29 字的句子与中位数和平均数接近,表明句子的分布集中。与 2015 年、2016 年的数据相比,

在数据量上有浮动,在句子长度上保持稳定的趋势,可见近些年《人民日报》对句子的长度有严格的规范。

以分号为分隔符的句子共出现3 836次,出现频次前20位的共2 002次,占全部以分号为分隔符句子的52.19%。前20位的长度区间为10—34字,平均长度为22.35字。与2015年的数据相比较,数据规模和句子长度区间无明显变化。

以感叹号为分隔符的句子共出现861次,仅占全部句子的1.12%,出现频次前20位的共538次,占全部以感叹号为分隔符句子的62.49%,出现频次前20位句子的长度区间为4—35字,平均长度为17.10字。与2015年的数据相比,数量特征和分布特征较为相似,无明显差异。

以冒号为分隔符的句子共出现3 536次,占全部句子的4.59%,出现频次前20位的句子共2 589次,占全部以冒号为分隔符句子的73.22%。其中前20位句子的长度区间为3—34字,相差31字,跨度很大,平均长度为16.85字,与中位数相差较小,长尾现象极为明显。与2015年的数据相比,句子数量有所减少,长度区间无明显改变。

以省略号为分隔符的句子共出现903次,仅占全部句子的1.17%,出现频次前20位的共309次,占全部以省略号为分隔符句子的34.22%。前20位的句子长度区间为9—37字。以省略号为分隔符的句子与以感叹号为分隔符的句子类似,占比极少,这两种标点用于特定的场合,在新闻文本内容中较少出现,在近些年也保持稳定。

以问号为分隔符的句子共出现1 878次,占全部句子的2.44%,出现频次前20位的共1 627次,占全部以问号为分隔符句子的86.63%,占比极高。前20位的句子长度区间为5—37字,跨度较大,平均长度为16.35字,句子的集中趋势十分明显。

综合上述分析,2017年1月的数据与2015年和2016年的数据相比,数量和分布具有很高的相似性,整体来说,这几年的语料都有很明显的长尾分布。

4.2.9　2018年1月人民日报语料字维度上的句长分布

在2018年1月人民日报语料的基础上,同样以"。""?""!"";"":""……"6种标点符号为句子分隔符,共获得了77 608个句子。统计不同长度句子的出现频次,对频次降序排列,并选取出现频次前20名的句子长度为示例和研究对象,如表4-18所示。

表4-18　2018年1月人民日报语料句子长度分布

序号	长度/字	频次/次	序号	长度/字	频次/次
1	26	1 668	11	23	1 571
2	27	1 634	12	28	1 548
3	33	1 621	13	31	1 547
4	25	1 602	14	36	1 511
5	34	1 599	15	22	1 498
6	30	1 595	16	20	1 479
7	29	1 595	17	38	1 454
8	35	1 594	18	19	1 448
9	24	1 592	19	37	1 432
10	32	1 578	20	21	1 426

排在前20位的句子长度出现频次均超过了1 400次,总出现频次为30 992次,占全部句子数量的39.93%,超过总数的三分之一。表4-18中句子长度分布于19—38字的区间中,长度跨度较大,且出现频次落差较大,如长度为26字的句子出现1 668次,比长度为21字的句子出现频次多242次。出现频次前20名的句子长度的频次平均值为1 549.6次,与中位数差距较小,变化曲线较平稳。同时,从句长排序居前3的数据分布来看,2018年1月的句子在长度上,与2015年1—6月、2016年1月、2017年1月的数据相比,具有很高的相似性。

对 6 种不同类型的句子长度分布情况进行统计，并以句子长度出现频次降序排列，选取排在前 20 位的句子长度及出现频次，如表 4-19 所示。

表 4-19　2018 年 1 月人民日报语料 6 类句子长度具体分布

序号	句号 长度/字	句号 频次/次	分号 长度/字	分号 频次/次	感叹号 长度/字	感叹号 频次/次	冒号 长度/字	冒号 频次/次	省略号 长度/字	省略号 频次/次	问号 长度/字	问号 频次/次
1	26	1 413	24	129	9	37	3	248	58	11	12	103
2	33	1 404	27	119	8	30	5	202	22	11	14	82
3	35	1 398	19	118	10	30	4	199	38	10	13	77
4	34	1 393	28	112	13	30	9	149	23	9	15	72
5	30	1 388	22	111	17	29	6	143	26	8	20	71
6	27	1 380	20	111	19	29	11	128	42	7	19	71
7	32	1 361	29	108	12	26	10	127	51	7	10	65
8	29	1 360	21	107	7	26	7	124	27	7	11	64
9	25	1 356	26	106	22	26	8	120	33	6	18	63
10	36	1 330	25	105	20	24	15	116	28	6	16	63
11	31	1 322	30	104	24	24	13	114	34	5	17	62
12	23	1 316	35	103	18	22	14	110	4	5	21	62
13	28	1 302	32	102	15	21	12	106	8	5	8	59
14	24	1 296	34	102	16	21	18	106	4	4	7	55
15	38	1 294	23	101	23	21	19	106	18	4	23	53
16	40	1 274	31	100	6	20	16	103	31	4	25	51
17	39	1 259	16	95	14	19	20	95	36	4	9	50
18	37	1 253	41	95	35	19	17	95	4	4	24	46
19	22	1 212	33	94	33	17	22	93	47	4	22	45
20	44	1 204	36	94	5	17	24	92	25	4	6	43

以句号作为分隔符的句子出现频次为 65 865 次，占全部句子数量的 84.87%，接近五分之四，比例极高。句子长度出现频次前 20 位的数量总和为 26 515 次，占全部句子总和的 34.17%，同时占以句号为分隔符的句子总数的 40.26%，超过了五分之二，且句子长度集中在 22—44 字区间内。与

21世纪其他月份的语料数据相比,使用句号的句子频次保持在所有句子数量的85%左右,表明随着时间的变化,使用句号的习惯也随之改变。

以分号为分隔符的句子共出现4 194次,占总体数据的5.40%,句子长度主要分布于16—41字区间内。总体来说,2018年数据中以分号为分隔符的句子与近些年其他数据相比较,分号的使用习惯随着语料的规模发生细微的浮动,但变化较小。

以感叹号为分隔符的句子在2018年的数据统计中仍占比较小,共出现809次,占总体数量的1.04%,句子长度区间为5—35字,增幅较小,变化不大。

以冒号作为句子分隔符获得的句子数量仍是以句号和分号为分隔符的句子数量之外最多的,共3672句,占全部句子总数的4.73%,句子长度所在区间为3—24字。与近些年其他月份数据比较,使用冒号的频率保持较为相似的程度,无明显变化。

从统计数据来看,以省略号结尾的句子数量为1 072句,占全部句子总数的1.38%,在总体句子数量基数增加的条件下,以省略号为分隔符的句子数量仍呈下降趋势,与近几年其他月份数据比较,虽然有些年份有增加,但占比较小,较为明显地说明,在新世纪《人民日报》报道中,语义难尽和断续说明等表达方式正在被明确详细的表达方式所取代。

以问号为分隔符的句子数量为1 996句,占总体数量的2.57%,其中排在前20名的句子长度出现频次为1 257次,占总体数量的1.62%,占以问号为分隔符的句子总数的62.98%,句子长度主要分布于6—25字之间。与21世纪人民日报语料其他数据相比,使用问号的句子频次和占比都较为相似,无明显改变。

与2015年1—6月、2016年1月、2017年1月的数据相比,2018年1月的数据,在数据量和各标点句子的分布以及句子长度上无显著改变。从上述分析可以总结出,对比21世纪的这4年语料,并无较大的差异变化,这表明,《人民日报》已经形成了规范的语言风格。

4.2.10 2022年1月人民日报语料字维度上的句长分布

在2022年1月人民日报语料的基础上,同样以"。""?""!"";"":""……"6种标点符号为句子分隔符,共获得了79 280个句子。统计不同长度句子的出现频次,对频次降序排列,并取出现频次前20名的句子长度为示例和研究对象,如表4-20所示。

表4-20 2022年1月人民日报语料句子长度分布

序号	长度/字	频次/次	序号	长度/字	频次/次
1	28	1 509	11	24	1 380
2	32	1 495	12	22	1 361
3	30	1 483	13	38	1 345
4	29	1 469	14	25	1 341
5	31	1 468	15	33	1 329
6	26	1 440	16	19	1 319
7	23	1 411	17	36	1 306
8	21	1 398	18	39	1 299
9	27	1 387	19	41	1 288
10	34	1 381	20	20	1 283

排在前20位的句子长度出现频次均超过了1 200次,总出现频次为27 692次,占全部句子数量的34.93%,超过总数的三分之一。表4-20中句子长度,分布于19—41字区间中,长度跨度较大,且出现频次落差较大,如长度为28字的句子出现1 509次,比长度为20字的句子出现频次多226次。出现频次前20名的句子长度的频次平均值为1 384.60次,与中位数差距较小,变化曲线较平稳。

对6种不同类型的句子长度分布情况进行统计,并以句子长度出现频次降序排列,选取排在前20位的句子长度及出现频次,如表4-21所示。

表 4-21　2022 年 1 月人民日报语料 6 类句子长度具体分布

序号	句号 长度/字	句号 频次/次	分号 长度/字	分号 频次/次	感叹号 长度/字	感叹号 频次/次	冒号 长度/字	冒号 频次/次	省略号 长度/字	省略号 频次/次	问号 长度/字	问号 频次/次
1	28	1 283	35	108	10	57	10	307	36	41	13	75
2	30	1 254	32	104	11	49	6	252	14	41	10	71
3	32	1 253	29	97	31	48	7	161	23	40	14	71
4	29	1 224	19	94	9	44	11	126	27	39	12	69
5	34	1 206	31	92	12	41	5	125	20	39	9	65
6	31	1 203	27	92	29	39	9	117	34	39	11	60
7	26	1 199	21	91	6	39	15	115	32	36	17	60
8	38	1 177	24	89	8	38	12	111	22	36	8	55
9	27	1 159	26	87	7	38	8	110	33	35	7	54
10	39	1 140	37	83	19	37	20	109	30	35	15	53
11	23	1 140	41	80	16	37	18	107	44	35	16	48
12	23	1 316	34	80	17	33	23	105	24	32	19	46
13	41	1 131	46	79	22	33	4	103	43	32	21	41
14	36	1 128	23	77	21	33	21	98	37	32	26	38
15	25	1 126	28	77	13	32	16	97	28	32	31	37
16	24	1 126	47	75	14	32	13	97	46	31	25	32
17	22	1 117	40	74	15	31	14	95	48	30	20	30
18	21	1 107	20	74	24	28	17	88	26	30	22	29
19	37	1 087	33	74	30	27	19	86	40	30	28	28
20	40	1 071	22	73	18	26	24	83	38	29	23	26

以句号作为分隔符的句子出现频次为 66 550 次,占全部句子数量的 83.94%,超过五分之四,比例极高。句子长度出现频次前 20 位的数量总和为 23 447 次,占全部句子总和的 29.57%,同时,占以句号为分隔符的句子总数的 35.23%,超过三分之一,且句子长度集中在 21—41 字区间内。与 21 世纪的语料数据相比,使用句号的句子频次保持在所有句子数量的 80% 以上,表明随着时间的变化,使用句号的习惯也随之改变。

以分号为分隔符的句子共出现 3 998 次,占总体数据的 5.04%,句子长度主要分布于 19—47 字区间内。总体来说,2022 年数据中以分号为分隔符的句子与近些年其他数据相比较,分号的使用习惯随着语料的规模发生细微的浮动,但变化较小。

以感叹号为分隔符的句子在 2022 年的数据统计中占比有微弱提升,共出现 1 396 次,约占总体数量的 1.76%,句子长度区间提升到 6—31 字,增幅较小,变化不大。

以冒号为句子分隔符的句子数量仍是除以句号为分隔符的句子数量之外最多的,共 4 165 句,占全部句子总数的 5.25%,句子长度所在区间为 4—24 字。与近些年数据比较,使用冒号的频率保持较为相似的程度,无明显变化。

从统计数据来看,以省略号为分隔符的句子数量为 1772 句,占全部句子总数的 2.24%,在总体句子数量基数增加的条件下,以省略号为分隔符的句子数量仍呈下降趋势。与近几年数据比较,虽然有些年份有增加,但占比较小,较为明显地说明在新世纪《人民日报》报道中语义难尽和断续说明等表达方式正在被明确详细的表达方式所取代。

以问号为分隔符的句子数量为 1 399 句,占总体数量的 1.76%,其中排名在前 20 名的句子长度出现频次为 988 次,占总体数量的 1.25%,占以问号为分隔符的句子总数的 70.62%,句子长度主要分布于 7—31 字之间。与 21 世纪的其他月份语料数据相比,使用问号的句子频次和占比都较为相似,无明显改变。

4.3 词维度上的句长分布

在上述字统计的基础上,根据已经分词后的结果,可以对句子长度按照词的数量统计和分析 NEPD 的词汇维度句长的整体分布情况。将 2015 年

1—6月、2016年1月、2017年1月、2018年1月和2022年1月的语料进行比较分析。

4.3.1 2015年1月人民日报语料词维度上的句长分布

按照上述方法和流程,对2015年1月的数据以词为单位进行统计,分析发现句子长度分布状态为在2—240词的区间离散分布。句子长度的分布如图4-1所示,图中的横坐标为句子长度,纵坐标为对应长度的句子出现的频次(句子数量)。

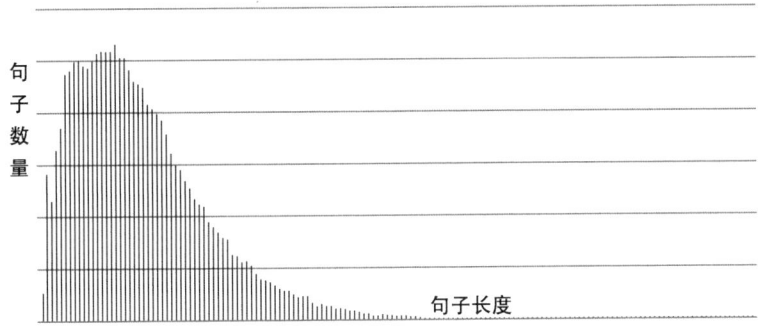

图4-1 2015年1月人民日报语料句子长度区间分布情况表-总(以"词"为单位)

从图4-1中按照句子长度频次即句子数量降序选取频次最高的前20个句子长度,具体分布情况如表4-22所示。

表4-22 2015年1月人民日报语料句子频次前20句子长度分布情况-总(以"词"为单位)

序号	长度/词	频次/次	占比/%
1	18	2 270	2.79
2	16	2 266	2.78
3	17	2 214	2.72
4	19	2 190	2.69

(续表)

序号	长度/词	频次/次	占比/%
5	15	2 146	2.64
6	20	2 132	2.62
7	14	2 085	2.56
8	22	2 069	2.54
9	21	2 066	2.54
10	13	2 064	2.54
11	23	2 020	2.48
12	12	1 913	2.35
13	26	1 911	2.35
14	24	1 901	2.34
15	25	1 847	2.27
16	29	1 774	2.18
17	11	1 734	2.13
18	27	1 682	2.07
19	10	1 614	1.98
20	28	1 571	1.93

2015年1月的人民日报语料句子共有81 385句,以词为单位分布范围为2—240词。句子长度的分布呈现明显的集中情况,出现频次最高长度的句子为18词的句子,共2 270句,占全部句子的2.79%;占比2%以上的句子,集中在排名前18位。结合表4-22可以看出,句子长度主要集中在10—29词区间范围内,在此句长范围的句子出现频次在1 500次以上,其中排名前10位的句子出现频次达2 000次以上。

2015年1月人民日报语料句子的整体分布也有着明显的长尾现象,从18词往后呈现下降的趋势,最后也出现了大量句子长度为个位数的句子。前20的句子数占了总句子数的48.50%,前20的句子长度的句子数在总句子数中的占比均超过1.9%。将前20的句子长度按频次来区分可以分为频次大于2 000次和频次小于2 000次两个区间,第一区间——1—11名占总句子数比重28.90%,第二区间——12—20名占总句子数比重19.59%。将前20的句子长度按照句子长度所属区间可以分为1—10、11—20、21—30三个区间,前20中长度在1—10词的有10,长度在11—20词的句子均包含在其中,长度在21—30词的有21、22、23、24、25、26、27、28、29。可以看出,句子长度主要集中在11—30词之间。在整体的长度分布当中,对2015年1月6类句子分布情况进行了具体分析,具体分布如表4-23所示。

表4-23 2015年1月人民日报语料句子长度区间分布情况-分(以"词"为单位)

序号	句号 长度/词	句号 频次/次	分号 长度/词	分号 频次/次	感叹号 长度/词	感叹号 频次/次	冒号 长度/词	冒号 频次/次	省略号 长度/词	省略号 频次/次	问号 长度/词	问号 频次/次
1	16	2 258	11	101	4	41	3	422	20	42	9	137
2	18	2 255	10	99	18	39	2	302	22	41	6	125
3	17	2 219	8	88	3	38	8	287	23	40	8	125
4	19	2 202	9	88	16	38	10	254	8	38	4	114
5	15	2 149	15	84	9	37	7	231	14	37	7	113
6	20	2 125	7	82	2	36	4	221	16	36	5	98
7	14	2 085	13	81	7	36	13	185	15	35	12	95
8	13	2 067	14	80	11	36	15	184	11	33	11	94
9	21	2 066	12	79	12	36	19	181	18	32	3	92
10	22	2 066	17	65	5	35	17	172	25	31	10	85
11	23	2 033	6	60	14	35	16	165	9	29	14	85
12	12	1 917	20	54	8	27	11	162	13	28	13	84
13	26	1 908	16	52	32	26	21	144	19	27	17	78
14	24	1 897	18	48	23	25	22	132	24	26	16	76
15	25	1 840	21	47	15	24	9	131	27	25	19	76
16	11	1 719	19	46	25	24	14	120	32	24	49	64
17	27	1 691	22	43	21	24	25	115	31	23	15	64
18	10	1 625	5	38	27	24	12	102	21	22	2	53
19	28	1 562	24	37	29	24	20	95	12	21	21	53
20	29	1 474	23	35	25	24	23	90	29	19	18	51

将句子按照句号、分号、感叹号、冒号、省略号和问号 6 种标点符号来划分。从前 20 的句子长度分布来看,以句号结尾的句子长度主要集中在 13—29 词,以分号结尾的句子长度主要集中在 5—24 词,以感叹号结尾的句子长度主要集中在 2—32 词,以冒号结尾的句子长度主要集中在 2—25 词,以省略号结尾的句子长度主要集中在 8—32 词,问号结尾的句子长度主要集中在 2—49 词。

与整体的前 20 高频句子长度数分布相比较,以句号结尾的句子长度分布与整体基本一致,无较大变化。其余类型的句子频次在前 20 位的句子长度与整体有较大差距,但数量极少,并不显著,故对分布情况影响较小。分号、感叹号、冒号、省略号、问号中出现了一些个位数频次的句子,如分号中的 5、6 等,感叹号中的 2、3、4、5 等,冒号中的 2、3、4 等,问号中的 2、3、4 等,这些与语言的使用习惯有关,如冒号中的"某人说:"有大量的句子是如此切分的。结合图 4-1,以分号、感叹号、冒号、省略号和问号结尾的句子虽然只有很少一部分,但是其高频句子长度却在句子长度最集中的区间内。

上述分析表明,以句号结尾的句子和以省略号结尾的句子平均长度较长,其余句子平均长度较短。各年份的句子主要以句号结尾的句子为主,受其影响较大,其余的句子对整体分布影响较小。

4.3.2 2015 年 2 月人民日报语料词维度上的句长分布

按照上述方法和流程,对 2015 年 2 月的数据以词为单位进行统计,分析发现句子长度分布状态为在 2—298 词的区间离散分布。句子长度的分布如图 4-2 所示,图中的横坐标为句子长度,纵坐标为对应长度的句子出现的频次(句子数量)。

从图 4-2 中按照句子长度频次即句子数量降序选取频次最高的前 20 个句子长度,具体分布情况如表 4-24 所示。

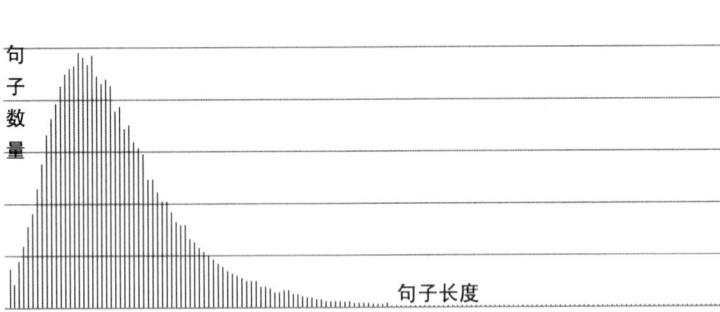

图 4-2 2015 年 2 月人民日报语料句子长度区间分布情况表-总（以"词"为单位）

表 4-24 2015 年 2 月人民日报语料句子频次前 20 句子长度分布情况-总
（以"词"为单位）

序号	长度/词	频次/次	占比/%
1	16	2 268	3.12
2	18	2 267	3.12
3	15	2 245	3.09
4	14	2 210	3.04
5	13	2 178	3.00
6	17	2 155	2.97
7	19	2 099	2.89
8	12	2 087	2.87
9	20	2 072	2.85
10	21	2 071	2.85
11	11	2 056	2.83
12	22	2 045	2.82
13	23	1 985	2.73
14	10	1 872	2.58
15	24	1 802	2.48
16	25	1 778	2.45
17	9	1 740	2.40
18	26	1 668	2.30
19	27	1 614	2.22
20	8	1 571	2.16

第4章 NEPD 语料句长与词汇分布

2015年2月的人民日报语料句子共有72 593句,以词为单位分布范围为2—298词。句子长度的分布呈现明显的集中情况,出现频次最高长度的句子为16词的句子,共2 268句,占全部句子的3.12%。排名前20的句子,占比均在2%以上。可以看出,句子长度主要集中在8—29词区间范围内,在此句长范围的句子出现频次在1 500次以上,其中排名前12位的句子出现频次达2 000次以上。

2015年2月人民日报语料句子的整体分布也有着明显的长尾现象,从16词往后呈现下降的趋势,最后也出现了大量句子长度为个位数的句子。前20的句子数占了总句子数的54.80%,接近半数,句子长度前20的句子数在总句子数中的占比均超过1.9%。将前20的句子长度按频次来区分可以分为频次大于2 000次和频次小于2 000次两个区间,第一区间——1—12名占总句子数比重35.48%,第二区间——13—20名占总句子数比重19.33%。对前20的句子长度按照句子长度所属区间可以分为1—10、11—20、21—30三个区间,前20中长度在1—10词的有8、9、10,长度在11—20词的句子均包含在前20名中,长度在21—30词的有21—27。可以看出,句子长度主要集中在11—30词之间。在整体的长度分布当中,对2015年2月6类句子分布情况进行了具体分析,具体分布如表4-25所示。

表4-25 2015年2月人民日报语料句子长度区间分布情况-分(以"词"为单位)

序号	句号 长度/词	句号 频次/次	分号 长度/词	分号 频次/次	感叹号 长度/词	感叹号 频次/次	冒号 长度/词	冒号 频次/次	省略号 长度/词	省略号 频次/次	问号 长度/词	问号 频次/次
1	16	2 142	8	87	6	41	4	327	22	35	6	123
2	18	2 086	7	79	5	38	9	292	23	32	9	119
3	15	2 080	11	78	2	38	3	285	20	31	4	114
4	14	2 074	6	72	10	37	22	244	14	30	10	111
5	13	2 018	9	72	12	37	8	221	16	28	7	111
6	17	2 005	10	70	14	35	11	218	15	28	8	109
7	19	1 991	14	70	16	35	15	183	11	27	13	98

(续表)

序号	句号 长度/词	句号 频次/次	分号 长度/词	分号 频次/次	感叹号 长度/词	感叹号 频次/次	冒号 长度/词	冒号 频次/次	省略号 长度/词	省略号 频次/次	问号 长度/词	问号 频次/次
8	12	1 951	16	66	4	34	13	182	18	26	11	97
9	20	1 945	12	63	17	34	25	181	8	25	12	94
10	21	1 832	13	62	7	34	12	171	9	25	3	93
11	11	1 812	17	58	8	34	17	164	13	24	5	92
12	22	1 787	18	55	9	25	19	163	19	24	15	84
13	23	1 737	5	53	22	24	29	142	27	23	18	77
14	10	1 710	15	52	37	24	10	121	24	22	14	74
15	24	1 604	4	51	11	22	7	120	23	22	19	74
16	25	1 536	19	49	13	22	14	118	31	21	31	63
17	9	1 535	20	40	21	21	16	114	32	18	20	61
18	26	1 531	21	36	24	18	21	101	12	17	2	60
19	27	1 345	22	35	25	18	6	94	21	15	16	59
20	8	1 299	24	32	28	18	20	89	28	14	33	48

对句子按照句号、分号、感叹号、冒号、省略号和问号6种标点符号来划分。从前20的句子长度分布来看：以句号结尾的句子长度主要集中在8—27词，分号结尾的句子长度主要集中在4—24词，感叹号结尾的句子长度主要集中在2—37词，冒号结尾的句子长度主要集中在3—29词，省略号结尾的句子长度主要集中在8—32词，问号结尾的句子长度主要集中在2—33词。

与整体的前20高频句子长度数分布相比较，以句号结尾的句子长度分布与整体基本一致，无较大变化。其余类型的句子频次在前20位的句子长度与整体有较大差距，但数量极少，并不显著，故对分布情况影响较小。分号、感叹号、冒号、省略号、问号中出现了一些个位数频次的句子，这些与语言的使用习惯有关，如冒号中的"某人说："有大量的句子是如此切分的，省略号中的最短句子长度较长，这与省略号的用法密切相关。结合图4-2，以分号、感叹号、冒号、省略号和问号结尾的句子占比较低，但是其高频句子长度却在句子长度最集中的区间内,表明这些标点符号也是新闻语料的重要组成部分。

上述分析表明,以句号结尾的句子平均长度较长,其余句子平均长度较短,与2015年1月的数据相比,句子的分布较为相似,都是呈现先上升后下降的趋势,而且有很明显的长尾现象。

4.3.3 2015年3月人民日报语料词维度上的句长分布

按照上述方法和流程,对2015年3月的数据以词为单位进行统计,分析发现句子长度分布状态为在2—320词的区间离散分布。句子长度的分布如图4-3所示,图中的横坐标为句子长度,纵坐标为对应长度的句子出现的频次(句子数量)。

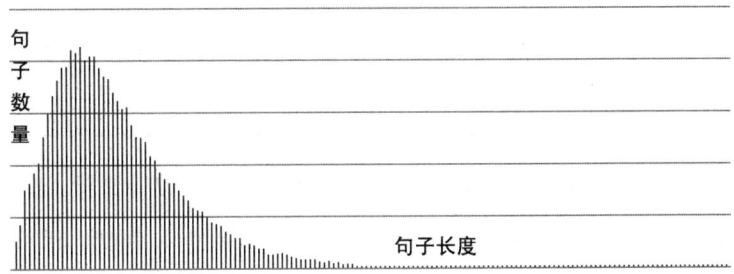

图4-3 2015年3月人民日报语料句子长度区间分布情况-总(以"词"为单位)

表4-26 2015年3月人民日报语料句子频次前20句子长度分布情况-总
(以"词"为单位)

序号	长度/词	频次/次	占比/%
1	17	2 658	3.18
2	16	2 642	3.16
3	14	2 556	3.06
4	15	2 447	2.93

(续表)

序号	长度/词	频次/次	占比/%
5	19	2 432	2.91
6	18	2 421	2.90
7	12	2 418	2.89
8	13	2 378	2.84
9	11	2 356	2.82
10	21	2 279	2.73
11	20	2 267	2.71
12	22	2 256	2.70
13	23	2 235	2.67
14	24	2 221	2.66
15	10	2 188	2.62
16	9	2 169	2.59
17	25	2 138	2.56
18	26	2 117	2.53
19	27	2 076	2.48
20	28	2 034	2.43

2015年3月的人民日报语料句子共有83 608句,以词为单位分布范围为2—320词。由句子离散分布图可知,句子长度的分布呈现明显的集中状况,频次最高的是长度为17词的句子,共有2 658句;排名第20长度为28词的句子也有2 034句。排名前20位中,句子长度均在2 000以上。结合图4-3和表4-26可以看出,句子长度主要集中在9—28词这个区间范围内,这个句长范围的句子数都在2 000以上。

由句子离散分布图可知,2015年3月的《人民日报》语料句子的整体分布也有明显的长尾现象,句子数在句子长度为17词达到顶峰,随后呈下降趋势。前20的句子数占了总句子数的55.36%,前20的句子长度的句子数在总句子数中的占比均超过2%。前20的句子长度又可以分为频次大于2 300词和频次小于2 300词两个区间,第一区间——1—9名占总句子数比重26.68%,第二区间——10—20名占总句子数比重28.68%。将前20的句子长度按照句子长度所属区间可以分为1—10、11—20、21—30三个区间,前20中长度在1—10词的有9,长度在11—20词的句子均包含在其中,长度在21—30词的有21—28,可以看出句子长度主要集中在10—30词之间。根据标点符号对句子进分类的6类句子在长度上的分布情况,具体如表4-27所示。

表4-27 2015年3月人民日报语料句子长度区间分布情况-分(以"词"为单位)

序号	句号 长度/词	句号 频次/次	分号 长度/词	分号 频次/次	感叹号 长度/词	感叹号 频次/次	冒号 长度/词	冒号 频次/次	省略号 长度/词	省略号 频次/次	问号 长度/词	问号 频次/次
1	17	2 413	9	221	8	38	10	309	15	10	6	127
2	16	2 338	8	191	6	37	9	275	21	9	8	118
3	14	2 297	13	181	17	37	3	245	22	8	5	113
4	15	2 279	10	155	22	37	9	231	13	7	10	102
5	18	2 235	12	151	23	36	8	222	24	6	4	101
6	19	2 225	7	149	2	36	29	178	8	6	7	97
7	12	2 208	11	136	5	35	22	163	12	6	12	95
8	13	2 204	14	134	10	33	13	161	16	6	9	94
9	21	2 157	15	122	13	32	14	154	17	6	11	92
10	11	2 116	17	121	16	31	12	145	11	6	3	86
11	20	2 091	16	110	3	24	21	144	27	5	14	75
12	22	2 074	6	107	14	24	4	142	25	5	13	69
13	23	1 966	5	105	19	23	11	138	15	5	15	65
14	10	1 964	18	104	20	22	23	125	28	5	21	64
15	24	1 932	19	103	21	22	17	116	26	4	18	63
16	9	1 708	20	102	25	21	16	115	29	4	29	57
17	26	1 703	23	98	26	20	24	109	14	4	16	55
18	25	1 694	22	97	27	18	8	102	23	4	23	54
19	27	1 617	4	89	24	16	15	96	19	4	22	48
20	28	1 551	21	78	18	13	18	91	18	3	20	44

对句子按照句号、分号、感叹号、冒号、省略号和问号来划分。从前 20 的句子长度分布来看:以句号结尾的句子长度主要集中在 9—28 词,分号结尾的句子长度主要集中在 4—23 词,感叹号结尾的句子长度主要集中在 2—27 词,冒号结尾的句子长度主要集中在 3—29 词,省略号结尾的句子长度主要集中在 8—29 词,问号结尾的句子长度主要集中在 3—29 词。以句号结尾的句子长度分布与整体分布基本一致,以其他符号结尾的句子的频次排在前 20 名的句子长度数与整体相差较大,由于数目较少,所以对最终的分布情况影响较小,但其高频句子长度仍在句子长度最集中的区间内。

与 2015 年 1 月、2015 年 2 月的数据比较,2015 年 3 月的人民日报语料数据量有很大提升,但句子的分布基本一致,都具有很明显的长尾分布现象。在各标点句子长度中,2015 年 3 月的句子长度与近两个月的长度相似,无较大变化。这几个月份的数据除都具有长尾分布现象外,句子的主要长度分布在 4—29 字的区间内,最高出现在 17 词,整体的走势为先快速上升再下降,最终保持在数量很小变化平稳的"拖尾"中。句子长度极短如长度小于 4 的句子数量较小,句子长度很长的句子数量极少,是造成长尾现象的主要原因。

4.3.4　2015 年 4 月人民日报语料词维度上的句长分布

按照上述方法和流程,对 2015 年 4 月的数据以词为单位进行统计,分析发现句子长度分布状态在 2—315 词的区间离散分布。句子长度的分布如图 4-4 所示,图中的横坐标为句子长度,纵坐标为对应长度的句子出现的频次(句子数量)。

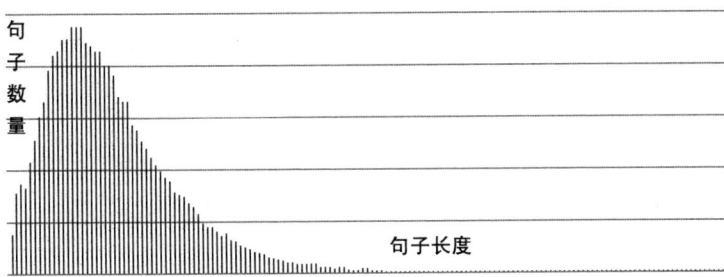

图 4-4　2015 年 4 月人民日报语料句子长度区间分布情况-总(以"词"为单位)

表 4-28　2015 年 4 月人民日报语料句子频次前 20 句子长度分布情况-总
(以"词"为单位)

序号	长度/词	频次/次	占比/%
1	16	2 672	3.17
2	17	2 533	3.01
3	19	2 528	3.00
4	18	2 525	3.00
5	13	2 478	2.94
6	15	2 468	2.93
7	14	2 435	2.89
8	20	2 410	2.86
9	12	2 388	2.83
10	22	2 369	2.81
11	21	2 347	2.79
12	23	2 335	2.77
13	11	2 320	2.75
14	24	2 319	2.75
15	10	2 278	2.70
16	25	2 229	2.65
17	9	2 218	2.63
18	26	2 178	2.59
19	27	2 168	2.57
20	28	2 099	2.49

2015年4月的人民日报语料句子共有84 236句,以词为单位分布范围为2—315词。句子长度的分布呈现明显的集中状况,频次最高的是长度为16词的句子,共有2 672句;排名第20长度28词的句子有2 099句,与第一名相差573句,跨度极大。排名前20位中句子长度均在2 000词以上。结合图4-4和表4-28可以看出,句子长度主要集中在9—28词这个区间范围内。

由句子离散分布图可知,2015年4月的人民日报句子的整体分布也有明显的长尾现象,句子数在0—10区间内快速上升,在句子长度为16词时达到顶峰,随后呈下降趋势。前20的句子数占了总句子数的56.15%,前20的句子长度的句子数在总句子数中的占比均超过2%。前20的句子长度又可以分为频次大于2 400词和频次小于2 400词两个区间。第一区间——1—8名占总句子数比重23.80%,第二区间——9—20名占总句子数比重32.35%。将前20的句子长度按照句子长度所属区间可以分为1—10、11—20、21—30三个区间,前20中长度在1—10词的有9、10,长度在11—20词的句子均包含在其中,长度在21—30词的有21—28,句子长度也主要集中在11—30词之间。进一步统计了6类句子在长度上的分布,具体情况如表4-29所示。

表4-29　2015年4月人民日报语料句子长度区间分布情况-分(以"词"为单位)

序号	句号 长度/词	句号 频次/次	分号 长度/词	分号 频次/次	感叹号 长度/词	感叹号 频次/次	冒号 长度/词	冒号 频次/次	省略号 长度/词	省略号 频次/次	问号 长度/词	问号 频次/次
1	16	2 459	11	201	18	39	15	312	21	8	7	128
2	17	2 419	10	193	4	37	12	267	24	8	8	113
3	19	2 382	13	171	5	37	14	245	22	7	5	111
4	18	2 360	14	165	6	37	9	234	9	7	4	104
5	15	2 355	8	161	19	36	13	210	17	6	6	104
6	13	2 310	9	159	17	36	16	168	15	6	10	92
7	14	2 271	12	156	2	35	17	161	12	6	3	92

(续表)

序号	句号 长度/词	句号 频次/次	分号 长度/词	分号 频次/次	感叹号 长度/词	感叹号 频次/次	冒号 长度/词	冒号 频次/次	省略号 长度/词	省略号 频次/次	问号 长度/词	问号 频次/次
8	20	2 252	15	154	3	31	5	161	13	6	12	91
9	22	2 155	16	152	7	27	8	152	27	6	9	90
10	12	2 139	7	145	12	26	10	145	16	6	11	79
11	23	2 139	17	144	14	25	4	143	17	6	13	75
12	21	2 135	19	137	23	25	20	132	10	5	15	64
13	11	2 029	18	133	16	25	11	128	28	5	16	64
14	24	1 924	6	131	11	24	6	125	25	4	21	63
15	25	1 923	21	128	22	22	25	120	20	4	14	57
16	10	1 805	22	123	20	22	26	118	26	4	2	51
17	26	1 728	25	120	8	20	18	107	29	4	17	44
18	9	1 677	20	115	9	18	7	102	30	4	18	43
19	27	1 671	24	107	24	18	22	90	19	4	22	42
20	28	1 607	4	99	27	17	24	83	18	3	24	38

对句子按照句号、分号、感叹号、冒号、省略号和问号来划分。从前20的句子长度分布来看：以句号结尾的句子长度主要集中在9—28词，分号结尾的句子长度主要集中在4—25词，感叹号结尾的句子长度主要集中在2—27词，冒号结尾的句子长度主要集中在4—26词，省略号结尾的句子长度主要集中在9—30词，问号结尾的句子长度主要集中在2—24词。

在句子的分布中，以句号结尾的句子长度分布与整体分布基本一致，其他符号结尾的句子的频次排在前20名的句子长度数与整体相差较大，但由于数目较少，所以对最终的分布情况影响较小。以感叹号结尾的句子、冒号结尾的句子、问号结尾的句子平均长度都较短，断句集中在前10位，后10位的句子长度相对较长。

与21世纪其他年份的数据相比，2015年4月的数据与2015年1月、2月、3月的数据相比，整体的分布和数据量无较大改变。

4.3.5　2015年5月人民日报语料词维度上的句长分布

按照上述方法和流程,对2015年5月的数据以词为单位进行统计,分析发现句子长度分布状态为在2—318词的区间离散分布。句子长度的分布如图4-5所示,图中的横坐标为句子长度,纵坐标为对应长度的句子出现的频次(句子数量)。

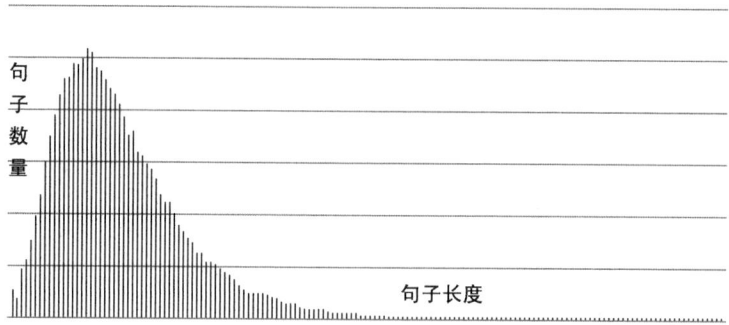

图4-5　2015年5月人民日报语料句子长度区间分布情况-总(以"词"为单位)

表4-30　2015年5月人民日报语料句子频次前20句子长度分布情况-总
(以"词"为单位)

序号	长度/词	频次/次	占比/%
1	17	2 868	3.28
2	18	2 819	3.23
3	16	2 802	3.21
4	15	2 750	3.15
5	14	2 621	3.00
6	20	2 523	2.89
7	19	2 515	2.88
8	13	2 511	2.87
9	12	2 485	2.84

(续表)

序号	长度/词	频次/次	占比/%
10	11	2 467	2.82
11	21	2 445	2.80
12	23	2 436	2.79
13	22	2 321	2.66
14	24	2 319	2.65
15	10	2 308	2.64
16	25	2 228	2.55
17	9	2 215	2.54
18	26	2 109	2.41
19	27	2 048	2.34
20	28	2 046	2.34

2015年5月的人民日报语料句子共有87 357句,以词为单位分布范围为2—318词。与2015年其余月份的人民日报语料相似,句子长度的分布呈现明显的集中状况,频次最高的是长度为17词的句子,共有2 868句,排名第20长度为28词的句子有2 046句。排名前20位的句子均在2 000句以上,占比都在2%。

由句子离散分布图和句子分布表格分析,2015年5月的人民日报句子的整体分布也有明显的长尾现象,句子数在句子长度为17词时达到顶峰,随后呈下降趋势。前20的句子数占了总句子数的55.90%。前20的句子长度又可以分为频次大于2 500词、频次小于2 500词两个区间,第一区间——1—8名占总句子数比重24.51%,第二区间——9—20名占总句子数比重31.40%。将前20的句子长度按照句子长度所属区间可以分为1—10、11—20、21—30三个区间,前20中长度在1—10词的有9、10,长度在11—20词的句子均包含在其中,长度在21—30词的有21—28,可以看出句子长度也主要集中在11—30词之间。进一步统计了6类句子在长度上的分布,具体情况如表 4-31 所示。

表 4-31 2015 年 5 月人民日报语料句子长度区间分布情况-分(以"词"为单位)

序号	句号 长度/词	句号 频次/次	分号 长度/词	分号 频次/次	感叹号 长度/词	感叹号 频次/次	冒号 长度/词	冒号 频次/次	省略号 长度/词	省略号 频次/次	问号 长度/词	问号 频次/次
1	17	2 615	8	225	7	52	16	348	23	9	7	151
2	18	2 578	9	213	2	42	4	335	27	9	10	134
3	16	2 491	12	191	3	38	9	323	22	9	6	123
4	15	2 487	14	185	5	37	15	317	15	8	9	115
5	14	2 466	7	171	8	37	3	312	8	8	8	115
6	20	2 378	11	169	12	37	11	268	16	8	11	103
7	19	2 352	10	166	6	36	13	264	13	8	5	95
8	13	2 288	16	164	14	35	5	263	17	8	4	94
9	12	2 280	13	158	20	35	17	178	11	7	14	93
10	22	2 206	15	155	4	31	21	169	21	7	12	81
11	23	2 124	20	154	21	31	24	155	12	7	3	76
12	24	2 076	19	147	24	31	28	152	10	7	15	73
13	10	1 979	17	143	29	31	30	148	28	6	13	73
14	25	1 894	18	141	13	30	33	135	20	6	20	72
15	26	1 753	6	138	22	28	23	130	25	6	16	68
16	27	1 750	22	133	9	28	31	128	29	6	18	62
17	9	1 727	4	125	10	27	10	117	26	6	19	55
18	28	1 577	5	117	19	22	22	110	18	5	28	54
19	29	1 564	21	112	23	21	8	105	19	5	17	52
20	8	1 509	24	105	17	20	12	103	30	5	2	49

对句子按照句号、分号、感叹号、冒号、省略号和问号来划分。从前 20 的句子长度分布来看:以句号结尾的句子长度主要集中在 8—29 词,分号结尾的句子长度主要集中在 4—24 词,感叹号结尾的句子长度主要集中在 2—29 词,冒号结尾的句子长度主要集中在 3—33 词,省略号结尾的句子长度主要集中在 8—30 词,问号结尾的句子长度主要集中在 2—28 词。

与整体的前20名高频句子长度分布相比较,句号结尾的句子长度分布与整体分布基本一致;以其他符号结尾的句子其频次排在前20名的句子长度数与整体相差较大,但由于数目较少,对最终的分布情况影响较小。以分号、感叹号、冒号、省略号和问号这些符号结尾的句子虽然数目较少,但其高频句子长度仍在句子长度最集中的区间内。

4.3.6　2015年6月人民日报语料词维度上的句长分布

与字基础上的长度分布一致,在对句子长度分布统计时,也去除了类别为其他的文本。统计发现,2015年6月的句子中,句子长度分布状态为在2—272词的区间离散分布。句子长度的分布如图4-6所示,图中的横坐标为句子长度,纵坐标为对应长度的句子出现的频次,即句子数量。从图4-6中按照句子长度频次即句子数量降序选取频次最高的前20个句子长度,具体分布情况如表4-32所示。

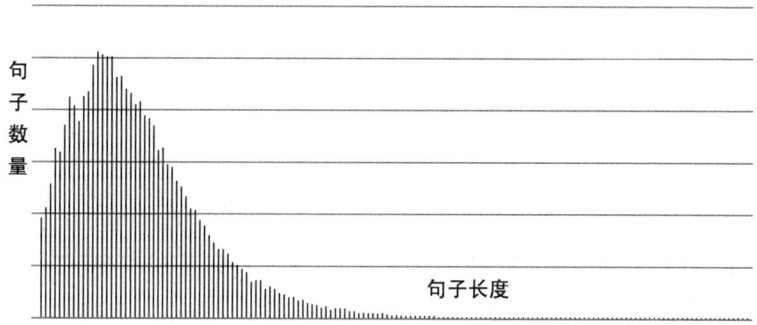

图4-6　2015年6月人民日报语料句子长度区间分布情况表-总(以"词"为单位)

表 4-32 2015 年 6 月人民日报语料句子频次前 20 句子长度分布情况-总
（以"词"为单位）

序号	长度/词	频次/次	占比/%
1	17	2 227	2.81
2	14	2 207	2.79
3	15	2 192	2.77
4	19	2 168	2.74
5	16	2 155	2.72
6	18	2 122	2.68
7	20	2 093	2.64
8	13	2 081	2.63
9	21	2 037	2.57
10	12	1 998	2.52
11	23	1 966	2.48
12	24	1 937	2.45
13	22	1 917	2.42
14	25	1 884	2.38
15	26	1 755	2.22
16	11	1 731	2.18
17	28	1 639	2.07
18	27	1 636	2.07
19	10	1 606	2.03
20	29	1 514	1.91

2015 年 6 月的人民日报语料句子共有 79 182 句，以词为单位分布范围为 2—272 词。句子长度的分布呈现明显的集中情况，句子长度主要集中在 10—29 词区间范围内，这个句长范围的句子出现频次都在 1 500 次以上，前 19 位占比都在 2% 以上。相比于 2015 年 1—5 月的数据，2015 年 6 月的语料在语料规模和句子长度分布上保持相当的水平。

"拖尾"现象是上述数据显著的共同特点，从 17 往后呈现下降的趋势，最后出现很多频次只有 1 的数据。前 20 的句子数占了总句子数的

49.08%。从频次排 19 的句子长度开始,各个长度的句子的数目占总数目的比重都低于 2%。将前 20 的句子长度按频次来区分,可以分为频次大于 2 000 次和频次小于 2 000 次两个区间,第一区间——1—9 名占总句子数比重 24.35%,第二区间——10—20 名占总句子数比重 24.73%,可以发现后面的占比要略微多于前面。将前 20 的句子长度按照句子长度所属区间可以分为 1—10、11—20、21—30 三个区间,前 20 中长度在 1—10 词的有 10,长度在 11—20 词的句子均包含在其中,长度在 21—30 词的有 21—29。可以看出,句子长度主要集中在 11—30 词之间。在整体的长度分布当中,对 2015 年 6 月的 6 类频次居于前 10 的句子分布情况进行了具体分析,具体分布如表 4-33 所示。

表 4-33　2015 年 6 月人民日报语料句子长度区间分布情况-分(以"词"为单位)

序号	句号 长度/词	句号 频次/次	分号 长度/词	分号 频次/次	感叹号 长度/词	感叹号 频次/次	冒号 长度/词	冒号 频次/次	省略号 长度/词	省略号 频次/次	问号 长度/词	问号 频次/次
1	17	2 221	11	103	8	38	3	350	19	25	8	147
2	14	2 207	12	97	6	37	4	282	15	24	6	125
3	15	2 190	9	92	7	35	7	281	23	22	5	111
4	19	2 168	17	83	12	34	2	242	18	21	7	110
5	16	2 155	13	80	9	32	6	235	10	20	4	107
6	18	2 127	14	79	15	31	9	232	11	18	9	100
7	20	2 079	8	78	11	30	8	231	21	17	10	98
8	13	2 078	15	76	5	29	5	220	14	16	3	98
9	21	2 053	10	73	14	28	11	205	17	15	11	91
10	12	2 003	6	69	13	27	10	186	24	15	12	91
11	23	1 975	16	69	16	26	12	175	29	15	13	89
12	24	1 933	21	62	17	25	14	155	16	15	18	87
13	22	1 908	19	54	18	25	13	138	22	14	14	86
14	25	1 886	7	52	22	25	15	130	28	14	14	74
15	26	1 752	20	50	25	24	18	121	30	14	17	71

(续表)

序号	句号 长度/词	句号 频次/次	分号 长度/词	分号 频次/次	感叹号 长度/词	感叹号 频次/次	冒号 长度/词	冒号 频次/次	省略号 长度/词	省略号 频次/次	问号 长度/词	问号 频次/次
16	11	1 726	18	49	23	23	17	111	25	12	19	71
17	28	1 640	22	44	4	22	16	102	4	12	21	65
18	27	1 635	23	41	21	21	21	94	9	12	43	56
19	10	1 606	25	39	24	21	22	82	13	11	2	45
20	29	1 522	27	33	19	20	23	73	12	10	22	42

对句子按照句号、分号、感叹号、冒号、省略号和问号来划分。从前20的句子长度分布来看：以句号结尾的句子长度主要集中在10—29词，分号结尾的句子长度主要集中在6—27词，感叹号结尾的句子长度主要集中在4—25词，冒号结尾的句子长度主要集中在2—23词，省略号结尾的句子长度主要集中在4—30词，问号结尾的句子长度主要集中在2—43词。

结合图4-6与整体的前20高频句子长度数分布情况进行分析，可发现以句号结尾的句子占全部句子的绝大部分，此类句子与整体分布基本一致；其余的句子与整体分布相差较大，出现很多句子长度为个位数或者句子长度很长的句子，但是数量较少，且高频句子长度大多在句子集中的区间内，不影响整体的分布情况。

将2015年6月的数据与2015年1—5月的数据对比可发现，除以省略号结尾的句子数量有所下降外，其余句子在数量上并无明显变化。在句子长度分布上，二者的走势大体相似，无明显变动。

4.3.7　2016年1月人民日报语料词维度上的句长分布

与字基础上的长度分布一致，在句子长度分布统计时，去除了类别为其他的文本。统计发现，2016年1月的句子中，句子长度分布状态为在2—310词的区间离散分布。句子长度的分布如图4-7所示，图中的横坐标为句子长度,纵坐标为对应长度的句子出现的频次,即句子数量。

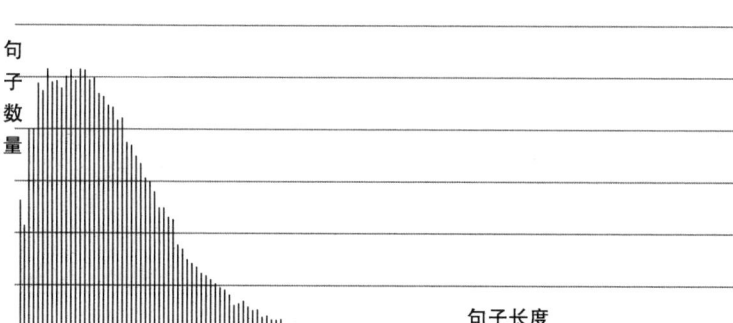

图4-7 2016年1月人民日报语料句子长度区间分布情况表-总(以"词"为单位)

从图4-7中按照句子长度频次即句子数量降序选取频次最高的前20个句子长度,具体分布情况如表4-34所示。

表4-34 2016年1月人民日报语料句子频次前20句子长度分布情况-总
(以"词"为单位)

序号	长度/词	频次/次	占比/%
1	16	2 259	2.77
2	15	2 239	2.75
3	17	2 190	2.69
4	18	2 177	2.67
5	19	2 128	2.61
6	20	2 125	2.61
7	22	2 066	2.54
8	14	2 033	2.50
9	21	2 030	2.49
10	12	2 026	2.49
11	13	1 983	2.43
12	24	1 964	2.41
13	23	1 962	2.41
14	25	1 828	2.24

(续表)

序号	长度/词	频次/次	占比/%
15	11	1 824	2.24
16	26	1 737	2.13
17	27	1 683	2.07
18	28	1 602	1.97
19	10	1 600	1.96
20	29	1 521	1.87

2016年1月的人民日报语料句子共有81 476句,以词为单位分布范围为2—310词。句子长度的分布呈现明显的集中情况,可以发现,句子长度主要集中在10—29词区间范围,在此范围的句子出现频次都在1 500次以上,占比都在1.8%以上。

除"拖尾"现象外,前20的句子数占了总句子数的47.84%,前17的句子长度的句子数在总句子数中的占比均超过2%。从句子长度为18词的句子开始,各个长度的句子数目占总数目的比重都低于2%,到第20位均高于1.8%。将前20的句子长度按频次来区分,可以分为频次大于2 000次和频次小于2 000次两个区间,第一区间——1—10名占总句子数比重26.11%,第二区间——11—20名占总句子数比重21.73%。将前20的句子长度按照句子长度所属区间可以分为1—10、11—20、21—30三个区间,前20中长度在1—10词的有10,长度在11—20词的句子均包含在其中,长度在21—30词的有21—29。可以看出,句子长度主要集中在11—30词之间。在整体的长度分布当中,对2016年1月的6类频次居于前10的句子分布情况进行了具体分析,具体分布如表4-35所示。

表4-35　2016年1月人民日报语料句子长度区间分布情况-分（以"词"为单位）

序号	句号 长度/词	句号 频次/次	分号 长度/词	分号 频次/次	感叹号 长度/词	感叹号 频次/次	冒号 长度/词	冒号 频次/次	省略号 长度/词	省略号 频次/次	问号 长度/词	问号 频次/次
1	16	2 269	15	136	8	35	3	342	18	55	5	145
2	15	2 235	9	132	10	34	7	281	14	54	9	139
3	17	2 183	10	132	6	33	5	262	22	53	4	127
4	18	2 181	11	120	7	32	10	251	17	52	6	124
5	20	2 121	13	117	12	32	4	230	9	51	7	112
6	19	2 120	14	115	11	31	11	225	10	50	3	109
7	22	2 066	7	109	13	30	6	221	20	49	8	98
8	21	2 040	8	109	5	29	15	210	15	47	10	95
9	14	2 035	12	108	16	28	14	208	16	46	11	94
10	12	2 016	6	105	18	27	13	187	23	45	12	93
11	13	1 981	16	100	17	26	17	178	28	44	13	89
12	24	1 962	17	96	14	25	16	165	19	44	22	88
13	23	1 958	20	93	20	22	8	154	25	42	14	87
14	11	1 832	18	90	22	21	9	138	22	35	15	86
15	25	1 824	19	89	3	18	18	122	27	34	2	83
16	26	1 734	21	88	19	17	23	111	24	32	17	73
17	27	1 688	23	87	21	16	21	105	8	28	25	72
18	28	1 606	5	86	9	15	12	95	12	25	29	70
19	10	1 598	24	85	23	14	19	94	13	22	32	60
20	29	1 516	25	84	25	12	22	80	11	22	19	59

对句子按照句号、分号、感叹号、冒号、省略号和问号来划分。从前20的句子长度分布来看：以句号结尾的句子长度主要集中在10—29词，分号结尾的句子长度主要集中在5—25词，感叹号结尾的句子长度主要集中在3—25词，冒号结尾的句子长度主要集中在3—23词，省略号结尾的句子长度主要集中在8—28词，问号结尾的句子长度主要集中在2—32词。与整体的前20高频句子长度数分布相比较，以句号之外的其他符号结尾的句子

出现频次前20的句子长度与整体有较大差异,但数量极少,占总句子的很少部分,并不影响句子的整体分布。

结合图4-7与整体的前20高频句子长度数分布相比较,以句号结尾的句子占全部句子的绝大部分,此类句子与整体分布基本一致,其余的句子与整体分布相差较大,出现很多句子长度为个位数或者很大位数的句子,但是数量较少,且高频句子长度都在句子集中的区间内,不影响整体的分布情况。

与2015年1—6月的数据进行比较发现,在整体上的分布较为相似,以词为单位进行统计的句子长度,高频句长都分布在10—29词之间,整体呈现为先上升后下降的趋势,且都有很明显的"长尾"现象。

4.3.8 2017年1月人民日报语料词维度上的句长分布

按照上述方法和流程,对2017年1月的数据以词为单位进行统计,分析发现句子长度分布状态为在2—307词的区间离散分布。句子长度的分布如图4-8所示,图中的横坐标为句子长度,纵坐标为对应长度的句子出现的频次(句子数量)。

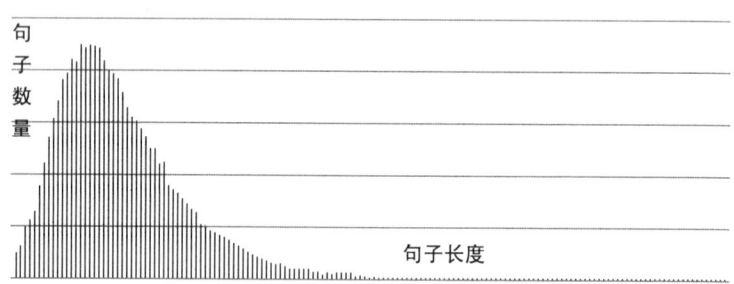

图4-8 2017年1月人民日报语料句子长度区间分布情况-总(以"词"为单位)

表4-36 2017年人民日报语料句子频次前20句子长度分布情况-总（以"词"为单位）

序号	长度/词	频次/次	占比/%
1	15	2 336	3.03
2	16	2 330	3.03
3	18	2 328	3.02
4	17	2 325	3.02
5	14	2 322	3.02
6	19	2 318	3.01
7	20	2 315	3.01
8	12	2 310	3.00
9	13	2 288	2.97
10	11	2 269	2.95
11	21	2 247	2.92
12	23	2 237	2.91
13	22	2 220	2.88
14	24	2 219	2.88
15	10	2 178	2.83
16	25	2 129	2.76
17	9	2 088	2.71
18	26	2 017	2.62
19	27	1 952	2.54
20	8	1 947	2.53

2017年1月的人民日报语料句子共有77 000句，以词为单位分布范围为2—307词，句子长度的分布呈现明显的集中状况：频次最高的是长度为15词的句子，共有2 336句；排名第20位的是长度为8词的句子，也有1 947句。排名前20位中，句子长度在2 000词以上的有18位。结合图4-8和表4-36可以看出，句子长度主要集中在8—27词这个区间范围内，这个句长范围的句子数都在1 900句以上。

由句子离散分布图可知,2017年1月的《人民日报》句子的整体分布也有明显的长尾现象,句子数在句子长度为15词时达到顶峰,随后呈下降趋势。前20的句子数占了总句子数的57.63%,前20的句子在总句子中的占比均超过2%。前20的句子长度又可以分为频次大于2 300词和频次小于2 300词两个区间:第一区间——1—8名占总句子数比重24.14%,第二区间——9—20名占总句子数比重33.49%。将前20的句子长度按照句子长度所属区间可以分为1—10、11—20、21—30三个区间,前20中长度在1—10词的有8、9、10,长度在11—20词的句子均包含在其中,长度在21—30词的有21—27,可以看出句子长度也主要集中在11—30词之间。进一步统计了6类句子在长度上的分布,具体情况如表4-37所示。

表4-37　2017年1月人民日报语料句子长度区间分布情况-分(以"词"为单位)

序号	句号 长度/词	句号 频次/次	分号 长度/词	分号 频次/次	感叹号 长度/词	感叹号 频次/次	冒号 长度/词	冒号 频次/次	省略号 长度/词	省略号 频次/次	问号 长度/词	问号 频次/次
1	15	2 256	11	201	7	41	4	338	24	8	6	136
2	16	2 250	13	193	3	39	5	265	22	8	7	119
3	18	2 234	10	171	8	38	3	235	21	8	4	115
4	17	2 225	9	165	6	37	13	234	8	8	5	105
5	19	2 142	15	161	2	36	8	212	15	6	9	105
6	14	2 140	16	159	9	36	9	168	13	6	10	93
7	20	2 119	8	156	13	36	11	164	17	6	11	93
8	13	2 082	12	154	20	30	6	163	16	6	8	92
9	12	2 029	14	152	11	25	7	150	12	6	12	90
10	21	2 013	18	145	5	25	2	146	27	6	3	79
11	11	1 967	7	144	18	25	15	143	11	6	13	74
12	22	1 934	6	137	19	25	21	132	10	5	14	63
13	23	1 875	5	133	22	25	12	128	25	5	17	63
14	24	1 738	21	131	4	24	17	125	20	4	16	62
15	10	1 727	20	128	15	22	20	120	28	4	18	58

(续表)

序号	句号 长度/词	句号 频次/次	分号 长度/词	分号 频次/次	感叹号 长度/词	感叹号 频次/次	冒号 长度/词	冒号 频次/次	省略号 长度/词	省略号 频次/次	问号 长度/词	问号 频次/次
16	25	1 685	24	123	16	22	22	118	26	4	25	52
17	9	1 614	23	120	28	20	19	107	29	4	15	45
18	26	1 582	19	115	18	18	24	100	30	4	19	44
19	27	1 490	26	107	23	18	25	90	19	4	21	42
20	8	1 428	25	99	17	17	23	83	18	3	20	39

将句子按照句号、分号、感叹号、冒号、省略号和问号来划分。从前20的句子长度分布来看：以句号结尾的句子长度主要集中在8—27词，分号结尾的句子长度主要集中在5—26词，感叹号结尾的句子长度主要集中在2—28词，冒号结尾的句子长度主要集中在2—25词，省略号结尾的句子长度主要集中在8—30词，问号结尾的句子长度主要集中在3—25词。

与整体的前20名高频句子长度分布相比较，句号结尾的句子长度分布与整体分布基本一致，以句号之外的其他符号结尾的句子其频次排在前20名的句子长度数与整体相差较大，11—20名的句子长度明显长于前10名，由于数目较少，对最终的分布情况影响较小。以分号、感叹号、冒号、省略号和问号这些符号结尾的句子虽然数目较少，但其高频句子长度仍在句子长度最集中的区间内，以问号结尾的句子这一特征十分明显。

以词为单位统计句子长度，对2017年1月人民日报语料进行分析，与2015年、2016年的数据比较发现，句子长度除极个别有所增长外，在整体长度分布上基本一致，整体呈现为先上升再下降的趋势。句子数量主要集中在一个长度较小区间内，但是句子长度整体的跨度非常大，因此会有很长的长尾分布现象，存在个别非常长的句子，但是这种句子占的比重非常小，基本上可以忽略不计。在2017年及以上年份的语料中最多的是句号结尾的句子，其他符号结尾的句子量较少，对整体分布情况的影响较小，整个语料的句子长度分布主要受句号结尾句子影响，在数据的分布上基本与句号结尾句子的分布情况相同。

4.3.9　2018年1月人民日报语料词维度上的句长分布

按照上述方法和流程，基于词这一单位统计2018年1月人民日报语料中句子的分布情况。句子长度分布状态为2—309词区间的离散分布。图4-9为句子长度的分布图，横坐标为句子长度，纵坐标为对应长度的句子出现的频次，即句子数量。从图4-10中按照句子长度频次即句子数量的降序选举频次最高的前20个句子长度，得到表4-38的分布情况表。

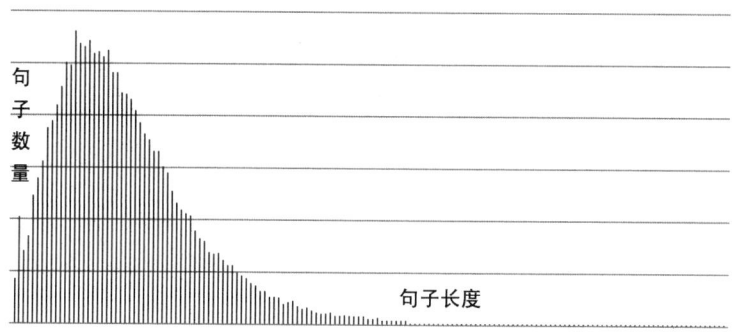

图4-9　2018年1月人民日报语料句子长度区间分布情况-总（以"词"为单位）

表4-38　2018年1月人民日报语料句子频次前20句子长度分布情况-总
（以"词"为单位）

序号	长度/词	频次/次	占比/%
1	15	2 834	3.65
2	18	2 708	3.49
3	16	2 681	3.45
4	22	2 667	3.44
5	20	2 647	3.41
6	17	2 629	3.39

(续表)

序号	长度/词	频次/次	占比/%
7	19	2 603	3.35
8	21	2 584	3.33
9	13	2 507	3.23
10	14	2 486	3.20
11	23	2 463	3.17
12	24	2 402	3.10
13	12	2 267	2.92
14	25	2 263	2.92
15	26	2 208	2.85
16	27	2 159	2.78
17	11	2 119	2.73
18	28	2 115	2.73
19	10	1 975	2.54
20	29	1 961	2.53

2018年1月的人民日报语料句子共有77 608句,以词为单位分布范围为2—309词,句子长度的分布呈现明显的集中状况,频次最高的是长度为15词的句子,共有2 834句;排名20、长度为29词的句子也有1 961句。结合图4-9和表4-38可以看出,句子长度主要集中在10—29词这个区间范围,这个句长范围的句子数都在1 900句以上。

2018年人民日报语料句子的整体分布也有着明显的长尾现象,句子数在句子长度为15词时达到顶峰,随后呈下降趋势。前20的句子数占了总句子数的62.21%,句子长度前20的句子数在总句子数中的占比均超过2%。前20的句子长度又可以分为频次大于2500词和频次小于2 500词两个区间:第一区间——1—9名,占总句子数比重30.74%;第二区间——10—20名,占总句子数比重31.46%。将前20的句子长度按照句子长度所属区间可以分为1—10、11—20、21—30三个区间,前20中长度在1—10词的有10,长度在11—20词的句子均包含在其中,长度在21—30词的有

21—29,可以看出句子长度也主要集中在 11—30 词之间。进一步统计了 6 类句子在长度上的分布,具体情况如表 4-39 所示。

表 4-39　2018 年 1 月人民日报语料句子长度区间分布情况-分(以"词"为单位)

序号	句号 长度/词	句号 频次/次	分号 长度/词	分号 频次/次	感叹号 长度/词	感叹号 频次/次	冒号 长度/词	冒号 频次/次	省略号 长度/词	省略号 频次/次	问号 长度/词	问号 频次/次
1	18	2 345	15	218	7	47	3	412	22	10	9	141
2	15	2 323	16	199	6	44	2	280	21	9	7	116
3	22	2 309	14	178	15	40	7	235	24	8	6	114
4	16	2 280	18	177	10	38	4	234	9	7	11	110
5	20	2 280	12	174	12	38	6	224	13	7	8	104
6	19	2 274	13	174	9	37	9	188	15	7	13	98
7	21	2 263	11	172	11	36	5	184	16	7	10	95
8	17	2 242	19	166	5	33	8	181	12	6	12	92
9	23	2 155	24	166	8	32	12	160	17	6	14	86
10	24	2 131	20	164	13	31	10	156	29	6	15	86
11	13	2 071	22	163	16	29	11	156	10	5	5	77
12	14	2 066	17	160	4	28	15	144	11	5	20	63
13	26	1 997	23	152	19	26	13	138	20	5	4	62
14	25	1 981	21	151	14	25	14	135	25	5	17	62
15	27	1 951	10	145	22	25	18	132	27	5	16	58
16	28	1 888	25	134	24	25	16	129	31	5	18	51
17	12	1 821	27	132	25	23	17	123	32	5	21	47
18	29	1 778	9	127	17	22	20	100	35	5	22	44
19	30	1 661	26	127	3	21	19	90	18	4	19	42
20	11	1 630	9	119	18	20	22	83	19	4	3	39

对句子按照句号、分号、感叹号、冒号、省略号和问号来划分。从前 20 的句子长度分布来看:以句号结尾的句子长度主要集中在 11—30 词,分号结尾的句子长度主要集中在 8—27 词,感叹号结尾的句子长度主要集中在 3—25 词,冒号结尾的句子长度主要集中在 2—22 词,省略号结尾的句子长

度主要集中在 9—35 词,问号结尾的句子长度主要集中在 3—22 词。

与整体的前 20 名高频句子长度分布相比较,句号结尾的句子长度分布与整体分布基本一致,其他符号结尾的句子的频次排在前 20 名的句子长度数与整体相差较大,但由于数目较少,所以对最终的分布情况影响较小。以分号、感叹号、冒号、省略号和问号这些符号结尾的句子虽然数目较少,但其高频句子长度仍在句子长度最集中的区间内。

2018 年语料的句子长度分布整体呈现为先上升再下降的趋势。句子数量主要集中在一个长度较小区间内,但是句子长度整体的跨度非常大,因此会有很长的"拖尾"现象,存在个别非常长的句子,但是这种句子占的比重非常小,基本上可以忽略不计。语料中最多的是句号结尾的句子,其他符号结尾的句子量较少,对整体分布情况的影响较小,整个语料的句子长度分布主要受句号结尾句子影响,基本与句号结尾句子的分布情况相同。以分号、感叹号、冒号、省略号和问号结尾的句子虽然较少,但其高频句子长度依然在整体高频句长区间内。

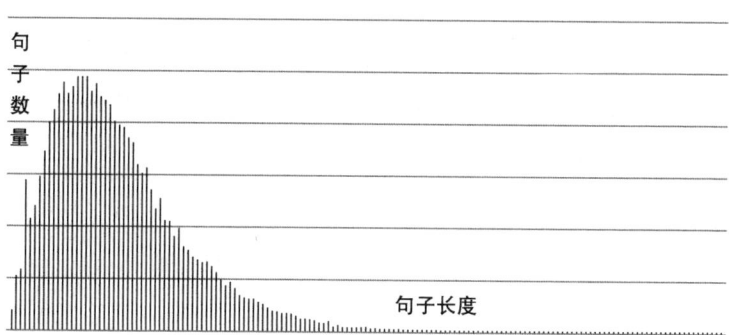

图 4-10　2022 年 1 月人民日报语料句子长度区间分布情况-总(以"词"为单位)

4.3.10　2022 年 1 月人民日报语料词维度上的句长分布

按照上述方法和流程,基于词这一单位统计 2022 年 1 月人民日报语料中句子的分布情况。句子长度分布状态为 2—260 区间的离散分布。图 4-10 为句子长度的分布图,横坐标为句子长度,纵坐标为对应长度的句子出现的频次,即句子数量。从图 4-11 中按照句子长度频次即句子数量的降序选举频次最高的前 20 个句子长度,得到表 4-40 的分布情况表。

表 4-40　2022 年 1 月人民日报语料句子频次前 20 句子长度分布情况-总

(以"词"为单位)

序号	长度/词	频次/次	占比/%
1	18	2 443	3.08
2	16	2 426	3.06
3	17	2 407	3.04
4	13	2 386	3.01
5	21	2 368	2.99
6	19	2 362	2.98
7	15	2 325	2.93
8	20	2 301	2.90
9	14	2 274	2.87
10	12	2 270	2.86
11	22	2 237	2.82
12	23	2 191	2.76
13	24	2 140	2.70
14	11	2 109	2.66
15	25	2 024	2.55
16	10	1 986	2.51
17	26	1 982	2.50
18	27	1 948	2.46
19	28	1 853	2.34
20	29	1 799	2.27

2022 年 1 月的人民日报语料句子共有 79 280 句,以词为单位分布范围

为 2—260 词。句子长度的分布呈现明显的集中状况,频次最高的是长度为 18 词的句子,共有 2 443 句,排名 20 的句子长度为 29 词,有 1 799 句。结合图 4-10 和表 4-40 可以看出,句子长度主要集中在 10—29 词这个区间范围,这个句长范围的句子数都在 1 700 句以上。

2022 年人民日报句子的整体分布也有着明显的长尾现象,句子数在句子长度为 18 词时达到顶峰,随后呈下降趋势。前 20 的句子数占了总句子数的 55.29%,前 20 的句子长度的句子数在总句子数中的占比均超过 2%。从频次排 26 的句子长度开始,各个长度的句子的数目占总数目的比重都低于 2%。前 20 的句子长度又可以分为频次大于 2 200 词和频次小于 2 200 词两个区间:第一区间——1—11 名占总句子数比重 32.54%,第二区间——12—20 名占总句子数比重 22.74%。将前 20 的句子长度按照句子长度所属区间可以分为 1—10、11—20、21—30 三个区间,前 20 中长度在 1—10 词的有 10,长度在 11—20 词的句子均包含在其中,长度在 21—30 词的有 21—29,可以看出句子长度也主要集中在 11—30 词之间。进一步统计 6 类句子在长度上的分布,具体情况如表 4-41 所示。

表 4-41 2022 年 1 月人民日报语料句子长度区间分布情况-分(以"词"为单位)

序号	句号 长度/词	句号 频次/次	分号 长度/词	分号 频次/次	感叹号 长度/词	感叹号 频次/次	冒号 长度/词	冒号 频次/次	省略号 长度/词	省略号 频次/次	问号 长度/词	问号 频次/次
1	18	2 242	19	188	6	86	4	435	2	137	7	124
2	17	2 136	12	174	5	75	3	399	16	66	6	123
3	14	2 131	16	168	11	65	5	221	10	64	8	109
4	16	2 112	11	165	7	58	6	215	17	63	5	101
5	13	2 102	18	165	12	54	2	191	15	62	9	100
6	20	2 100	14	151	10	54	10	188	13	61	10	82
7	21	2 064	15	146	9	53	9	181	20	60	4	69
8	15	2 057	10	142	4	52	8	180	14	59	14	61
9	12	1 969	13	136	13	52	7	166	19	58	11	56

(续表)

序号	句号 长度/词	句号 频次/次	分号 长度/词	分号 频次/次	感叹号 长度/词	感叹号 频次/次	冒号 长度/词	冒号 频次/次	省略号 长度/词	省略号 频次/次	问号 长度/词	问号 频次/次
10	19	1 965	21	134	3	48	15	161	12	55	17	50
11	22	1 948	17	132	9	46	13	161	21	55	12	50
12	23	1 925	22	131	20	44	12	146	22	54	16	50
13	11	1 835	20	129	17	41	11	145	26	50	19	37
14	25	1 827	26	123	22	40	14	119	3	50	3	36
15	24	1 811	23	121	16	38	18	113	18	49	18	35
16	10	1 737	24	112	31	36	16	111	24	49	15	34
17	27	1 702	25	103	14	34	17	96	25	47	13	32
18	26	1 676	9	101	26	34	21	86	32	46	24	28
19	28	1 537	7	96	18	33	19	83	23	45	20	27
20	9	1 499	27	93	19	33	20	79	9	42	22	24

将句子按照句号、分号、感叹号、冒号、省略号和问号来划分。从前20的句子长度分布来看：以句号结尾的句子长度主要集中在9—28词，分号结尾的句子长度主要集中在7—27词，感叹号结尾的句子长度主要集中在3—31词，冒号结尾的句子长度主要集中在2—21词，省略号结尾的句子长度主要集中在2—32词，问号结尾的句子长度主要集中在3—24词。

与整体的前20名高频句子长度分布相比较，句号结尾的句子长度分布与整体分布基本一致，其他符号结尾的句子的频次排在前20名的句子长度数与整体相差较大，但由于数目较少，所以对最终的分布情况影响较小。以分号、感叹号、冒号、省略号和问号这些符号结尾的句子虽然数目较少，但其高频句子长度仍在句子长度最集中的区间内。

以词为单位统计句子长度对2022年人民日报语料进行分析，发现以下现象：2022年语料的句子主要长度分布在9—28词之间，整体呈现为先上升再下降的趋势。句子数量主要集中在一个长度较小区间内，但是句子长度整体跨度非常大，因此会有很长的"拖尾"现象，存在个别非常长的句子，但是这种句子占的比重非常小,基本上可以忽略不计。语料中最多的是句号结尾的句子,其他符号结尾的句子量较少,对整体分布情况的影响较小。整个语料的句子长度分布主要受句号结尾句子影响,基本与句号结尾句子的分布情况相同。以分号、感叹号、冒号、省略号和问号结尾的句子虽然较少,但其高频句子长度依然在整体高频句长区间内。

4.4 词分布上的齐普夫定律验证

齐普夫在对大量文本数据进行词频统计的研究中,提出以下词频分布规律:$f=Cr^{-\alpha}$。其中 f 是词频,r 表示词频的排序序号,C 和 λ 是参数,得到齐普夫表达式的一般表达形式 $F \times R=C$。

在公式 $f=Cr^{-\alpha}$ 中,如将 f 和 r 放在双对数坐标系中,$\log(f)=\log(C)-\alpha\log(r)$ 所绘出的曲线接近一条直线,且斜率近似为 -1,即 α 的值接近 1。后来的学者们在大量数据的基础上进一步研究,发现上述公式并不能完全地反映频率词典中词频的分布规律。如 r 的值与 f 的值之间存在唯一对应关系,这与现实情况中不同词拥有相同词频的现象不符。实验证明,当 $15<r<1\,500$ 的时候,频率相同的词群容量不大,当 $r>1\,500$ 时,即单词的频率较小时,频率相同的词群的容量会陡增,引发数据稀疏问题。所以,齐普夫定律的适用情况仍具有探索和研究的空间。在上述对句子长度进行以字和词为单位的统计分析基础上,结合齐普夫定律,可以进一步从词的静态分布上对词的分布情况进行统计和分析。对 NEPD 语料分别进行词频统计,应用公式 $\log(f)=\log(C)-\alpha\log(r)$,并借助 SPSS 工具验证齐普夫定律。在直角坐标系中绘制排序-词频分布曲线,图中的 α 即直线的斜率,$\log(C)$ 是拟合直线在 y 轴上的截距。具体流程如下:

① 对人民日报语料的频次和排序两列数据分别进行取对数处理;

② 借助于 SPSS 工具,使用线性回归分析,计算相关参数;

③ 根据两列数据画出图形，绘制拟合直线。

在上述流程的基础上，通过去除分词的标记"/"并进行去重操作，获取所有语料中出现的词汇，计算每个词在语料中出现的频次，最后分别得到 10 个月 NEPD 语料中的词频，并通过上述研究流程和思路得到了词汇的分布情况。表 4-42 和图像展示了 NEPD 中 2015 年 1—6 月、2016 年 1 月、2017 年 1 月、2018 年 1 月、2022 年 1 月语料的情况。

表 4-42 采用最小二乘法（OLS）对人民日报语料的齐普夫定律线性回归拟合结果

人民日报语料	α	$\log(C)$	R^2
2015 年 1 月	1.404	15.557	0.975
2015 年 2 月	1.372	14.953	0.975
2015 年 3 月	1.437	15.561	0.975
2015 年 4 月	1.402	15.370	0.975
2015 年 5 月	1.405	15.439	0.975
2015 年 6 月	1.409	15.602	0.976
2016 年 1 月	1.401	15.452	0.975
2017 年 1 月	1.390	15.177	0.975
2018 年 1 月	1.417	15.663	0.976
2022 年 1 月	1.460	6.920	0.980

参数 α 是线性回归方程的斜率，截距 $\log(C)$ 是线性回归方程的截距，判定系数 R^2 是对模型拟合度的评价指标，R^2 越大表明线性回归的拟合程度越好，R^2 越小则表明线性回归的拟合程度越差，R^2 的范围在 0 到 1 之间。

上表展示出了 $\log(r)$ 和 $\log(f)$ 的线性回归拟合结果。2015 年 1 月人民日报语料回归分析的 $R^2=0.975$，表示自变量对因变量的解释能力达到了 97.5%。拟合回归方程：$y=-1.404x+15.557$，如图 4-11 所示，图中 x 轴为排序的对数，y 轴为词频的对数值。

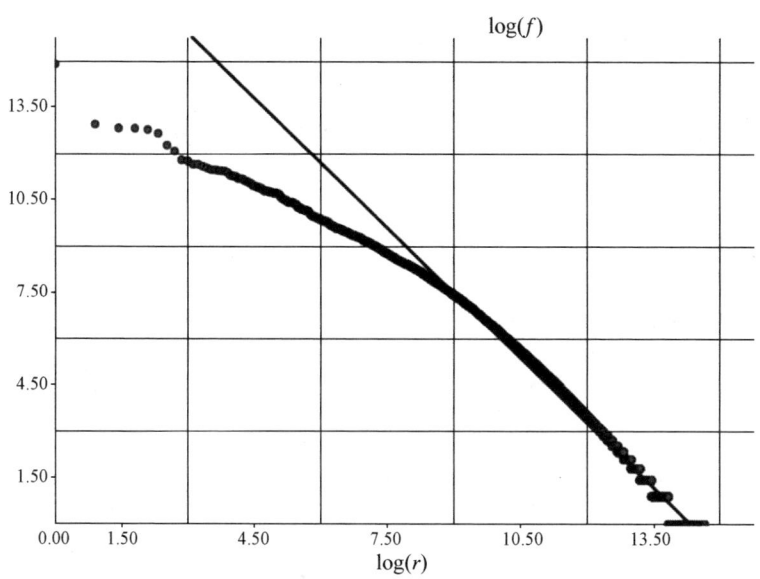

图 4-11 2015 年 1 月人民日报语料基于 OLS 的排序-词频分布以及拟合曲线

2015 年 2 月人民日报语料回归分析的 $R^2=0.975$,表示自变量对因变量的解释能力达到了 97.5%。拟合回归方程:$y=-1.372x+14.953$,如图 4-12 所示,图中 x 轴为排序的对数,y 轴为词频的对数值。

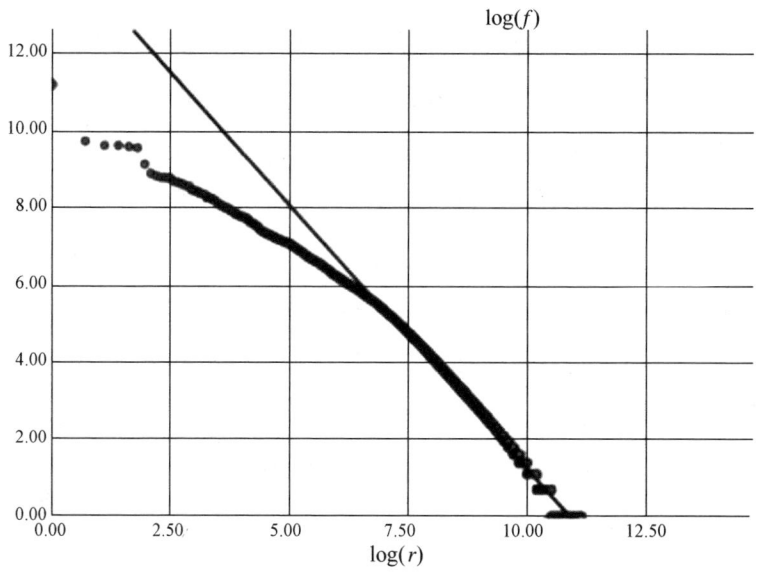

图 4-12 2015 年 2 月人民日报语料基于 OLS 的排序-词频分布以及拟合曲线

2015年3月人民日报语料回归分析的 $R^2=0.975$,表示自变量对因变量的解释能力达到了 97.5%。拟合回归方程:$y=-1.437x+15.561$,如图 4-13 所示,图中 x 轴为排序的对数,y 轴为词频的对数值。

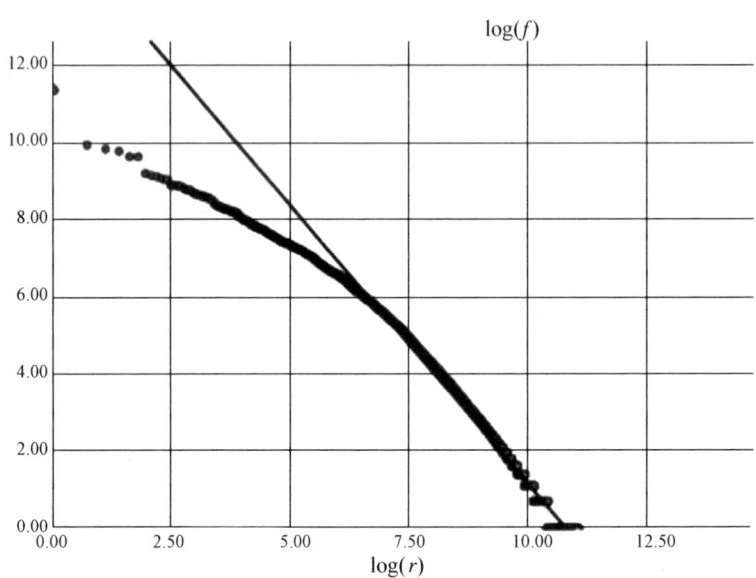

图 4-13　2015 年 3 月人民日报语料基于 OLS 的排序-词频分布以及拟合曲线

2015年4月人民日报语料回归分析的 $R^2=0.975$,表示自变量对因变量的解释能力达到了 97.5%。拟合回归方程:$y=-1.402x+15.37$,如图 4-14 所示,图中 x 轴为排序的对数,y 轴为词频的对数值。

2015年5月人民日报语料回归分析的 $R^2=0.975$,表示自变量对因变量的解释能力达到了 97.5%。拟合回归方程:$y=-1.405x+15.439$,如图 4-15 所示,图中 x 轴为排序的对数,y 轴为词频的对数值。

2015年6月人民日报语料回归分析的 $R^2=0.976$,表示自变量对因变量的解释能力达到了 97.6%。拟合回归方程:$y=-1.409x+15.602$,如图 4-16 所示,图中 x 轴为排序的对数,y 轴为词频的对数值。

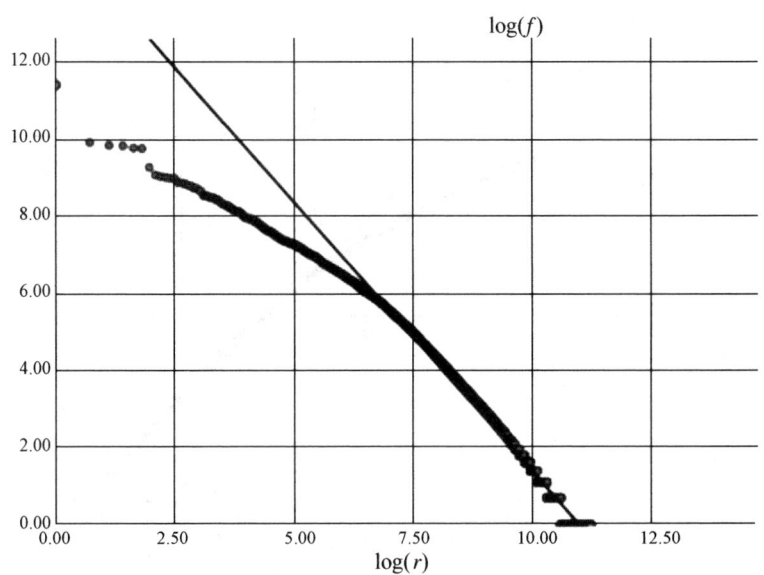

图4-14 2015年4月人民日报语料基于OLS的排序-词频分布以及拟合曲线

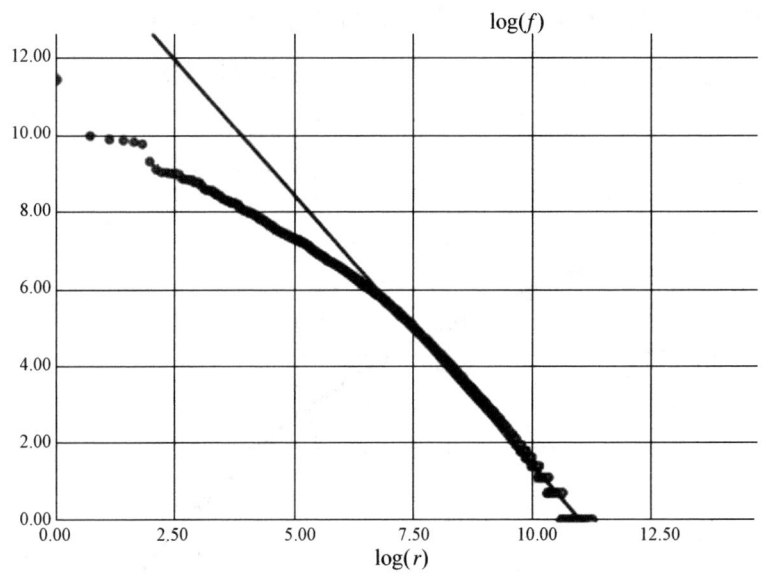

图4-15 2015年5月人民日报语料基于OLS的排序-词频分布以及拟合曲线

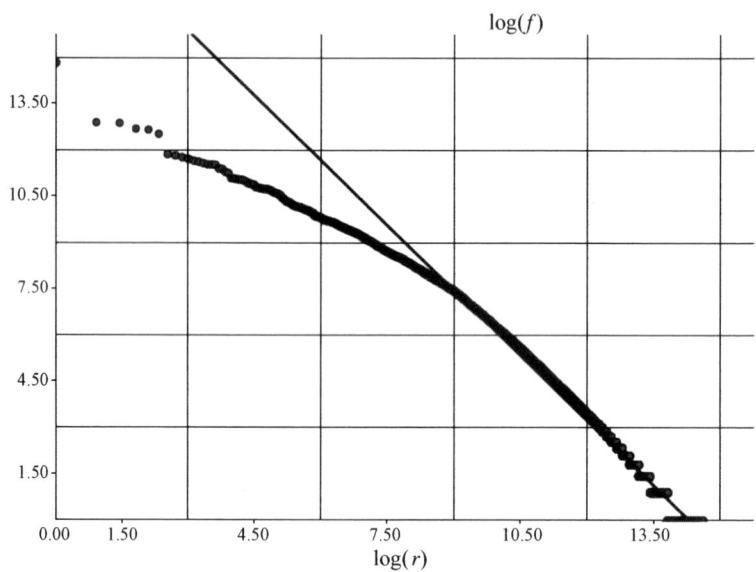

图 4-16　2015 年 6 月人民日报语料基于 OLS 的排序-词频分布以及拟合曲线

2016 年 1 月人民日报语料回归分析的 $R^2=0.975$，表示自变量对因变量的解释能力达到了 97.5%。拟合回归方程：$y=-1.401x+15.452$，如图 4-17 所示，图中 x 轴为排序的对数，y 轴为词频的对数值。

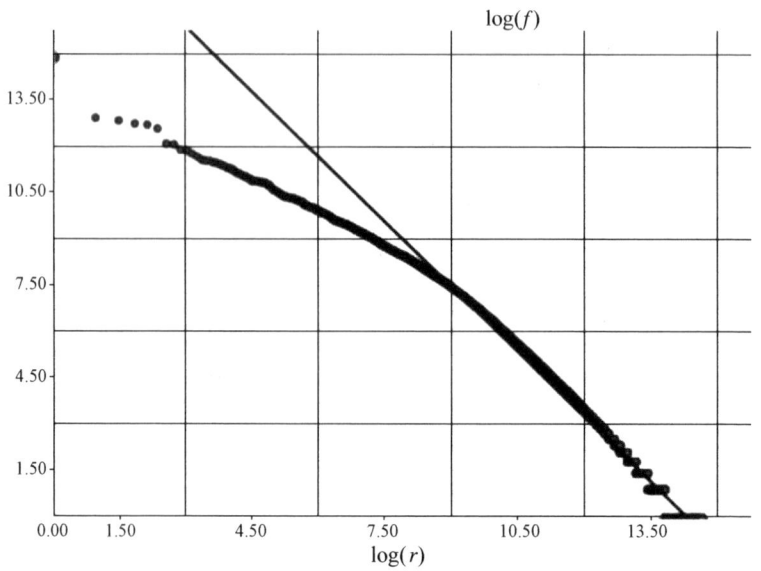

图 4-17　2016 年 1 月人民日报语料基于 OLS 的排序-词频分布以及拟合曲线

2017年1月人民日报语料回归分析的$R^2=0.975$,表示自变量对因变量的解释能力达到了97.5%。拟合回归方程:$y=-1.390x+15.177$,如图4-18所示,图中x轴为排序的对数,y轴为词频的对数值。

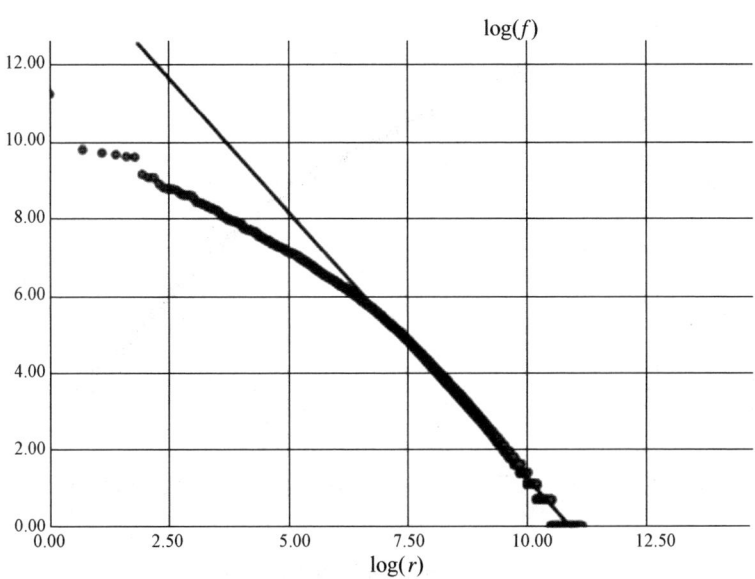

图4-18　2017年1月人民日报语料基于OLS的排序-词频分布以及拟合曲线

2018年1月人民日报语料回归分析的$R^2=0.976$,表示自变量对因变量的解释能力达到了97.6%。拟合回归方程:$y=-1.417x+15.663$,如图4-19所示,图中x轴为排序的对数,y轴为词频的对数值。

2022年1月人民日报语料回归分析的$R^2=0.980$,表示自变量对因变量的解释能力达到了98.0 %。拟合回归方程:$y=-1.46x+6.92$,如图4-20所示,图中x轴为排序的对数,y轴为词频的对数值。

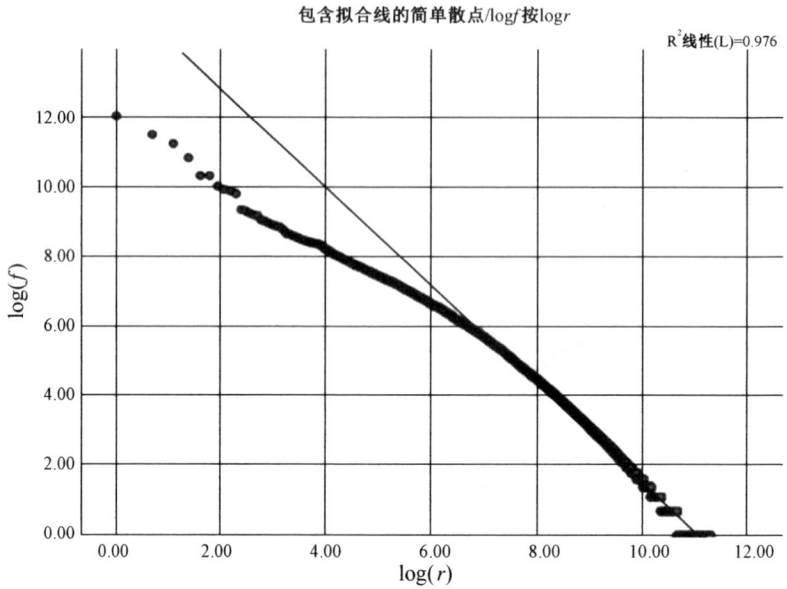

图 4-19 2018 年 1 月人民日报语料基于 OLS 的排序-词频分布以及拟合曲线

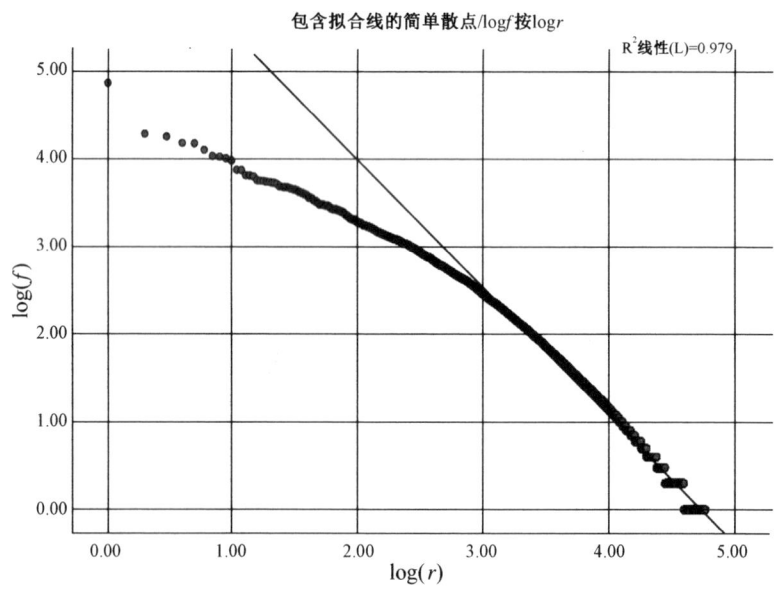

图 4-20 2022 年 1 月人民日报语料基于 OLS 的排序-词频分布以及拟合曲线

从以上拟合图像可以看出,2015年1—6月、2016年1月、2017年1月、2018年1月、2022年1月人民日报的几组语料在词频分布上表现十分相似,一个词出现的频率与它在频率表里的排名成反比,符合齐普夫定律。同时,从2015年到2018年,随着时间的推移,人民日报的用词也出现了细微变化,两者拟合的曲线并非完全一致。斜率,即 α 值,是区分语言分布特征的重要参数,在大多数欧洲语言中,α 取值为1,由于中英语言特征的差异,在2015年1月到2022年1月人民日报语料中,α 的取值分别为1.404、1.372、1.437、1.402、1.405、1.409、1.401、1.390、1.417、1.460,差异相对较大,说明同一种语言在不同时期呈现出不同的词频分布特征。表4-43分别列举了2015年5—6月、2016年1月、2017年1月、2018年1月、2022年1月人民日报语料中相对词频最高的前20个词。

表4-43 不同年份部分人民日报语料中相对词频最高的前20个词

序号	2015年5月	2015年6月	2016年1月	2017年1月	2018年1月	2022年1月
1	的	的	的	的	的	的
2	在	在	在	在	在	和
3	和	和	和	和	和	在
4	是	是	是	了	了	了
5	了	了	了	是	是	一
6	一	一	一	一	中国	是
7	不	不	年	年	年	年
8	中国	中国	不	不	一	发展
9	年	年	中国	中国	为	中国
10	为	为	发展	为	发展	为
11	个	有	为	个	不	等
12	有	个	有	有	新	个
13	发展	发展	对	发展	等	新
14	等	与	等	等	有	不

(续表)

序号	2015年5月	2015年6月	2016年1月	2017年1月	2018年1月	2022年1月
15	对	对	个	对	对	上
16	也	等	与	也	中	多
17	与	中	上	上	上	有
18	中	也	也	多	也	工作
19	上	月	中	与	与	中
20	多	上	多	中	要	要

从表4-43可以看出,相对词频排名前20的词基本重合,"的""了""在"等虚词和介词,都出现在不同年份语料词频排名前20的名单中,符合"最省力法则"。2015—2017年的人民日报语料中,相对词频前20位的词基本相同,同样都是"的""了""在"等一些虚词、介词,与2018年语料中的分布情况及规律相符,这表明"最省力法则"适用于不同的语料。在2015年与2016年的人民日报语料中,各个词的词频变化相对稳定,在高频词中没有新词的出现,证明《人民日报》在用词规范上有了一定的标准。结合表4-43可以看出,在新世纪的人民日报语料中,高频词仍旧是以单字词和虚词为主,实词"中国"出现的频率也在提高,这表明《人民日报》作为我国的媒体窗口,承担了对外交流的重要责任。另外,"发展"一词频繁出现在2015—2018年的人民日报语料中,说明发展成为当前中国的变革方向。

一般情况下,齐普夫定律较符合西方文献中词频分布的实际情况,但是,词频分布问题是很复杂的,使得齐普夫定律在适用范围上有一定的局限性。如上述拟合图像所示,数据在中段拟合效果最好,但前段和后段有不少数据偏离了拟合线。正如前文所述,尤其对出现频次特别高的词和特别低的词,并不能完全反映其词频分布特征。

4.5 小　结

本章的目的在于系统研究人民日报语料在句子和词汇层级的语言特征。基于 NEPD 语料,首先对语料的字、词维度的句子长度分布情况进行了研究,便于从历时的角度分析《人民日报》文本在句子分布方面的变化。然后,从词分布角度验证了齐普夫定律,分析了拟合度以及高频词的变化。在统计和分析过程中,确定了语料的句子类型,全面对比和分析了 NEPD 的 10 个月语料在句子长度和词频分布整体方面的相同点和具体的不同点。

以此为基础,在词汇方面可以深入研究人名、地名、机构和时间等实体性质的语言单位的分布规律;在句子方面,可以结合句法知识和分析技术对句子的分布特征开展深化研究,充分发现和挖掘《人民日报》文本中所蕴含的语言规律和语言特征知识。

第 5 章　面向 NEPD 语料的分词歧义分析

在信息处理领域,词是"最小的能独立运用的语言单位"[1]。汉语与英语不同,不存在明确的分隔标记作为词与词的分界。因此,在处理汉语语料时,分词是第一步需要做的工作。分词是汉语文本自动分类、信息检索、信息过滤、文献自动标引、摘要自动生成等中文信息处理的重要基础与关键技术之一[2]。由于汉语语义的复杂性和多样性,同一个词在不同语料的文本中可能会表现出不同的分合形式。汉语分词普遍存在分词歧义和未登录词的问题,严重影响了中文信息处理的准确度,面向信息检索的分词系统对未登录词的识别能力以及歧义的解决也有很高的要求[3]。已有的汉语分词研究使用的语料较多为 20 世纪 90 年代末构建的通用语料,在此基础上所构造的分词词典或规则已不能很好地适用于当前汉语文本,也产生了更多的分词歧义。对当前汉语语料分词歧义现象的统计与分析不仅有利于了解当前汉语词汇的丰富性,也为适应时代发展的中文语料自动分词、词性标注和句法分析等中文信息处理工作提供了基础的词汇特征知识。

本章基于 2015 年 1—6 月、2016 年 1 月、2017 年 1 月和 2018 年 1 月、

---

[1]　中华人民共和国机械电子工业部. 信息处理用现代汉语分词规范:GB/T 13715 - 92[S]. 北京:中国标准出版社,1993:1469. [2021 - 02 - 15].
[2]　奉国和,郑伟. 国内中文自动分词技术研究综述[J]. 图书情报工作,2011(2):41 - 45.
[3]　曹勇刚,曹羽中,金茂忠,等. 面向信息检索的自适应中文分词系统[J]. 软件学报,2006(3):356 - 363.

2022年1月共10个月的NEPD语料,从词长、切分形式的角度统计语料中词出现的频次,研究NEPD语料的分词歧义特征,从语法结构角度总结分词歧义的规律,考察《人民日报》当前的语言词汇使用情况,为构建适应时代发展的汉语分词词典和规则提供参考,为语料库构建、自然语言处理等研究奠定词汇知识基础,促进机器分词研究的发展。

5.1 分词歧义研究现状

汉语分词一致性的问题最早由孙茂松于1999年提出,他认为分词的一致性主要包含两个方面:相同语义的结构体在语料库中的分合是否始终一致,结构类型相同的结构体的分合是否始终一致①。也就是说,分词的一致性包括同义词分词一致和同类词分词一致。反之,则为分词不一致,也即分词歧义。同类词分词一致的问题相对来说较为复杂,因此后续研究较多针对前者即同义词分词一致的问题进行讨论。例如,王晓玉②在其对中古汉语语料库分词歧义问题的研究中,就将分词不一致定义为"在保持语义同一性的前提下,一个结构体在语料库中的分合是否始终一致",并认为词的判断标准应当包括四种情况:是否通过隐喻或转喻的方式产生新义;意思是否专指化;组成成分的意义是否有脱落现象;词性是否发生转变。黄昌宁认为,汉语中的词与下位概念语素、上位概念短语(词组)之间没有清晰的界限③,因此词是一个模糊的概念。于是,他针对分词歧义的情况提出了一个新概念——"切分变异"④:"如果一个词在一个语料库中有不止一个切分形

---

① 孙茂松.谈谈汉语分词语料库的一致性问题[J].语言文字应用,1999(2):90-93.
② 王晓玉.中古汉语语料库分词不一致问题研究[D].南京:南京师范大学,2016.
③ 黄昌宁.中文信息处理中的分词问题[J].语言文字应用,1997(1):73-78.
④ 黄昌宁,林娟,孙承杰.何谓金本位[C]//南京师范大学、清华大学智能技术与系统国家重点实验室.全国第八届计算语言学联合学术会议(JSCL-2005)论文集.北京:中国中文信息学会,2005:10.

式就叫作一个变异,它的每一个切分形式叫作一个异例(instance),每个异例由一个或多个词(token)组成。"董宇、陈小荷[1]依据切分变异的概念,对1998年1月人民日报标注语料中词的切分形式进行了统计,发现了1 034个单纯的切分变异。苗玺[2]认为发生分词歧义就是在语料库中相同语境下相同字串出现了两种或两种以上的切分形式,并讨论和分析了150万字的中文熟语料的分词歧义现象。郑家恒和张虎[3]以50万汉字的学术期刊熟语料为基础,抽取了其中的不一致字段进行了统计分析,将分词一致性检验作为一个二分类的问题,根据切分结果形式的特点训练基于支持向量机的分类器,对候选字串进行了分类。刘博[4][5]则在分析了微软亚洲研究院2005年提供的SIGHAN简体中文语料库400万字熟语料的分词歧义现象后,提出了规则与统计相结合的分词一致性检验的方法。刘伟[6]等人构建了一个共36万字的新闻领域分词语料库,提出一种基于语境相似度计算的汉语分词一致性检验方法。根据孙茂松[7]对汉语分词语料库中的分词歧义的分析,导致分词语料库出现不一致的主要结构类型有定中结构(名词+名词、形容词+名词)、状中结构、动宾结构、动补结构(动词+动词、动词+形容词、动词+趋向动词、动词或形容词+介词)、复杂概念名词(包括各领域术语)、半凝固格式或习用语、其他(副词重叠、能愿动词重叠、缩略语、加缀)。

为了统一规范汉语分词,国家出台了相应的标准规范,即1992年国家

---

[1] 董宇,陈小荷.带标注语料库中切分变异的统计分析及思考[C]//中国中文信息学会.第三届学生计算语言学研讨会论文集.中国中文信息学会:中国中文信息学会,2006:7.
[2] 苗玺.中文语料库切分不一致字串分类校验方法研究[D].太原:山西大学,2006.
[3] 刘江,郑家恒,张虎.中文文本语料库分词一致性检验技术的初探[J].计算机应用研究,2005(9):52-54.
[4] 刘博.中文语料库分词不一致现象的分层校验[D].太原:山西大学,2008.
[5] 刘博,郑家恒,张虎.规则与统计相结合的分词一致性检验[J].计算机工程与设计,2008(7):1814-1816,1827.
[6] 刘伟,黄错宇,余浩,黄德根.基于语境相似度的中文分词一致性检验研究[J].北京大学学报(自然科学版),2022(1):99-105.
[7] 孙茂松.谈谈汉语分词语料库的一致性问题[J].语言文字应用,1999(2):90-93.

技术监督局发布的现代汉语国家级分词规范——中华人民共和国国家标准《信息处理用现代汉语分词规范》(GB13715)。国家市场监督管理总局和中国国家标准化管理委员会也发布了唯一的藏文分词国家级规范——《信息处理用藏文分词规范》。后续的各种汉语分词规范都是在 1992 年规范基础上进行修订、整理和修改。《信息处理用现代汉语分词规范》将词分为名词、动词、形容词、代词、数词、量词、副词、介词、连词、助词、语气词、叹词、象声词等十三类进行了详细的分词描述,但仍有某些特殊词未被分词规范所涵盖。同时,不同的标注人员对分词规范的理解存在差异,分词歧义在中文语料中普遍存在。不同的语料对于同一类型词的切分规则也有不同,例如北大的人民日报语料将姓名切分,而微软语料规范中将姓名作为一个词①。汉语分词中的歧义现象十分普遍。有部分学者重点研究了特殊类型的词的分词歧义现象。徐润华等②重点讨论了四字格词的分词歧义问题,对北京大学 1998 年 1 月人民日报分词语料库、微软亚洲研究院分词语料库、中国教育部国家语委分词语料库中的四字格分词歧义的现象进行了统计与分析。程月等③以 1998 年上半年的人民日报语料为研究对象,着重研究了以"不"开头的双字词的分词歧义情况。分词歧义给汉语分词带来极大困扰,做出正确的切分判断需要结合上下文语境,甚至语气、韵律、重音、停顿等④。

在汉语分词实践方面,国内学者早在 20 世纪 80 年代就开始研制汉语分词技术和系统,并将其应用于各学科研究中。在 1983 年实现的我国第一个分词系统 CDWS 的研发过程中,研究者们从统计的角度讨论了词语切分

---

① Gong J, Chen X, Gui T, et al. Switch-LSTMs for multi-criteria Chinese word segmentation[C]// Proceedings of the AAAI conference on artificial intelligence, Honolulu, USA. California: AAAI, 2019: 6457-6464.
② 徐润华,曲维光,陈小荷,等. 多语料库中汉语四字格的切分和识别研究[J]. 中文信息学报,2013(5):15-21,42.
③ 程月,季娜,洪鹿平. 基于语料统计的以"不"开头双字分词不一致研究[C]//中国中文信息学会. 第三届学生计算语言学研讨会论文集. 北京:中国中文信息学会,2006:6.
④ 王佳楠,梁永全. 中文分词研究综述[J]. 软件导刊,2021(4):247-252.

的问题,并认为相关的结论对设计CDWS有着重要的意义[1]。其后,学者们研究了不同的分词方法,传统的分词方法可以分为基于规则和基于统计两个方向。其中,基于规则的方法,词典的构造最为重要,也被称作基于字典的分词方法。孙茂松提出的基于逐字二分的分词词典机制简洁、高效,能较好地满足实用型汉语分词的需要。杨文峰等[2]基于PATRICIA tree的数据结构研制了一种新的分词词典机制,实现了快速查询及快速更新功能。李庆虎等[3]为了维持现有词典机制的空间复杂度和维护复杂度并提高分词的速度和速率,提出了双子哈希机制。基于词典的分词方法操作简单,实现速度快,但存在歧义性识别差的问题[4]。基于统计的分词方法,则是把每个词看作由字组成的字串,统计相邻的字在语料库中出现的次数,次数越高越有可能是一个词。Xue等[5]第一次提出了基于字标注分词,当时该方法成为汉语分词的重要方法,开启了汉语分词的新模式。不管是基于规则还是基于统计的传统分词方法,大多依赖手工特征模板的设计。随着时代的发展,大量新型词汇的出现使得分词任务的难度越来越大,传统分词方法的准确率也在下降。而汉语分词仍是信息检索领域研究的关键课题,专业信息检索系统和搜索引擎都依赖汉语分词的研究成果[6]。黄微等[7]总结数字图书馆知识组织系统的热点时,语义分析与抽取被认定为研究热点之一,而汉

---

[1] 梁南元. 书面汉语自动分词系统——CDWS[J]. 中文信息学报,1987(2):44-52.
[2] 杨文峰,陈光英,李星. 基于PATRICIA tree的汉语自动分词词典机制[J]. 中文信息学报,2001(3):44-49.
[3] 李庆虎,陈玉健,孙家广. 一种中文分词词典新机制——双字哈希机制[J]. 中文信息学报,2003(4):13-18.
[4] 王佳楠,梁永全. 中文分词研究综述[J]. 软件导刊,2021(4):247-252.
[5] Xue N. Chinese word segmentation as character tagging[J]. International journal of computational linguistics & Chinese language processing, special issue on word formation and Chinese language processing,2003(1):29-48.
[6] 何莘,王琬芜. 自然语言检索中的中文分词技术研究进展及应用[J]. 情报科学,2008(5):787-791.
[7] 黄微,陈玲,范铁. 数字图书馆知识组织系统热点分析[J]. 图书情报工作,2009(15):8-11,87.

语分词则是该热点下的一个研究主题。吉向东[①]专门针对网页内容，构建了中文歧义词收集系统，分析了中文歧义词的情况。奉国和等[②]全面归纳了汉语分词算法、歧义消歧、未登录词识别、自动分词系统等汉语自动分词技术相关的研究成果。王华栋等[③]建立了一套完整的基于搜索引擎的汉语分词评估方法。赵衍等[④]认为影响计算机自动赋词标引准确性的原因是错误分词、一词多义、一义多词等。

近几年，机器学习技术得到飞速发展，钱智勇等[⑤]利用隐马尔科夫模型(Hidden Markov Model, HMM)对《楚辞》进行自动分词标注实验，韩冰等[⑥]提出一种基于感知机(Perception)的汉语分词增量训练方法，王照卫[⑦]基于条件随机场(Conditional Random Field, CRF)提出面向政府公文领域的汉语分词模型，Pei 等[⑧]模拟标签和上下文字符之间的交互提出了最大边缘张量神经网络模型，Huang 等[⑨]基于 BERT 提出采用多准则的学习方法进行汉语分词。这些机器学习模型被广泛应用于汉语分词的研究中。但是由于汉语的灵活性和复杂性，分词仍然被看作中文信息处理的一个重要研究问题。唐琳等[⑩]认为汉语分词相关研究中主要需要解决的问题是未登录词识别、歧义识别和歧义消减。张文静等提出了基于 Lattice-LSTM 的多

---

① 吉向东.基于搜索引擎的中文歧义词收集系统研究[J].现代情报,2010(6):125-127.
② 奉国和,郑伟.国内中文自动分词技术研究综述[J].图书情报工作,2011(2):41-45.
③ 王华栋,饶培伦.基于搜索引擎的中文分词评估方法[J].情报科学,2007(1):108-112.
④ 赵衍,张永娟,陈成材,等.一种提高计算机自动赋词标引准确性的综合方法——基于创新型 CBA 数据库的实证分析[J].情报杂志,2012(5):185-191.
⑤ 钱智勇,周建忠,童国平,等.基于 HMM 的楚辞自动分词标注研究[J].图书情报工作,2014(4):105-110.
⑥ 韩冰,刘一佳,车万翔,等.基于感知器的中文分词增量训练方法研究[J].中文信息学报,2015(5):49-54.
⑦ 王照卫.基于条件随机场的中文分词方法研究与应用[D].成都:电子科技大学,2021.
⑧ Pei W, Ge T, Chang B. Max-margin tensor neural network for chinese word segmentation[C]//Proceedings of the 52nd annual meeting of the association for computational linguistics. Baltimore, USA. Association for Computational Linguistics，2014(1):293-303.
⑨ Huang W, Cheng X, Chen K, et al. Toward fast and accurate neural chinese word segmentation with multi-criterial learning[J]. Computation and language，2019.
⑩ 唐琳,郭崇慧,陈静锋.中文分词技术研究综述[J].数据分析与知识发现,2020(2/3):1-17.

粒度汉语分词模型，在传统的基于字的分词模型上加入了多种分词粒度的词典信息[1]。周晓桐[2]将平仄、声韵母、音调、声音特征等韵律信息应用在汉语分词系统上，并以古诗词为对象进行了实证研究。崔志远等[3]针对西藏畜牧业的专业领域语料提出面向专业领域的多头注意力汉语分词模型时认为，基于机器学习的方法需要制定严格的特征模板，为此标注人员需具备较强的领域知识、消耗较大的资源，尤其是制定领域特征模板时，而且基于通用语料库的分词器无法解决特定领域的需求。徐绪堪等[4]在其基于多尺度 BiLSTM-CNN 的微信推文的情感分类模型研究中认为，基于知识理解的汉语分词技术是未来的发展趋势之一，但由于语言的不规则性仍很难实现。通过考察已有中文信息处理相关研究可以发现，除了小规模自建语料外，机器学习的训练样本以多年前编制的通用汉语分词语料为主，暂未有研究专门以类似 NEPD 这样的面向 21 世纪当代文本的大规模通用现代汉语语料为基础探讨汉语分词的问题，对现代汉语语料在中文信息处理相关研究上的适用性问题仍有待研究。

借鉴上述研究，可以将具有不止一个切分形式的词认定为变异词，以该词的切分形式为异例，以 NEPD 语料作为研究对象，考察变异词及相应异例的情况，分析 NEPD 语料的分词歧义问题。

5.2 分词歧义统计分析

选用 2015 年 1—6 月、2016 年 1 月、2017 年 1 月、2018 年 1 月、2022 年

---

[1] 张文静,张惠蒙,杨麟儿,等. 基于 Lattice-LSTM 的多粒度中文分词[J]. 中文信息学报, 2019(1):18-24.
[2] 周晓桐. 融合拼音和平仄信息的中文分词研究[D]. 北京:北京交通大学, 2020.
[3] 崔志远,赵尔平,雒伟群,等. 面向专业领域的多头注意力中文分词模型——以西藏畜牧业为例[J]. 中文信息学报, 2021(7):72-80.
[4] 徐绪堪,周泽聿. 基于多尺度 BiLSTM-CNN 的微信推文的情感分类模型及应用研究[J]. 情报科学, 2021(5):130-137.

1月共10个月的NEPD分词语料作为研究对象,通过统计不同词长的词频、同一词存在的异例个数及相应词频,分析NEPD语料的分词结果,讨论NEPD语料的词汇使用情况,可以为后续语料库的构建和处理提供相关分词知识。

5.2.1 整体词频统计分析

为了考察NEPD语料的分词歧义现象,首先对10个月的语料进行词频统计。NEPD每个月语料的规模都达几百万字符,且均以"/"为分词符号。通过去除分词标记并去重,获取所有语料中出现过的词,计算每个词在语料中出现的频次,由第四章表4-47可以知道2015年1—6月、2016年1月、2017年1月、2018年1月、2022年1月人民日报语料中相对词频最高的前20个词。

NEPD语料中,高频词以单字词、虚词为主。实词"中国"一词出现的次数也较多,这是因为《人民日报》作为我国党和政府的喉舌、对外文化交流的重要窗口,主要报道我国政策主张和社会变革等内容。另外,"发展"一词频繁出现,说明发展是新时代的主旋律。高频词中还出现了"年"一词,因为《人民日报》是日报,刊载的大部分文章都是新闻体裁,强调对时间的描述。

5.2.2 不同词长词频统计

根据上述语料的词列表,对每个词的词长进行统计和汇总,统计得到词长分布,结果如第三章表3-4所示。

由表3-4可知,NEPD语料的词长以二字词为最多,占总词数的57%以上;其次是一字词,约占总体的35%,随着字数的增加相应的词数也急速减少。NEPD语料存在着少量超过10个字的长词,经观察发现,这些词大部分为外国人名或外国高校的中文译名、邮箱、网址等特殊名词,例如

"谢赫穆罕默德·本·拉希德·阿勒马克图姆""布宜诺斯艾利斯贝尔格拉诺大学""www.chinaculture.org""rmrbjrt@163.com"等。除此之外还出现了"大不列颠及北爱尔兰联合王国""圣多美和普林西比民主共和国"等少数词长较长的国家名。这些长字串作为表达一个具体完整概念的整体,不宜过度切分。比较特殊的是 2018 年 1 月、2022 年 1 月的语料频繁出现"习近平新时代中国特色社会主义思想"这一专有名词,该名词于 2017 年 10 月 18 日在中国共产党第十九次全国代表大会上首次提出,作为实现中华民族伟大复兴的行动指南写入了十九大通过的新党章。十九大之后该名词频繁出现在《人民日报》相关理论文章和报道中,因此也成为 2017 年 10 月以后的 2018 年 1 月、2018 年 1 月两个月语料独有的特色词汇,充分体现了 NEPD 的时代特征。

5.2.3 变异词及异例词词频统计分析

根据上述词长统计数据可知,大于 7 个字的词多为人名、网址等名词,绝大部分(99%以上)的词长小于 7 个字,因此对于 NEPD 语料分词歧义的研究可以主要讨论 2—7 字词的情况。抽取 2015、2016、2017、2018、2022 年的 1 月份共 5 个月语料中的 2—7 字词,将每个词可能的切分形式全部列出,再依据每种切分形式遍历完整的语料文本,对每个变异词及相应的异例进行词频计算和汇总。

(1) 高频变异词词频统计

对五个 1 月份语料的高频词的异例进行词频统计,以 2018 年 1 月的语料为例,词频排名前 10 的变异词及相应的异例的词频分布情况见表 5-1 所示。

表 5-1 NEPD 语料高频变异词

词序	词	异例	词频	占比/%	词性	语境
1	一个	一个	6	0.20	数词+量词	建构/着/一个/全新/的/文化/科技/深度/融合型/社会/
		一/个	3 066	99.80	数词+量词	在/社会/上/形成/一个/鲜明/导向/
2	2017年	2017/年	2 399	98.85	时间词	2017/年/9/月/
		2017年	28	1.15	时间词	2017年/我们/还/加入/了/老年/志愿者/
3	1月	1月	37	1.62	时间词	本报/呼和浩特/1月/9/日/电/
		1/月	2 247	98.38	时间词	新/计划/将/于/1/月/16/日/起/向/公众/征求/意见/
4	创新	创新	2 176	99.54	动词	我们/需要/创新/是/因为/网络/犯罪/的/环境/在/不断/变化/
		创/新	10	0.46	动词+形容词	① 该/案/创/新中国/成立/以来/警方/个案/收缴/假币/数量/之/最/ ② 共同/推进/我国/科普/事业/再/上/新/台阶/，/再/创/新/作为/
5	本报	本报	2 098	99.81	代词	本报/电/
		本/报	4	0.19	代词	本/报/记者/
6	通过	通过	2 094	99.95	介词	15/省份/生态/保护/红线/划定/方案/通过/审核/
		通/过	1	0.05	动词	国台/办/主任/与/陆委会/主委/之间/的/"/两岸/热线/"/再/没/通/过/话/
7	成为	成为	1 900	99.48	动词	自然/资源/资产/将/成为/领导/干部/离任/审计/的/经常性/项目/
		成/为	10	0.52	动词	① 中国/民航/机队/约/六/成/为/租赁/引进/ ② 陕西/延安/将/成为/首站/赛事/举办地/

(续表)

词序	词	异例	词频	占比/%	词性	语境
8	我国	我国	1 774	99.50	名词	在/我国/尚/处于/试点/阶段/
		我/国	9	0.50	名词	2017/年/我/国/森林/覆盖率/达到/21.66%/
9	没有	没有	1 606	97.33	动词	中国/从来/没有/像/今天/这样/走近/世界/舞台/中央/
		没/有	44	2.67	动词	评价/金融/是否/服务/实体/经济/往往/以/金融/有/没/有/为/实体/经济/提供/足够/的/资金/支持/为/判断/标准/
10	作为	作为	1 561	99.94	动词	是/食/人间/烟火/又/超拔/于/现实/、/有/作为/的/90后/缩影/
		作/为	1	0.06	动词	威海/文登/将/西洋参/作/为/产业/富民/的/支柱/来/打造/

由表5-1可知,在NEPD语料的高频变异词中,造成变异的原因大部分是假歧义,且两种切分方式所占比例悬殊,97%以上集中在其中一种,例如高频词"一个",在语料中99.8%为切分的形式,也即绝大部分的"一个"都将数词"一"和量词"个"切分开来。除此之外,出现了部分真歧义现象,例如"创新"一词除了一个完整概念的用法外,还出现了个别"动词+形容词"的两个词组成的异例情况;"通过"除了作为介词用外,在语料中还出现了"通/过/话/"的述补结构。因此,由于语义的丰富性和复杂性,在对当前的现代汉语语料进行分词处理时,选择单一的词表作为分词基准很有可能会造成分词错误。

(2) 分类统计分析

为了进一步探讨分词歧义产生的规律,将NEPD语料的变异词按照词性进行分类,并进一步从语法和语用的角度进行分类分析。

为定量分析切分变异情况,董宇、陈小荷引入了从合度的概念①。从合度指的是一个切分不一致的实例以合的形式出现的频次与该实例在语料库中出现的总频次之比②,即

从合度＝以合的形式出现的次数/以分和合的形式出现的总次数

假设"绿叶"这个字串在语料库中一共出现了10次,其中有8次标注成"绿叶",另外2次标注成"绿/叶",则"绿叶"这个分词不一致的实例在该语料库中的从合度是80%。

分别统计每一个变异词的词频及从合度,得到NEPD语料的变异词情况,举例说明见表5-2。

表5-2 NEPD语料变异词举例

词性	分类	词	变异个数	词频	从合度/%	特征
名词	人名	鲁迅	2	90	98.89	知名人士
		杨某	2	20	5.00	姓＋某
	群体	中华民族	2	376	94.68	
		中国人	2	147	8.16	国家＋人
		大学生	2	144	99.31	特定群体
		中国队	2	91	91.21	队伍
		90后	2	56	75.00	后
	职位	总书记	2	585	95.38	总＋名词
		副部长	2	63	1.59	副＋名词
	机构名	中国科学院	2	57	10.53	科学院
		省纪委	2	53	7.55	行政单位＋政府部门
		体育总局	2	52	76.92	政府部门
		复旦大学	2	38	97.37	高等院校
		人民日报社	3	30	93.33	报社

---

① 董宇,陈小荷.带标注语料库中切分变异的统计分析及思考[C]//中国中文信息学会.第三届学生计算语言学研讨会论文集.北京:中国中文信息学会,2006:7.
② 董宇,陈小荷.基于词库与词法的分词不一致研究[J].浙江教育学院学报,2008(3):96-102.

(续表)

词性	分类	词	变异个数	词频	从合度/%	特征
名词	组织	人大常委会	2	244	3.28	
		澜湄合作	3	112	81.25	
	地名	欧亚	2	37	97.30	并列结构
		中拉	2	171	95.91	并列结构
		京津	2	14	85.71	并列结构
		北京市	2	207	0.97	市
		大兴区	2	15	13.33	区
		罗江县	2	12	16.67	县
		兴隆乡	2	10	40.00	乡
		莫干山	2	10	70.00	山
		粤港澳大湾区	2	19	10.53	大湾区
		港珠澳大桥	2	42	78.57	桥
	自然物	高峰	2	123	91.06	定中结构
		大地	2	113	94.69	定中结构
		山水	2	75	80.00	并列结构
		大雪	2	54	90.74	定中结构
		自然资源	2	95	10.53	定中结构
	人造物	用地	2	169	99.41	动宾结构
		高速公路	2	123	11.38	定中结构
		动力电	2	43	46.51	定中结构
		书画	2	42	76.19	并列结构
		农产品	2	214	97.20	定中结构
		人民日报	2	38	86.84	报纸名
	抽象物	短板	2	210	98.57	定中结构
		高新技术	3	58	20.69	定中结构
		党政	2	84	90.48	并列结构
		比特币	2	57	89.47	定中结构
		进步奖	2	22	4.55	动宾结构
		中国梦	2	132	91.67	定中结构
		互联网＋	2	105	36.19	名词＋

(续表)

词性	分类	词	变异个数	词频	从合度/%	特征
名词	事情	大事	2	123	90.24	定中结构
		女排	2	52	98.08	定中结构
	专有名词	新时代	2	1 402	80.53	定中结构
		社会主义	2	1 257	99.92	政治术语
		大数据	2	327	99.08	定中结构
		供给侧	2	214	88.79	动宾结构
		公众号	2	42	88.10	定中结构
		围填海	3	53	90.57	动宾结构
		第一书记	2	104	68.27	定中结构
动词		就是	2	1 434	87.38	是
		也是	2	966	24.74	是
		达到	2	636	93.87	述补结构
		治党	2	541	80.96	述宾结构
		做好	2	389	98.97	述补结构
		走向	2	226	86.28	述补结构
		新增	2	157	61.15	状中结构
		办事	2	156	98.72	述(介)宾结构
		防控	2	111	82.88	并列结构
		地处	2	69	91.30	主谓结构
		放管服	2	43	81.40	并列结构
		变暖	2	44	50.00	述补结构
		向着	2	32	65.63	动词+着
数词		两国	2	489	7.77	数词+量词
		三大	2	140	12.14	数词+形容词
		万亿	2	216	53.70	数位词
		大批	2	99	56.57	
		上万	2	40	65.00	上+数词
		两三	2	36	69.44	概数
		第一	2	1 296	7.64	序数

(续表)

词性	分类	词	变异个数	词频	从合度/%	特征
	量词	几年	2	283	4.24	数词+量词
		人次	2	208	99.52	并列结构
		微克立方米	4	33	3.03	并列结构
	副词	很多	2	682	18.18	很+形容词
		更好	2	491	17.31	更+形容词
		最大	2	601	99.67	最+单字形容词
		较大	2	177	18.08	较+形容词
		越来越	2	599	99.83	
		不再	2	205	86.34	
		并未	2	58	77.59	
	形容词	重大	2	1 062	99.81	并列结构
		小微	2	82	93.90	并列结构
		接地气	2	38	52.63	述宾结构
	区别词	一线	2	187	95.19	定中结构
		高等	2	111	93.69	定中结构
		民办	2	82	93.90	主谓结构
	方位词	以上	2	640	97.34	
		之中	2	130	73.85	
		西南	2	45	82.22	
	处所词	村里	2	328	87.20	名词+方位词
		眼前	2	72	88.89	名词+方位词
	时间词	2017年	2	2 427	1.15	年
		1月	2	2 284	1.62	月
		年前	2	338	12.13	
		年底	2	294	99.32	
		百年	2	169	53.25	
		上世纪	2	130	33.85	

(续表)

词性	分类	词	变异个数	词频	从合度/%	特征
	代词	本报	2	2 102	99.81	本+名词
		这个	2	1 022	99.71	这+个
		这种	2	525	31.05	这+量词
		那种	2	44	29.55	那+量词
		哪个	2	47	93.62	哪+个
		首次	2	355	95.49	首+量词
		此次	2	298	18.46	此+量词
		整个	2	266	91.35	整+量词
		该校	2	30	6.67	该+量词
		之一	2	397	71.28	
	介词	在于	2	268	97.39	动词+于
		有利于	4	206	89.32	动词+于
		取决于	2	26	3.85	动词+于
	连词	为了	2	641	93.92	
		另一方面	2	215	98.60	
		与此同时	5	139	89.93	
		下一步	2	119	69.75	
		之所以	2	118	98.31	
	助词	来说	2	333	64.56	
		意味着	2	225	83.56	动词+着
		所说	2	56	30.36	所+动词
	习用语	改革开放	2	290	82.41	
		至关重要	2	42	64.29	
		卡脖子	2	19	89.47	转义
	否定词	不是	2	923	57.85	不+动词
		不会	2	313	29.07	不+动词

(续表)

词性	分类	词	变异个数	词频	从合度/%	特征
		不能	2	955	2.72	不+动词
		不禁	2	30	96.67	不+动词
		不够	2	208	74.04	不+动词
		不少	2	699	91.70	不+形容词
		不好	2	117	21.37	不+形容词
		可持续	2	231	11.69	可+动词
		反腐败	2	191	30.37	反+动词
		全方位	2	130	23.08	全+名词
	前缀	驻村	2	76	97.37	驻+名词
		去产能	2	47	40.43	去+名词
		非物质	2	28	82.14	非+名词
前后缀		多功能	2	11	36.36	多+名词
		获得感	2	138	94.93	动词+感
		学术界	2	21	95.24	名词+界
	后缀	杠杆率	2	20	60.00	名词+率
		V类	2	12	91.67	数词+类
		英文版	2	9	88.89	名词+版
	前缀+后缀	非公有制	2	18	88.89	非+动词+制
		可操作性	2	12	33.33%	可+动词+性

由表5-2可知，NEPD语料中变异词的词性有名词、动词、数词、量词、副词、形容词、区别词、方位词、处所词、时间词、代词、介词、连词、助词等，还有部分特殊形式的变异词，例如习用语、否定词、前后缀等。从词性的角度分别考察NEPD语料的变异词情况，可以发现相同结构的二字词要比三字词、四字词的切分变异从合度高。

名词的变异现象较为普遍，变异词的结构主要有定中结构、并列结构、动宾结构。定中结构的二字及三字名词从合度很高，而四字定中结构的名词的从合度相对较低。但使用稳定的四字专有名词比一般四字定中结构名词的从合度要高很多,例如例子中的"第一书记"从合度为68.27%。并列结构的名词的从合度较高,特别是并列结构的二字词。

具体来说,人名中类似"鲁迅"等知名人士的姓名或笔名,从合度较高,也就是说该类人名专指度较高,不需要再进行切分,可以保留完整的指代含义。但是,"姓+某/某某"这种形式的代人名,切分程度很高,这也为姓氏的统计带来方便。而群体名词中,"中华民族"这类常用的表示群体的名词的从合度较高;"国家+人"的处理则会被分开,因为中国人、美国人、英国人等表示一个国家的人民的名词都具备同质性;但表示某个国家或某个区域的竞技队伍的名词的从合度却很高;而表示特定群体的类似"大学生"这种群体名词从合度很高,指代性很强;而"90后"这个名词从合度为75%,当"90后"表示1990年至1999年出生的一个群体时,该名词从合度较高,但非该内涵时"90"与"后"被切分开来。等级加职位的称谓名词切分方式不尽相同,例如"总+名词"的职位名词从合度较高,而"副+名词"的职位名词则被切分开来。

机构名大部分按照等级单位进行切分,像"中国科学院"被切分成"中国"和"科学院"两个词的概率更高一些,"省纪委"这类行政单位加政府部门的组合名词经常被切分为"省"和"纪委"两级单位名词,而"体育总局"这种特定单位名词则被当成一个词的机会更多,类似"复旦大学"这种高等院校名词从合度非常高,"人民日报社"如果切分过度后,"人民"有其他更普遍使用的含义而转义了,因此作为一个名词使用会更常见和更专指。表示组织的一些专有名词从合度较高,例如"澜湄合作",而"人大常委会"的从合度较低,可以切分为"人大"和"常委会"两个独立的词。

地名中如果出现两个或两个以上的单字地名并列结构,例如"欧亚""中拉""京津"等,从合度皆较高,合并在一起更能表达两个地区的联系。行政单位"省""市""区""县"经常被单独切分,例如"北京市""大兴区""罗江县"的从合度都较低。但具体到类似山名、桥梁名这样的专名则不宜切分过细,例如"港珠澳大桥""莫干山"等,主要的原因是省、市、区、县的名字专指度较高,不带这些行政单位也可以准确指向目标涵义,但桥、山、河、湖等的名字专指度较低,切分后无法准确指代目标地名。

而自然物类的名词有很多是定中结构的,一般两字词不再切分,例如"高峰""大地""大雪"等形容词加名词的形式从合度较高,而像"山水"这类并列结构的二字词从合度也较高,但二字词加二字词组成的四字词一般情况下都倾向于切分开来,例如"自然资源"从合度较低。人造物名词与自然物类似,定中结构的二字词从合度很高,但两两组成的四字词则可以切分为两个独立的词,例如"高速公路"。但切分过后产生歧义或专有的四字词不建议切分,例如"人民日报"从合度很高。三字词比较特殊,根据切分后是否独立成词和转义等情况而定,例如"动力电"从合度为中等,既可分也可不分,而"农产品"从合度很高。并列结构的二字词与自然物名词一样,从合度较高,例如"书画"。还有动宾结构的人造词,二字词的从合度极高,例如"用地"。而抽象物名词中,具有定中结构的二字词或有特定含义的三字词从合度较高,例如"短板""比特币""中国梦",而像"高新技术"的四字词从合度较低。并列结构的二字词与前述两种类型名词一样,从合度很高,如"党政"。类似"进步奖"的动宾结构的名词从合度较低,一般情况下都被切分开来。特殊词语从合度一般,如"互联网+"的从合度仅为36%。而描述事情的二字名词一般从合度较高,例如定中结构的"大事""女排"等。

专有名词有其特定的指代含义,一般来说不建议过度切分,以免失去名词本来的含义。如,常用语"社会主义",定中结构的"单字形容词+二字名词"或"二字名词作修饰+单字名词"的"新时代""大数据""公众号",动宾结构中的专有名词"供给侧""围填海"。而"第一书记"虽然为定中结构的四字词,但因使用稳定,从合度也较高。

变异动词主要有述补结构、述宾结构、状中结构、并列结构、主谓结构。使用稳定的述补结构、述宾结构、主谓结构、并列结构的二字动词的从合度较高,例如"达到""做好""走向""治党""办事""防控""地处"。三个单字词并列组成的使用稳定的动词的从合度也较高,例如"放管服"。带有"是"动词的二字词则要看具体用法确定是否切分,例如"就是"从合度很高,而"也是"被切分开来的情况多一些。单字动词加"着"的从合度中等,例如"向着"。

一般情况下,数词单位视为一个词,但大额数位词"万""亿"从合度为53.70%,即相当一部分"万""亿"都被切分开来了。表示概数的连续数词从合度较高,例如"两三"。"上"加数词的结构从合度一般,例如"上万"。序数则经常将"第"与数词切分开,如"第一"从合度很低。数词加形容词表示数量词的时候,从合度较低,例如"三大"经常会被切分开来。数词加量词的组合词一般情况下都会被切分,比如"两国""几年"。并列结构的二字量词会作为一个整体来使用,例如"人次",但并列结构的三字及以上的量词一般都会被切分开来,比如"微克立方米"。

在副词中,"很""更""较"加形容词时经常会被切分成两个词,例如"很多""更好""较大"的从合度都不高。而"最"加单字形容词则从合度很高,例如"最大"。一些经常使用的程度副词会被当成一个整体,从合度很高,例如"越来越"。类似"不再""并未"等使用稳定的副词的从合度也很高。形容词与动词、名词一样,并列结构的二字、三字形容词经常合并在一起作为一个整体使用,例如"重大""小微",而述宾结构的形容词"接地气"从合度中等。定中结构和主谓结构的二字区别词的从合度很高,如"一线""高等""民办"。

方位词的从合度较高,例如"以上""之中""西南"。而由名词加方位词组成的二字处所词经常作为一个词出现,例如"村里""眼前"。时间词中的"年""月""日"经常被单独切分,例如"2017 年""1 月"从合度很低。在 NEPD 中,"年前"经常与某一具体年份搭配使用,所以会被切分开来,"年底"常组合成为"今年年底"的情况较多,所以从合度很高。表示虚词的"百年"的从合度也较高,例如"百年以后"中的"百年"经常会被当作一个词,而表示具体数词加量词的形式的"百年"会被切分,例如"三百年",导致"百年"这个时间词的从合度中等。"上"加时间的组合词的从合度也不高,例如"上世纪"。

代词中的"这""那""哪"与"个""些"等的常用搭配会被当成一个整体,

例如"这个""哪个",但与其他量词搭配时则会被切分开来,例如"这种""那种"。"本"加名词、"首""整"加量词的二字词从合度很高,例如"本报""首次""整个",而"此""该"加量词的二字词则会经常被切分开来,如"此次""该校"。"之一"作为一个词的情况较多。连词作为连接前后语句的词,一般作为一个分词单位出现,例如表中的"为了""另一方面""与此同时""下一步""之所以"。助词中的"着"一般和前置的动词切分开,例如"意味着"。"所"加动词也经常会被切分,例如"所说"从合度不高。

除了上述情况外,还有一些使用稳定的习用语经常被看作一个分词单位,例如"改革开放"。产生转义后从合度会更高,例如"卡脖子"。否定词"不"加动词时经常被单独切分,例如"不能""不会",但组合起来产生另一个意思或用途则从合度会很高,例如"不禁"。"不"跟单字形容词一起的从合度要分情况,例如"不少"从合度很高,但"不好"的从合度较低。表5-3还列举了部分前后缀与名词、动词搭配时的切分情况,其中前缀词"驻""非"加名词的从合度较高,如"驻村""非物质";"可""反"加动词、"全""去""多"加名词的从合度较低,例如"全方位""去产能""多功能"。动词后加"感"、名词后加"界""率""版"、数词后加"率"的二字三字组合词从合度较高,例如"获得感""学术界""杠杆率""V类""英文版"。当某个四字词同时含有前后缀时,可按照前缀和后缀词的切分习惯来进行分词,例如"非公有制"从合度很高,而"可操作性"的从合度相对较低。

5.3 小 结

本章统计了 NEPD 语料分词后的整体词频及不同词长的词频,分析了其中的高频词,统计了变异词及其异例的词频,以 NEPD 语料中 2018 年 1 月的语料为例分析了高频词的切分变异具体情况,并按词性分类列举了典型变异词的类型、变异数、词频、从合度及特征。NEPD 语料的高频词中除了虚词外,还出现了"中国""发展""年"等词。NEPD 语料中六成左右的词为二字词。超过 10 个字的长词多为外国人名、高校名和国家名的中文译名以及邮箱、网址等的长字符串名词,这些名词表达了一个完整的具体概念,不宜过度切分。NEPD 分词语料中的变异词有名词、动词、数词、量词、副词、形容词、区别词、方位词、处所词、时间词、代词、介词、连词、助词等类型,还有习用语、否定词、前后缀等特殊类型。在 NEPD 语料的高频变异词中,绝大部分切分变异为假性歧义,97%以上集中在其中一种切分形式上。

通过对 NEPD 语料分词歧义的统计分析可以总结出以下分词规律:二字词不宜过度切分,三字词、四字词则根据具体的语法结构和使用频率选择不同的切分方式;定中结构的二字名词和三字名词建议合并在一起,使用稳定的四字专有名词不建议切分过细;名词的前缀和后缀建议切分;政府单位、高等院校等专有名词建议不再切分;因为"省""市""区""县"前的地名可单独使用,所以可与行政单位分开,但桥、山、河、湖等的名字专指度较低,不宜切分;述补结构、述宾结构、主谓结构、并列结构的二字动词应作为一个完整的分词单位;数词和量词应该被切分成两个词;程度副词和副词也应被切分开;并列结构的单字形容词、名词、动词建议合并成一个整体,不过度切分;转义词指代特殊的含义,不应切分;"不"加动词应切分,"不"加单字形容词应合并。

对 NEPD 语料变异词的统计和分析发现,分词歧义现象在 NEPD 中十分常见,并且可以从语法结构或固定用法的角度总结出一定的规律,以便更好地统一分词形式。部分从合度中等的词,往往既可以切分开也可作为一个整体,对于这种类型的词,建议在语料中加上特定符号,同时标出多种分词形式,以满足不同的语料处理需求。由于语义的复杂性,词在不同语境中会出现真歧义现象,分词时应当结合语法结构进行细微调整。另外,汉语文本的语言现象复杂多变,在研究中文信息处理相关的技术与问题时应当注意时常更新对 NEPD 语料分词歧义规律的认识和理解。随着语料的积累,未来可以对不同时期语料分词歧义情况进行对比分析,总结不同时期、不同类型现代汉语语料的分词歧义现象,提炼其中的分词规律并应用于自动分词。

第6章 面向 NEPD 语料的深度学习分词模型构建

对于现代汉语文本来说,分词是后续文本处理及探究的基础。没有精准而高效的自动分词模型,现代汉语的词性标注、实体识别、句法分析和机器翻译等都不能有效地进行。目前,自动分词模型的构建,一方面取决于高质量人工构建的能够体现时效性的语料库,另一方面也受制于机器学习模型的性能。深度学习模型的发展为分词研究带来了新机遇,各类深度学习模型在分词任务上不断刷新纪录。本章基于 NEPD 语料库,结合相应的深度学习模型,探讨基于 NEPD 的现代汉语文本自动分词模型构建问题。NEPD 语料深度学习分词模型的构建不仅有益于验证深度学习在现代汉语分词上的性能,而且有利于后续更加细致和深入地基于深度学习构建高性能的分词模型,进而为本书后续章节中的关键词提取、自动摘要、文本分类等任务奠定良好的应用基础。

6.1 深度学习汉语自动分词研究现状

自然语言处理(NLP)自产生之日起始终热度不减,其缘由不仅因为新技术的诞生和引入,也因为 NLP 有"最困难的人工智能子领域"之名。分词是 NLP 的子任务,也是其他子任务的基础,无论是文本分类、信息检索,还是机器翻译、问答系统等,都离不开对文本的分词处理。

面向汉语的首个自动分词系统 CDWS1984 年由梁南元教授设计开发[1],自此,自动分词的研究逐渐系统化、工程化。

自动分词的方法主要有基于规则的自动分词、基于统计的自动分词,以及基于机器学习和深度学习的自动分词技术。姚天顺等[2]根据词频和词结合力的关系设计了一种机械分词与语义校正结合的自动分词算法。机械分词法包括最大匹配法、逆向最大匹配法、部件词典法、词频统计法、并行分词法、词库划分和联想匹配法等[3]。李家福和张亚非[4]基于极大似然法构建了汉语自动分词 HMM 模型。吴应良等基于 N-gram 模型和 Viterbi 搜索算法实现了汉语自动分词。Xue 和 Converse[5] 设计了通过字标注对语料进行有监督机器学习训练的方法,将分词任务转变为序列标注任务,对分词研究具有重大意义。之后,Peng 等[6]率先将条件随机场模型引入汉语自动分词研究中。条件随机场模型(CRF)的提出对于汉语自动分词研究起到了较大的推动作用,其在序列标注的优势很大程度上提高了自动分词的速度和效果。陈晴[7]将 CRF 模型用于人民日报语料进行了自动分词实验,验证了 CRF 在自动分词中明显优于此前的序列标注方法。梁社会和陈小荷[8]

---

[1] 梁南元.书面汉语的自动分词与一个自动分词系统——CDWS[J].北京航空学院学报,1984(4):97-104.
[2] 姚天顺,张桂平,吴映明.基于规则的汉语自动分词系统[J].中文信息学报,1990(1):37-43.
[3] 文庭孝,邱均平,侯经川.汉语自动分词研究展望[J].现代图书情报技术,2004(7):6-10.
[4] 李家福,张亚非.基于 EM 算法的汉语自动分词方法[J].情报学报,2002(3):269-272.
[5] Xue N,Converse S P. Combining classifiers for Chinese word segmentation[C]//Proceeding of the first sighan workshop on Chinese language processing. Morriston,USA:Association for Computational Linguistics,2002.
[6] Peng F C,Feng F F,Mccallum A. Chinese segmentation and new word detection using conditional random fields[C]//Proceedings of the 20th international conference on computational linguistics. New York,ACM,2004:562-568.
[7] 陈晴.基于条件随机场的自动分词技术的研究[D].沈阳:东北大学,2005.
[8] 梁社会,陈小荷.先秦文献《孟子》自动分词方法研究[J].南京师范大学文学院学报,2013(3):175-182.

基于条件随机场构建了先秦典籍《孟子》的自动分词模型,实验结果表明CRF模型能够在无预训练模型的情况下取得良好的分词结果,大幅度节省人力成本。

深度学习是由 Hinton 等人在 2006 年正式提出的,它是基于数据进行表征学习的方法[1],是特殊的机器学习。随着数据量不断积累,海量待处理数据亟需这样的非监督或半监督的高效算法,于是深度学习很快成为热门算法之一。研究者们将 LSTM、BiLSTM、CNN 等经典深度学习算法引入 NLP 领域,并不断优化,为 NLP 任务提供了坚实的算法支持。自深度学习被应用于自然语言处理研究以来,国内外的研究者先后把深度学习应用于汉语的自动分词研究。比较有代表性的成果如下:

(1) 基于基本深度神经网络模型的自动分词模型

Collobert 等[2]在 2011 年提出了一种可广泛应用于自然语言处理任务中的多层级神经网络模型,该模型的价值在于普遍提高自然语言处理各项子任务的性能,对于分词任务并未进行优化。Zheng 等[3]利用大规模未标注的数据来改善汉语的内部表示,完善优化 Collobert 的自然语言处理模型,利用这些改进的表示来加强监督字段的分割,并利用一种训练神经网络的感知式算法,以更小的计算能力改进了分词模型的性能。在 4 个自然语言处理任务中,Li 等[4]将依赖词的模型和基于字符的神经网络模型进行比

---

[1] Hinton G E, Osindero S, Teh Y W. A fast learning algorithm for deep belief nets[J]. Neural computation, 2006(7):1527.

[2] Collobert R, Weston J, Bottou L, et al. Natural language processing (almost) from scratch[J]. Journal of machine learning research, 2011(1):2493-2537.

[3] Zheng X, Chen H, Xu T. Deep learning for Chinese word segmentation and POS tagging [C]// Yarowsky D, Baldwin T, Korhonen A, et al. Proceedings of the 2013 conference on empirical methods in natural language processing. Washington:Association for Computational linguistics,2013:647-657.

[4] Li X, Meng Y, Sun X, et al. Is word segmentation necessary for deep learning of Chinese representations? [EB/OL]. [2019-11-10]. https://arxiv.org/abs/1508.01991v1.

较,发现后者始终优于前者,造成这一结果的原因是基于词的模型更易受到数据稀疏性和词汇不足的影响而产生训练过度拟合问题,该结论启发后续的研究者应该在训练模型的过程中避免出现过拟合。郭振鹏和张起贵[1]融合了 CNN、Bi GRU 网络和 CRF 层,将三者引入自动分词模型构建中,并在基准数据集 PKU 和 MSRA 上进行了实验。这类研究均是在通用语料中展开研究,泛化能力强,领域性弱。

(2) 基于长短时记忆神经网络的自动分词模型

长短时记忆网络(LSTM)是 RNN 的一种变形形式,其不仅在自动分词、命名实体识别等基础自然语言任务中有着重要地位,在语音识别、机器翻译等上层任务中也有着广泛的应用。张洪刚和李焕[2]提出了 Bi-LSTM 神经网络汉语自动分词模型,将字向量应用于 Bi-LSTM 模型实现分词,并在简体和繁体中文数据集上进行了实验。这项研究为基于 Bi-LSTM 的汉语自动分词提供了借鉴。在流行的数据集上,Ma 等[3]通过实验验证了 Bi-LSTM 模型比复杂的神经网络模型能达到更高的分词准确性。但在未登录词识别这一难点问题上,Bi-LSTM 深度学习模型仍有待改进之处。为提高未登录词识别的性能,一方面应该对模型进行严格的调优,另一方面应进一步扩大语料库以提高模型的训练性能。通过在微软研究院提供的语料和北京大学人民日报语料上的测试,解宇涵[4]提出了一种基于字嵌入的 Bi-LSTM 分词模型,并验证了该模型比传统的 HMM 模型在自动分词方面性

---

[1] 郭振鹏,张起贵.基于结合词典的 CNN-BiGRU-CRF 网络中文分词研究[J].电子设计工程,2021(16):64-69,74.

[2] 张洪刚,李焕.基于双向长短时记忆模型的中文分词方法[J].华南理工大学学报(自然科学版),2017(3):61-67.

[3] Ma J, Ganchev K, Weiss D. State-of-the-art Chinese word segmentation with Bi-LSTMs[C]// Riloff E, Chiang D, Hockenmaier J, et al. Proceedings of the 2018 conference on empirical methods in natural language processing. Belgium:Association for Computational Linguistics, 2018:4902-4908.

[4] 解宇涵.基于深度学习的中文分词模型应用研究[D].重庆:重庆大学,2017.

能更加突出。在继承LSTM模型可自动学习特征的基础上,李雪莲等[1]提出了基于门循环单元神经网络的汉语分词法,该模型能有效发挥长距离依赖信息的优点,从实验结果上看该方法显著提升了自动分词的性能。通过对不同的语料数据加上人工设定的标识符,姜猛等[2]在所提出的异构处理数据方法的基础上,利用LSTM模型对处理过的数据进行训练,实验表明该策略能有效提高分词模型的整体性能。这一研究充分说明了对训练语料进行前期处理的合理性和有效性。在充分挖掘分词对象字位标记特征的基础上,王玮[3]提出了把双向长短期记忆神经网络模型与相应字位标记相融合的自动分词策略,通过与CRF等方法对比,实验结果表明Bi-LSTM与六字位相融合效果最优。这一研究的启示在于,在条件允许的情况下,对双向LSTM进行叠加并融入相应的字位标记能提升分词的整体性能。邵党国等[4]针对特定领域自动分词缺乏专业标记数据的问题展开研究,基于Bi-LSTM模型对大量通用中文语料和少量医学领域语料进行自动分词训练,解决了小样本领域数据结果差的问题。

(3) 基于长短时记忆神经网络与条件随机场相融合的自动分词模型

LSTM-CRF模型既能保留LSTM兼顾上下文弥补语义缺失的优势,又可以通过CRF层缓解神经网络结构对于数据的过度依赖问题。在通过word2vec对语料数据的嵌入处理基础上,Wang等[5]把所获取的嵌入特征

---

[1] 李雪莲,段鸿,许牧.基于门循环单元神经网络的中文分词法[J].厦门大学学报(自然科学版),2017(2):237-243.

[2] 姜猛,王子牛,高建瓴.基于异构数据联合训练的中文分词法[J].电子科技,2019(4):33-36.

[3] 王玮.基于Bi-LSTM-6Tags的智能中文分词方法[J].计算机应用,2018(S2):112-115.

[4] 邵党国,黄初升,马磊,等.基于Bi-LSTM的医学文本分词模型[J].通信技术,2022(2):151-159.

[5] Wang X, Wang M, Zhang Q. Realization of Chinese word segmentation based on deep learning method[C]// Green energy and sustainable development I. Proceedings of the international conference on green energy and sustainable development. Chongqing: American institute of physics publishing, 2017:1-6.

反馈给 Bi-LSTM,并在输出层添加 CRF,从而构建自动分词模型。王梦鸽[1]和薛源[2]随后也提出了把 Bi-LSTM 与 CRF 相结合的自动分词策略。这些研究所构建的模型的分词结果均达到了较好的准确性,本章将直接借鉴上述研究理念和方法。与之类似,张子睿和刘云清[3]充分发挥分词对象上下文信息的作用,提出了一种基于长短期记忆神经网络改进的双向长短期记忆条件随机场模型,并通过具体的实验验证了 Bi-LSTM-CRF 模型的整体性能。在综合 Bi-LSTM-CRF 和 seq2seq 分词模型的基础上,刘玉德[4]通过融入注意力机制对上述模型进行了改进,并通过实验证明改进后的分词模型具有更好的分词性能。

(4) 基于其他新兴深度学习模型的自动分词模型

BERT 模型是谷歌于 2018 年提出的深度学习模型,目前仍受到广泛关注,该模型中的双向编码实质上是指同时利用上下文信息来处理实际问题。BERT 模型刷新了多项自然语言处理任务的最优性能记录,在 NLP 领域表现极为突出,迅速成为研究者们的探究对象。俞敬松等[5]将非参数贝叶斯模型与 BERT 模型相结合,构建了古文自动分词模型,该方法属于弱监督训练,解决了大规模语料训练高成本的问题,同时也拥有更强的泛化能力。张琪等[6]基于 BERT 模型在 25 部先秦典籍上进行训练,构建了先秦典籍分词词性一体化标注模型,并在《史记》上进行了应用和分析。除 BERT 外,还有一些其他的深度学习模型也被研究者们应用在自动分词领域研究中,

---

[1] 王梦鸽. 基于深度学习中文分词的研究[D]. 西安:西安邮电大学,2018.
[2] 薛源. 基于深度学习算法的中文分词的研究[J]. 计算机产品与流通,2019(5):202.
[3] 张子睿,刘云清. 基于 BI-LSTM-CRF 模型的中文分词法[J]. 长春理工大学学报(自然科学版),2017(4):87-92.
[4] 刘玉德. 基于深度学习的中文分词方法研究[D]. 广州:华南理工大学,2018.
[5] 俞敬松,魏一,张永伟,等. 基于非参数贝叶斯模型和深度学习的古文分词研究[J]. 中文信息学报,2020(6):1-8.
[6] 张琪,江川,纪有书,等. 面向多领域先秦典籍的分词词性一体化自动标注模型构建[J]. 数据分析与知识发现,2021(3):2-11.

如陈静雯等[①]基于双向 GRU 模型进行了预警领域的汉语自动分词研究。

上述 4 种类型的自动分词研究可以归纳出以下两个方面的特征：以上研究不仅采用了深度学习的相应模型，还把深度学习模型与其他机器学习模型进行了融合；在发挥深度学习模型优势的同时，也把分词对象的特征添加到了自动分词模型中。

在上述国内外研究的基础上，拟将 Bi-LSTM 和 Bi-LSTM-CRF 模型应用于 NEPD 语料，构建对应的深度学习自动分词模型，并采用十折交叉验证法对模型的整体性能进行评价。下文首先将介绍和分析拟采用的主流深度学习模型应用于中文自动分词的情况，对所选取的模型进行相应的特征和性能分析。随后结合深度学习模型的特性，对用于测试的 NEPD 语料按照深度学习模型训练集和测试集的要求作预处理，并进行字嵌入的生成。最后基于所选取的 Bi-LSTM 和 Bi-LSTM-CRF 深度学习模型构建面向 NEPD 语料的自动分词模型，并计算和测评所构建模型的性能。

6.2 自动分词深度学习模型介绍

从中文自动分词任务的角度看，自动分词是典型的线性序列任务。结合当前的相关研究和深度学习模型的特征，拟主要基于 Bi-LSTM 和 Bi-LSTM-CRF 模型完成深度学习自动分词模型的构建。Bi-LSTM 和 Bi-LSTM-CRF 模型的具体特征如下所述。

6.2.1 Bi-LSTM 模型

在整个深度学习系列模型中，循环神经网络（recurrent neural

[①] 陈静雯,马福民,刘新,等. 基于神经网络的预警领域分词仿真算法[J]. 计算机仿真,2021(12):1-6,38.

network,RNN)①是一类用于序列标记的人工神经网络,该类深度学习模型特别适用于自动分词、词性标注和实体识别等自然语言处理相应的探究任务。理论上,RNN能够学习不同自动分词字特征之间长期的依赖关系属性,但在自动分词模型训练的过程中,随着时间序列的推移和RNN自动分词的深度不断加深,当RNN自动分词的层数达到一定的临界值的时候容易使梯度下降,坡度呈指数减少或指数增大,从而出现梯度消失和梯度爆炸的现象。而LSTM在一定程度上有效地解决RNN的这一问题。对于中文自动分词来说,LSTM通过实现与记忆单元(memory cell)的结合并引入门(gate)控制器来控制自动分词模型训练过程中历史信息的保留和丢弃。常规来说,一个LSTM神经网络神经元包含一个记忆单元和3种门,对于自动分词来说,分别是分词相应信息的输入门(input gate)、分词相应信息的输出门(output gate)和分词相应信息的遗忘门(forget gate)。这3种门分别用于控制分词相应信息的输入信息、输出信息和记忆单元中信息的保留或丢弃,从而可以更有效地记忆构建自动分词模型所需的相应分词信息。LSTM记忆单元的计算公式如下:

$$i_t = \sigma(W_i h_{(t-1)} + U_i x_t + b_i)$$

$$f_t = \sigma(W_f h_{(t-1)} + U_f x_t + b_f)$$

$$o_t = \sigma(W_o h_{(t-1)} + U_0 x_t + b_o)$$

$$c_t = f_t \odot c_{(t-1)} + i_t \odot \tanh(W_c h_{(t-1)} + U_c x_t + b_c)$$

$$h_t = o_t \odot \tanh(c_t)$$

对于汉语自动分词模型构建来说,前3个公式中的i_t、f_t和o_t分别表示的是t时刻的自动分词输入控制门、自动分词遗忘控制门和自动分词输出控制门。最后一个公式中的c_t表示的是t时刻与自动分词相关的记忆单元

---

① Rumelhart E D, Hinton E G, Williams J R. Learning representations by back-propagating errors[J]. Nature,1986(6088):533-536.

向量。U_i、U_f、U_c、U_o分别是汉语自动分词的字输入序列$\{x_0, x_1, \cdots, x_t, x_{t+1}, \cdots\}$和各个汉语分词控制门之间的连接权重矩阵,并且是汉语自动分词控制门和隐藏状态h之间的连接权重矩阵。b_i、b_f、b_c、b_o分别对应于自动分词训练模型中的偏置向量。对于汉语自动分词模型构建来说,引入记忆单元和控制门使得LSTM在一定程度上解决了RNN难以有效获取长度跨度比较大的汉语词汇间的字特征问题。Bi-LSTM模型是拥有两个相反方向LSTM并行层的双向LSTM神经网络,能够同时存储来自两个方向的与汉语自动分词相关的信息。图6-1是基于NEPD语料的Bi-LSTM汉语自动分词模型架构图:

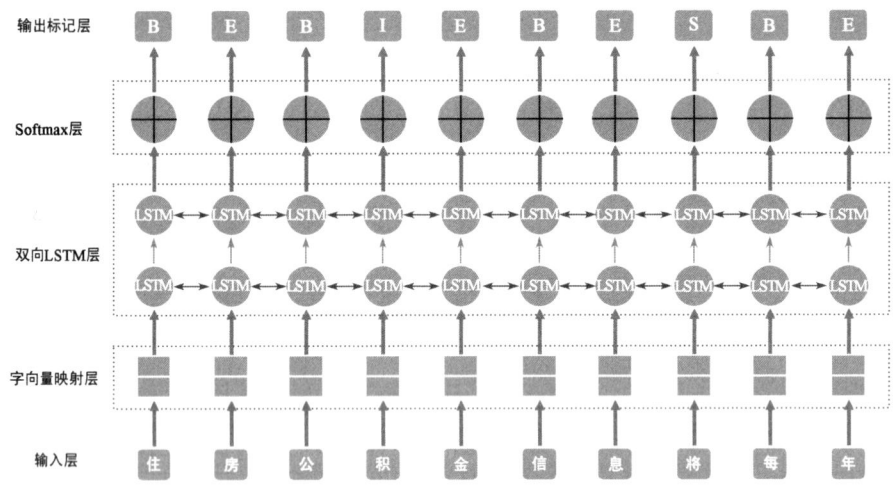

图6-1 基于Bi-LSTM的汉语自动分词模型架构

从图6-1可以看出,基于Bi-LSTM的汉语自动分词模型框架共包含5层,从下往上依次为第1层至第5层。第1层是NEPD语料的输入层,即将语料以字为单位逐一输入。例如,将"住房公积金信息将每年……"逐字输入,传递到第2层。第2层为NEPD语料库中的汉字的字向量映射层,采用分布式表示的方式将每一个语料库中的汉字均转化为128维的字向量,以便于神经元进行汉字特征的特征提取与计算。第3层为双向LSTM

神经网络层,从图6-1可以看出,在汉语自动分词模型构建中,双向LSTM神经网络层拥有两个相反方向并行层的LSTM,可以同时完成从前向后和从后向前对分词语料中字与字之间的特征进行有效提取与充分训练。第4层为自动分词模型构建的softmax激活函数层。汉语自动分词模型构建涉及B、I、E、S 4种标签的标注,因此使用维度为4的softmax激活层来进行4种标签的概率预测,以求出可能性最大的汉语自动分词结果输出标签。最后一层是汉语自动分词的标记输出层,经softmax计算后,得到的每个汉字概率值最大的分词标签将在这一层输出。以"住房公积金信息将每年……"为例,该例句中的各个字单位对应的标签为"BEBIEBESBE……",其中"住房""信息""每年"均为双字词,"公积金"为多字词,"积"为中间字故标记为"I","将"为单字词故标记为"S"。

6.2.2 Bi-LSTM-CRF 模型

在汉语自动分词模型构建中,尽管通过Bi-LSTM模型可以获得较好的分词序列效果,但模型性能仍会受到约束。汉语自动分词属于输出标签之间存在较强依赖关系的序列标记问题,softmax激活函数只能考虑当前汉语字分布状态的特征,不能有效关联汉语字的前后特征并实现针对汉语自动分词的联合标签概率的预测,因此Bi-LSTM模型下的汉语自动分词模型性能将会受到影响。为解决这一问题,基于Bi-LSTM-CRF[1]的汉语自动分词模型应运而生。Bi-LSTM-CRF模型主要通过去掉Bi-LSTM模型中的softmax层,代之以CRF线性层,因而把Bi-LSTM模型与CRF模型融合在一起。这一模型组合保留了Bi-LSTM能够同时考察当前汉字上下文信息的优点,而且还能通过CRF层计算整个汉语自动分词观察序列状

---

[1] Huang Z, Xu W, Yu K. Bidirectional LSTM-CRF models for sequence tagging[J/OL]. [2019-11-10]. http://arxiv.org/abs/1508.01991v1.

态标记的联合条件概率分布。图 6-2 是基于 NEPD 语料的 Bi-LSTM-CRF 自动分词模型结构图。模型框架同样也包括 5 层,不同的是第 4 层由 softmax 层变为条件随机场(CRF)层,使得模型在概率计算过程中可以考虑原本相互独立的汉语分词输出标签之间的前后依赖关系,以便输出最优的分词标签序列,既拥有 Bi-LSTM 同时考虑上下文的优势,又可以通过 CRF 层考虑输出独立标签之间前后的依赖关系。Bi-LSTM-CRF 分词模型的输出结果将以最佳标签序列的形式代替相互独立的标签,既能缓解神经网络结构过于依赖数据的问题,又能弥补语义缺失的漏洞。

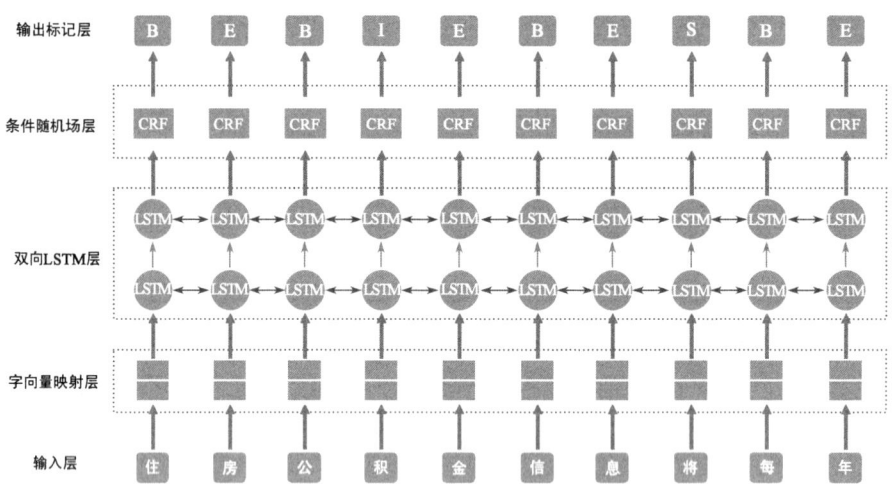

图 6-2 基于 Bi-LSTM-CRF 的汉语自动分词模型架构

基于上述两个模型所构建的 NEPD 语料自动分词模型具有如下特点:完全通过基于深度学习模型获取字与字之间构成词汇的特征实现汉语自动分词模型的构建,不涉及任何人为特征的添加;在 NEPD 语料的基础上,充分利用了 Bi-LSTM 的特性,能够解决模型在训练过程中出现的梯度消失和梯度爆炸问题,从整体上确保所构建汉语自动分词模型的性能。

6.3 深度学习分词模型构建及性能分析

本节将介绍以 NEPD 为语料,基于 Bi-LSTM 和 Bi-LSTM-CRF 模型构建汉语自动分词模型的流程、测评指标、参数设置,并分别分析基于 NEPD 语料构建的 Bi-LSTM 和 Bi-LSTM-CRF 汉语自动分词模型的整体性能。基于 NEPD 语料构建的两个深度学习自动分词模型实现了深度学习自动分词模型与体现时代特征的语料的有机结合,有利于高效和精准地完成通用领域现代汉语文本的自动分词,并提供了从词的构成成分角度分析多字词自动分词性能的可能性,为深入分析深度学习模型在自动分词这一研究任务上的性能提供了新的视角。

6.3.1 分词模型构建流程及评价指标

第 3 章构建完成的 NEPD 语料库均为已进行分词切分的熟语料,其原始数据形式如下:"要/科学/论证/重要/目标/指标/,/瞄准/发展/短板/,/聚焦/战略/制高点/,/抓住/对/全局/有/牵引/作用/的/关键/领域/和/环节/,/集中/力量/打/攻坚战/,/构建/发展/新/体制/,/塑造/开放/新/格局/。/"

基于 Bi-LSTM 和 Bi-LSTM-CRF 两种深度学习模型,在 NEPD 语料上训练和测试自动分词模型,并对两种模型的性能进行分析,构建成为深度学习分词模型,具体流程如下:

首先,确定分词模型标记集。考虑到《人民日报》汉语词汇的字长分布,在深度学习自动分词模型的构建过程中采用由"B""I""E""S"4 个标记构成的标记集。"B""I"和"E"分别代表多字词的首字、中间字和尾字,"S"则表示单字词。如果一个词的长度超过了 3 个字,则所有出现中间的字都由"I"表示。

其次,对 NEPD 语料进行序列标注和训练语料、测试语料划分。从 NEPD 中选取 2015 年 1—6 月、2016 年 1 月、2017 年 1 月、2018 年 1 月和 2022 年 1 月共 10 个月人民日报语料,候选作为构建分词模型的训练语料和测试语料。在把 NEPD 语料转化为深度学习模型可以训练和测试的语料过程中,结合所制定的标记集及标注准则,对人民日报语料实现训练和测试格式的转换,实现语料的预处理。

语料预处理步骤如下:按照 9∶1 的比例将 10 个月语料划分为训练语料与测试语料,分别保存为训练文本和测试文本两个文本文件。每句话中的字按照每个字占一行进行标注,格式为"单字+\t+标注"(其中"\t"为 tab 位)。用 Python 语言编写程序对训练语料和测试语料以词为单位进行标注,两字词的第 1 个字标记为 B(begin),第 2 个字标记为 E(end);三字或多字词的第 1 个字标记为 B(begin),最后一个字标 E 记为(end),中间字标记均为 I,单字或标点符号则标记为 S;句子与句子之间添加一个空格作为分隔,目的为避免输入数据过长导致资源溢出导致训练过程报错。如此,经过预处理后的语料具体样例如表 6-1 所示:

表 6-1 深度学习训练和测试语料样例

编号	训练和测试语料字序列	标记
1	参	B
2	加	E
3	的	S
4	多	S
5	是	S
6	热	B
7	心	E
8	社	B
9	区	E
10	事	B
11	务	E
12	的	S

在表 6-1 中，字序列中的字大多数构成的是单字词和二字词，只有少部分构成的是多字词，因此标记列中的标记大多数为 B、E 和 S 其中之一。例如，"是对人才选拔制度公正性与严肃性的伤害"这句话将标注为"是 S 对 S 人 B 才 E 选 B 拔 E 制 B 度 E 公 B 正 I 性 E 与 S 严 B 肃 I 性 E 的 S 伤 B 害 E。S"，其中，只有"公正性"和"严肃性"为多字词，"正"和"肃"为中间字，标记为 I。

最后，对所构建的深度学习分词模型进行测评，评价指标仍采用精准率 P、召回率 R 和调和平均值 F 这 3 个指标，分别用于测试语料中"B""I""E""S"4 个标记能否得到正确标记。计算公式如下：

$$精准率(P) = \frac{正确识别的词汇}{正确识别的词汇 + 错误识别的词汇} \times 100\%$$

$$召回率(R) = \frac{正确识别的词汇}{正确识别的词汇 + 未被识别的词汇} \times 100\%$$

$$调和平均值(F) = \frac{2 \times P \times R}{P + R} \times 100\%$$

测评过程中，为了更加细致和全面地评价所构建的深度学习分词模型的整体性能，不仅要对分词标记进行整体评价，而且要对单一分词标记逐一评价。

6.3.2 深度学习分词模型的参数设置

在基于 Bi-LSTM 模型、Bi-LSTM-CRF 模型进行自动分词模型构建时，对于两个模型分别采用十折交叉训练的方式进行测评，以排除随机误差对分词实验结果的影响。Bi-LSTM 模型和 Bi-LSTM-CRF 模型这两个深度学习模型主要由 Embedding 层、双向 LSTM 层和 CRF 层构成。在基于 NEPD 语料的汉语自动分词模型的具体训练过程中，LSTM 层数设置为 2，而每个 LSTM 层的隐藏单元数（hidden unit）设定为 256。为了防止在自动分词模型构建过程中梯度爆炸与消失问题的出现,将采用梯度裁剪(gradient clipping)技术,并把其值设置为5.0。在训练的数据输入过程中,每批数据量(batch size)大小设定为32,而隐藏单元随机删除概率(dropout rate)设置为1,相应的学习率(learning rate)设置为0.001。整个训练模型的字嵌入(word embedding)则通过gensim包的word2vec进行预训练,向量维度设置为128维,训练周期(epoch)设置为200,梯度优化器(optimizer)为Adam。为了防止出现过拟合现象并加快训练速度,在模型训练过程中采用early stop模式,当交叉验证集F值10次不提高时,则停止整个分词模型的训练。

神经网络模型的训练过程涉及大量的并行运算和矩阵计算,中央处理器(CPU)无法支撑深度学习任务所需的吞吐量和响应速度。因此,基于NEPD语料的汉语自动分词模型的训练在高性能的NVIDIA Tesla P40图形处理器(GPU)的支持下完成,它可以提供比CPU快60倍以上的处理能力,达到47 TOPS(万亿次运算/秒)的推理性能。训练过程所使用的计算机具体配置情况如下:CPU为48颗Intel(R) Xeon(R) CPU E5-2650 v4 @ 2.20 GHz,内存为256 GB,GPU为6块NVIDIA Tesla P40卡,24 GB显存,操作系统为CentOS 3.10.0。

6.3.3 基于Bi-LSTM模型的自动分词性能分析

基于NEPD训练语料和测试语料,通过Bi-LSTM模型,构建了10个自动分词模型,并采用精准率、召回率和调和平均值3个指标对10个模型的性能进行了评测,具体性能如表6-2所示:

表6-2 基于Bi-LSTM模型的自动分词性能

模型	评测对象	精准率/%	召回率/%	调和平均值/%
模型1	B	97.92	98.49	98.21
	E	97.86	98.45	98.16
	I	93.34	91.40	92.36
	S	97.60	96.55	97.07
	所有标记	97.03	97.31	97.17
模型2	B	98.04	98.35	98.20
	E	98.01	98.31	98.16
	I	91.26	92.83	92.04
	S	97.60	96.57	97.08
	所有标记	97.12	97.27	97.19
模型3	B	97.94	98.46	98.20
	E	97.86	98.41	98.13
	I	93.79	90.84	92.29
	S	97.45	96.70	97.07
	所有标记	96.91	97.32	97.12
模型4	B	98.13	98.34	98.24
	E	98.07	98.32	98.19
	I	92.93	91.77	92.35
	S	97.29	96.95	97.12
	所有标记	96.97	97.38	97.17
模型5	B	98.03	98.40	98.21
	E	97.98	98.37	98.17
	I	92.55	92.21	92.38
	S	97.51	96.66	97.08
	所有标记	97.06	97.34	97.20
模型6	B	98.04	98.39	98.22
	E	98.03	98.31	98.17
	I	93.08	91.69	92.38
	S	97.37	96.86	97.11
	所有标记	96.97	97.36	97.16

(续表)

模型	评测对象	精准率/%	召回率/%	调和平均值/%
模型 7	B	97.93	98.50	98.21
	E	97.94	98.41	98.17
	I	92.96	91.59	92.27
	S	97.59	96.58	97.09
	所有标记	97.03	97.32	97.18
模型 8	B	98.07	98.38	98.23
	E	97.98	98.36	98.17
	I	92.71	91.86	92.28
	S	97.44	96.76	97.10
	所有标记	96.99	97.35	97.17
模型 9	B	98.02	98.30	98.16
	E	97.92	98.29	98.10
	I	92.16	92.07	92.12
	S	97.39	96.63	97.01
	所有标记	96.92	97.28	97.10
模型 10	B	98.04	98.37	98.20
	E	97.98	98.35	98.17
	I	92.92	91.61	92.26
	S	97.39	96.78	97.08
	所有标记	96.98	97.35	97.16

根据表6-2中"所有标记"的精准率和召回率,Bi-LSTM自动分词模型的平均调和平均值为97.16%,其中最高的调和平均值为97.20%,最高调和平均值对应的自动分词模型为模型5,其单字词调和平均值为97.08%,多字词首字调和平均值为98.21%,多字词尾字调和平均值为98.17%,多字词中间字调和平均值为92.38%。该模型的多字词中间字的调和平均值为这10个实验模型中的最优。这10个实验模型中"所有标记"的最低调和平均值为97.10%,对应的自动分词模型为模型9,其单字词调和平均值为97.01%,多字词首字调和平均值为98.16%,多字词尾字调和平

平均值为 98.10%,多字词中间字调和平均值为 92.12%。该模型除多字词中间字外的其他 3 种标记的调和平均值在 10 个实验模型中均为最低值。

分析 B、E、I 和 S 这 4 个标记的性能可以发现,影响"所有标记"平均调和平均值的主要原因是多字词在语料中所占比重较大。多字词中间字的数量决定了对应的多字词的长度,多字词中间字的标记效果差导致自动分词模型"所有标记"调和平均值偏低。另外,中间字的调和平均值低也间接地影响了多字词尾字的标注性能,进而从中间字、尾字两个方面影响模型整体标注效果。

在 Bi-LSTM 自动分词模型中,单字词的平均调和平均值为 97.08%,相较于"所有标记"的平均调和平均值低了 0.08%。单字词的最高调和平均值为 97.12%,低于"所有标记"的平均调和平均值,比"所有标记"的最高调和平均值低 0.08%。为了更加细致而全面地对 Bi-LSTM 自动分词模型的性能进行分析,可以对多字词的首字、中间字和尾字进行同样的评估。多字词的首字平均调和平均值为 98.21%,比"所有标记"的平均调和平均值高 1.05%,而首字的最高调和平均值则达到了 98.24%。由于多字词的总长度由中间字的个数决定,对于长度比较大的词汇来说,中间字的标注性能整体上就会较差。Bi-LSTM 自动分词模型的中间字的平均调和平均值为 92.27%,最高的调和平均值为 92.38%,而最低的则仅为 92.04%。多字词的尾字的平均调和平均值为 98.16%,比"所有标记"的平均调和平均值高 1.00%,其中最高的调和平均值为 98.19%。这说明,存在部分多字词被错误分割为多个词汇,导致多字词中间字标记效果相对于多字词尾字明显较差。

6.3.4 基于 Bi-LSTM-CRF 模型的自动分词性能分析

为了验证 Bi-LSTM 模型在融入 CRF 解决输出结果偏置后的性能改善,可以在 Bi-LSTM 模型中加入 CRF 层,仍旧以 NEPD 为训练语料和测试语料,完成 Bi-LSTM-CRF 分词模型的构建,并对所构建模型进行评测。Bi-LSTM-CRF 分词模型的精准率、召回率和调和平均值具体如表 6-3 所示:

表 6-3 基于 Bi-LSTM-CRF 模型的自动分词性能

模型	评测对象	精准率/%	召回率/%	调和平均值/%
模型 1	B	98.46	98.66	98.56
	E	98.38	98.59	98.49
	I	94.49	93.17	93.82
	S	97.69	97.43	97.56
	所有标记	97.70	97.69	97.69
模型 2	B	98.46	98.59	98.52
	E	98.42	98.55	98.48
	I	94.70	92.85	93.76
	S	97.50	97.51	97.50
	所有标记	97.62	97.70	97.66
模型 3	B	98.48	98.61	98.54
	E	98.41	98.54	98.48
	I	94.59	93.19	93.89
	S	97.56	97.50	97.53
	所有标记	97.65	97.69	97.67
模型 4	B	98.50	98.60	98.55
	E	98.42	98.53	98.47
	I	93.92	93.68	93.80
	S	97.65	97.43	97.54
	所有标记	97.70	97.66	97.68
模型 5	B	98.44	98.65	98.55
	E	98.39	98.59	98.49
	I	94.45	93.35	93.89
	S	97.69	97.39	97.54
	所有标记	97.70	97.67	97.69

(续表)

模型	评测对象	精准率/%	召回率/%	调和平均值/%
模型6	B	98.42	98.67	98.54
	E	98.36	98.61	98.49
	I	93.87	93.62	93.75
	S	97.83	97.29	97.56
	所有标记	97.74	97.62	97.68
模型7	B	98.42	98.65	98.54
	E	98.36	98.59	98.48
	I	94.05	93.27	93.66
	S	97.76	97.33	97.54
	所有标记	97.70	97.64	97.67
模型8	B	98.46	98.64	98.55
	E	98.40	98.59	98.49
	I	94.47	93.24	93.85
	S	97.66	97.43	97.55
	所有标记	97.69	97.69	97.69
模型9	B	98.41	98.66	98.54
	E	98.34	98.60	98.47
	I	94.30	93.47	93.88
	S	97.75	97.28	97.52
	所有标记	97.70	97.63	97.66
模型10	B	98.46	98.61	98.53
	E	98.39	98.55	98.47
	I	94.36	93.11	93.73
	S	97.57	97.43	97.50
	所有标记	97.64	97.66	97.65

从表6-3中可以看出,Bi-LSTM-CRF分词模型"所有标记"的平均调和平均值为97.67%,最高调和平均值为97.69%,分别比Bi-LSTM分词模型"所有标记"的平均调和平均值和最高调和平均值高了0.51%和0.49%。Bi-LSTM-CRF的10个实验模型中最高调和平均值对应的自动分词模型

为模型 1、模型 5 和模型 8，其中单字词最高调和平均值为 97.56%，多字词首字最高调和平均值为 98.56%，多字词中间字最高调和平均值为 93.89%，3 个模型的多字词尾字调和平均值均为 98.49%。模型 1 的单字词、多字词首字、多字词尾字的调和平均值为这 10 个模型中的最优值，多字词中间字标记的最优模型为模型 3 和模型 5。

相较于 Bi-LSTM 模型分词实验中的最优模型测评结果，Bi-LSTM-CRF 最优模型的各项标记的效果均有提升，特别是多字词中间字的平均调和平均值提升明显，提高了 1.53%，其他 3 种标记也略有优化。Bi-LSTM-CRF 模型"所有标记"的最低调和平均值为 97.65%，对应的自动分词模型为模型 10，其单字词调和平均值为 97.50%，多字词首字调和平均值为 98.53%，多字词尾字调和平均值为 98.47%，多字词中间字调和平均值为 93.73%。模型 10 的单字词和多字词尾字的调和平均值均为 10 个实验模型中的最低值。即便如此，模型 10 各项标记的调和平均值均高于 Bi-LSTM 最优模型（模型 5）的调和平均值。Bi-LSTM-CRF 分词模型的单字词的平均调和平均值为 97.53%，比 Bi-LSTM 分词模型的单字词平均调和平均值高了 0.45%。Bi-LSTM-CRF 分词模型的单字词的最高调和平均值为 97.56%，比 Bi-LSTM 分词模型的单字词最高调和平均值高出 0.44%。多字词的首字的 Bi-LSTM-CRF 分词模型的平均调和平均值为 98.54%，最高调和平均值为 98.56%，比 Bi-LSTM 分词模型的多字词的首字平均调和平均值和最高调和平均值相比分别高出 0.33% 和 0.32%。而对于多字词的中间字的标注，由于 Bi-LSTM-CRF 分词模型融入了 CRF 层，相较于 Bi-LSTM 模型整体性能有明显提升，平均调和平均值为 93.80%，最高调和平均值为 93.89%，比 Bi-LSTM 模型的平均调和平均值和最高调和平均值分别高了 1.53% 和 1.51%。多字词的尾字标注 Bi-LSTM-CRF 分词模型的平均调和平均值为 98.48%，最高调和平均值为 98.49%，分别比 Bi-LSTM 分词模型的平均调和平均值和最高调和平均值高了 0.32% 和 0.30%。

通过上述数据可知,相较于 Bi-LSTM 分词模型,Bi-LSTM-CRF 分词模型对多字词中间字和单字词的标记性能整体上有明显提升,对多字词首字和尾字的标记性能整体上也有提升。Bi-LSTM-CRF 的 10 个实验模型中的最优模型对单字词和多字词中间字的识别效果表现优异。同时,Bi-LSTM-CRF 的 10 个实验模型与 Bi-LSTM 的 10 个实验模型相比,各项标记以及整体的识别效果均存在明显优势。针对相同的训练语料和测试语料,两种模型实验结果的横向对比证明,Bi-LSTM-CRF 有更好的标记效果。

针对汉语自动分词任务,通过对比基于 Bi-LSTM 和 Bi-LSTM-CRF 所构建自动分词模型的性能得出如下认识:

首先,在汉语自动分词实验中,Bi-LSTM 和 Bi-LSTM-CRF 深度学习模型的整体性能存在一定的差距,Bi-LSTM-CRF 深度学习模型效果更优。对于具体标记而言,Bi-LSTM-CRF 在多字词中间字的标记效果明显更好,这也是 Bi-LSTM-CRF 模型效果有明显提升的重要原因。

其次,从 Bi-LSTM 和 Bi-LSTM-CRF 的各 10 个实验模型的测评结果可以看出,在训练语料与测试语料相同的情况下,通常 Bi-LSTM-CRF 的标记效果更好,而且对具体标记的识别更稳定。

再次,在汉语自动分词模型的构建过程中,Bi-LSTM-CRF 通过目前的参数设置的方法,并未能完全解决分词结果输出的位置偏移性问题。

最后,对于词长较大的词,Bi-LSTM 和 Bi-LSTM-CRF 模型的分词性能整体上均不太突出。虽然 Bi-LSTM-CRF 相较于 Bi-LSTM 在多字词的中间字的标注时调和平均值已有明显的提升,但仍处于较低水平。

6.4 小　结

由于汉语文本的特殊性,自动分词对于中文自然语言处理任务而言意义重大。自动分词为后续的中文自然语言处理任务提供了研究基础和数据支撑。本章以 NEPD 语料为基础,在深入剖析深度学习自动分词模型的整体性能和状况的基础上,基于 Bi-LSTM 与 Bi-LSTM-CRF 两种深度学习模型,对自动分词模型的构建进行了系统的探究,进而构建了相应的深度学习自动分词模型,可用于现代汉语文本的自动分词任务并支持后续的研究和应用。

针对基于 Bi-LSTM 和 Bi-LSTM-CRF 深度学习模型构建完成的深度学习汉语自动分词模型,以 NEPD 语料为数据集,用十折交叉验证法从宏观和微观两个维度上对比了两种不同模型的整体分词性能。在此基础上,提出了适用于现代汉语文本的深度学习分词模型构建思路并获得良好的实验数据支持。构建完成的深度学习汉语自动分词模型可应用于现代汉语文本的实体抽取、自动摘要、文本分类等自然语言处理任务,为此类工作提供良好的数据基础。未来可继续强化对已有模型的参数验证,并尝试基于新出现的深度学习方法构建自动分词模型,以便从不同的角度和维度探索深度学习方法应用于汉语自动分词任务时的性能。

第7章　面向 NEPD 语料的新闻关键词抽取

汉语分词作为中文信息处理的基石,有着极其广泛的实际应用,关键词抽取是其中一个较为细分的应用场景。面对类似《人民日报》这样海量、庞杂的新闻文本,如果需要从中筛选出针对性的信息,仅仅以人工通读所有文字信息为前提,显然并不现实。

关键词作为最能反映文本主题或文本语义的词语,对于新闻文本至关重要。所谓关键词抽取,就是从文本中把跟该篇文本语义最相关的一些词抽取出来。如果能用若干关键词描述长篇幅的新闻文本,信息获取效率将得到大幅提升。用户通过阅读和查找关键词就能快速了解、定位新闻的相关信息,促进信息的快速处理,节省大量时间。关键词在学术文献中通常由作者自行标注,而新闻文本则往往没有标注关键词。因此,如何自动从新闻文档中抽取出合适的关键词具有十分重要的现实意义和研究价值。从新闻文本中自动识别最常用和最重要的词汇,抽取新闻文本的关键词,既可以总结整个新闻文本的主题思想,也可以进一步应用于新闻文本的推荐和搜索。

鉴于此,本章以 NEPD 语料库 2015 年 1—6 月、2016 年 1 月、2017 年 1 月、2018 年 1 月、2022 年 1 月共计 10 个月的精加工语料为对象,分别利用六种无监督关键词抽取算法抽取关键词并比较性能,进而对得到的部分新闻文本的关键词进行分析。本章不仅提供了一种有效的新闻文本无监督关键词提取方案,还通过关键词从词汇角度对过去发生的热点事件进行了梳理与比较。

7.1 关键词抽取研究现状

随着自然语言处理技术的发展,关键词抽取成为继分词之后文本分析的另一项基础性工作,在文本自动摘要、文本分类聚类、文本信息检索等诸多的任务中发挥了重要作用。关键词抽取在图书馆学、情报学等领域一直受到极大的关注,早期的关键词抽取主要是在人工标注的基础上辅以专家知识得以完成,工作十分繁重。随着计算机技术的普及和发展,利用计算机对关键词进行自动抽取成为研究主流,大量的关键词抽取技术、框架和工具不断涌现,并且取得了不错的抽取效果。

从宏观方面看,利用计算机自动获得文本关键词大致有关键词分配与关键词抽取两种方案。关键词分配,即事先存在一个给定的关键词词库或预定义的语料,对于每一篇待处理的文档,从词库或语料中找到几个词语作为这篇文档的关键词即可。关键词抽取,即对于每一篇新文档,从文档中抽取一些词语作为这篇文档的关键词。关键词分配事先要有标注好的受控词表,并且该词表还需要不断更新和维护,而关键词抽取仅需待抽取关键词的文档自身即可。因此,关键词抽取较关键词分配在便捷性方面更具优势。不过,关键词抽取所抽取的关键词只能是文档中已经存在的词语,不会出现文档之外的词语,而关键词分配则可以标注出文档中没有的、但更具概括性的词语。两种方法,各有优劣。目前,大多数研究主要是基于关键词抽取算法,因为关键词抽取比关键词分配在实际工作中更便捷,所需要的附加信息更少。

关键词抽取的算法可分为有监督和无监督两类。有监督的关键词抽取算法把关键词抽取过程视为一个二分类问题。先从训练文档中提取候选词,再对将每一个候选关键词进行标注,区分为关键词和非关键词,作为训练语料用于训练关键词抽取分类器。当需要提取测试语料中的关键词时，每输入一篇新文档，先提取文档中所有的候选词，再利用训练好的关键词提取分类器对候选词集合进行分类，最终将标签为关键词的候选词选作关键词。无监督关键词抽取算法的原理是将关键词出现的频率和位置等信息当作特征，计算候选关键词各种特征的得分，再根据得分的排序结果筛选出前 K 个词作为文档的关键词。

有监督抽取算法的缺点是，分类器训练需要提供已经标注好的训练语料，消耗大量的人力，特别当语料规模较大时。此外，人工标注中的主观因素无法完全避免，可能会使得试验数据具有不真实性，影响训练语料和模型的准确性，并最终影响关键词抽取的效果。因此，有监督抽取算法的适用性不强。无监督算法无需训练数据，仅利用文本自身的信息就能进行关键词的抽取，省时省力，易实现，在实际任务中被广泛采用。鉴于 NEPD 语料规模较大，人工标注关键词抽取的训练语料难度较大，本章将采用仅需文本自身信息的无监督抽取算法抽取关键词。

现有无监督关键词抽取方法根据其抽取原理的不同，主要可分为三类：第一类是基于统计特征的关键词抽取方法，以 TF-IDF 和 Yake 为代表；第二类是基于词图模型的关键词抽取方法，以 TextRank 和 Rake 为代表；第三类是基于主题模型的关键词抽取方法，以 LDA 和 LSI 为代表。

国内许多学者已经用基于无监督的关键词抽取方法针对现代汉语文本做了大量的研究工作。在以往的研究中，以 TF-IDF、TextRank、LDA 三者的应用最广泛。为了进一步提升关键词抽取的效果，诸多学者在上述基本算法的基础上进行了不同层面的优化。优化方式主要可分为两种，一是将词语内外部特征融入抽取算法中，二是将多种算法的优点进行融合。牛永洁和田成龙[1]在 TF-IDF 算法中对词语的位置、词性、关联性、词长和词跨度五个因

---

[1] 牛永洁,田成龙. 融合多因素的 TFIDF 关键词提取算法研究[J]. 计算机技术与发展,2019(7):80-83.

素进行综合考虑,赋予不同因素不同的权重,经对比,抽取性能均优于经典方法。杨凯艳[1]从文本内外部同时着手,对传统的 TF-IDF 算法进行了改进。针对文本外部,增加信息增益和离散度二者的考量;针对文本内部,综合考虑词频、词性、词长、词位置、词跨度五种属性。顾益军等[2]、刘啸剑等[3]均将 TextRank 与 LDA 融合在一起,前者构建了融入主题影响力的迁移矩阵,后者将短语作为节点构建带权无向图,二者均不同程度地提高了关键词抽取的效果。朱泽德等[4]基于 LDA 模型,以文档隐含主题分析为基础,提出一种新的关键词抽取算法 TF-ITF,即词频-逆主题频率。宁珊等[5]基于 TextRank 并融合基于 word2vec 模型和 LSTM 模型的语义相关性影响度、基于 LDA 模型的主题差异性影响度,得到最终关键词排序。夏天分别将词语位置加权[6]、词向量聚类加权[7]融入 TextRank 的计算过程中,实现了较好的关键词抽取效果。杨延娇等[8]针对 TextRank 方法在词语关系判断不合理、词性覆盖不全、无关词语过多等方面的不足,提出了具有针对性的 S-TextRank 方法,改进后的关键词抽取准确率达到 74%。除上述三种主流算法,Rake 算法在汉语文本关键词抽取中也有少量应用,Yake 和

---

[1] 杨凯艳. 基于改进的 TFIDF 关键词自动提取算法研究[D]. 湘潭:湘潭大学,2015.

[2] 顾益军,夏天. 融合 LDA 与 TextRank 的关键词抽取研究[J]. 现代图书情报技术,2014(Z1):41-47.

[3] 刘啸剑,谢飞,吴信东. 基于图和 LDA 主题模型的关键词抽取算法[J]. 情报学报,2016(6):664-672.

[4] 朱泽德,李淼,张健,等. 一种基于 LDA 模型的关键词抽取方法[J]. 中南大学学报(自然科学版),2015(6):2142-2148.

[5] 宁珊,严馨,周枫,等. 融合 LSTM 和 LDA 差异的新闻文本关键词抽取方法[J]. 计算机工程与科学,2020(1):153-160.

[6] 夏天. 词语位置加权 TextRank 的关键词抽取研究[J]. 现代图书情报技术,2013(9):30-34.

[7] 夏天. 词向量聚类加权 TextRank 的关键词抽取[J]. 数据分析与知识发现,2017(2):28-34.

[8] 杨延娇,赵国涛,袁振强,等. 融合语义特征的 TextRank 关键词抽取方法[J]. 计算机工程,2021(10):82-88.

LSI算法则较为鲜见。徐明明等[①]在Rake算法中将词语位置作为特征加入，用以提取亚马逊商品信息中的关键词。陈可嘉等[②]依托Rake核心算法，从文本预处理、共现矩阵构造以及关键词过滤三方面将词语特征融入算法流程中，改进后的Rake算法较原算法的性能有所提高。

以《人民日报》为对象的关键词、主题词研究主要涉及新闻学、语言学、图书情报学、政治学等领域，一般都是采用不同的方法从词汇角度对《人民日报》进行历时性的定量分析。郑成朗[③]对不同时期《人民日报社论全集》的主题词逐年进行了统计、分类、比较，分析和考察了历时的发展变化轨迹，以此促进《汉语主题词表》的修订。刘晓丽[④]以《人民日报社论全集》为对象，通过分词、计量等手段，对不同年份的高频词、敏感词进行统计分析。董志成[⑤]基于计量语言学、统计学等的原理，从词长特征、词汇丰富度程度、主题集中度、高频词四方面对1946年至2016年间《人民日报》的样本语料进行了历时性分析。李琪[⑥]以1946年至2016年《人民日报》语料为研究对象，抽取关键词并进行分析，寻找适合报刊语料的关键词抽取办法和量化的研究方法。黄水清通过对比2020年中央一号文件中相关关键词在各年度1月份《人民日报》中出现的频次，证明用人民日报语料对政策文件做历时性词频分析是可行的[⑦]。饶高琦等[⑧]基于70年跨度的《人民日报》语料，使用TF-IDF、互信息、联合熵等共计9种方法计算和抽取历时稳态词候选词

---

① 徐明明,杨文璐,夏斌,等.基于改进RAKE算法的商品关键词提取方法[J].现代计算机,2018(14):7-11.
② 陈可嘉,黄思翌.中文短文本自动关键词提取的改进RAKE算法[J].小型微型计算机系统,2021(6):1171-1175.
③ 郑成朗.《人民日报社论全集》主题词研究[D].南宁:广西师范学院,2017.
④ 刘晓丽.《人民日报》社论词汇统计与分析[D].南宁:广西师范学院,2015.
⑤ 董志成.《人民日报》文本的历时计量研究[D].哈尔滨:黑龙江大学,2020.
⑥ 李琪.时代精神:历时文本关键词提取与解读——基于《人民日报》文本的实践[J].数字人文,2020(3):125-150.
⑦ 黄水清,王东波.基于人民日报语料的中央一号文件词频历时分析[J].农业图书情报学报,2020(3):4-9.
⑧ 饶高琦,李宇明.基于70年报刊语料的现代汉语历时稳态词抽取与考察[J].中文信息学报,2016(6):49-58.

集,并对该词集进行了特征统计。

前人研究无疑取得了丰硕的成果,但前人研究中的语料大多没有经过人工逐一校对分词,并且针对新闻文本关键词抽取算法方面的对比与分析研究相对较少。因此,在上述研究的基础上,本章拟采用三类主流无监督思想,分别基于 TF-IDF、Yake、TextRank、Rake、LDA 和 LSI 6 种具体算法,对 NEPD 语料进行关键词抽取对比实验,评价不同算法模型的性能,并从多角度对关键词抽取结果进行统计与分析。

7.2 关键词抽取代表性算法

一般来说,无监督的关键词抽取方法一般遵循如下步骤[①]:文本预处理,主要包含分句、分词、去停用词、词性标注等操作;确定候选词集,主要是在文本预处理的基础上通过特征指标对候选词进行筛选,如词频、特定词性、词长、词汇所在位置等;候选词排序,在确定了候选词集后根据量化指标按重要性对候选词集进行排序,选取居前的 K 个候选词作为文档的关键词;效果评估,对获得的关键词集进行抽取效果评估,最常见的方法有计算 P、R、F 值以及 Pooling 等。不过,各类算法依据的关键词抽取原理不同,其实现流程也会有所区别。

7.2.1 基于统计特征的关键词抽取算法

基于统计特征的关键词抽取方法原理很简单,只需利用文档中词语的统计信息就能抽取文档的关键词。这种方法既不需要训练数据,也不需要外部知识库。文档在经过预处理得到词向量后,利用简单的统计规则即可

---

① 胡少虎,张颖怡,章成志.关键词提取研究综述[J].数据分析与知识发现,2021(3):45-59.

形成关键词的候选词集合。其中,TF-IDF 是最基本的方法。一般来说,词频可作为判断词在一篇文档中是否重要的指标。根据"齐普夫定律"[①],并非出现次数越多的词就越重要。TF-IDF 综合考虑二者,基于统计思想评估一个词对于整个文档的重要程度。简单来说,

$$\text{TF-IDF} = 词频(\text{TF})/文献频率(\text{DF}) = 词频(\text{TF}) * 逆文献频率(\text{IDF})$$

其中,TF 为词频,指该词在文档中出现的频次,DF 为文献频率,指在整个语料库中有多少篇文档出现了该词,逆文献频率 IDF 为 DF 的倒数。TF-IDF 方法的指导思想基于一个基本假设:一个词在一篇文档中出现的次数越多,对于该文档的重要性越大,反之亦然。同时,还要考虑词与词之间区别不同类别的能力,一个词的文献频率越小,它区别不同类别的能力就越大。如果某个词的 TF 高、IDF 也高,则认为此词具有很好的类别区分能力。在实际运算中,TF-IDF 的计算公式常采用如下形式,其中,N 为语料库中包含的文档总数,IDF 加 1 是为了防止出现分母为 0 的情况。

$$\text{TF-IDF} = \text{TF} * \log(N/(\text{IDF}+1))$$

该算法的关键词抽取步骤如下:

① 对文本进行预处理,得到候选关键词的集合。

② 根据公式,计算每个词语的逆文献频率及在每个文档中出现的频次,从而计算得到每个词语的 TF-IDF,并重复上述步骤,直至得到所有词语的 TF-IDF 值。

③ 对每篇文档所有词语的 TF-IDF 值按降序排列,取排名靠前的 K 个词汇作为指定文档的关键词。

Yake 算法[②]是另一种常见的基于统计特征的关键词抽取算法,既不依

---

① Zipf G K. Human behavior and the principle of least effort: an introduction to human ecology[M]. Cambridge: Addison-Wesley Press, 1949.
② Campos R, Mangaravite V, Pasquali A, et al. Yake! Keyword extraction from single documents using multiple local features[J]. Information sciences, 2020(509): 257-289.

赖词典或同义词库，也不依赖任何语料库。作为一种从文本中提取特征的无监督的方法，Yake 算法在与其他十余种关键词提取算法的对比测试中呈现出优良的性能，是目前无监督关键词提取算法中效果较好的。相比部分图模型，Yake 算法速度快，而且可以提取出关键短语。与 TF-IDF 相比，它可以针对单篇文档提取关键字，不需要大型语料库。

该算法的关键词抽取步骤如下：

① 对文本进行预处理，去停用词。

② 特征提取。Yake 算法计算文档中词语的五个统计特征：大小写（中文无效，不做考虑）、词语位置（越靠前的词语越重要）、TF 值、上下文关联性、词频。其中，Yake 算法的源码并不能直接用于中文关键词的提取，需要对其进行调整，使其适用于中文文本。比如，源码中将长度小于 3 的字符直接定义为停用词，在英文中是适用的，但对于中文来说，单字都有可能是有实义的，因此，需将字符长度设置为小于等于 1。

③ 计算词汇的得分，生成 $n\text{-}gram$ 并计算关键词的得分。

④ 删除相似的关键词，并对关键词列表进行排序。

7.2.2 基于词图方法的关键词抽取算法

基于词图方法的关键词抽取主要通过词汇组成图结构，并对图中的节点重要性进行评分和排序。其中，最著名的算法是 TextRank。TextRank 算法的思想源于 PageRank，把文本切分为若干组成单元（单词、短语或者句子），并仿照 PageRank 建立图模型，不过在构建图模型时须将 PageRank 算法中的节点由原来的网页改成句子。如此，每篇文档都可以看作词的网络，该网络中的链接表示词与词之间的语义关系。最后，利用投票机制对文本中的词按重要程度进行排序，仅利用单篇文档本身的信息即可实现关键词提取。也就是说，TextRank 将关键词的抽取问题转换为图中节点的重要性排序问题。TextRank 在实际操作中，对文本没有主题方面的限制，虽然是矩阵计算但收敛速度快,算法运行效率较高。

该算法的关键词抽取步骤如下:

① 对文本进行预处理,得到句子和候选关键词的集合。

② 构建词共现图。将所有单词排成一个序列,在指定窗口内的所有单词都是图中的节点;采用共现关系构造任意两节点之间的边。两个节点之间存在边仅当它们对应的词在长度为 K 的窗口中共现,K 表示窗口大小,即最多共现 K 个单词。

③ 关键词图节点权重及关键词得分计算。依照连接节点的多少,给每个节点赋予一个初始的权重,经过不断迭代、传递,直到收敛,得到每个节点最终的权值。按以下公式计算每个词的得分,按降序排列,从而得到最重要的 K 个单词作为指定文档的关键词。

$$WS(V_i) = (1-d) + d^* \sum_{V_j \in (V_i)} \frac{V_{ij}}{\sum_{V_j \in (V_i)}} W_{ij}$$

式中,V_i、V_j 表示任意两点,W_{ij} 表示两点之间边的权重,$Out(V_i)$ 是指向点 V_i 的集合,d 为阻尼系数,一般取值为 0.85。

Rake 是另一种基于词图方法的关键词提取算法。相较于 TextRank,Rake 算法考虑关键词内部的共现而不是固定窗口,且评分程序更简单,更具统计性。Rake 算法[1]自 2010 年被提出以来,在关键词提取上展现出优良的性能。该算法的核心思想是通过英文的空格进行英文的分词,再通过构建共现矩阵提取关键词短语。所提取的关键词并不是单一的词语,也有可能是短语,还能提取一些较长的专业术语。该方法简单高效,无需大量的语料库支持。

Rake 算法提取关键词的思路主要由以下步骤构成:

① 文本预处理,构建候选关键词集。对于给定的文档,以标点符号及

---

[1] Rose S, Engel D, Cramer N, et al. Automatic keyword extraction from individual documents[M]//Text mining. Chichester, UK: John Wiley & Sons, Ltd, 2010: 1-20.

停用词作为分隔符,将去除标点符号和停用词得到的短语片作为候选的关键词组。

② 构建词汇共现图。计算每个词在候选关键词组中共现的次数,并构建共现图。

③ 计算每个词的得分。单词 Z 的得分等于该词的度(deg)除以该词的词频(freg)。其中,Z 每与一个词(包括 Z 本身)共现在一个短语中,度就加 1,而词频是指 Z 在文档中出现的总次数。

④ 将每个候选词的得分累加并进行排序输出,得到最终关键词。需要指出的是,Rake 算法倾向于较长的词语。

7.2.3 基于主题模型的关键词抽取算法

基于主题模型的关键词抽取方法认为,词和文档之间并没有直接的联系,每个文档中存在若干主题,主题把词串联起来就能得到每个文档的关键词分布。简单地说,如果一个作者要构思一篇文章,那么首先需要确定几个主题,然后选择对主题描述较好的词汇,按照语法规则逐一组成句子、段落、篇章等,主题模型就是模拟人类作者写文章的概率语言模型。LSI 是最早出现的主题模型,它的算法原理很简单,一次奇异值分解就可以得到主题模型,同时解决词义的问题。LDA 算法的理论基础是贝叶斯理论,该算法认定主题的词分布和文档的主题分布并不是固定不变的,使用超参数来生成对应的分布。它主要利用文档中词汇的共现关系,对词汇按照主题进行聚类,得到"文档-主题"和"主题-单词"两个概率分布,进而将词和文本映射到同一语义空间。通俗来说,LDA 模型的主要工作就是根据给定的一篇文档来反推其主题分布。

可以采用 Python 工具库——Gensim 库基于 LDA 和 LSI 主题模型针对 NEPD 语料抽取关键词,主要步骤如下:

① 对文本进行分词、去停用词等处理。

② 构建语料库,对文本中的每个词赋予一个主题。对语料库中的每个词,逐词重新按照吉布斯采样公式重新采样其主题,直至收敛。

③ 统计文档中主题的分布。选择 LDA 或 LSI 进行模型训练,得到每个文档的主题分布。通过计算余弦距离,得到权重最大的主题下的关键词。

7.3 关键词抽取的算法流程

NEPD 分词语料的字、词规模详见表 3-3、3-4。关键词抽取步骤如下。

首先,对文档进行预处理。

由于 NEPD 已完成分词,因此只需将 10 个月的精语料按照句号(。)、感叹号(!)、问号(?)、省略号(……)、引号("")、分号(;)、冒号(:)、其他符号(如括号等)七类切分出句子。

其次,去除停用词,形成候选词集合。

候选词集合的好坏直接影响关键词抽取的质量。NEPD 这样的大规模语料库词语数量巨大,如果对所有词语都同等看待并进行计算,算法效率会受到很大影响。对文档中的词语进行筛选,去除停用词,在很大程度上可以过滤掉非关键词,是简单有效地降低词矩阵维度从而提高算法效果的方法。去除停用词后留下的词汇都有可能成为文档关键词,即形成了候选关键词集合。NEPD 关键词抽取的基础停用词表,是综合哈工大停用词库、四川大学机器学习智能实验室停用词库、百度停用词表以及其他网上资源得到,包括数字、符号、标点和无实际意义的词汇。对其进行去重,并删除英文以及明显无关的字符,最终得到用于 NEPD 关键词抽取的现代汉语基础停用词表,共包含 1 764 个词语。

考虑到 NEPD 为新闻语料,在现代汉语基础停用词表的基础上,根据齐普夫定律对 NEPD 的语料分别进行词频统计,将出现频次大于 500 的词认定为高频词。由于高频词并非都是停用词,还需进行人工筛选。对所得到的 2297 个高频词经过去重和人工筛选后最终得到 688 个词语,再逐一确认它们是否可以作为停用词。如此处理后,共增加 92 个停用词,包括"记者""本报""摄""电""报道""版""新闻""发布""年""月""日"等。

同时,考虑到 NEPD 语料库对人名采用姓和名分开标注、数词与计量单位采用分开标注、地名采用分开标注处理,还需将常见姓氏以及数词、计量单位、"省""市""县"等列入停用词表。比如,"广东省罗定市(县级市)市委书记万木林说"的分词标注结果为"广东/省/罗定/市/(/县级/市/)/市委/书记/万/木林/说/","全面推进依法治国是一个系统工程"分词标注结果为"全面/推进/依法/治国/是/一/个/系统/工程/",其中的"市""个"都不应该作为关键词。经过最终筛查,综合上述三个方面的结果,NEPD 关键词抽取的最终停用词表共包含 2 053 个词语。去除停用词后,余下的词语组合成候选词集。

再次,运行关键词抽取算法,候选关键词集合中每个词的得分。

将 NEPD 语料按照相应的关键词算法要求处理成相对应的格式。比如,若采用 TextRank 算法,需要将文档内容处理成句子序列,其中,句子之间以"\t"分割,每个句子之间用空格隔开,每个词语用分词符号间隔。然后,依据算法的具体操作流程对语料中的词汇分别计算得分。

最后,筛选得到关键词。

汇总关键词抽取算法的计算结果,得到的排名前 500 的关键词。为保证质量,NEPD 语料的关键词抽取将采用 TF-IDF、Yake、TextRank、Rake、LDA 和 LSI 6 种不同的算法分别计算得分,再在评价指标思想指导下对 6 种算法得到的关键词进行去重和人工判定,最终得到每个月语料的前 500 个关键词。

7.4 关键词抽取的算法性能

NEPD 是当前世界上规模最大的精加工现代汉语语料库,对测评算法优劣、分析词汇分布很有意义。本节将在 7.3 的基础上,利用 NEPD 语料的关键词抽取结果,测评 6 种抽取算法的性能,并比对 2015 年 1 月与 2022 年 1 月《人民日报》主要关键词的变化。

7.4.1 抽词效果

关键词抽取算法的目的是从文档中选取能很好地概括文档内容的词汇,如需客观测评算法性能,需人工标注出语料中的所有关键词,并将人工标注结果与抽取算法的运行结果对比。但是 NEPD 语料规模巨大,内容广泛,且关键词没有统一的标准,人工标注 NEPD 语料中的关键词基本上不可能。为了比较 6 种关键词抽取算法的性能,只能采用以 6 种抽取算法的结果互相对照的方式。具体来说,将选取一种综合来看较为客观合理的办法——Pooling 评价方法。首先,通过人工判定对每个月语料中 6 种算法提取的排名居前的关键词进行整合,最终得到总体排名为前 500 的关键词。然后,分别计算 6 种算法抽取得到的前 500 个关键词与这 500 个关键词的重合率,以判别其 6 种关键词抽取算法的准确性。

通过人工筛选和计算,分别得到 6 种算法的重合率。图 7-1、7-2 分别为 6 种算法在 NEPD 每个月的语料中的重合率与 10 个月语料的平均重合率。数据表明,TF-IDF 算法重合率最高,性能最佳,LDA 算法、LSI 算法、YAKE 算法分列第 2、3、4 名,并且与 TF-IDF 算法的差异不大。基于词图方法的 TextRank 算法和 Rake 算法效果分列第 5、第 6 名,与前 4 种算法的差距相对较大,尤其是 Rake 算法,不但效果最差,而且平均重合率与最优算法有 35% 左右的差距。

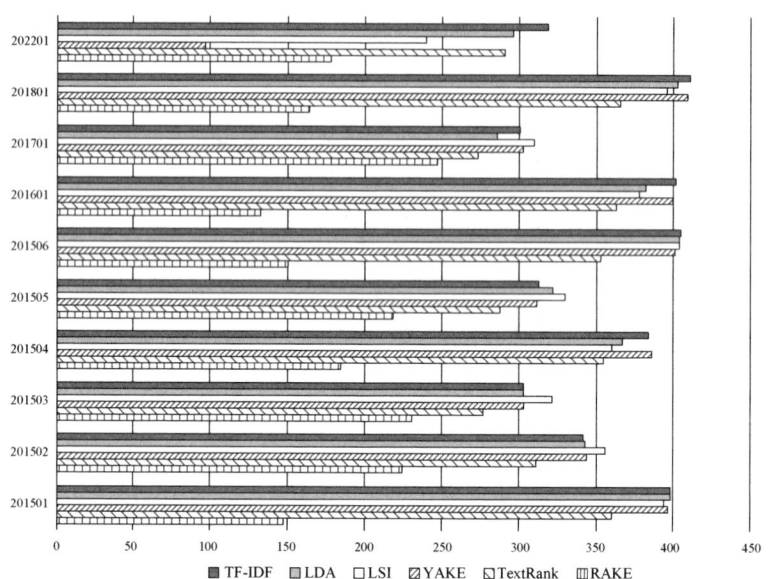

图 7-1　6 种算法关键词提取性能分月度对比

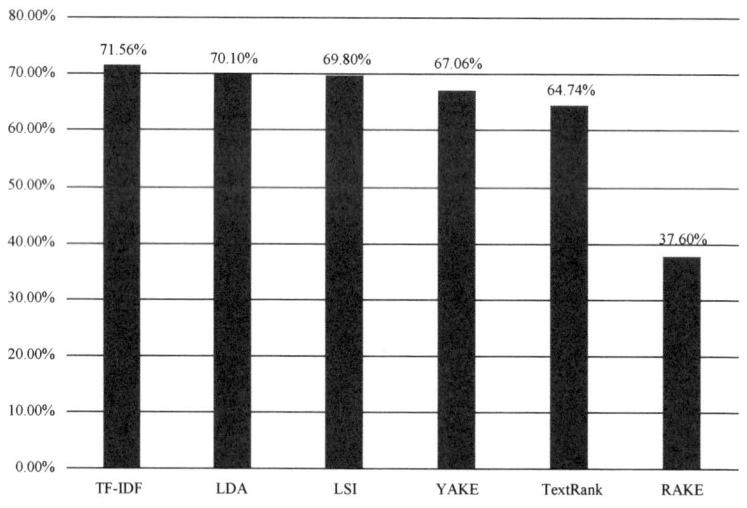

图 7-2　6 种算法关键词提取性能平均值对比

TF-IDF 算法的思想是通过词频衡量词汇的重要性，IDF 的作用则是抑制噪声。TF-IDF 算法虽然没有考虑词语之间的关联性，也无法处理一词多义与一义多词的情况,但所抽取的词语仍能反映文档的主题。Yake 算法一开始表现并不佳,但对源码进行调参后训练出了适用现代汉语文本的模型,在多个特征指标和停用词表的共同作用下,最终的抽取结果重合率很高。

主题模型认为文档由主题组成,不同主题的词语分布概率不同,关键词可以按一定概率从主题中选取。分析词共现信息,可以拟合出词—文档—主题的分布,进而将词、文本都映射到一个语义空间中。主题模型算法利用文档的隐含语义信息来提取关键词,提取的关键词虽然重合率很高,但比较宽泛。

TextRank 算法认为文档或句子中相邻的词语重要性是相互影响的,因此引入了词语顺序特征即词语之间的关联性,能将相邻的词语链接起来。但是,TextRank 算法仍然倾向于将高频词作为关键词,且涉及网络构建和随机游走的迭代算法,计算量大,效率不高。Rake 算法能找出包含高频词的多词短语,但在 NEPD 的关键词抽取过程中,因为此前已经将分词符设定为间隔符,改变了 Rake 算法源码的运算与输出规则,导致效果不佳。Rake 算法的优势在于它的易用性。

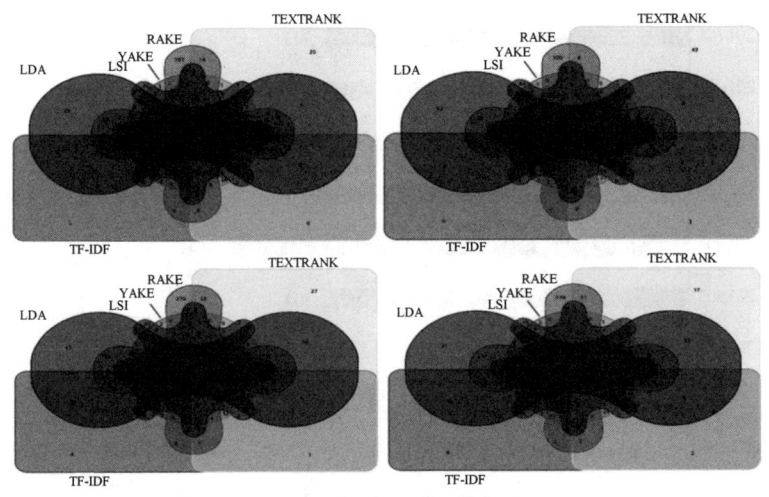

图 7-3　6 种抽取算法下关键词韦恩图示例

以 2015 年至 2018 年四个连续年度的 1 月份的语料为例,将 6 种算法抽取得到的排名前 500 的关键词进行交叉统计,得到形如图 7-3 的 4 张韦恩图(左上 2015 年 1 月、右上 2016 年 1 月、左下 2017 年 1 月、右下 2018 年 1 月)。观察这 4 张图,在去除 6 种算法抽取的关键词的重合部分后,Rake 算法与其余算法的交集最小,TF-IDF 算法和 Yake 算法与其他算法的交集最大。从算法原理而言,TF-IDF 算法和 Yake 算法均倾向于输出高频词汇。相较于二者,TextRank 由于涉及网络构建和随机游走的迭代算法,关键词提取性能不稳定。

7.4.2 关键词分布

人工审读 6 种算法提取的关键词后可以发现,效果最佳的 3 种算法模型抽取的关键词与高频词存在大量重复。图 7-4 显示了最终选取的排名在前 500 的关键词与各月度排名前 500 的高频词的重复数。

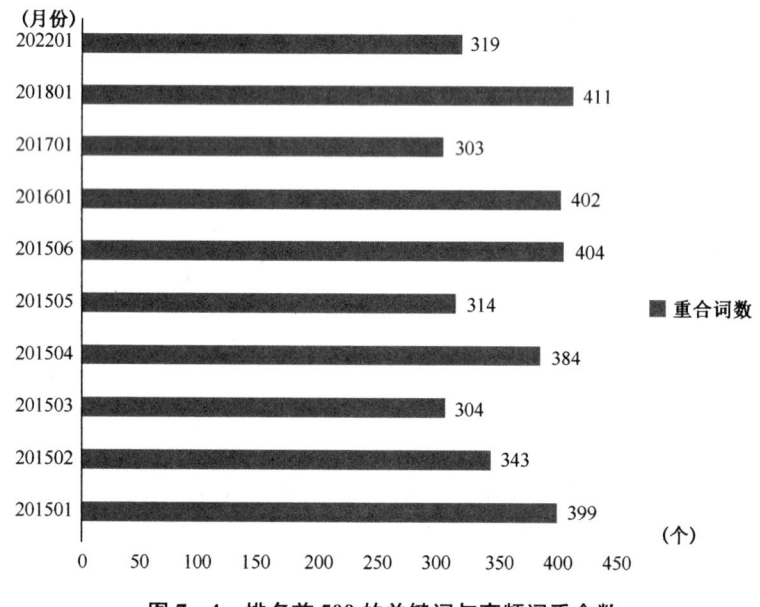

图 7-4 排名前 500 的关键词与高频词重合数

在构建与语料库相关的停用词表时,频次在 500 次以上的高频词被当作候选停用词,但由于其中的许多词在 NEPD 语料中仍具有实体意义,因此并没有将其都选作停用词,比如"中国""党""人民""国家"等。此外,通过计算得知,高频词在整个文本中平均占比为 20% 左右,如图 7-5 所示。其中,NEPD 语料的高频词经去重之后得到的 688 个词在语料中的占比极高。

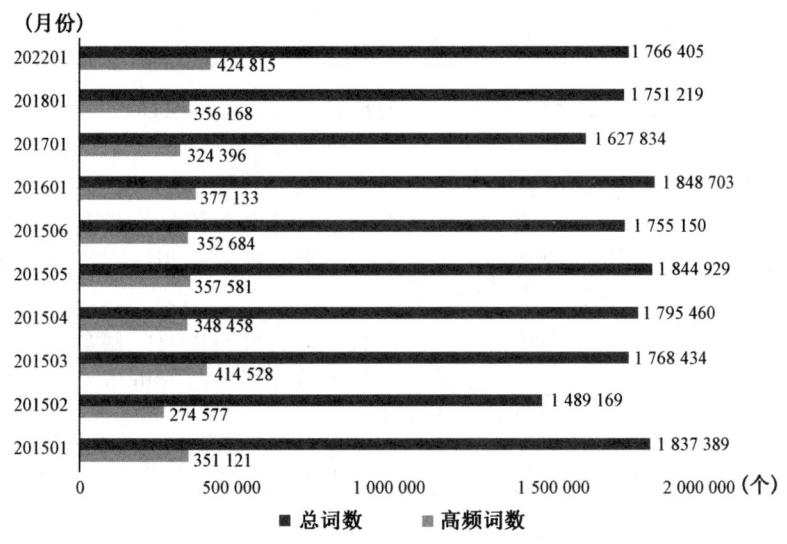

图 7-5　高频词与总词数对比

TF-IDF 算法在各个月份语料下表现效果均较好。为进一步分析关键词抽取的效果,应用 TF-IDF 算法分别抽取 2015 年 1 月和 2022 年 1 月 NEPD 语料中的政治、经济和社会三个板块的关键词,再把抽取得到的关键词按重要性排序,得出综合排名靠前的 50 个关键词。

表 7-1　2015 年 1 月和 2022 年 1 月政治板块关键词

政治板块	关键词
两个月份共有词	工作 干部 行政 部门 群众 人员 中央 政府 服务 建设 制度 活动 社区 社会 基层 发展 北京 企业 组织 信息 监督 平台 管理

(续表)

政治板块	关键词
2015年1月余下词	机关 案件 犯罪 法院 领导 书记 司法 纪委 会议 法律 依法 检察院 改革 单位 责任 律师 作风 检察 调研 县委 专项 法官 机构 职务 腐败 省委 青年
2022年1月余下词	冰雪 人民 治理 解决 教育 环境 机制 保障 乡村 党员 创新 运动 振兴 公共 项目 网络 村民 河北 居民 基础 食品 人才 实践 经济 一线 平安 技术

表7-2　2015年1月和2022年1月经济板块关键词

经济板块	关键词
两个月份共有词	企业 经济 发展 建设 公司 市场 资源 服务 投资 管理 工作 创新 资金 金融 技术 试点 推进 产业 项目 产品 北京 政策 农业 领域 监管
2015年1月余下词	改革 银行 经营 存款 土地 政府 价格 出口 制度 信息 机构 业务 贷款 铁路 行业 农村 审批 体制 深化 美元 社会 成本 机制 互联网 部门
2022年1月余下词	建筑 汽车 平台 销售 新能源 绿色 小区 充电 环境 支持 能源 生产 基础 消费 设施 数据 需求 系统 安装 物业 交通 快递 规模 综合体 装备

表7-3　2015年1月和2022年1月社会板块关键词

社会板块	关键词
两个月份共有词	服务 医院 工作 社会 人员 企业 管理 项目 部门 标准 保障 建设 发展 平台 老人 组织 城市 政策 就业
2015年1月余下词	市场 改革 养老 慈善 出租车 政府 单位 网络 公司 北京 制度 资金 医疗 机构 公益 农民工 信息 事业 工资 机关 缴费 春运 司机 扶贫 器官 时间 捐献 交通 募捐 专车 收入
2022年1月余下词	教育 社区 大学 群众 生活 产业 改造 资源 乡村 农村 技术 学校 推进 中心 合作 品牌 共建 解决 支持 旅客 培训 学习 基础 一带一路 创新 需求 健康 种子 人才 设施 科技

根据表7-1,在政治板块,"案件""法院""法律"等词反映了《人民日报》通过实际案例来传达教育、警示作用的叙事风格;"建设""改革""监督"

"责任""管理"等词反映出我国在政策制定和执行方面所做出的努力;而在2015年1月,"犯罪""检察院""律师""法官""腐败""县委""省委"等关键词,说明贪污、腐败案件得到了国家的高度重视。"冰雪""运动"等词体现了对即将到来的2022年北京冬奥会的憧憬,而"治理""解决""振兴""实践"等2022年1月的关键词显示出我国对"教育""乡村""食品""公共""网络""平安"等问题采取的相应措施。

根据表7-2,从共有词的高频关键词"发展""企业""农村""监管"等词可以看出,《人民日报》持续关注企业、农村等的经济发展状况,而"投资""创新""试点""领域""项目"说明我国持续关注经济发展的新兴领域。同时,从2015年初的"土地""铁路""互联网""银行""出口""信息",到2022年初的"建筑""汽车""能源""新能源""绿色""交通"等词,均可以看出我国经济领域在不同年份的工作重心。

在社会板块,通过"服务""医院""老人""保障""企业""就业"等词可以看出,《人民日报》对社会的关注主要围绕基本的民生问题,如医疗服务质量的提升、养老制度的完善、扶贫政策的制定以及就业问题等。2015年初的"农民工""春运""交通"等词,关注点在于一年一度的春运问题,比如农民工返乡难等。而"扶贫""公益""器官""捐献""募捐"等词则体现了我国人民群众的社会责任感与大义。在2022年1月的关键词中,"教育""大学""学校""学习""人才"等词可反映出国家对教育问题的关注,尤其是针对"农村""乡村"地区的人才培养问题,"基础""一带一路""设施""科技""资源"等关键词说明"一带一路"对我国社会民生发展的影响。对比所抽取的各板块关键词,能够帮助用户梳理并大致判断当月相关领域发生的重要事件。在不同的时期,国家各方面的工作各有偏重。

7.5 小　结

本章基于 6 种关键词抽取算法对 NEPD 语料进行了关键词提取,并对比了不同提取算法的性能。总体而言,TF-IDF、Yake、LDI 和 LDA 四种算法表现较好且性能表现十分接近。统计发现,抽取得到的关键词与高频词存在大量重合,原因在于停用词的选取存在不足。此外,关键词抽取算法仅依赖于人工精加工分词语料——NEPD,并未考虑词性、词长、词语位置等其他特征,影响了关键词抽取的效果。但是,数据表明,采用人工分词语料和不采用人工分词语料,关键词抽取效果存在较大的差别。作为精加工人工分词语料库,NEPD 分词质量高,分词歧义的问题解决较好,更有利于精准高效地提取新闻文本中的关键词,抽取结果更能反映社会发展不同阶段的大事件和侧重点,有助于快速准确地掌握社会发展变化的全貌与趋势。

第8章　面向 NEPD 语料的新闻自动摘要

信息的爆炸式增长在便于人们获取信息的同时也带来了信息利用效率低、阅读成本过高等问题,而自动摘要技术通过对信息的压缩和精炼为提高知识获取效率提供了辅助手段①,为解决上述问题提供了一种途径。目前,自动摘要的主要方式有抽取式和生成式两种。抽取式自动摘要也称自动摘录,产生较早,经过多年的发展,该技术已较为成熟,目前主要有基于启发式规则的自动摘要、基于词频统计的自动摘要、基于图排序的自动摘要等方法。随着机器学习引入自动摘要领域,生成式自动摘要再一次迎来了发展的机会。但是,无论是较成熟的抽取式自动摘要还是发展中的生成式自动摘要技术都存在一定的弊端。与从无到有的生成式相比,抽取式更易实现,但面对较长、较为复杂的文本时会出现难以总结提炼的问题,生成式则有生成的文本重复、总结不准确的缺陷。因此,对于自动摘要技术的适用性、准确性等方面的研究意义重大。

本章结合人们新闻浏览趋势的变化,针对海量新闻文本需要精炼的现实需求,面向人民日报语料,实现抽取式新闻自动摘要算法和生成式自动摘要模型的构建,并对摘要结果进行评价,达到提高新闻信息使用效率、节省用户阅读成本的目的,同时为文本自动摘要技术及其评价方法提供思路。

---

① 王帅,赵翔,李博,等. TP-AS:一种面向长文本的两阶段自动摘要方法[J]. 中文信息学报,2018(6):71-79.

8.1 文本自动摘要相关研究

新闻自动摘要能大幅提高媒体知识的聚合效率,降低人们的获取信息成本。早期,莫燕等[1]和王永成[2]介绍了自动文献摘要和自动提取知识的思想和算法,之后,王永成和许慧敏[3]、王知津[4]分别提出并设计了 OA 中文文献自动摘要系统和基于句子选择的自动文本摘要系统,并对中文文献自动摘要历史、发展和意义进行了概述。史磊和王永成[5]则对英文文献自动摘要系统进行了研究。

在前人研究的基础上,文本自动摘要研究得到快速发展,各类算法层出不穷。熊娇等[6]、张筱丹和胡学钢[7]、刘星含和霍华[8]、纪文倩等[9]和曾哲军[10]、刘静和肖璐[11]分别采用图模型、向量空间模型、互信息、连续 LexRank 算法、依存句法分析图模型对文本进行自动摘要处理。王帅等[12]采用基于

---

[1] 莫燕,王永成. 中文文献摘要的自动编制[J]. 现代图书情报技术,1993(3):10-12.
[2] 王永成. 自动编制文献摘要及知识的自动提取[J]. 现代图书情报技术,1993(3):13-28.
[3] 王永成,许慧敏. OA 中文文献自动摘要系统[J]. 情报学报,1997(2):128-132.
[4] 王知津. 基于句子选择的自动文本摘要方法及其评价[J]. 现代图书情报技术,1998(1):46-51,58.
[5] 史磊,王永成. 英文文献自动摘要系统研究[J]. 情报学报,1999(6):504-508.
[6] 熊娇,王明文,李茂西,等. 基于词项—句子—文档三层图模型的多文档自动摘要[J]. 中文信息学报,2014(6):201-207.
[7] 张筱丹,胡学钢. 基于向量空间模型的自动摘要冗余处理研究[J]. 合肥工业大学学报(自然科学版),2010(9):1355-1358.
[8] 刘星含,霍华. 基于互信息的文本自动摘要[J]. 合肥工业大学学报(自然科学版),2014(10):1198-1203.
[9] 纪文倩,李舟军,巢文涵,等. 一种基于 LexRank 算法的改进的自动文摘系统[J]. 计算机科学,2010(5):151-154,218.
[10] 曾哲军. 基于连续 LexRank 的多文本自动摘要优化算法研究[J]. 计算机应用与软件,2013(10):209-212,245.
[11] 刘静,肖璐. 基于依存句法分析的多主题文本摘要研究[J]. 情报杂志,2014(6):167-171.
[12] 王帅,赵翔,李博,等. TP-AS:一种面向长文本的两阶段自动摘要方法[J]. 中文信息学报,2018(6):71-79.

图模型和循环神经网络模型两阶段的长文本自动摘要方法,在大规模金融长文本数据上进行了自动摘要生成实验。张亚飞等[1]基于词性软模板(标记的词性序列)注意力机制的短文本自动摘要方法,加大文中核心词性(如名词、动词等)权重,进而生成摘要句。吴云等[2]提高与标题相似的特征词的词频,进而计算词频矩阵和句子相似度,得到了词句协同的自动摘要提取算法。陈晨等[3]应用词句协同排序提出了基于图模型的自动摘要算法。张璐等[4]也提出了一种基于词句协同的自动摘要算法。农丁安等[5]采用融合机制和算法实现中文自动摘要模型的构建。丁建立等[6]采用多维度词嵌入模式,基于双编码器融入双通道语义,对短文本进行自动摘要提取。冯读娟等[7]同样基于双编码器网络结构构建了 CGAtten-GRU 模型,并在大规模中文短文本摘要中取得良好效果。廖涛等[8]参考图结构表示提出了事件网络表示文本中的事件关系,进而进行文本自动摘要。吴佳伟等[9]提出了基于 Bigram 关键词语义扩充的事件摘要方法,相较于关键词摘要方法具有更

---

[1] 张亚飞,左一溪,余正涛,等.基于词性软模板注意力机制的短文本自动摘要方法[J].模式识别与人工智能,2020(6):551-558.

[2] 吴云,杨长春,梅佳俊,等.词句协同自动摘要提取方法[J].计算机工程与设计,2018(9):2776-2779,2810.

[3] 陈晨,张璐,伍之昂.词句协同排序的自动摘要算法[J].江苏大学学报(自然科学版),2016(4):443-449.

[4] 张璐,曹杰,蒲朝仪,等.基于词句协同排序的单文档自动摘要算法[J].计算机应用,2017(7):2100-2105.

[5] 农丁安,欧阳纯萍,阳小华.融合复制机制和 input-feeding 方法的中文自动摘要模型[J].计算机应用研究,2020(8):2395-2399.

[6] 丁建立,李洋,王家亮.基于双编码器的短文本自动摘要方法[J].计算机应用,2019(12):3476-3481.

[7] 冯读娟,杨璐,严建峰.基于双编码器结构的文本自动摘要研究[J].计算机工程,2020(6):60-64.

[8] 廖涛,刘宗田,王先传.基于事件的文本表示方法研究[J].计算机科学,2012(12):188-191.

[9] 吴佳伟,曹斌,范菁,等.一种结合 Bigram 语义扩充的事件摘要方法[J].小型微型计算机系统,2019(7):1380-1385.

优的用户可读性。徐馨韬等[1]改进了 TextRank 算法,将 Doc2Vec 模型和 K-means 算法融入其中,优化了主题句提取生成摘要的效果。余珊珊等[2]也针对 TextRank 算法进行了改进。李娜娜等[3]也是基于 TextRank 设计算法,但在算法中去除了候选句群中相似度较高的句子,精炼文本摘要。贾晓婷等[4]考虑到上下文语境,引入深度神经网络模型 Doc2Vec 提取出关键句,形成摘要。李满荣等[5]根据文档结构、篇章结构、句子特征优先权过滤选择高分句作为摘要句。罗森林等[6]融合句义特征进行句子子主题划分,可有效提升多文档摘要效果。陈海华等[7]将引文上下文内容特征与 SVM 模型融合,对学术文本进行自动摘要生成。邵洲和张晖[8]主要针对稀疏问题,改进了完全稀疏主题模型的自动摘要算法。谢浩和孙伟[9]针对抽取式摘要中句子排序问题,提出了段落-句子互增强模型,迭代计算句子显著度,抽取摘要句。黄水清等[10]根据计算机类文献设计了该领域的自动文本摘要系统。张晗和赵玉虹[11]针对医学文本,对文本及语义关系进行规范化抽取

---

[1] 徐馨韬,柴小丽,谢彬,等.基于改进 TextRank 算法的中文文本摘要提取[J].计算机工程,2019(3):273-277.

[2] 余珊珊,苏锦钿,李鹏飞.基于改进的 TextRank 的自动摘要提取方法[J].计算机科学,2016(6):240-247.

[3] 李娜娜,刘培玉,刘文锋,等.基于 TextRank 的自动摘要优化算法[J].计算机应用研究,2019(4):1045-1050.

[4] 贾晓婷,王名扬,曹宇.结合 Doc2Vec 与改进聚类算法的中文单文档自动摘要方法研究[J].数据分析与知识发现,2018(2):86-95.

[5] 李满荣,赵宏安,董文静,等.基于优先权过滤的自动摘要抽取算法[J].西北大学学报(自然科学版),2017(3):349-354.

[6] 罗森林,白建敏,潘丽敏,韩磊,孟强.融合句义特征的多文档自动摘要算法研究[J].北京理工大学学报,2016(10):1059-1064.

[7] 陈海华,黄永,张炯,等.基于引文上下文的学术文本自动摘要技术研究[J].数字图书馆论坛,2016(8):43-49.

[8] 邵洲,张晖.基于完全稀疏主题模型的多文档自动摘要[J].计算机工程与设计,2014(3):1032-1036.

[9] 谢浩,孙伟.基于段落-句子互增强的自动文摘算法[J].计算机科学,2013(S2):246-250.

[10] 黄水清,李志燕,梁刚.面向计算机类文献的自动摘要系统的研究与实现[J].图书与情报,2006(3):93-97.

[11] 张晗,赵玉虹.基于语义图的医学多文档摘要提取模型构建[J].图书情报工作,2017(8):112-119.

和语义图的构建,实现句子主题归类,进而生成摘要。刘茂福等[1]采用重要事件语义图聚类的方法开展自动摘要研究。陈志敏等[2]、李芳和何婷婷[3]从信息检索方面入手,基于用户查询扩展及查询文档集合辅助生成摘要。申强强等[4]将常用于文本检索的分布式词向量嵌入技术应用到自动文本摘要中,并有效提取文本主题句。

在这些算法中,采用主题划分、多特征融合算法的自动摘要研究尤为突出,张哲铭等[5]提出了结合主题感知与通信代理的高质量长文本摘要模型,能够生成主题突出的摘要结果。吴世鑫等[6]基于句法树和平滑逆向频率句嵌入方法构造了词汇特征和句向量,在此基础上计算句子相似度,进而提高文本自动摘要的准确度。陈燕敏等[7]提出了一种融合主题与内容的自动摘要方法,并通过指代消解获得具有良好的连贯性和流畅性的自动摘要结果。张美娜等[8]融合了多种汉语语言特征和理论,基于汉语篇章结构分析文本内容,在获得文本逻辑结构的同时,能够得到连贯流畅的文摘。仇丽青和李伟明[9]基于上下文、关键词权重等提出了一种多文档自动摘要生成方法,既

---

[1] 刘茂福,李文捷,姬东鸿.基于事件项语义图聚类的多文档摘要方法[J].中文信息学报,2010(5):77-84.
[2] 陈志敏,姜艺,赵耀.基于用户查询扩展的自动摘要技术[J].计算机应用研究,2011(6):2188-2190.
[3] 李芳,何婷婷.面向查询的多模式自动摘要研究[J].中文信息学报,2011(2):9-14.
[4] 申强强,熊泽宇,熊岳山.一种新的基于段向量的文本自动摘要方法[J].计算机工程与科学,2019(6):1064-1070.
[5] 张哲铭,任淑霞,郭凯杰.结合主题感知与通信代理的文本摘要模型[J].西安电子科技大学学报,202(3):97-104.
[6] 吴世鑫,黄德根,张云霞.基于多特征融合模型的自动摘要[J].计算机工程与设计,2020(3):650-655.
[7] 陈燕敏,王晓龙,刘远超,等.一种基于文章主题和内容的自动摘要方法[J].计算机工程与应用,2004(33):11-14.
[8] 张美娜,亓超,迟呈英,等.基于汉语篇章结构的自动摘要方法研究[J].情报杂志,2007(8):34-36.
[9] 仇丽青,李伟明.上下文敏感的多文档自动摘要生成方法[J].计算机工程,2010(21):265-266,269.

能最大限度地减小摘要内容的冗余,也能获得较高的评测结果。刘娜等[1]改进了 LDA 主题模型,提出了一种自适应主题融合的多文档自动摘要算法。之后,刘娜等[2]又对之前的算法进行了改进,引入并定义了主题重要性的概念,融合多特征计算句子权重,既突出了传统的统计特征的显著优势,又结合了 LDA 模型的主题概念。李然等[3]同样应用 LDA 主题模型,但在其中引入了信息熵,对文档进行浅层语义分析和主题、词语分布,有效提取出了文档中心句。罗芳等[4]改进了图模型方法,基于 LDA 主题模型挖掘出的主题语义信息,从主题特征、统计特征和句间相似度等多维度对文本进行度量和抽取,最终达到深层主题语义挖掘利用的目的,实现自动摘要生成。程园等[5]构建了一个综合特征加权函数,充分考虑到文本中的词频、标题、句子位置、线索词、提示性短语、句子相似度等特征因素,提取生成摘要的关键句。高雪霞和贾海龙[6]同样结合多种句子特征实现了文本的自动摘要。唐晓波等[7]将 word2vec 融入 LDA 主题模型,对句子进行相似度计算、聚类分析与主题发现,之后通过 TextRank 算法来计算句子的重要性,最后形成自动摘要。王青松等[8]基于图集成模型,结合文本多维度特征实现了自动

---

[1] 刘娜,肖智博,路莹,等.自适应主题融合的多文档自动摘要算法[J].中南大学学报(自然科学版),2013(S2):205-209.

[2] 刘娜,路莹,唐晓君,等.基于 LDA 重要主题的多文档自动摘要算法[J].计算机科学与探索,2015(2):242-248.

[3] 李然,张华平,赵燕平,等.基于主题模型与信息熵的中文文档自动摘要技术研究[J].计算机科学,2014(S2):298-300,332.

[4] 罗芳,汪竞航,何道森,等.融合主题特征的文本自动摘要方法研究[J].计算机应用研究,2021(1):1-6.

[5] 程园,吾守尔·斯拉木,买买提依明·哈斯木.基于综合的句子特征的文本自动摘要[J].计算机科学,2015(4):226-229.

[6] 高雪霞,贾海龙.基于语句类似度优化计算的改进自动摘要算法研究[J].计算机应用与软件,2013(9):160-162,182.

[7] 唐晓波,顾娜,谭明亮.基于句子主题发现的中文多文档自动摘要研究[J].情报科学,2020(3):11-16,28.

[8] 王青松,张衡,李菲.基于文本多维度特征的自动摘要生成方法[J].计算机工程,2020(9):110-116.

摘要。杜秀英[①]针对大规模多文本摘要,构建了基于聚类与语义相似分析的 MapReduce 自动摘要架构,在时间性能、压缩效果和摘要质量上都有一定的提升。徐小龙和杨春春[②]提出了基于主题聚类并引入文本密度排序的多文本自动摘要算法,该算法优于典型的基于 LexRank 和基于 WSRank 的多文本自动摘要算法。侯丽微等[③]提出了融入主题关键词信息的多注意力序列到序列模型,通过联合注意力机制综合实现摘要自动生成。

逐渐加快的生活节奏不断改变着人们的阅读习惯,人们从纸质书籍、报刊转向电子化阅读,阅读的新闻也逐渐转为短文本,因此,新闻媒体以及读者对于新闻自动摘要的需求也随之增大。官礼和[④]分析了中文网络新闻自动摘要的思路和流程,并通过实验进行了分析佐证。韩永峰等[⑤]探讨了自动摘要中信息冗余的问题,并提出了基于事件抽取的网络新闻多文档自动摘要的改进方法。沈洲等[⑥]建立了新闻文献主题提取规则库,构建了面向新闻文献基于规则的自动摘要系统。李孟爽等[⑦]提出的自动摘要算法是基于互信息对文本词句语义特征的计算结果,并据此进行主题划分,抽取出关键句,获得最终的文本摘要。王凯祥和任明[⑧]为满足用户查询的信息需求,设计了基于查询的新闻自动摘要算法,还与 TF-IDF、TextRank、LDA 等 6

[①] 杜秀英. 基于聚类与语义相似分析的多文本自动摘要方法[J]. 情报杂志,2017(6):167-172.

[②] 徐小龙,杨春春. 一种基于主题聚类的多文本自动摘要算法[J]. 南京邮电大学学报(自然科学版),2018(5):70-78.

[③] 侯丽微,胡珀,曹雯琳. 主题关键词信息融合的中文生成式自动摘要研究[J]. 自动化学报,2019(3):530-539.

[④] 官礼和. Internet 网络新闻文本自动摘要的研究[J]. 计算机工程与设计,2007(14):3518-3520,3545.

[⑤] 韩永峰,许旭阳,李弼程,等. 基于事件抽取的网络新闻多文档自动摘要[J]. 中文信息学报,2012(1):58-66.

[⑥] 沈洲,王永成,许一震,等. 一种面向新闻文献的自动摘要系统的研究与实践[J]. 计算机工程,2000(9):70-72.

[⑦] 李孟爽,昝红英,贾会贞. 基于多特征和 Ranking SVM 的微博新闻自动摘要研究[J]. 郑州大学学报(理学版),2017(2):44-48.

[⑧] 王凯祥,任明. 基于查询的新闻多文档自动摘要技术研究[J]. 中文信息学报,2019(4):93-100.

种方法进行了对比实验。黄小江等[1]基于协同图排序模型自动生成了新闻话题的对比摘要，具有很强的新颖性。柯修和王惠临[2]融合多种算法，包括指代消解、文本外部特征和图排序方法，实现了汉语、英语、孟加拉语三个语种的多文档新闻自动摘要。叶雷等[3]同样采用了图排序方法，提出了多特征融合的汉越双语新闻摘要方法，能够自动获取同一事件的汉越双语新闻摘要。谭金源等[4]将抽取式摘要思想与生成式摘要思想相结合，利用BERT预训练模型对文本进行向量化，再将抽取式摘要结果输入生成式摘要模型中，以弥补抽取式摘要可读性差以及生成式摘要逻辑性弱的问题。郭雨欣和陈秀宏[5]基于BERT模型结合词嵌入表示和主题信息增强算法进行了新闻生成式摘要实验，但对于新闻文本长度有一定限制，对于输入文本的简单截断对实验结果有所影响。

除此之外，微博、论坛等用户自主生成内容中的信息也拥有巨大研究价值，而自动摘要是获取这类重要信息的一种手段。但是，这些短文本高冗余、高噪声等特征对于自动摘要造成较大的影响[6]，学者们也在为解决这一问题做出不懈努力。陈卓群和王平[7]总结了微博文本的特征，并运用线性模型对微博文本进行了抽取式自动摘要实验。高永兵等[8]结合微博内容驳

---

[1] 黄小江,万小军,肖建国.基于协同图排序的对比新闻自动摘要[J].北京大学学报(自然科学版),2013(1):31-38.
[2] 柯修,王惠临.基于混合方法的多语言多文档自动摘要系统构建及实现[J].图书馆学研究,2013(2):66-72.
[3] 叶雷,余正涛,高盛祥,等.多特征融合的汉越双语新闻摘要方法[J].中文信息学报,2018(12):84-91.
[4] 谭金源,刁宇峰,杨亮,等.基于BERT-SUMOPN模型的抽取-生成式文本自动摘要[J].山东大学学报(理学版),2021(7):82-90.
[5] 郭雨欣,陈秀宏.融合BERT词嵌入表示和主题信息增强的自动摘要模型[J].计算机科学,2022(6):313-318.
[6] 高永兵,王宇,马占飞.基于CR-PageRank算法的个人事件自动摘要研究[J].计算机工程,2016(11):64-69.
[7] 陈卓群,王平.面向中文微博摘录式摘要方法研究[J].情报科学,2015(3):130-134.
[8] 高永兵,钟振华,王宇,等.基于混合方法的中文微博自动摘要技术研究[J].计算机工程与科学,2016(6):1257-1261.

杂、信息稀疏的数据特点,基于统计与理解混合的自动摘要算法,得到了质量稳定、可读性较好的微博摘要。贾晓婷等[1]根据微博文本特征,结合主题词类的权重,生成微博文本的加权主题分布表达,进而抽取摘要句,提升了微博短文本自动摘要效果。彭敏等[2]提出了一种基于时频域转换的微博自动摘要方法,该方法能够有效过滤微博文本中的冗余信息和噪声内容。何海江和陈姝[3]提出了基于平滑型排序支持向量机 Rank-sSVM 的博客自动摘要方法。陶兴等则面向学术问答社区中用户生成的内容进行自动摘要研究,提出了改进自深度学习的 word2vec 词向量生成模型的 W2V-MMR 自动摘要生成算法,对论坛知识聚合服务及用户知识获取过程均有重要作用。

随着大数据和人工智能技术的迅猛发展,传统自动文摘研究正朝着从抽取式摘要到生成式摘要的方向演化,从而达到生成更高质量的自然流畅的文摘的目的。近年来,深度学习技术逐渐被应用于生成式摘要研究中。吴世鑫等[4]基于带注意力、Pointer 机制和 Coverage 机制的 Sequence-to-Sequence 模型引入语义对齐的神经网络,实现生成式自动摘要模型的构建。方旭等[5]提出了一种结合核心词修正的 LSTM 算法自动生成中文短文本摘要。唐晓波和翟夏普[6]改进了 PageRank 算法,并采用句子向量化、分类器分类、句群划分和句子重组混合机器学习模型进行多文档自动摘要

---

[1] 贾晓婷,王名扬,曹宇.基于加权主题分布表达的微博文本摘要生成研究[J].东北师大学报(自然科学版),2020(1):69-74.

[2] 彭敏,高斌龙,黄济民,等.基于高质量信息提取的微博自动摘要[J].计算机工程,2015(7):36-42.

[3] 何海江,陈姝.由排序支持向量机抽取博客文章的摘要[J].电子科技大学学报,2010(4):593-597.

[4] 吴世鑫,黄德根,李玖一.基于语义对齐的生成式自动摘要研究[J].北京大学学报(自然科学版)2021(1):1-6.

[5] 方旭,过弋,王祺,等.核心词修正的 Seq2Seq 短文摘要[J].计算机工程与设计,2018(12):3610-3615.

[6] 唐晓波,翟夏普.基于混合机器学习模型的多文档自动摘要[J].情报理论与实践,2019(2):145-150.

研究。谭金源等[1]和张克君等[2]融合多个深度学习模型分别提出了Bi-MulRnn+和BERT-指针生成网络BERT-PGN生成式自动摘要模型,有效改善了生成式摘要的准确性和流畅度。李维勇等[3]、肖元君和吴国文[4]也都进行了基于深度学习的中文生成式自动摘要模型的研究与实现。周蔚等[5]基于BERT模型并引入强化学习思想构建了BASR模型,有效提高了法律裁判文书摘要任务的实现效率。

2022年底,OpenAI推出了ChatGPT自然语言处理工具,它同时具备语言理解和文本生成的能力,不仅是聊天机器人,同时还能完成编程、机器翻译、视频脚本生成等上层任务。虽然ChatGPT目前还存在一定的缺点和争议,但它的问世对自然语言处理和自然语言理解都具有积极影响,在文本生成技术和应用的发展上发挥了重要的助力作用,其中就包括文本摘要、机器翻译、智能问答等任务,能够广泛应用于各个行业和学术领域的发展和研究。

自动摘要技术不仅在纯文本数据的研究中具有重要意义,还拓展到了其他对象或领域中。叶昭晖等[6]通过潜在语义分析实现了单个网页自动摘要的目的。张世琨等[7]针对代码自动摘要技术展开研究,对源代码进行简

---

[1] 谭金源,刁宇峰,祁瑞华,等.基于BERT-PGN模型的中文新闻文本自动摘要生成[J].计算机应用,2021(1):1-7.

[2] 张克君,李伟男,钱榕,等.基于深度学习的文本自动摘要方案[J].计算机应用,2019(2):311-315.

[3] 李维勇,柳斌,张伟,等.一种基于深度学习的中文生成式自动摘要方法[J].广西师范大学学报(自然科学版),2020(2):51-63.

[4] 肖元君,吴国文.基于Gensim的摘要自动生成算法研究与实现[J].计算机应用与软件,2019(12):131-136.

[5] 周蔚,王兆毓,魏斌.面向法律裁判文书的生成式自动摘要模型[J].计算机科学,2021(12):331-336.

[6] 叶昭晖,杨高峰,杨岳湘.一种基于潜语义分析的中文网页自动摘要方法[J].广西大学学报(自然科学版),2012(2):341-345.

[7] 张世琨,谢睿,叶蔚,等.基于关键词的代码自动摘要[J].计算机研究与发展,2020(9):1987-2000.

短的自然语言描述,辅助开发者理解程序语言。谷列先和丁晓青[1]将自动摘要算法引入视频语义分析中,提出了基于人物关系分析的视频 One-Shot 摘要算法和用户自适应摘要算法,能够满足用户预览和个性化推送的需求。冀中和樊帅飞[2]使用超图模型来获取多个视频帧的高阶关系,并基于超图的随机游走算法提出了 RWH 静态视频摘要方法。

通过对上述文献的梳理可以看出,从基于规则、统计到后来的深度学习、强化学习,从普通文本到动态视频,自动摘要技术的研究正随着技术的进步和用户的需求不断更迭发展。新闻自动摘要一直具有重要意义,特别是在满足人们快节奏生活中的新闻获取需求方面,因此,本章面向 NEPD 语料库展开自动摘要研究,分别采用传统算法和深度学习算法完成自动摘要任务,旨在根据当前主流新闻媒体的文本特征构建自动摘要模型,解决用户阅读长文本新闻耗时长、信息利用率低的问题,同时也为新闻媒体的知识聚合服务提供帮助,为新闻传播、文化传承提供新思路。

8.2 算法模型介绍

自然语言处理(NLP)作为一个传统研究领域自其产生之日起便始终热度不减,个中缘由不只是新技术的不断涌现与引入,也因 NLP 有"最困难的人工智能子领域"之名。其中的自动摘要任务也是研究者们不断研究、突破的主要难点之一,特别是在快速阅读成为人们生活中非常重要的阅读方式的前提下。目前自动摘要方法按生成方式主要分为抽取式自动摘要和生成式自动摘要,抽取式自动摘要主要应用关键词句排序的思想,而生成式自

---

[1] 谷列先,丁晓青.基于人物关系分析的视频自动摘要算法[J].高技术通讯,2010(9):929-933.

[2] 冀中,樊帅飞.利用超图随机游走的视频摘要生成方法[J].小型微型计算机系统,2017(11):2535-2540.

动摘要则更多地基于深度学习模型来完成。本章基于 NEPD 语料开展自动摘要研究,抽取式自动摘要主要应用关键词确定句子权重和 TextRank 等传统算法的思想,生成式自动摘要则参考了以 mT5(Multilingual T5)和 Pegasus 式的伪摘要预训练模型为基础的中文生成式预训练模型 T5 Pegasus 模型[1]及其思路。

8.2.1 抽取式自动摘要

本章的抽取式自动摘要基本思路是按词频和簇确定关键词,再通过关键词对所在句打分,根据分数排序确定最终生成摘要的句子。这种方法最初的思想源自 IBM 公司 H. P. Luhn 的文章"The Automatic Creation of Literature Abstracts"[2],他提出用簇(cluster)表示关键词的聚类结果,这里的簇即包含多个关键词的句子片段,如图 8-1 所示。

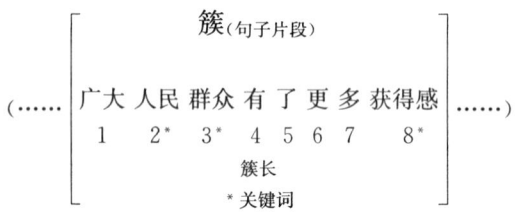

图 8-1 关键词簇聚类示意图

簇权重计算公式[3]为:

---

[1] 苏剑林. T5 PEGASUS:开源一个中文生成式预训练模型[EB/OL]. (2021-03-03)[2022-06-25]. https://kexue.fm/archives/8209.

[2] Luhn H P. The automatic creation of literature abstracts[J]. IBM journal of research and development,1958.

[3] 阮一峰. TF-IDF 与余弦相似性的应用(三):自动摘要[EB/OL]. (2013-03-26)[2021-07]-07http://www.ruanyifeng.com/blog/2013/03/automatic_summarization.html.

$$簇权重 = \frac{簇中关键词数量^2}{簇长}$$

其中,簇长指句子片段中所包含词语的数量,以本实验中的部分人民日报语料为例:

"经过全国各族人民共同努力,'十二五'规划圆满收官,广大人民群众有了更多获得感"

分词后语料实例为:

"经过/全国/各族/人民/共同/努力/,/'/十二五/'/规划/圆满/收官/,/广大/人民/群众/有/了/更/多/获得感"

设"'十二五'规划圆满收官"为一簇,簇长为 6,"十二五""规划""收官"为关键词,"广大人民群众有了更多获得感"为另一簇,簇长为 8,关键词为"人民""群众""获得感",则两簇权重分别为 $3^2/6=1.5$ 和 $3^2/8=1.125$。按权重对文本包含的句子进行排序,确定抽取阈值(本章节实验设定的阈值为10,即抽出重要性最高的前 10 个句子),将这 10 个句子整合,即为该文本的自动摘要。类似 TextRank 算法,该算法源于 PageRank 算法,相当于将网页替换为句子,通过句子相似度矩阵以及设定的阈值来获得得分较高的句子作为自动摘要结果,这是一种无监督的抽取式自动摘要。

8.2.2 生成式自动摘要

本章的生成式自动摘要的预训练模型为 T5-Pegasus 模型,该模型是追一科技于 2021 年提出的国内首个中文生成式预训练模型,它以 mT5 模型的架构为基础,结合中文的语言特征对 Tokenizer 进行完善,并借鉴 PEGASUS 的思路构建 T5-Pegasus 的伪摘要式预训练任务,即将正文中与其他句子重合率最高(最长公共子序列)的句子作为摘要训练语料,进而训练出更适配中文的生成式预训练模型。目前 T5-Pegasus-base 的总参数量为 2.75 亿,训练最大长度为 512,batch_size 为 96,学习率为 10－4。

本章的 NEPD 语料生成式自动摘要实验即基于 T5-Pegasus-base 版预训练模型完成后续训练和模型构建。T5-Pegasus 是以 T5 为基础架构和初始权重的。T5 基线模型的预训练目标示意图如图 8－2 所示,其中,〈X〉〈Y〉为哨兵标识符,〈Z〉为终止标识符。以 NEPD 语料为例,T5 模型同样采用 BERT 的 MLM 任务预训练方式补齐被掩盖的词,但 T5 能够掩盖连续的序列。

参考 T5-Pegasus 的构建思路,将训练语料调整为 NEPD 语料,尝试在大数据样本条件下构建面向人民日报语料的新闻生成式自动摘要模型,并对实验结果进行测试和验证。

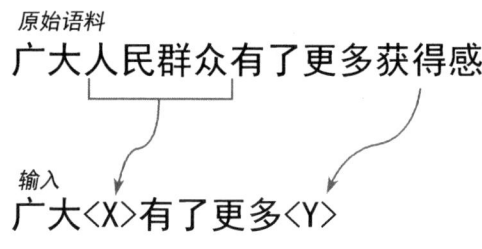

图 8－2　T5(Text-to-Text Transfer Transformer)基线模型预训练目标示意图

8.3　新闻语料自动摘要实验

"《人民日报》是一张权威、严肃的综合性日报,凭借其采编力量对新闻事件作出反应,报道国内外重大事件。"[1]作为耳目与喉舌、桥梁和纽带的主流媒体,其文本信息的价值不言而喻。人民日报语料一直以来都是研究人员的重要数据对象,北京大学计算语言学研究所以1998年1月人民日报为原始语料[2]推出了大型现代汉语标注语料库——北大人民日报语料,对人民日报语料被研究人员选作数据对象起到了良好的促进作用。本章以NEPD中的2015年1—6月、2016年1月、2017年1月、2018年1月和2022年1月共10个月的语料为数据对象展开研究。语料文本样例如图8-3所示。

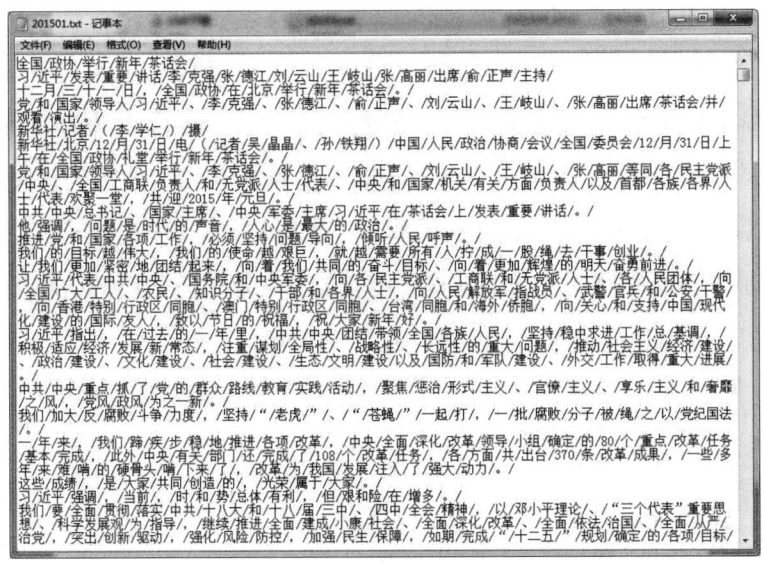

图8-3 NEPD原始语料样例截图示例

---

[1] 程爽.浅谈《人民日报》改扩版的三个变化(3)[EB/OL].(2012-02-27)[2021-07-07]. https://baike.baidu.com/redirect/7e44WWpuHPxVjlVjuIAMGFXvpzQ0nX6dtcm9N58nsqPgZqu9Xe51VC9kbRkCKxL7T3HLNLWACS5_clRah9xQ4caM3Wxuxf0d6PFTO7bT9zOcRDK1CYukrEXagCY.

[2] 俞士汶,朱学锋,段慧明.大规模现代汉语标注语料库的加工规范[J].中文信息学报,2000(6):58-64.

8.3.1 数据预处理

由于 NEPD 语料是按月份划分,是每月全部新闻的集合,为分别得到单篇新闻的抽取式和生成式摘要,需要将每篇新闻从 NEPD 语料中分割出来。为达到这一目的,首先采用基于规则的方式抽取每篇文章的标题。新闻标题的结尾通常没有标点符号,这可以作为标题抽取的主规则,再辅以新闻的消息头(即"新华社北京 12 月 31 日电"等类似格式)、"某某记者文/摄"等格式作为辅助规则进行标题抽取。之后,利用新闻标题进行新闻分割,将 NEPD 语料中的新闻分割为单篇新闻,为之后的摘要抽取和生成做准备。切割后得到的单篇新闻再经过数据清洗,所形成的语料就可以作为人民日报新闻语料自动摘要的研究对象。由于后续的生成式自动摘要实验需要用到百度智能云[1]以抽取式方法生成的自动摘要作为训练语料,而百度智能云对原始语料长度有限制,故此对于无法获得百度智能云自动摘要的新闻语料也被清洗掉了。处理后得到的语料样例如图 8-4 所示。

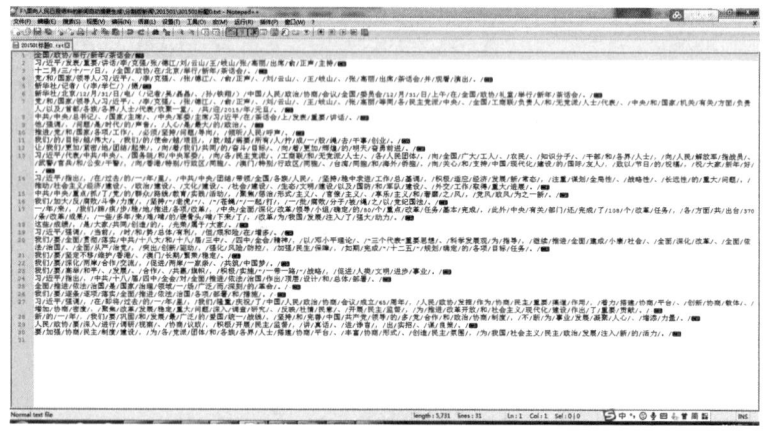

图 8-4 单篇新闻截图示例

---

① 百度智能云. 新闻摘要[EB/OL]. (2020-05-22)[2021-07-09]. https://cloud.baidu.com/product/nlp_apply/news_summary.

8.3.2 实验环境与参数设置

基于 NEDP 语料的新闻文本自动摘要的模型训练及测试时采用的操作系统为 centos 7.9,内存为 251G,CPU 为 Intel(R) Xeon(R) CPU E5-2650 v4 @ 2.20GHz 48 核,GPU 型号为 Tesla P40 * 6。其中,生成式自动摘要模型的参数设置如表 8-1 所示。

表 8-1 生成式自动摘要模型参数设置

模型	参数设置
T5-Pegasus	batch_size=6 max_epochs=10 max_source_length=512 max_target_length=300 learning rate=5e−5 batch_size=16 beam_size=3 seed=12 precision=32

8.3.3 实验流程

实验流程分别按面向人民日报语料的新闻文本抽取式自动摘要算法(以下简称"抽取式自动摘要算法")和面向人民日报语料的新闻文本生成式自动摘要模型(以下简称"生成式自动摘要模型")的要求展开。其中,抽取式自动摘要算法基于关键词计算句子权重并结合 TextRank 等传统算法的思想,生成自动摘要算法以 T5-Pegasus 模型为基础。

抽取式自动摘要算法主要包括以下 8 个步骤:

(1) 人民日报分词语料获取:从 NEPD 中获得 2015 年 1—6 月、2016 年 1 月、2017 年 1 月、2018 年 1 月和 2022 年 1 月的语料作为原始数据。

（2）待摘要文本预处理：包括标题抽取、单篇新闻分割，以及去除特殊字符和空格空行等。

（3）去停用词和词频统计：由于 NEPD 语料为精标分词语料，因此，不需要进行分词处理，在去停用词后直接进行词频统计即可。停用词表根据"哈工大停用词表"并结合人民日报语料中的高频词综合制定。

（4）计算句子权重：参考特征包括标题关键词信息、句子长度等特征。

（5）根据权重对句子进行排序。

（6）选定合适的阈值提取摘要句。

（7）输出抽取式摘要。

（8）将获得的自动摘要与用于参照的摘要进行对比和评价。

生成式自动摘要模型构建过程也分为 7 个步骤：

（1）人民日报分词语料获取：从 NEPD 中获得 2015 年 1—6 月、2016 年 1 月、2017 年 1 月、2018 年 1 月和 2022 年 1 月的语料作为原始数据。

（2）待摘要文本预处理：包括标题抽取、单篇新闻分割，以及去除特殊字符和空格空行等。

（3）生成式自动摘要模型训练语料的获取。

人工编写新闻文本摘要的工作量太大，无法以人工摘要作为生成式自动摘要的训练集，而本章研究生成式自动摘要的意义只是作为 NEPD 语料的应用实践的范例，旨在验证 NEPD 语料用于生成式自动摘要的可行性，并非为开发应用系统或提出实用的生成式自动摘要算法。为此，选择以百度智能云自动抽取新闻文本中的关键信息进而生成指定长度的新闻摘要，作为生成式自动摘要的训练语料。

（4）根据模型要求调整训练语料和测试语料格式。语料格式举例如下：

"{

"abstract":"习近平发表重要讲话李克强张德江刘云山王岐山张高丽出席俞正声主持十二月三十一日，全国政协在北京举行新年茶话会。新华社记者(李学仁)摄新华社北京12月31日电中国人民政治协商会议全国委员会12月31日上午在全国政协礼堂举行新年茶话会。全面推进依法治国是国家治理领域一场广泛而深刻的革命。人民政协要深入进行调研视察、协商议政，积极开展民主监督，讲真话、进诤言，出实招、谋良策。

"content"："习近平发表重要讲话李克强张德江刘云山王岐山张高丽出席俞正声主持十二月三十一日，全国政协在北京举行新年茶话会。党和国家领导人习近平、李克强、张德江、俞正声、刘云山、王岐山、张高丽出席茶话会并观看演出。新华社记者(李学仁)摄新华社北京12月31日电(记者吴晶晶、孙铁翔)中国人民政治协商会议全国委员会12月31日上午在全国政协礼堂举行新年茶话会。党和国家领导人习近平、李克强、张德江、俞正声、刘云山、王岐山、张高丽等同各民主党派中央、全国工商联负责人和无党派人士代表、中央和国家机关有关方面负责人以及首都各族各界人士代表欢聚一堂，共迎2015年元旦。中共中央总书记、国家主席、中央军委主席习近平在茶话会上发表重要讲话。他强调……"

}"

(5) 预训练模型构建：对步骤(4)中的语料进行预训练，得到具有《人民日报》特色的预训练模型。

(6) 生成式自动摘要模型训练：将步骤(4)中的语料输入T5-Pegasus模型中进行训练，根据训练过程及结果调整参数并进行迭代训练，得到具有《人民日报》特色的自动摘要训练模型；

(7) 根据最终最优模型生成摘要，并抽取验证其中的100条进行自动摘要生成，对其中的有效摘要进行人工评价(评价指标包括信息量、简洁度、流畅性[1]、语法和综合质量[2])。

8.4 结果评价与分析

由于目前尚无针对人民日报语料的人工摘要作为标准语料,此处仅将抽取式自动摘要算法与基于关键词计算句子权重的原始抽取式自动摘要[3]、生成式自动摘要算法与百度智能云抽取式自动摘要[4]的结果进行简单定性评价与分析。百度智能云的新闻摘要是基于深度语义分析模型的自动抽取文本,能够根据文本中的关键信息进一步生成指定长度的新闻摘要。

抽取式自动摘要算法与原始抽取式自动摘要对比样例如下:

原始抽取式自动摘要:

> 恐怖主义是国际社会公敌,中国历来反对一切形式的恐怖主义,积极参与国际反恐合作。军队和武警部队出境执行反恐任务,要遵守《联合国宪章》的宗旨和原则,遵循国际关系准则,并充分尊重当事国的主权。至于今后军队和武警部队是否赴境外反恐,将根据国家统一部署作出安排。

面向人民日报语料的抽取式自动摘要:

> 中国军队和武警部队赴境外反恐将根据国家统一部署作出安排,军队和武警部队出境执行反恐任务,要遵守《联合国宪章》的宗旨和原

---

[1] 负曼.基于 PGNet 的新闻摘要生成研究[D].西安:西安工业大学,2023.
[2] 彭敏,高斌龙,黄济民,等.基于高质量信息提取的微博自动摘要[J].计算机工程,2015(7):36-42.
[3] 阮一峰.TF-IDF 与余弦相似性的应用(三):自动摘要[EB/OL].[2021-07-07]. http://www.ruanyifeng.com/blog/2013/03/automatic_summarization.html.
[4] 百度智能云.新闻摘要[EB/OL].(2020-05-22)[2021-07-09]. https://cloud.baidu.com/product/nlp_apply/news_summary.

则,遵循国际关系准则,并充分尊重当事国的主权。至于今后军队和武警部队是否赴境外反恐,将根据国家统一部署作出安排。

生成式自动摘要算法与百度智能云自动摘要对比样例如下:

  百度智能云:在日前举办的上海浦东新区促进生物医药产业高质量发展政策宣介会上,《上海市浦东新区生物医药产业高质量发展行动方案》发布。围绕《行动方案》,浦东推出了扶持加快打造世界级生物医药产业集群方面的政策及空间布局规划。

面向人民日报语料的生成式自动摘要:

  在日前举办的上海浦东新区促进生物医药产业高质量发展政策宣介会上,《上海市浦东新区生物医药产业高质量发展行动方案》发布。围绕《行动方案》,浦东推出了扶持加快打造世界级生物医药产业集群方面的政策及空间布局规划。《行动方案》提出,到 2020 年,生物医药产业规模将达到 4 000 亿元,占全市规模以上工业总产值的比重将达到 30% 以上,占全市规模以上工业总产值的比重将达到 30% 以上。

8.4.1 评价指标

Rouge (Recall-Oriented Understudy for Gisting Evaluation)是评估自动摘要、机器翻译等自然语言处理任务的常用指标,它是将标准摘要和自动生成摘要进行相似度计算,得到的数值即为评价结果,计算公式如下[①]:

$$Rouge\text{-}N = \frac{\sum_{S \in \{ReferenceSummaries\}} \sum_{gram_n \in S} Count_{match}(gram_n)}{\sum_{S \in \{ReferenceSummaries\}} \sum_{gram_n \in S} Count(gram_n)}$$

---

① Lin C Y. ROUGE: a package for automatic evaluation of summaries[C]//Proceedings of the workshop on text summarization branches out (WAS 2004), 2004.

其中，分母为 n-gram 个数，分子为标准摘要和自动摘要共有的 n-gram 个数。例如，Rouge-1 中的分子是自动摘要和标准摘要中均出现的 1-gram 的个数，分子是标准摘要的 1-gram 个数。本实验选取的评价指标为 Rouge-1、Rouge-2 和 Rouge-L，Rouge-L 是指运用 LCS（Longest Common Subsequence，LCS 最长公共子序列）计算的 Rouge 评测指标，计算公式为：

$$R_{lcs} = \frac{LCS(X,Y)}{m}$$

$$P_{lcs} = \frac{LCS(X,Y)}{n}$$

$$F_{lcs} = \frac{(1+\beta^2)R_{lcs}P_{lcs}}{R_{lcs}+\beta^2 P_{lcs}}$$

其中，$LCS(X,Y)$ 是 X 和 Y 的最长公共子序列的长度，m 和 n 分别表示标准摘要和自动摘要的长度（通常为词语个数），R_{lcs} 和 P_{lcs} 分别表示召回率和精确率。β 的数值通常较大，导致 Rouge-L 几乎只考虑召回率 R_{lcs}，这与 Rouge-N 相同，通常取召回率作为 Rouge 最终结果。

此外，上述三种 Rouge 评测指标内部运用的 P、R、F 为精确率（Precision）、召回率（Recall）、调和平均值（F-Measure）。具体计算公式如下：

$$精确率(P) = \frac{正确识别的句对}{正确识别的句对+被错误识别的句对} \times 100\%$$

$$召回率(R) = \frac{正确识别的句对}{正确识别的句对+未被识别的句对} \times 100\%$$

$$调和平均值(F) = \frac{2 \times P \times R}{P+R} \times 100\%$$

8.4.2 实验结果

在抽取式自动摘要实验中，分别通过词频和簇聚类抽取关键词的方式对句子进行打分，并按分数对句子进行排序，进而抽取出相应的摘要结果。将词频抽取式自动摘要结果作为标准摘要，将簇聚类抽取式自动摘要作为自动摘要结果，并与标准摘要进行 Rouge 评测，部分摘要结果截图如图 8－5 所示。

1	p	r	f	p	r	f	p	r	f
2	1	1	0.999999995	1	1	0.999999995	1	1	0.999999995
3	0.541666667	1	0.702702698	0.491525424	1	0.659090905	0.541666667	1	0.702702698
4	0.950819672	1	0.974789911	0.917808219	1	0.957142852	0.950819672	1	0.974789911
5	1	0.57337884	0.728850321	1	0.541436464	0.702508956	1	0.57337884	0.728850321
6	0.813953488	1	0.897435892	0.765822785	1	0.867383508	0.813953488	1	0.897435892
7	1	1	0.999999995	1	1	0.999999995	1	1	0.999999995
8	0.864197531	1	0.927152313	0.81512605	1	0.898148143	0.864197531	1	0.927152313
9	0.931623932	1	0.964601765	0.871794872	1	0.931506844	0.931623932	1	0.964601765
10	1	0.765957447	0.867469875	1	0.719745223	0.837037032	1	0.765957447	0.867469875
11	0.722689076	1	0.839024385	0.685185185	0.991071429	0.810218973	0.722689076	1	0.839024385
12	1	0.887755102	0.940540536	1	0.85620915	0.922535206	1	0.887755102	0.940540536
13	1	1	0.999999995	1	1	0.999999995	1	1	0.999999995
14	0.734693878	1	0.847058819	0.694656489	1	0.819819815	0.734693878	1	0.847058819
15	1	0.775	0.873239432	1	0.708661417	0.829493083	1	0.775	0.873239432
16	1	0.80620155	0.892703858	1	0.775956284	0.873846149	1	0.80620155	0.892703858
17	0.6625	1	0.796992476	0.594339623	1	0.745562126	0.6625	1	0.796992476
18	1	0.463414634	0.633333329	1	0.374732334	0.545171336	1	0.463414634	0.633333329
19	1	1	0.999999995	1	1	0.999999995	1	1	0.999999995
20	0.708860759	1	0.829629625	0.605504587	1	0.75428571	0.708860759	1	0.829629625
21	1	1	0.999999995	1	1	0.999999995	1	1	0.999999995
22	1	0.634146341	0.776119398	1	0.607526882	0.755852838	1	0.634146341	0.776119398
23	0.413461538	1	0.585034009	0.346405229	1	0.514563103	0.413461538	1	0.585034009
24	1	0.781954887	0.877637126	1	0.74611399	0.854599402	1	0.781954887	0.877637126
25	0.568	1	0.724489791	0.490291262	1	0.657980452	0.568	1	0.724489791
26	0.884210526	1	0.938547481	0.84057971	1	0.913385822	0.884210526	1	0.938547481
27	1	1	0.999999995	1	1	0.999999995	1	1	0.999999995
28	1	0.519230769	0.683544299	1	0.477941176	0.646766165	1	0.519230769	0.683544299
29	0.714285714	1	0.833333328	0.646666667	1	0.785425096	0.714285714	1	0.833333328
30	1	0.356020942	0.525096521	0.994736842	0.278350515	0.434982735	1	0.356020942	0.525096521

图 8－5　自动摘要实验结果示例

全部自动摘要的综合评测结果如表 8－2 所示。从表 8－2 可以看出，整体上抽取式自动摘要实验结果抽取效果良好（均值：Rouge-1＝83.5，Rouge-2＝81.4，Rouge-L＝83.5），能够对原始语料进行大致概括。在抽取式自动摘要实验中，标准摘要同样为自动生成，且在 Rouge 指标计算相似度的过程中，一旦抽取出的语句与标准摘要不同，则两个对应的完整长句相似度将会极低，这可能会导致 Rouge 指标明显偏低的问题出现。因此，在未来的研究中将一方面调整标准摘要的准确度，另一方面完善自动摘要的评价方法。

表 8-2 抽取式自动摘要实验评测结果示例

评价指标	Rouge-1			Rouge-2			Rouge-L		
语料	$P/\%$	$R/\%$	$F/\%$	$P/\%$	$R/\%$	$F/\%$	$P/\%$	$R/\%$	$F/\%$
201501	88.6	88.7	85.2	86.6	87.1	82.3	88.5	88.7	85.2
201502	87.9	85.4	82.3	86.0	83.4	79.1	87.9	85.4	82.3
201503	86.4	87.6	82.8	84.2	86.0	79.5	86.4	87.6	82.8
201504	87.5	87.1	83.2	85.4	85.3	80.1	87.5	87.1	83.2
201505	87.8	86.6	82.8	85.8	84.2	79.6	87.8	86.1	82.8
201506	90.5	75.7	76.2	88.9	73.1	72.3	90.4	75.6	76.2
201601	87.7	89.1	84.8	85.2	87.5	81.9	87.7	89.1	84.8
201701	87.0	86.2	82.2	85.0	84.4	79.1	87.0	86.2	82.2
201801	79.8	74.1	65.9	77.3	72.2	61.6	79.8	74.1	65.9
202201	85.9	75.0	75.3	82.3	70.6	70.2	85.4	74.6	74.9
均值	86.9	83.5	80.1	84.7	81.4	76.6	86.8	83.5	80.0

在生成式自动摘要实验中,将全部新闻语料进行预处理,接入百度智能云新闻摘要接口,获取相应的自动摘要结果。该平台输入文本长度有限,因此,经过代码筛选得到符合文本长度限制的新闻文本。另外,本章节拟构建的指针生成网络模型需要大规模训练语料,遂将 NEPD 的原始语料合并后再继续进行实验。

语料预处理后,将原始文本和标准摘要(百度智能云生成摘要)匹配并输入 T5-Pegasus 模型中进行训练和验证。本实验训练语料由 NEPD 分词语料构成,能够有效提高自动摘要模型的训练效果,以及生成摘要的流畅度和贴合度。

在结果评价阶段,由于尚无针对人民日报语料的标准摘要数据集,且 Rouge 指标难以从自动摘要的语义方面进行评价,因此,在生成式自动摘要实验中的评价方法是人工评价。评价指标包括信息量、简洁度、流畅性、语法和综合质量,采用 1—5 五级分制,评测对象为 100 条随机摘要的有效摘要,其中有效摘要为 91 条。评测结果如表 8-3 所示。

表 8-3 生成式自动摘要实验评测结果

评价指标	信息量	简洁度	流畅性	语法	综合质量
最高分	5	5	5	5	4.75
最低分	2	1	2	2	2.50
平均分	4.08	3.57	4.28	4.63	4.14

评测结果表明,本章构建的生成式自动摘要模型在语法上表现优异,但在简洁度方面需要进一步增强,生成的摘要大多能够将主要信息进行流畅的概括,但会有部分的信息冗余现象出现。表 8-4 是一篇新闻文本与 4 种自动摘要算法所得到的结果。不同算法或模型生成的摘要内容有一定的差别,但总体上流畅度问题较小,可读性有一定的差别。抽取式自动摘要由于单句抽取自《人民日报》原文,单句的可读性高于生成式摘要,但句间连贯性低于生成式摘要。从摘要内容整体上看,抽取式摘要包含的内容更丰富,但概括能力较差,内容冗余,句子间关联度较低。而生成式自动摘要有一定的语义理解能力,生成的摘要内容更简练,相对而言更符合新闻摘要的特征,对原始语料的总结更灵活,缺点是会出现个别词汇重复。例如,在表 8-4 的生成式自动摘要中,"湖北省文物考古研究所"一词连续出现 3 次,"应当""与"在其他新闻文本中出现过连用的现象。另外,生成式摘要的文本是经过模型自动生成的,可能会出现不符合常识的情况,例如,表 8-4 中的"由湖北省文物考古研究所、湖北省文物考古研究所、湖北省文物考古研究所联合主办"一句,明显不符合汉语句式,也与原始新闻文本内容不符。这种现象表明,生成式自动摘要算法继承了 AIGC 所生成的内容不可预测、真伪难辨的特点,因而还有很大的提升空间。在后续的研究中,生成式自动摘要还需要提高模型性能。首先,需要重新制定训练集;其次,对词语或短句重复的现象进行去重及修正等处理;最后,选取最优模型进行迭代训练,提高生成式自动摘要算法的整体性能。

表8-4 面向《人民日报》的新闻自动摘要生成结果样例

数据样例	文本内容
原始语料	湖北省博物馆三期新馆的展览"楚国八百年"再现了楚文化的辉煌灿烂、浪漫瑰丽,2021年12月开展以来,吸引了大批观众。此次展出文物500余件(组),包括湖北九连墩、望山、包山、熊家冢等楚墓和宜昌万福垴、荆州纪南城等遗址的器物,辅之以模型、动画、影片、电子地图等多媒体手段,是对楚国考古最新成果和研究的系统梳理,反映了楚文化研究的新高度。楚国是周代极其重要的诸侯国。展览既要讲清楚楚国的发展历史,又要展示出楚国高度发达、风格独特的地域文化。因此,策划之初,湖北省博物馆就组织历史学、考古学、文献学等领域的权威专家,多次论证,最终确立了"开疆拓土""礼俗百业""上下求索""精彩绝艳"的叙述脉络。楚国800年的发展历史,主要放在第一部分"开疆拓土"中讲述。宜昌万福垴是一处重要的楚文化性质的西周遗址。2012年,遗址出土了数量众多的西周中晚期陶器、青铜鼎、青铜编钟及铭文,铭文中的"楚季""公"等人物是研究早期楚国历史的重要资料,在我国南方地区属于首次发现。此次展览首次展出了这些出土器物,并辅之以"楚公家"(《史记》对应之人名为熊渠)铭文戈、"楚公逆"(《史记》对应之人名为熊鄂)铭文钟等铭文铜器图片,使楚国初期历史可信、可见。通过地图,观众可以看到楚国疆域不断扩大的过程。《史记》《左传》等文献,与包山楚墓出土的"楚先老僮、祝融、鬻熊"等简文、清华《楚居》简、周原出土的"楚子来告"甲骨文等相互印证,夯实了楚国在西周早期立国的事实,同时使得楚立国之初当在汉水之南、江汉沮漳地望的学术成果更加确凿。叶家山出土的斗子鼎,上面有记载周成王举行岐阳盟会"王赏多邦伯"的铭文,与《国语》"昔成王盟诸侯于岐阳,楚为荆蛮"的记载相对应。楚成王嫁女儿所作的"楚王媵随仲芈加"鼎,纪南城出土的楚王祭天所用的彩绘编磬以及体现军事实力的车马器、弩机和甲胄,九连墩楚墓出土的34件成组编钟和虎座鸟架鼓构成的成套礼器等,都直观反映出楚国的逐渐壮大。江陵马山楚墓出土的吴王夫差矛、吴王夫差剑等战利品,反映了楚国的扩张。荆州熊家冢楚惠王墓的盛大规格及复原的"天子驾六"宏大车马阵场景,更代表了楚国成为春秋五霸、战国七雄之后的恢宏气度。楚国的发展壮大离不开农业、工业和商业的发达,文物同样可以展现其发达程度。楚国境内产黄金、白银和青铜,因而金币、银币和铜币都曾在楚国铸行。其中金、银币用于楚国境内的大额支付和赏赐,额度较小的交易多使用蚁鼻钱。楚金币是以龟甲形为主的版形金币,币面多有文字,其中又以"郢爯"为主。大冶铜绿山古铜矿遗址是迄今为止已发现的保存最完好、冶炼水平最高、规模最大的古铜矿遗址。古代工匠为掘取铜矿石,开凿竖井、平巷与盲井等,还采用了提升、通风、排水等技术。展览展出的铜斧、船形木斗、木铲、绳索等采冶工具,说明那时的冶铜技术已达到相当高的水平。楚国都城多次变迁,先后有春秋晚期的季家湖、战国早期至公元前278年的纪南城、战国晚期的河南陈郢、安徽寿郢等。展览选取了楚国繁盛时期的郢都纪南城,展出了出土的陶水井圈、筒板瓦、排水管,复原了同时期我

第 8 章　面向 NEPD 语料的新闻自动摘要

(续表)

数据样例	文本内容
	国南方最大的一座古城的宫殿、手工作坊、居民区等布局以及 8 处城门，总面积约 16 平方公里。其中含 3 处水门，水运可直通长江，使观众可感受楚郢都"号为朝衣鲜而暮衣敝"的繁华景象。楚人的饮食起居在 2 000 多年前同样令人羡慕。一条 2 000 多年前腌制的干鳊鱼，以及水稻、麦、粟、板栗、姜、花椒等，让人感觉烟火味十足。漆木折叠床、座枕、铜薰杯、铜灯、竹席等日用品，是楚人精致日常生活的写照；九连墩楚墓出土的假发，装有铜镜、木梳、胭脂、油彩等物品的便携式彩绘漆木梳妆盒，反映出当时人们对美的追求。湖北荆门包山 2 号楚墓出土的彩绘漆奁图像，是一幅完整的车马出行图，所绘图像包括 26 人、4 乘马车、10 匹马、9 只鸟等，通过 5 棵柳树分隔成互有关联的画面，首尾连贯而过渡自然，被称为中国现存最早的"连环画"。首次公开展出的荆门严仓漆画，巨幅画面上的楚式建筑、乐舞等内容，色彩鲜艳，艺术感十足，为进一步研究楚国社会生活提供了难得的资料。据不完全统计，自上世纪 50 年代以来，楚地简牍已发现 30 多批、10 万字以上，内容涉及典籍文献和司法行政文书等。荆门郭店楚墓出土竹简 730 枚，包括 18 篇先秦典籍。尤其是反映战国时期深奥宇宙观的《太一生水》和目前最早的抄写于战国中期的《老子》乙种，令人惊叹。楚国 800 年的历史，给我们留下了青铜、漆器、竹简、丝绸、玉器等物质宝库，也给我们留下宝贵的精神财富。(作者为湖北省博物馆馆长)方勤供图。
原始抽取式自动摘要	铭文中的"楚季""公"等人物是研究早期楚国历史的重要资料，是楚人精致日常生活的写照；九连墩楚墓出土的假发，湖北荆门包山 2 号楚墓出土的彩绘漆奁图像，为进一步研究楚国社会生活提供了难得的资料。荆门郭店楚墓出土竹简 730 枚。
抽取式自动摘要	反映了楚文化研究的新高度。遗址出土了数量众多的西周中晚期陶器、青铜鼎、青铜编钟及铭文，铭文中的"楚季""公"等人物是研究早期楚国历史的重要资料，与包山楚墓出土的"楚先老僮、祝融、鬻熊"等简文、清华《楚居》简、周原出土的"楚子来告"甲骨文等相互印证，九连墩楚墓出土的 34 件成组编钟和虎座鸟架鼓构成的成套礼器等，江陵马山楚墓出土的吴王夫差矛、吴王夫差剑等战利品，是楚人精致日常生活的写照；九连墩楚墓出土的假发，湖北荆门包山 2 号楚墓出土的彩绘漆奁图像，为进一步研究楚国社会生活提供了难得的资料。荆门郭店楚墓出土竹简 730 枚。
百度智能云摘要	此次展出文物 500 余件(组)，包括湖北九连墩、望山、包山、熊家冢等楚墓和宜昌万福垴、荆州纪南城等遗址的器物，辅之以模型、动画、影片、电子地图等多媒体手段，是对楚国考古最新成果和研究的系统梳理，反映了楚文化研究的新高度。楚国是周代极其重要的诸侯国。首次公开展出的荆门严仓漆画，巨幅画面上的楚式建筑、乐舞等内容，色彩鲜艳，艺术感十足，为进一步研究楚国社会生活提供了难得的资料。

253

(续表)

数据样例	文本内容
生成式自动摘要	由湖北省文物考古研究所、湖北省文物考古研究所、湖北省文物考古研究所联合主办的"楚文化——楚文化研究新高度"专题展览 18 日在武汉开幕。此次展出文物 500 余件(组),包括湖北九连墩、望山、包山、熊家冢等楚墓和宜昌万福、荆州纪南城等遗址的器物,辅之以模型、动画、影片、电子地图等多媒体手段,是对楚国考古最新成果和研究的系统梳理,反映了楚文化研究的新高度。楚国是周代极其重要的诸侯国。首次公开展出的荆门严仓漆画,巨幅画面上的楚式建筑、乐舞等内容,色彩鲜艳,艺术感十足,为进一步研究楚国社会生活提供了难得的资料。

由于缺乏对标的标准摘要,本章没有对 4 种自动摘要算法的结果进行定量评价。目前,定量评价多采用 Rouge 为评测指标。Rouge 评价法直观简洁,并且能够在一定程度上反映词序和摘要效果,但也存在指标区分度不高的缺点,特别是 Rouge-N 中 N>3 时,指标数值通常较小[1],对结果评价有较大影响。此外,Rouge 指标主要是根据文本相似度对标准摘要和自动摘要进行对比,同时,它具有一定的奖励机制,会给予原始文本中的词汇更高的分数[2],这就导致在同一篇新闻中抽取式自动摘要的分数常常高于生成式自动摘要。因此,Rouge 评价法对于生成式自动摘要具有局限性。后续研究应该尝试多种评价方式综合测评自动摘要算法的性能。

8.5 小　结

自动摘要是将长文本提炼为简洁精炼的短文本的过程,便于人们快速浏览文本资源并知晓文章大意,在节省阅读成本的同时也提高了知识利用

---

[1] See A, Liu P J, Manning C D. Get to the point: summarization with pointer-generator Networks[C]// Proceedings of the 55th annual meeting of the association for computational linguistics (Volume 1: Long Papers). 2017.

[2] Lin C Y. ROUGE: a package for automatic evaluation of summaries[C]//Proceedings of the workshop on text summarization branches out (WAS 2004), 2004.

效率。在信息资源日益庞杂的当下,对自动摘要技术的需求与日俱增。高质量的自动摘要模型能够提供更优质、更高效的信息服务。本章以 NEPD 语料库中 2015 年 1—6 月、2016 年 1 月、2017 年 1 月、2018 年 1 月和 2022 年 1 月共 10 个月的人民日报分词语料作为实验语料,根据新闻文本的特征,面向人民日报语料,设计了基于关键词词频排序和关键词簇排序的抽取式自动摘要算法,并构建了基于 T5-Pegasus 模型的生成式自动摘要模型。抽取式和生成式自动摘要算法所获得的摘要结果均具有较好的完整性,能够为读者展示较好的新闻摘要。在接下来的研究中,应该完善算法,改进模型,增强模型的复用性,并对评价方法做出改进,加入文本内外部多特征,增加人工生成标准摘要数据集和人工打分的环节,以提高自动摘要的流畅性和可读性。

第 9 章 面向 NEPD 语料的新闻文本自动分类

新闻文本的写作原则是以新闻事件为主要内容,文本语义表达封闭清晰,文本语言表达简洁明确[1]。新闻语料库既可以作为自然语言处理的实验数据,实现分词、词性标注、命名实体识别、句法分析和机器翻译等中文信息处理任务,也可以在此基础上开展文本组织、分类、检索等传统情报服务业务。在数字化的时代,新闻文本的发布形式已经从单一纸媒发展到网络等多种传播形式,大部分新闻媒体都建立了自己的官方网站、微信公众号、微博账号等发布渠道,数字版本的新闻文本可以通过多种途径获取。新闻文本的数字化不但为新闻研究提供了大量素材,也为实现相应的信息组织、挖掘工作提供了便利。数字时代的新闻文本规模庞大,数据量与日俱增,对深度学习模型的学习效果友好。新闻文本自动分类有助于快速准确地整合新闻信息,汇聚成带有明确目标的新闻信息集,方便获得新闻信息隐藏的深层次内容[2]。因此,实现新闻文本快速、准确的分类对提升新闻文本的用户使用度具有十分重要的意义。如今,借助机器学习算法模型完成海量文本分类已经成为技术主流,将机器学习技术应用于新闻文本的自动分类,对提升用户阅读体验和开展面向新闻文本的信息分析与挖掘均具有重要意义,

---

[1] 谭志红,李铁锤.新闻文本的特性分析[J].传媒观察,2009(8):44-45.
[2] 周于程.基于机器学习的时政新闻文本分析研究[D].扬州:扬州大学,2020.

同时，也有助于数字媒体运营人员了解用户需求，让信息更有效地被利用。

目前的深度学习文本分类算法都是基于经典的神经网络算法，各种算法改进研究较多，但对分类效果的提升效果并不明显，有些算法的效果甚至不如传统的统计学习方法。文本的预处理作为文本自动分类的先决条件较少引起重视。究其原因，主要是相较于汉语文本，英文文本的预处理比较简单，主要工作是词干分析和同义词替换，没有汉语文本的分词环节。目前，多数汉语文本的分类任务仿照英文文本进行，以字为基本语义单位，即使少数算法以词为基本语义单位，分词结果也是利用常见的分词工具自动切分得来，未考虑过分词准确性对于文本分类效果的影响。因此，基于大规模现代汉语精加工分词语料 NEPD，从分类任务文本预处理质量角度入手，尝试对比字特征、自动分词、人工分词等因素对文本分类效果的影响，对促进新闻文本自动分类研究很有价值。

9.1 汉语新闻文本自动分类相关研究

新闻文本自动分类是自然语言处理技术的重要应用，与其他自然处理任务一样，语料库建设、模型算法设计、文本预处理是其中的重要环节。下文将从语料库、深度学习以及文本预处理3个方面分析总结已有的基于深度学习的中文新闻文本自动分类研究。

9.1.1 新闻文本语料

文本分类是指，给定文档集 $D=\{d_1,d_2,\cdots\cdots,d_n\}$ 和类别集 $C=\{c_1, c_2,\cdots\cdots,c_n\}$，利用某种学习方法或算法得到分类函数 f，将文档集合 D 中的每一篇文档 d_i 映射到类别集 C 中的一个或者多个类别。按照类别集元素的个数以及文档是否可以映射到多个类别，文本分类分为二分类、多分类以及多标签分类,多标签分类指的是一个文档可以同时属于一个或多个类。文本分类按照处理文本的长度又分为短文本分类和长文本分类。在新闻文本的分类方面,作为分类语料的新闻文本主要来自大型新闻门户网站。国际上有 AGnews[①]、斯坦福文本分类语料库[②]、Sogou 数据集[③]、《人民日报》60 年语料库[④]等常用的文本分类数据集。

AGnews 是一个超过 100 万篇新闻文章的文本分类语料库,由学术新闻搜索引擎 ComeToMyHead 收集的超过 2 000 多个新闻来源的文章构建而成。AGnews 于 2005 年提出,可以分为 4 个大类,每个类别下面包括 30 000 条样例的训练集和 1 900 条样例的测试集。AGnews 是英文文本分类常用的基准数据集,BERT、XLNet 等众多新提出的预训练模型的分类任务都是在此数据集上进行的。

Sogou news 是搜狐新闻数据(SogouCS)和全网新闻数据(SogouCA)的集合。搜狐新闻数据 SogouCS 由 2012 年 6 月至 7 月搜狐新闻站点的新闻整理而成,全网新闻数据 SogouCA 来源于多个新闻站点。Sogou news 数据集共收录新闻文章 2 909 551 篇,可分为国内、国际、经济、社会等 18 个类别的新闻数据,但是很多类别包含的文章数量只有几篇,其中数量较多的新闻类别有体育、金融、娱乐、汽车和技术等。每条新闻数据样例以 HTML 格式保存,包含页面 URL、页面标题、页面内容等信息。

《人民日报》60 年新闻语料是常用的自然语言处理中文数据集。《人民日报》自从 1946 年创刊至今已有 70 多年,语料数据充足且具有代表性,是目

---

① Papadimitriou C H, Tamaki H, Raghavan P, et al. Latent semantic indexing: a probabilistic analysis[C]//Proceedings of the seventeenth ACM SIGACT-SIGMOD-SIGART symposium on principles of database systems. ACM, 1998, 159-168.

② Blei M D, Ng T A, Jordan I M. Latent dirichlet allocation[J]. The journal of machine learning research, 2003(3): 993-1022.

③ Rumelhart E D. Parallel distributed processing: explorations in the microstructure of cognition, vol. 1: foundations[J]. Language, 1986(4):45-76.

④ Rumelhart E D, Hinton E G, Williams J R. Learning representations by back-propagating errors[J]. Nature, 1986(6088): 533-536.

前中文文本处理的主流新闻语料库。《人民日报》语料是很多中文文本处理领域如文本分类、实体抽取等任务的常用数据集,通过研究《人民日报》语料,可以挖掘相应的政治、经济和社会等方面的变化发展。

Cai 等[1]分别采用 HAN、CNN、RNN 模型对搜狐新闻数据集进行了分类实验,结果表明,CNN 在该数据集上的分类表现优于其他深度学习模型。Xiong 等[2]提出一种改进的卷积神经网络算法,即自抑制剩余卷积网络模型,对搜狗新闻以及新浪新闻、酒店评论数据、主题分类数据库等语料进行了文本分类实验。新闻文本作为文本分类的实验数据主要有以下优点:数据量庞大,丰富的数据集是实现深度学习的必要条件,数据量越大,理论上越有利于相关深度学习算法的特征提取和训练,其学习的效果越好;方便易获取,有利于新闻语料库的构建,越来越多的新闻媒体在网站上同步新闻独家报道,通过网页爬虫能轻易获取这些文本数据;分类类目较为清楚,并且多数新闻网站按新闻的主题对版面进行了分类,可以直接将新闻的版面作为类目的划分依据进行自动分类。

9.1.2 深度学习分类方法

深度学习方法一般是指基于深度神经网络的学习算法,深度神经网络主要分为卷积神经网络、循环神经网络等[3]。这些方法首先将文本中的词映射成向量,然后提取词向量中的特征并分类。

与深度学习相对应的是浅层学习模型。浅层学习模型强调特征的提取

---

[1] Cai J, Li J, Li W, et al. Deep learning model used in text classification[C]// IEEE. International computer conference on wavelet active media technology and information processing, Chengdu, 2018: 123-126.

[2] Xiong M, Li R, Li Y, et al. Self-inhibition Residual Convolutional Networks for Chinese Sentence Classification[C]// Asia Pacific Neural Network Soc. Lecture Notes in Computer Science, Siem Reap, 2018: 425-436.

[3] Hochreiter S, Schmidhuber J. Long Short-Term Memory[J]. Neural Computation, 1997(8):1735-1780.

和分类器的设计，典型代表有朴素贝叶斯 NB、KNN、支持向量机 SVM、最大熵模型 MEM。支持向量机常用于二分类，在给定的特征空间上寻找训练集的超平面，使落在超平面两侧的样本距离超平面的几何间隔最大，从而正确划分训练数据集。支持向量机通过核函数将有约束的原始目标函数转化为无约束的拉格朗日目标函数，从而转化为凸优化问题。虽然目前深度学习的分类方法大行其道，但仍然不断有新的浅层学习模型产生，例如 XGBoost[1] 和 LightGBM[2]。

深度学习模型的优势是可以自动进行特征提取，在没有领域知识情况下学习性能良好。其中前馈神经网络[3]和递归神经网络[4]是最先用于文本分类任务的深度学习模型。随后，CNN、RNN 以及注意力机制也被用于文本分类。许多研究者通过改进 CNN、RNN 和注意力机制或者融合模型和多任务方法来提高文本分类的性能。在中文文本分类方面，Xiang 等[5]最先提出一种融合写入系统更改（WSCs）特征的混合深度学习模型对社交媒体文本情感进行分类。Jin 等[6]提出一种混合深度神经网络模型 TBLC-

---

[1] Chen T, Guestrin C. Xgboost: a scalable tree boosting system[C]// Assoc comp machinery. Proceedings paper of the 22nd ACM SIGKDD international conference on knowledge discovery and data mining, San Francisco, 2016: 785-794.

[2] Ke G, Meng Q, Finley T, et al. Lightgbm: a highly efficient gradient boosting decision tree[C]//31st annual conference on neural information processing systems. Advances in neural information processing systems, Long Beach, 2017: 3146-3154.

[3] Kim Y. Convolutional neural networks for sentence classification[J/OL]. [2014-09-03]. https://arxiv.org/abs/1408.5882.

[4] Irsoy O, Cardie C. Deep recursive neural networks for compositionality in language[C]// Ghahramani O, Welling M, Cortes C et al. Advances in neural information processing systems, Montreal, 2014: 2096-2104.

[5] Xiang R, Lu Q, Jiao Y, et al. Leveraging writing systems changes for deep learning based Chinese affective analysis[J]. International journal of machine learning and cybernetics, 2019(11): 3313-3325.

[6] Jin Q, Xue X, Peng W, et al. TBLC-rAttention: a deep neural network model for recognizing the emotional tendency of Chinese medical comment[J]. IEEE access, 2020(8): 96811-96828.

rAttention用于识别中文医学评论的情感倾向,Sun等[1]提出一种适用于短文本分类的基于数据增强技术的混合神经网络模型行结构(LSCNN)。Google发布的GoogleBERT可以自动生成上下文词向量,是文本分类和其他自然语言处理技术发展的一个重要转折点[2],在一些文本分类任务中的准确性达95%以上。

9.1.3 文本预处理方法

文本分类之前需要进行语料的预处理。文本预处理是指将文本转化成词序列,即文本分词、词干分析、删除停用词和低频词等。尤其在使用浅层学习模型进行分类时,分词特征对于分类效果有较为显著的影响。随着深度学习技术的发展,也有不少学者基于字特征进行了文本分类。A Li等[3]对中文文本情感分析的文本预处理方法做了比较研究,发现卷积神经网络更适合特征较少的情况,即需要通过文本预处理去除无用的特征来降低噪声。Li等[4]用字符特征代替分词特征,基于深度信任模型进行了音乐歌词表达情绪分类的研究。Hang Z等[5]利用jieba分词系统对微博大V用户

---

[1] Sun X, He J. A novel approach to generate a large scale of supervised data for short text sentiment analysis[J]. Multimedia tools and applications,2018,79(9-10):5439-5459.

[2] Devlin J, Chang M W, Lee K, et al. BERT: pre-training of deep bidirectional Transformers for language understanding[J/OL]. [2019-05-24]. https://arxiv.org/abs/1810.04805v1.

[3] Li A, Chen Y. Pre-processing analysis for Chinese text sentiment analysis[C]// Proceeding of the 2017 2nd international conference on communication and information systems, Wuhan 2017:318-323.

[4] Li J, Gao S, Han N, et al. Music mood classification via deep belief network[C]// Cui P, Dy J, Aggarwal C, et al, Proceeding of the IEEE international conference on data mining workshop, Atlantic City, 2015:1241-1245.

[5] Hang Z, Chao W, Li C, et al. Natural language processing service based on stroke-level convolutional networks for Chinese text classification[C]// Altintas I, Chen S. Proceeding of the 24th IEEE international conference on web services, Honolulu, 2017:404-411.

的微博内容进行了分词,并基于注意力模型进行了文本分类。Zhao 等[①]用 THULAC tool 对中文文本分词,基于 Bi-LSTM 对京东商品信息进行了分类。Chen 等[②]爬取了中国健康网站上与糖尿病相关的文章,利用中科院的分词工具 ICTLCS 进行分词预处理,并比较了深度信任网络、支持向量机、朴素贝叶斯、决策树对于疾病信息的分类效果。

综上,已经有若干文献在探讨文本预处理方法对最后文本分类效果的影响,但主要集中在基于字特征和自动分词特征这两种方式的比较。汉语文本常用的分词手段是利用已有的分词工具进行分词,其中比较受欢迎的分词工具有 jieba 分词系统、中科院的分词工具 ICTLCS 以及清华大学的 THULAC tool,但是机器自动分词所造成的分类结果误差尚未得到有效的验证和讨论。用 NEPD 这样的大规模现代汉语精加工分词语料作为支撑,可以尝试比较在未分词(即基于字特征)、机器自动分词以及人工分词 3 种不同的文本预处理方式下,采用不同深度学习模型的文本分类结果的差异性。

9.2 语料与模型介绍

9.2.1 语料选取

《人民日报》原始语料的版面是随着时间变化的,有副刊、国际、经济、理论、评论、社会、体育、文化、要闻、政治等 10 种版面。副刊指报纸上刊登文

---

① Zhao C, Wang S, Li D. Deep transfer learning for social media cross-domain sentiment classification[C]// Cheng X, Ma W, Liu H et al. Communications in Computer and Information Science,Beijing,2017:232-243.

② Chen X, Zhang Y, Zhao K Z, et al. Domain Supervised Deep Learning Framework for Detecting Chinese Diabetes-Related Topics [C]//Database systems for advanced applications. Cham:Springer International Publishing,2018:53-71.

艺作品、学术文章等的专业专栏①。《人民日报》理论版是学者及行政官员等表达思想见解的窗口。评论版兼具表达媒体立场、引导社会舆论的功能，既是受众发表观点的场所和体现民意的平台，也是报纸编辑部及公众言论的聚集地②。要闻版一般以环球热点和实时点评为主③。这4种版面糅合了各个主题的报道，主题类别不明确，不宜作为文本分类的测评对象。国际、经济、社会、体育、文化、政治等6个版面正好对应了各个主题领域的主要新闻报道，很适合用于文本分类效果测评。

以2015年1—6月、2016年1月、2017年1月、2018年1月、2022年1月共10个月的《人民日报》的国际、经济、社会、体育、文化、政治6个版面的全部文章为原始语料，从NEPD中选取对应的分词语料，组合成为新闻文本自动分类的研究对象。原始数据如表9-1所示，其中包含国际版新闻2 864篇，经济版新闻1 334篇，社会版新闻1 188篇，体育版新闻1 405篇，文化版新闻1 114篇，政治版新闻1 370篇。总计有9 275篇新闻报道，数据量约19.7 MB。

表9-1 原始语料分布　　　　　　　　　　　　　　　　　　　　单位：篇

	201501	201502	201503	201504	201505	201506	201601	201701	201801	202201	总计
国际	335	264	203	322	334	319	343	254	356	134	2 864
经济	159	107	96	144	175	158	137	127	138	93	1 334
社会	140	100	69	115	143	122	134	136	153	76	1 188
体育	177	99	87	151	158	137	167	155	197	77	1 405
文化	130	84	63	139	134	120	123	103	133	85	1 114
政治	182	106	103	155	143	156	143	131	154	97	1 370
总计	2 618	1 819	1 266	1 475	2 637	1 473	2 479	2 098	2 789	562	9 275

① 吴珏. 语用身份观视角下的新闻标题主观性研究[D]. 南京：南京大学，2014.
② 胡道兰. 论我国报纸评论版的兴起和发展[D]. 北京：中央民族大学，2008.
③ 朱金山. 浅谈全媒体时代下要闻版编辑应有的精品意识[J]. 记者摇篮，2019(4)：134-135.

9.2.2 算法介绍

过去几年中,学者们提出了许多用于文本分类的深度学习模型,Li 等人总结了自 2011 年来用于文本分类的深度模型,共有 50 多种[1],包括用于提升文本分类效果的 CNN、RNN 和注意力机制模型等的改进以及多个模型融合。在各种深度学习自动分类模型中,CNN、RNN 和 BERT 是最具代表性的模型,可用于 NEPD 新闻语料的自动分类。

卷积神经网络(CNN)是一种利用卷积滤波器提取图像特征的图像分类方法,由 LeCun 等[2]于 20 世纪 80 年代提出,后来在自然语言处理领域被用于关系分类和句子分类。CNN 可以同时将不同内核定义的卷积应用于输入,以便多角度提取特征。对于文本分类,将文本的序列作为输入,从序列的维度进行卷积,即一维的卷积。CNN 首先将输入文本的词向量拼接成矩阵,然后矩阵被送入卷积层,卷积层包含几个不同维数的滤波器,用于提取 n-grams 特征,如表 9-2 所示。可以采用三种卷积核提取特征再进行最大池化。最后,卷积层的结果经过池化层将池化结果拼接起来,以获得文本的最终向量表示。类别由最终向量预测。卷积神经网络(CNN)的主要特点是局部区域感知。CNN 中各个层之间的神经元不是全连接,每个神经元只接收局部特征,在最高卷积层将局部区域感知到的特征聚合起来得到全局特征。此外,每个神经元与局部区域的权重参数是一致的,共享同一个卷积核,且一个卷积核只能学习到一种特征,一般需要设计多个卷积核来学习更多特征。因为局部区域的感知特征,CNN 需要减少数据处理量来保留有效的特征信息。

---

[1] Li Q, Peng H, Li J, et al. A Survey on text classification: from shallow to deep learning [J/OL]. [2020-10-26]. https://arxiv.org/abs/2008.00364.

[2] LeCun Y, Bottou L, Bengio Y, et al. Gradient-based learning applied to document recognition[J]. Proceedings of the IEEE, 1998(11): 2278-2324.

表9-2 深度学习模型参数设置

模型	CNN	RNN	BERT
参数	batch_size: 64, num_epochs: 30, loss_type: softmax-CrossEntropy, hidden_layer_dropout: 0.5, dimension: 64, optimizer_type: Adam, learning_rate: 0.008, adadelta_decay_rate: 0.95, adadelta_epsilon: 1e-08, kernel_sizes: [2,3,4], num_kernels: 100,	batch_size: 64, num_epochs: 30, loss_type: softmaxCrossEntropy, hidden_layer_dropout: 0.5, dimension: 64, optimizer_type: Adam, learning_rate: 0.008, adadelta_decay_rate: 0.95, adadelta_epsilon: 1e-08, hidden_dimension: 64, rnn_type: GRU, num_layers: 1, bidirectional: true	max_seq_length=256 train_batch_size=16 learning_rate=2e-5 num_train_epochs=10.0

循环神经网络(RNN)由Elman等[1]提出的简单神经网络改进而来,通过递归计算解决了序列中长距离依赖问题,因此得到了广泛的应用。RNN首先利用词嵌入技术将每个输入词表示为一个特定的向量。然后,RNN以时间步的形式处理序列数据,将嵌入的词向量输入RNN层,每个RNN单元依据上一时间步输出的隐含状态和当前时间步的词向量共同作为输入,计算得到当前时间步的输出。最后,将最后一个时间步的输出作为分类的隐含状态,通过全连接层和softmax层得到所属类别概率实现文本分类。RNN使用随时间反向传播算法进行训练学习,但是数据序列较长时,回传的残差指数下降,神经元权重更新缓慢,会产生长期依赖的问题,导致模型性能变差。为保存序列的长期记忆,可以引入一个存储单元,相应的改进模

---

[1] Boyd-Graber J, Blei D. Multilingual topic models for unaligned text[J]. arXiv preprint arXiv:1205.2657, 2012.

型于是被提出,如 LSTM[①]、门循环单元(Gate Recurrent Unit,GRU)[②]。NEPD 新闻文本的 RNN 自动分类模型采用具有重置门与更新门的 GRU 模型进行训练和测试,其中重置门决定了将新的输入信息与前面的记忆相结合,而更新门定义了记忆保存到当前时间步的量,对应于 LSTM 的输入门与遗忘门。

BERT 是基于 Transformer 的双向语言模型。预训练的语言模型能够有效学习全局语义表征并能显著提高处理文本分类等自然语言任务的性能。预训练模型通过使用非监督方法自动挖掘语义知识并构建预训练目标,从而使得机器能够学习并理解语义。BERT 模型的使用包括两个阶段:第一阶段采用双层双向 Transformer 模型,通过掩码语言模型(MLM)和下一句子预测(NSP)两种策略进行预训练。其中 MLM 可以被理解为完形填空任务,程序会随机遮盖掉每一个句子中 15% 的词,然后采用非监督的学习方法预测被遮盖的位置是什么词语,目的是让 BERT 模型能够实现深度的双向表示。NSP 是给定一些句子对(A,B),其中 50% 的数据中的 B 是语料库中随机选择的。添加这样的任务的目的是让语言模型能够理解两个句子之间的逻辑和因果关系,从而使得模型能够理解两个句子之间的逻辑和因果关系的任务,如自然语言处理中的问答任务和自然语言推理。第二阶段采用微调(fine-tuning)的模式应用到下游任务。NEPD 新闻文本的 BERT 自动分类模型在第一阶段选用 Google 开源的中文预训练模型 BERT-Base-Chinese,在第二阶段使用 TensorFlow 框架编写程序完成微调,实现 NEPD 语料的分类。CNN 与 RNN 用 pytorch 框架编写程序,三种模型参数设置如表 9-2 所示。

[①] Wallach H M. Topic modeling: beyond bag-of-words[C]//Proceedings of the 23rd international conference on machine learning,2006:977-984.

[②] Lai S, Xu L, Liu K, et al. Recurrent convolutional neural networks for text classification[C]//Proceedings of the twenty-ninth AAAI conference on artificial intelligence,Austin,Texas. ACM,2015.

9.2.3 评价方法与指标

可以通过建立文本-类别矩阵的方法来表示分类的结果。对应到新闻文本的分类,即建立新闻报道-版面矩阵,如表9-3所示。

表9-3 新闻报道-版面矩阵

新闻	国际	经济	社会	体育	文化	政治
n_1	a_{11}	a_{12}	a_{13}	a_{14}	a_{15}	a_{16}
……	……	……	……	……	……	……
n_i	a_{i1}	a_{i2}	a_{i3}	a_{i4}	a_{i5}	a_{i6}
……	……	……	……	……	……	……
n_m	a_{m1}	a_{m2}	a_{m3}	a_{m4}	a_{m5}	a_{m6}

其中,n_i表示第i篇新闻报道,NEPD新闻文本自动分类实验语料共包含了9 275篇新闻报道,分属6个版面,即6个类,对于矩阵中元素a的取值有三种情况:

TP:新闻报道n_i属于版面j,且分类算法将其分到j类;

FP:新闻报道n_i不属于版面j,而分类算法将其分到j类;

FN:新闻报道n_i属于版面j,而分类算法将其分到其他类;

TN:新闻报道n_i不属于版面j,而分类算法将其分到其他类;

用分类准确率(Precision)、分全率(Recall)及F1分值作为衡量分类算法分类效果的指标。对于某一特定的类有:

$P=$属于TP情况的数量/(属于TP情况的数量+属于FN情况的数量)

$R=$属于TP情况的数量/(属于TP情况的数量+属于FP情况的数量)

$F1=(P+R)/2PR$

9.3 算法运行环境与过程

《人民日报》的文本分类实验均在如表 9-4 所示的实验环境中完成。

表 9-4 环境参数及配置

环境参数	环境配置
操作系统	Ubuntu16.04
GPU	Tesla
内存	24G
编程语言	Python 3.7
深度学习框架	Torch1.6.0
Word embedding 训练工具（CNN，RNN）	Word2vec

运行文本分类算法之前，需要对 10 个月《人民日报》6 个版面的 NEPD 语料进行一系列的数据预处理工作。如图 9-1 所示。

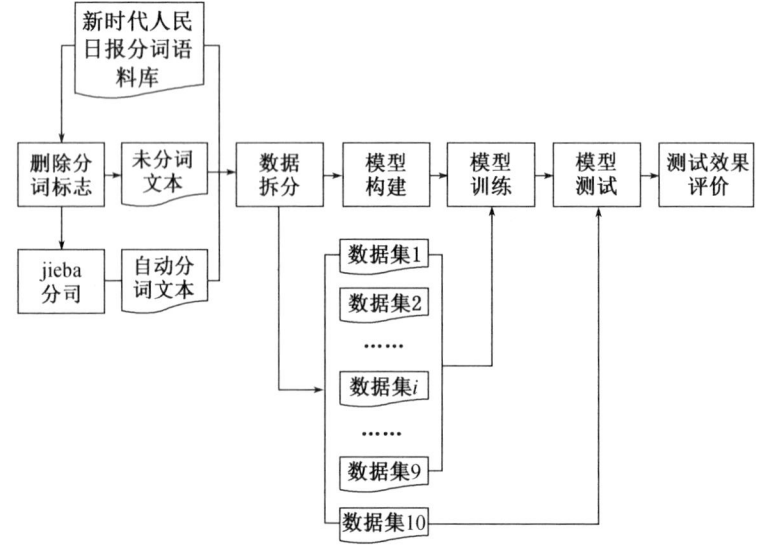

图 9-1 融合人工分词特征的文本分类过程

首先,为了得到未分词的语料,需要删除 NEPD 语料库中的分词标识。然后,对未分词语料利用 jieba 分词工具进行自动分词,这样就分别得到了人工分词语料、机器自动分词语料和未分词语料 3 份实验数据。为了测试算法和特征的准确性,拟采用十折交叉验证的方式进行测试。

9.4 文本分类结果对比分析

采用十折交叉验证的方法将语料分为 10 份,其中的 9 份作为训练集,剩余的 1 份作为测试集,对语料进行 10 次的训练和测试,最终取 10 份评价结果的平均值作为对比分析对象。

9.4.1 不同算法的分类效果对比

将 3 种深度学习分类模型分别应用于全部 10 个月的 NEPD 语料,分类效果如表 9-5 所示。从整体上看,BERT 模型的分类效果比 CNN 和 RNN 的好,其分类准确率、召回率和 F 值均在 82% 以上。BERT 模型在体育类上表现最好,分类准确率高达 98.72%,其次分别是国际类、文化类、经济类、政治类,社会类的分类效果上表现最差,分类准确率为 82.94%。而 CNN 与 RNN 的整体分类效果相差不大。CNN 模型中,分类效果最好的是体育类,国际类紧随其后,这两类的分类准确率也高达 90% 以上;其次分别是政治类、经济类,这两类的分类准确率都超过了 80%;文化类、社会类的分类准确率低于 80%,分别是 78.97% 和 78.34%。RNN 模型中,分类效果最好的同样是体育类和国际类,分类准确率为 96.46% 和 95.28%;其次是经济类、文化类和政治类,这 3 个类的分类准确率也都超过了 80%;社会类的分类效果表现最差,分类准确率为 79.23%。综上可见,在没有添加任何特征的情况下,BERT 的分类准确率远远高于 CNN 与 RNN,在每个类别上 BERT 的分类准确率比 CNN 与 RNN 均有较大提升。

横向比较 6 个类的整体分类效果,体育类是分类效果表现最好的类,无论 CNN、RNN 还是 BERT 模型,体育类的分类准确率都是在 6 个类中准确率最高。其次是国际类,3 种模型的分类准确率均高于 90%。接下来分别是政治类、文化类、社会类和经济类。由此可见,分类的效果不仅与深度学习分类模型密切相关,同时与各类文本主题也有很大的关联性。

表 9-5 不同算法的分类效果

模型	CNN			RNN			BERT		
评价指标	P/%	R/%	F/%	P/%	R/%	F/%	P/%	R/%	F/%
国际	94.89	97.14	95.99	95.28	95.79	95.53	98.10	98.27	98.18
经济	81.20	78.10	79.36	82.69	77.48	79.79	86.06	84.73	85.32
社会	78.34	74.60	75.80	79.23	77.70	78.28	82.94	83.99	83.37
体育	97.30	96.27	96.77	96.46	96.99	96.70	98.72	98.06	98.39
文化	78.97	81.80	80.25	80.67	83.47	81.88	89.50	86.80	88.07
政治	81.33	80.49	80.77	80.34	82.10	80.95	84.95	87.21	85.93

9.4.2 不同训练集的分类效果对比

数据集的规模对文本分类的结果也会产生一定的影响。为测试数据集对分类结果的影响,将 10 个月的人民日报语料划分为两个数据集,数据集 1 包含 2015 年 1—6 月、2016 年 1 月、2017 年 1 月、2018 年 1 月、2022 年 1 月共 10 个月的语料,数据集 2 仅包含 2015 年 1 月和 6 月、2016 年 1 月、2018 年 1 月共 4 个月的语料。在实验中同样采用了十折交叉验证的方法。

表9-6 不同数据集下的分类准确率

模型	数据集1分类准确率 CNN	RNN	BERT	数据集2分类准确率 CNN	RNN	BERT
国际	89.06%	89.51%	93.19%	91.04%	89.30%	96.49%
经济	73.07%	72.93%	85.45%	62.72%	71.44%	77.36%
社会	72.71%	74.48%	84.20%	71.95%	67.46%	80.11%
体育	93.96%	92.64%	96.57%	91.28%	91.43%	90.30%
文化	79.26%	79.56%	90.51%	75.78%	77.70%	82.56%
政治	77.74%	76.44%	86.68%	77.25%	76.67%	86.66%

从表9-6可以清晰地看到,数据集1在3个模型上的分类准确率总体上远高于数据集2。其中,BERT在体育类的新闻分类准确率高达96.57%,较数据集2提升了6.27%,文化类较数据集2高7.95%,经济类较数据集2高8.09%,社会类较数据集2高4.09%。不过,国际类情况比较特殊,BERT模型对国际类的分类准确率相较于数据集2反而低了3.30%。政治类的变化相差不大。CNN与RNN模型在经济类、社会类、体育类、文化类,对数据集1的分类准确率也均高于数据集2,CNN在经济类的分类准确率数据集1在数据集2的基础上提升最高,提升了10.35%。由此可见,增加训练集的样本量在一定程度上能够有效地提高文本的分类准确率。

9.4.3 分词特征对分类效果的影响

BERT模型是以Transformer模型的encoder为基础构成的预训练模型,采用自监督的方式训练。Transformer模型采用完全的注意力机制,在长序列的建模以及全文信息的获取上会比RNN、CNN中使用的word2vec要好一些,BERT的文本表征能力比RNN、CNN更强,不过用RNN、CNN训练词向量也能满足大部分的词向量的需求。因此,考察分词特征对文本分类效果的影响时,只针对CNN与RNN两种模型开展测评实验。为控制实验变量的一致性,只选取精加工的数据集2的语料进行训练和测试,所选取的分词特征包括人工分词特征、机器分词(jieba自动分词)特征以及添加了未登录词的机器分词特征。将以上3种分词结果与无分词特征的分类结果进行对比,如表9-7所示。从整体上看,无论是分类准确率还是分全率,测评结果的最高值均出现在添加了分词特征的模型方法下。

表9-7 分词特征对分类效果的影响 （单位:%）

分类模型		CNN+字特征	CNN+人工分词	CNN+机器分词	CNN+机器分词+未登录词	RNN+字特征	RNN+人工分词	RNN+机器分词	RNN+机器分词+未登录词
国际	P	91.04	91.54	92.72	92.95	89.30	95.04	94.55	94.94
	R	90.28	93.74	92.30	91.51	92.53	93.49	92.65	93.10
	F	90.55	92.57	92.49	92.16	90.73	94.23	93.57	93.98
经济	P	62.72	71.71	70.66	71.00	71.44	68.75	68.32	70.79
	R	73.03	69.80	73.66	71.68	66.81	76.66	72.12	75.39
	F	67.13	70.22	71.33	70.81	68.58	72.05	69.47	72.59
社会	P	71.95	74.12	72.35	73.94	67.46	70.93	69.99	72.68
	R	67.23	67.16	64.79	68.85	71.68	71.87	74.05	71.94
	F	69.34	68.91	67.32	70.41	68.76	70.98	71.67	72.04
体育	P	91.28	90.18	93.46	89.08	91.43	97.08	94.31	94.66
	R	92.65	94.16	94.24	94.39	93.17	95.23	94.19	94.50
	F	91.74	91.95	93.68	91.38	92.09	96.09	94.08	94.47
文化	P	75.78	76.93	76.71	74.32	77.70	81.51	80.03	79.10
	R	70.67	73.48	76.98	77.82	71.67	78.11	76.15	77.58
	F	72.85	74.29	76.62	75.62	74.09	79.61	77.90	77.89
政治	P	77.25	78.44	75.52	78.98	76.67	78.95	80.68	78.56
	R	71.17	75.82	75.29	72.33	71.15	75.44	75.28	76.01
	F	73.56	76.47	74.71	74.97	73.68	76.96	77.62	77.08

为方便比较仅基于字特征(不分词)、添加人工分词特征、添加机器分词

特征以及添加未登录词和机器分词特征4种情况对文本自动分类效果的影响,可以分别绘制4种情况下 CNN 与 RNN 模型分类准确率的对比图。

图9-2展示了 CNN 模型下添加了不同分词特征的分类算法模型对应的分类准确率。整体上看,相较于仅基于字特征(无分词特征)的模型分类效果,各类别新闻分类最优模型均出现在3组添加了分词特征的模型中。国际类中,添加了未登录词特征的模型表现最好,相对于没有添加分词特征(仅基于字特征)的模型分类准确率提升了1.91%,添加了机器分词和添加了人工分词特征的模型分类准确率分列第2和第3。经济类中,添加了人工分词特征的模型表现最好,相对于仅基于字特征(没有添加分词特征)的模型分类准确率提升了8.99%,是提升效果最明显的模型;添加了未登录词和仅添加了机器分词特征的模型分类准确率分别提升了8.28%和7.94%。社会类中,分类效果表现最好的依然是添加了人工分词特征的模型,相对于仅基于字特征的模型提升了2.17%,添加了未登录词特征和仅添加了机器分词特征的模型分类准确率分列第2和第3。体育类中,表现最好的是添加了机器分词特征的模型,添加人工分词特征和添加未登录词特征对分类效果没有提升作用。文化类中,分类表现最好的是人工分词特

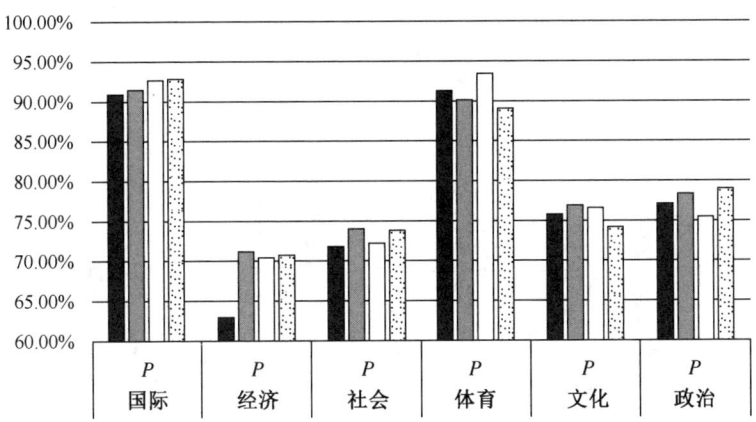

图9-2　CNN 模型下添加不同分词特征的分类准确率

征,相对于仅基于字特征的模型其分类准确率提高了1.15%,机器分词特征同样起到了提升分类准确率的作用,但是添加未登录词特征后表现不及仅基于字特征的模型。政治类中,分类效果表现最好的是添加了未登录词特征的模型,比仅基于字特征的模型分类准确率提升了1.73%,添加人工分词特征对分类效果也有提升作用,但仅添加机器分词特征的表现不如仅基于字特征的模型。

图9-3展示了RNN模型下添加了不同的分词特征的分类算法模型对应的分类准确率。整体上,除经济类新闻外,添加分词特征到RNN模型中对分类效果提升较为明显。国际类中,相较于仅基于字特征的RNN分类模型,添加人工分词特征的模型分类准确率提升了5.74%,添加未登录词特征和仅添加机器分词特征的模型分类准确率分别提升了5.64%和5.25%。不同于CNN模型在经济类中的优异表现,添加了3种分词特征后的RNN分类模型在经济类中的分类准确率均低于仅基于字特征的模型。在社会类中,添加了未登录词特征的分类准确率最高,相较于仅基于字特征的模型提升了5.22%,添加了人工分词特征和添加了机器分词特征的模型分类准确率相较于仅基于字特征的RNN模型分别提升了3.47%和2.53%。体育类中,添加了人工分词特征的模型分类准确率相较于仅基于

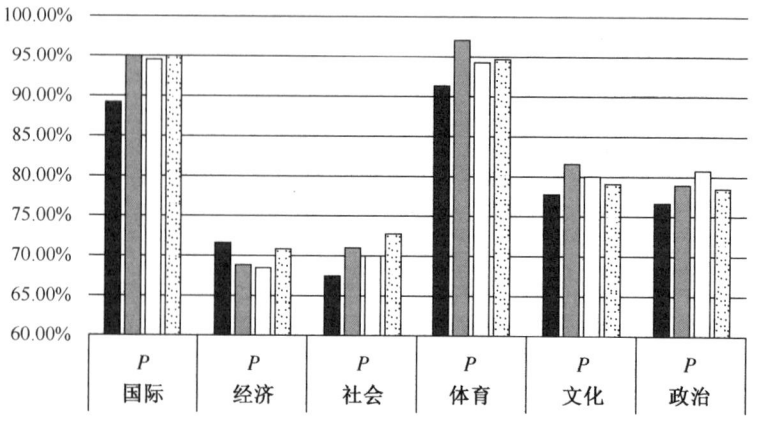

图9-3 RNN模型下添加不同分词特征的分类准确率

字特征的模型提升了 5.65%,而添加了未登录词特征和仅添加了机器分词特征的模型分类准确率分别提升了 3.23% 和 2.88%。文化类中,人工分词的特征表现最佳,其分类准确率相较于字特征的 77.70% 提升了 3.81%,仅添加机器分词特征和添加未登录词特征也分别提升了 2.33% 和 1.4%。政治类中,仅添加机器分词特征的模型分类准确率最高,相较于仅基于字特征的模型提升了 4.01%,达到 80.68%,添加了人工分词特征的模型分类准确率提升至 78.95%,添加了未登录词特征的模型分类准确率提升至 78.56%。

从测评结果看,添加了分词特征后的模型分类效果整体上优于没有添加特征的模型。为进一步分析人工分词与机器分词对分类结果造成的差异,可以具体比较人工分词和机器分词的特性。在去除了标点符号、单字词之后,分别得到 6 个类的文本人工分词与自动分词的词数,见表 9-8。

表 9-8 人工分词与机器分词数统计 (单位:个)

	文化	经济	政治	体育	国际	社会
人工	18 004	15 532	16 635	16 458	29 318	17 334
jieba	21 933	19 150	20 930	19 876	35 794	21 517
词数差	3 929	3 618	4 295	3 416	6 476	4 183

从表 9-8 可以看出,在所有 6 个类中,机器分词后得到的词数都远高于人工分词。Li 等[1]提出了影响文本分类准确率的四个因素,其中一个因素是控制词汇量以减少数据的稀疏性,人工分词恰好符合了这一要求。从微观的角度看,jieba 分词系统在汉语分词过程中,将"数词"+"量词"作为一个词语组合在一起,例如,"一个""一只"等均被当作单个词语,而人工分

---

[1] Li X, Meng Y, Sun X, et al. Is word segmentation necessary for deep learning of Chinese representations? [C]// ACL. Proceedings of the 57th annual meeting of the association for computational linguistics, Florence, 2019: 3242-3252.

词将这一组合拆分成单字词①。比较人工分词和机器分词的分词结果还可以发现,人工分词解决了大量未登录词的分词问题。此外,数据稀疏会导致机器分词模型需要学习更多的参数,产生过拟合,而丢弃机制又不能完全解决过拟合问题。上述因素综合在一起,造成添加机器分词特征的分类模型的分类效果整体上低于添加人工分词特征的模型。

综合测评数据可以得出结论,上文提出的添加了人工分词特征的自动分类方法在文本分类表现上具有较大的优越性,并且对于分类效果的提升较 Li 等人的研究更有说服力。在 Li 等人的研究中,仅基于字特征和添加了分词特征的模型分类效果差距在 1% 左右,而上文提出的添加了人工分词特征的模型比仅基于字特征的模型的分类效果提升达 9%。此外,Li 等人的研究仅针对短文本的分类,例如评论文本的分类,字特征的效果优于词特征,但是对于长文本的分类,如新闻文本的分类,词特征是优于字特征的。因此,在探讨分类效果时还要区分文本的长度。

9.5 小　结

训练语料的规模、分类算法和分类特征是影响新闻文本分类准确率的 3 个主要因素。从本章的测评数据看,训练集规模越大,新闻文本自动分类的效果越好,在基于字特征的深度学习模型中,BERT 的分类效果最好。

在分类特征方面,添加人工分词特征对提升新闻文本自动分类的分类准确率具有明显的作用。本章提出了一种融入人工分词特征的新闻文本自动分类方法,构建了融合人工分词特征的深度学习模型。该方法较其他方法具有较大的优越性。由于 NEPD 语料分词质量高,比前人的同类方法分

---

① Li A, Chen Y. Pre-processing analysis for Chinese text sentiment analysis[C]// Proceeding of the 2nd international conference on communication and information systems,2017: 318-323.

类效果提升较大。相比于仅采用字特征的新闻文本自动分类模型,无论添加何种分词特征,都有助于解决新闻文本在分类过程中的矩阵稀疏问题,同时减少了未登录词所带来的影响,对分类效果总体上都有提升,在 CNN 和 RNN 模型上都取得了较好的效果。相较于仅基于字特征的模型,添加了人工分词特征的 CNN 分类准确率提升了 8.99%,添加了人工分词特征的 RNN 模型准确率提升了 5.74%。融入人工分词特征的新闻文本自动分类方法对某些新闻类别的分类效果也优于 BERT 模型。以新闻文本自动分类为基础,可以分析用户阅读新闻的类型喜好,实现新闻个性化推荐,给用户带来良好的体验与服务。

简便起见,本章将新闻的版面划分仅视为单分类问题,实际上新闻语料中存在文本的多标签分类现象。报纸的版面未必仅按主题来划分,而是可能从体裁、主题以及新闻影响力 3 个维度设置排版,使得同一主题的新闻往往出现在不同的版面,给新闻主题的组织和检索带来一定困难。以《人民日报》为例,2020 年 1 月 14 日的要闻版第 2 版有题为《中央军委举行慰问驻京部队老干部迎新春文艺演出》的新闻报道,如果按主题分类,这篇文章应当属于文化版。

本章的新闻文本自动分类没有考虑语料分布可能导致的分类结果差异。例如,NEPD 新闻语料中体育类的文本数量最多,相应地,训练集中体育类占比最高、规模最大,导致所有模型对体育类的分类准确率都是最高的。其他 5 个类的文本数量相差不大,分类准确率差异也不大。

第10章 面向NEPD语料的新闻词汇级检索

作为中共中央机关报,《人民日报》是中国第一大报,承担着宣传党的理论和路线方针政策,宣传中央的重大决策部署,弘扬社会正气,及时传播国内外各领域的信息,报道世界上发生的重大事件并发表评论等重要职责。《人民日报》创刊已有70多年历史,文本的数据量不断积累。在大数据这一时代背景下,充分并高效地组织新闻文本的语料资源,实现深层次数据挖掘并应用于社会发展与文化传播,具有重要意义。对新闻报刊提供便捷的信息检索工具,能够大幅节省读者阅读时间,提高知识利用效率,快速提供特定时事或类别的新闻,使读者从多维度准确高效地获取所需信息。

NEPD语料库完成了对《人民日报》全文本的高质量人工分词,为文本检索提供了优质分词语料资源,有效地解决了新词识别和歧义消解等问题,避免了无分词、分词质量低下、未登录词不能识别等因素对检索系统质量的影响,为高质量文本信息检索系统的建设奠定了语料库基础。

NEPD包含了2015上半年(1—6月)及2016年1月、2017年1月、2018年1月、2022年1月共10个月的人民日报原始语料,以精加工的大规模新闻分词语料NEPD为基础,可以展开多维度词汇级检索的研究,构建面向人民日报语料的多维度检索系统。人民日报语料词汇级检索系统的研究与构建,可以为NEPD语料的应用提供新思路,实现更深层次的数据挖掘与组织,进而为普通读者提供更高效的新闻信息获取途径,提高信息传播效率。

10.1 国内外研究现状

20世纪80年代我国的新闻资料检索和处理研究工作就已经开始[1]，经过数十年的发展已经愈发成熟。1991年，Sanderson和Rijsbergen[2]提出，随着存储在计算机上的信息越来越多，一个成熟的信息检索工具对于处理这些数据具有重要意义。随着大数据时代的到来，新闻文本数量也不断累积和增长，海量的新闻文本使人们的知识获取和利用效率明显下降，为此，研究者们结合新兴技术和传统方法深入探索新技术下的新闻检索方法。毕莹[3]和林乐[4]均从用户定制的角度构建了个性化新闻检索系统。前者通过分词与词性标注识别关键词，并结合日期对新闻进行分类和排序。后者不仅建立了传统的倒排索引，同时结合新闻相关性、新鲜性、类别、新闻来源对结果进行排序，为客户提供特定网站新闻内容。仲兆满等[5]针对事件类新闻的特征，结合动作要素、标题、事件项与约束项之间的距离提出了面向Web新闻的事件多要素检索方法。石家亮[6]结合《安徽日报》的具体数据构建了新闻全文检索系统的模型框架。米硕等[7]针对中小型新闻检索系统提出了实现方案，通过RSS对新闻实现实时获取后，基于NLP和机器学习方法对文本进行分类和关键词抽取，采取双优先度排序的方式实现新闻检索。

---

[1] 李惠芬. 新闻资料数据库建设与社会化服务[J]. 情报资料工作, 1994(3): 41-43.
[2] Sanderson M, Rijsbergen C. NRT: news retrieval tool[J]. Electronic publishing origination, dissemination, and design, 1991(4): 205-217.
[3] 毕莹. 个性化RSS新闻检索系统设计与实现[D]. 哈尔滨: 哈尔滨工业大学, 2007.
[4] 林乐. 特定网站新闻检索系统的设计与实现[D]. 广州: 华南理工大学, 2013.
[5] 仲兆满, 李存华, 刘宗田, 等. 面向Web新闻的事件多要素检索方法[J]. 软件学报, 2013(10): 2366-2378.
[6] 石家亮. 新闻全文检索系统的数据预处理技术[J]. 电脑知识与技术, 2010(23): 6402-6403+6420.
[7] 米硕, 田丰收, 孙瑞彬, 等. 基于RSS与机器学习的中小型新闻检索系统实现方案[J]. 中国战略新兴产业, 2018(12): 76.

周邦定[1]从负面新闻的角度构建了情感文本自动检索模型,从词汇和语义两个角度提出了两种负面新闻识别算法,搭建了客户负面新闻自动检索系统。垂直搜索引擎与传统通用检索相比具有更强的专业性,对于特定领域具有更精准的检索效果。王晶[2]针对外汇市场信息服务需求,基于垂直搜索引擎构建了外汇主题分析引擎系统。许翰林[3]设计了小型新闻垂直搜索引擎,自建基于 Heritrix 的新闻主题网络爬虫获取新闻网页,再通过 SVM 文本分类模型进行数据组织,并设计了基于网页主题相关度和更新频率的 PageRank 网页排序算法,最终构建了具有高垂直度和细分度的新闻搜索引擎。同时,也有一些学者的研究中包含检索的相关探索,黄志远[4]在构建新闻自动摘要系统时,设计了新闻检索模块,在满足基本检索和复合检索需求的条件下,实现自动摘要系统的整体呈现。Ebadi 等[5]在进行假新闻识别模型研究时,将新闻检索系统与端到端的记忆网络模型相结合,进而对文本进行分类和标注。Meesad[6] 同样在虚假新闻识别模型构建中应用到了信息检索的内容,其研究主要分为信息检索、自然语言处理和机器学习三个模块,其中的信息检索模块数据主要来源于网络新闻。Bokhari 等[7]利用向量空间模型、BM25 模型和潜在语义索引 3 种信息检索技术,选取了不同学科的 20 个查询对 Bing 新闻、Google 新闻和 Newslookup 3 个新闻搜索引擎进行性能评估。

目前,新闻文本检索的研究中大多以新闻网页为对象,通过爬虫获取网

---

[1] 周邦定. 客户负面新闻自动检索方法的研究与应用[D]. 北京:中国科学技术大学,2015.
[2] 王晶. 基于 Web 信息获取的新闻数据分析研究[D]. 上海:华东师范大学,2009.
[3] 许翰林. 面向新闻领域的小型垂直搜索引擎[D]. 南京:南京信息工程大学,2018.
[4] 黄志远. 网络新闻多文档摘要系统的研究与实现[D]. 大连:辽宁大学,2019.
[5] Ebadi N, Jozani M, Choo K R, et al. A memory network information retrieval model for identification of news misinformation [J]. IEEE transactions on big data, 2022(5): 1358 – 1370.
[6] Meesad P. Thai Fake News Detection Based on Information Retrieval, Natural Language Processing and Machine Learning[J]. SN computer science, 2021(6).
[7] Bokhari M U, Adhami M K, Ahmad A. Evaluation of news search engines based On information retrieval models[C]//Operations research forum. Springer international publishing, 2021(3): 1 – 22.

页后,对网页本身或内部文件信息进行排序,再进一步实现检索。张革[1]基于 Hadoop 平台以分布式文件系统 HDFS 存取新闻信息,并提出 BFPRT 算法和 MapReduce 分布式编程模型相结合的 TOP-K 新闻检索算法,在改善检索效果的同时,更注意用户体验感,对标题摘要等部分中的关键词高亮显示。赵美勇等[2]通过模拟搜索引擎的方式,爬取新闻网页并建立索引,排序后同样基于 Hadoop 分布式存取索引并实现前后端交互,进而形成能够进行网络新闻检索的平台。鲁松[3]同样以网络新闻语料作为实验对象,通过爬虫技术爬取了 200 万篇左右的新闻形成网络新闻语料库,之后基于 Elasticsearch 建立 B/S 分布式检索系统,其中的检索技术应用到了 TF-IDF 和向量空间模型等理论,以解决文本相似度计算的问题,该系统检索响应快、检索效率和可用性较高。

检索方法或模型在很大程度上决定了检索系统的性能,国内外学者针对检索方法和模型开展了持续性的研究。Kalczynski 和 Chou[4]针对商业新闻中常见的时间表达问题改进了向量空间模型,提出了时间文档检索模型(TDRM),充分利用新闻中时间上下文提供的有效信息辅助检索。Nagypál[5]基于本体提出了语义元数据生成和查询扩展的通用框架,并能够实现在信息检索中优化本体。基于本体的信息检索是检索方法的研究热点,Vallet 等[6]和 Castells[7]均基于本体知识库设计了基于本体的半自动文

---

[1] 张革. 新闻检索系统的研究与实现[D]. 大连:辽宁大学,2018.
[2] 赵美勇,杨永琪,宋思睿. 新闻信息检索系统设计[J]. 科技资讯,2019(9):6-7.
[3] 鲁松. 网络新闻语料库建设及其分布式检索系统研究[D]. 武汉:华中师范大学,2019.
[4] Kalczynski P J, Chou A. Temporal document retrieval model for business news archives [J]. Information processing & management,2005(3):635-650.
[5] Nagypál G. Improving information retrieval effectiveness by using domain knowledge stored in ontologies[C]// OTM confederated international conferences "On the move to meaningful internet systems". Berlin, Heidelberg:Springer,2005:780-789.
[6] Vallet D, M Fernández, Castells P. An ontology-based information retrieval model[C]// European semantic web conference. Berlin, Heidelberg:Springer,2005.
[7] Castells P, Fernandez M, Vallet D. An adaptation of the vector-space model for ontology-based information retrieval[J]. IEEE transactions on knowledge & data engineering,2006(2):261-272.

档注释方法及检索系统,对经典向量空间模型进行了改进,融合了基于语义和基于关键词的检索算法,为大型文档知识库的检索研究提供了借鉴。Berger 和 Lafferty[1]基于统计机器翻译的思想和方法提出了一种无监督学习的信息检索模型,并在 TREC 数据上进行测评。赵俊龙[2]构建了基于深度学习的新闻检索与推荐系统,采用传统检索和无监督聚类相融合的算法,并引入了用户历史交互行为特征,有效提高了新闻检索的效果。

索引是检索系统的重要组成部分,而分词结果直接影响索引的质量和效率。苏景春[3]改进了全文检索的分词方法和 PageRank 算法,在分词过程中采用互关联后继树构建词表以提高分词速度,在分词准确性方面则采用了"三段式首词间距法"以消除歧义,最终构建了基于 Lucene 的新闻检索系统。王屾[4]设计了基于存储三层哈希词典的正向最大匹配算法,用以实现同义词扩展检索,在提高查全率的同时不影响检索速度。杨荣栋构建了基于 Heritrix 的新闻垂直搜索引擎,采用 Lucene 全文搜索工具对新闻信息建立索引,并应用专业的汉语分词器 IK 代替 Lucene 中默认的分词结果,提高了检索效果[5]。赵美勇等[6]设计检索系统时把分词与关键词抽取作为重要任务,首先通过 2-gram 分词进行关键词抽取,之后再进行关键词打分和 K-means 分类。

综上可见,目前新闻文本的检索系统构建较为成熟,海量数据的积累也为新闻文本检索带来挑战。学者们一方面致力于融合新技术与传统方法开发出更高效、更智能的个性化新闻文本检索系统,另一方面对于检索过程中的各个环节,特别是分词这一核心任务的探索也在不断深入。以 NEPD 语

---

[1] Berger A, Lafferty J. Information retrieval as statistical translation[J]. ACM Sigir forum,2017(2):219-226.
[2] 赵俊龙.基于深度学习的文本检索与推荐系统研究[D].成都:电子科技大学,2021.
[3] 苏景春.基于 Lucene 的全文检索系统的研究与应用[D].北京:北京交通大学,2010.
[4] 王屾.基于 Lucene 的同义词扩展检索的研究与实现[D].天津:天津财经大学,2011.
[5] 杨荣栋.基于 Heritrix 的新闻垂直搜索引擎的设计与实现[D].大连:大连交通大学,2017.
[6] 赵美勇,杨永琪,宋思睿.新闻信息检索系统设计[J].科技资讯,2019(9):6-7.

料中的2015年1月至2015年6月和2016年1月、2017年1月、2018年1月、2022年1月共10个月的《人民日报》新闻语料为研究对象,将NEPD分词语料应用于检索研究,探索分词语料对于词汇级检索效果的影响,构建面向NEPD的多维度检索系统,可以为NEPD分词语料的分析与利用提供思路,为进一步提高新闻文本获取和利用效率奠定技术基础。

10.2 检索模型

信息检索是读者或用户获取信息的重要途径或首要步骤。在文本检索任务中,检索提问与数据库中的内容进行匹配,匹配成功的内容被作为检索命中结果提交给用户或根据相关流程进行下一步的数据处理。从自然语言处理角度看,文本信息检索是通过技术方法使计算机能理解和表示检索需求,然后从存贮有文本资源的数据库中返回与检索需求相匹配的对应文本。这里的文本匹配过程利用到了自然语言理解(Nature Language Understand,NLU)中的核心内容。搜索引擎、商品搜索等都是在问答系统中匹配相似的问题,然后返回对应答案,文本匹配在系统中发挥了重要作用。

文本匹配方法既可以分为监督学习方法和非监督学习方法两种,也可以分为传统方法和深度学习方法。传统的非监督学习方法有Jaccard、Levenshtein(编辑距离法)、Simhash、BM25、VSM(向量空间模型)等,其中BM25是近年来得到广泛应用且具有代表性的算法之一,著名的搜索解决方案Elastic中也曾使用该算法进行检索。

BM25[1]是非监督学习文本匹配方法中的典型代表,其全称是Okapi

---

[1] Robertson S, Zaragoza H. The probabilistic relevance framework: BM25 and beyond [J]. Foundations and trends® in information retrieval,2009(4):333-389.

BM25，这里的 BM 是"最佳匹配"(Best Match)的简称。BM25 最早于 20 世纪 70 年代至 80 年代被提出，算法核心是评价检索词和文档之间的相关性，在很多信息检索的任务中表现优异，是文本检索系统开发设计时的首选算法之一。BM25 算法计算目标文档(Document)与查询关键字(Query)的"相关性"(Relevance)，在此基础上可以将所有文档按相关性得分的降序排列输出。

BM25 算法计算相关性得分的主要思想可以概括为：首先，对 Query 进行语素解析，生成相干个语素 q_i；然后，对文档集合 D 中的每篇文档 d，依次计算每个 q_i 与 d 的相关性得分；最后，将 Query 中所有 q_i 相对于 d 的相关性得分进行加权求和，从而得到 Query 与 d 的相关性得分。BM25 算法的一般性公式如下：

$$Score(Q,d) = \sum_{i=1}^{n} W_i \cdot R(q_i,d)$$

其中，Q 表示 Query，q_i 表示对 Q 语素解析之后的语素集合中的一个，d 表示文档集合 D 中的某个文档，W_i 表示语素 q_i 在文档集合 D 中的权重，$R(q_i,d)$ 表示语素 q_i 与文档 d 的相关性得分。对汉语文本，可以把对 Query 的分词过程当作语素分析，分词后得到的词看成语素 q_i。

权重 W_i 可以有多种定义和取值方式，较常用的是 IDF。IDF 计算公式可写成如下形式：

$$IDF(q_i) = \log \frac{N - n(q_i) + 0.5}{n(q_i) + 0.5}$$

其中，N 为文档集合 D 中的全部文档数，$n(q_i)$ 为包含了 q_i 的文档数。

IDF 被称为逆文献频率或反文献频率。根据 IDF 的定义可以看出，对于给定的文档集合，包含了 q_i 的文档数越多，q_i 的权重越低。也就是说，当文档都包含了 q_i 时，q_i 的区分度不高，因而利用 q_i 来判断相关性时的重要程度将降低。

在语素 q_i 与文档 d 的相关性得分 $R(q_i,d)$ 中，一般的计算公式如下：

$$R(q_i,d) = \frac{f_i \cdot (k_1+1)}{f_i+K} \cdot \frac{qf_i \cdot (k_2+1)}{qf_i+k_2}$$

$$K = k_1 \cdot \left(1-b+b \cdot \frac{dl}{avgdl}\right)$$

其中，k_1、k_2、b 为调节因子，通常根据经验，一般设置为 $k_1=2,b=0.75$。f_i 为 q_i 在 d 中的出现频次，qf_i 为 q_i 在 Query 中的出现频次，dl 为文档 d 的长度，$avgdl$ 为所有文档的平均长度。绝大部分情况下 q_i 在 Query 中只会出现一次，即 $qf_i=1$，因此，公式可以简化为：

$$R(q_i,d) = \frac{f_i \cdot (k_1+1)}{f_i+K}$$

从 K 的定义可以看到，参数 b 的作用是调整文档长度对相关性影响的大小。b 越大，文档长度对 d 的相关性得分的影响越大，反之越小。而文档的相对长度越长，K 值将越大，则相关性得分会越小。这可以理解为，当文档较长时包含 q_i 的机会更大，因此，f_i 取值相同的情况下，长文档与 q_i 的相关性应该比短文档与 q_i 的相关性弱。

综上，BM25 算法的相关性计算得分公式可以写成：

$$Score(Q,d) = \sum_i^n IDF(q_i) \cdot \frac{f_i \cdot (k_1+1)}{f_i+k_1 \cdot \left(1-b+b \cdot \frac{dl}{avgdl}\right)}$$

从 BM25 的计算公式可以看到，通过使用不同的语素分析方法、语素权重判定方法，以及语素与文档的相关性判定方法，可以衍生出不同的相关性得分计算方法，这就为算法设计提供了较大的灵活性。

10.3 系统架构及实现

根据新闻文本的特征和检索模型数据处理的需要，面向 NEPD 语料的多维度检索系统架构如图 10-1 所示。系统整体上可分为两个部分，即数据存储部分和检索实现部分。数据存储部分主要负责新闻语料的处理,如分词、字段提取等,并完成整理后存储在数据库中供后续调用。检索部分是系统的主体功能模块,此模块首先构造新闻数据集 D,之后当输入检索式 q 时,先进行分词等处理,然后逐一计算 query 与数据集 D 的每篇新闻 d 之间的得分 score,并将结果按降序排列,返回得分前 5 的新闻数据并进行展示。

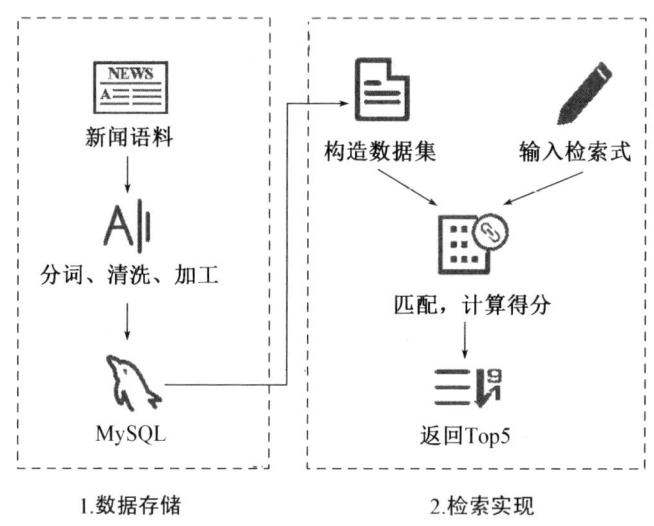

图 10-1　系统整体架构图

基于 BM25 算法构建的人民日报新闻检索模型建立在 NEPD 语料之上。选取 2015 年 1 月至 2015 年 6 月和 2016 年 1 月、2017 年 1 月、2018 年 1 月、2022 年 1 月共 10 个月的 NEPD 分词语料中的新闻语料作为检索模型的训练语料,在完成检索模型的训练后,进一步分析所获得的面向 NEPD 分词语料的检索模型的性能,将最优检索模型应于 2022 年 5 月未分词语料进行验证,实现《人民日报》新闻语料的检索功能。用于检索系统构建的 NEPD 分词语料样例如表 10-1 所示:

表 10-1 语料样例

1	行政/机关/强行/解除/行政/协议/造成/损失/，/可/进行/索取/赔偿/。/
2	公民/对于/选举/委员会/对/选民/的/资格/申诉/的/处理/决定/不服/，/不能/去/法院/起诉/。/
3	法律/上/餐具/、/饮具/集中/消毒/服务/单位/的/责任/是/不是/对/消毒/餐具/、/饮具/进行/检验/？/

在获得 NEPD 语料后，对其中的新闻进行汇总、清洗、筛选，并将处理好的语料存入数据库中。经过处理后，新闻语料的字段表示如表 10-2 所示：

表 10-2 新闻信息字段表

字段	类型	释义
NewsID	int	新闻 id
NewsTitle	varchar	新闻标题
NewsContent	text	新闻内容
NewsDate	timestamp	新闻时间
NewsDesc	varchar	新闻描述

如表 10-2 所示，对 NEPD 中的所有新闻语料进行整理，每一篇新闻用唯一的 ID 号进行标识，同时把每一篇新闻的标题、内容、时间单独划分为字段，满足不同颗粒度、不同角度的检索要求，实现多维度检索。

完成新闻语料的数据加工整理和存储之后，开始搭建检索系统。检索系统依赖于 Flask 框架进行搭建，后端部分实现构造文档集、检索语句分析、BM25 检索实现、结果返回四个模块，前端则用于展示检索页面及结果页面。具体流程如下：

(1) 构造文档数据集

检索系统运行前应进行初始化，主要用于构造 BM25 算法所需的文档数据集 D。因语料数据集较大，故设置在初始化阶段完成文档数据集 D 的各项数据处理工作，当用户提问 q 被提交到 D 时，q 与 D 中的每条记录直接进行匹配运算即可,为检索提问 q 与 D 的匹配节省时间。由于 NEPD 语料为分词语料,故无需进行分词操作,可直接按分隔符"/"读取获得词语列表。如果有 NEPD 以外的新闻语料加入,则须通过分词器对新闻语料分词,再将新语料添加进文档数据集 D,从而达到更新数据集的功能。

完成上述工作后,文档数据集 D 中包括了每篇新闻分词后词语组成的词列表、每篇新闻的 TF 文件、IDF 文件。表 10-3、10-4、10-5、10-6 分别为原始新闻、词列表、TF 计算、IDF 计算的样例,分成多个文档存贮。为节省篇幅,表 10-3 中以单个句子代替整篇新闻,原理相同,不影响理解。

表 10-3 新闻内容样例

文档序号	内容
d1	行政机关强行解除行政协议造成损失,可进行索取赔偿。
d2	公民对于选举委员会对选民的资格申诉的处理决定不服,能去法院起诉。
d3	法律上餐具、饮具集中消毒服务单位的责任是不是对消毒餐具、饮具进行检验?

分词后得到下列的词列表文件:

表 10-4 新闻词汇列表

文档序号	内容
d1	['行政','机关','强行','解除','行政','协议','造成','损失',',','可','进行','索取','赔偿','。']
d2	['公民','对于','选举','委员会','对','选民','的','资格','申诉','的','处理','决定','不服',',','能','去','法院','起诉','。']
d3	['法律','上','餐具','、','饮具','集中','消毒','服务','单位','的','责任','是不是','对','消毒','餐具','、','饮具','进行','检验','?']

之后,计算每篇文档的词语 TF 值,见表 10-5:

表 10-5　TF 值计算结果

文档序号	内容
d1	{'行政': 0.15384615384615385, '机关': 0.07692307692307693, '强行': 0.07692307692307693, '解除': 0.07692307692307693, '协议': 0.07692307692307693, '造成': 0.07692307692307693, '损失': 0.07692307692307693, ',': 0.07692307692307693, '能': 0.07692307692307693, '索取': 0.07692307692307693, '赔偿': 0.07692307692307693, '。': 0.07692307692307693},
d2	{'公民': 0.047619047619047616, '对于': 0.047619047619047616, '选举': 0.047619047619047616, '委员会': 0.047619047619047616, '对': 0.047619047619047616, '选民': 0.047619047619047616, '的': 0.09523809523809523, '资格': 0.047619047619047616, '申诉': 0.047619047619047616, '处理': 0.047619047619047616, '决定': 0.047619047619047616, '不服': 0.047619047619047616, ',': 0.047619047619047616, '能': 0.047619047619047616, '去': 0.047619047619047616, '法院': 0.047619047619047616, '起诉': 0.047619047619047616},
d3	{'法律': 0.05, '上': 0.05, '餐具': 0.1, '、': 0.1, '饮具': 0.1, '集中': 0.05, '消毒': 0.1, '服务': 0.05, '单位': 0.05, '的': 0.05, '责任': 0.05, '是不是': 0.05, '对': 0.05, '进行': 0.05, '检验': 0.05, '? ': 0.05}

再继续计算 IDF 值，见表 10-6：

表 10-6　IDF 计算结果

idf	{'行政': 0.5108256237659907, '机关': 0.5108256237659907, '强行': 0.5108256237659907, '解除': 0.5108256237659907, '协议': 0.5108256237659907, '造成': 0.5108256237659907, '损失': 0.5108256237659907, ',': 0.5108256237659907, '可': 0.5108256237659907, '进行': 0.5108256237659907, '索取': 0.5108256237659907, '赔偿': 0.5108256237659907, '。': 0.5108256237659907, '公民': 0.5108256237659907, '对于': 0.5108256237659907, '选举': 0.5108256237659907, '委员会': 0.5108256237659907, '对': 0.5108256237659907, '选民': 0.5108256237659907, '的': 0.5108256237659907, '资格': 0.5108256237659907, '申诉': 0.5108256237659907, '处理': 0.5108256237659907, '决定': 0.5108256237659907, '不服': 0.5108256237659907, '能': 0.5108256237659907, '去': 0.5108256237659907, '法院': 0.5108256237659907, '起诉': 0.5108256237659907, '法律': 0.5108256237659907, '上': 0.5108256237659907, '餐具': 0.5108256237659907, '、': 0.5108256237659907, '饮具': 0.5108256237659907, '集中': 0.5108256237659907, '消毒': 0.5108256237659907, '服务': 0.5108256237659907, '单位': 0.5108256237659907, '责任': 0.5108256237659907, '是不是': 0.5108256237659907, '检验': 0.5108256237659907, '? ': 0.5108256237659907}

(2) 检索语句分析

为实现前后端交互,用户在前端网页输入相应的查询语句,通过 POST 请求返回给后端进行处理。检索系统最基础的功能为关键词检索,计算查询语句 query 里包含的关键词与文档集 D 中每篇文档的相似度,并按相似度的降序返回结果,供用户选择。

不过,用户输入有多种可能性,不能要求用户总能输入完整、恰当的关键词。通常情况下,用户多以口语化的方式表达检索需求,输入的查询语句变化多样,往往包含很多无实际意义的虚词,且常常以完整的自然语句出现,无法进行直接检索,需要在传入后端对其进行分词及去除停用词处理,从而形成意义明确、恰当的检索提问。例如,检索港珠澳大桥用了哪些科技手段的新闻,合适的检索词应该是"港珠澳大桥""科技",但一般用户输入会包括很多无用的信息,如输入类似"港珠澳大桥用了哪些科技?"这样的句子。这个自然语句里包含的"用了""哪些""?"这些没有实际检索意义的词,即停用词,应在系统后端自动去除,从而保持检索提问由有意义的关键词组成,在这个例子中就是"港珠澳大桥"和"科技"两个词。

(3) BM25 模型的检索实现

完成数据集构造及检索语句分析后,可进行 query 和文档 D 之间的匹配。应用前述 BM25 模型的计算公式,计算检索语句和文档 D 之间的得分 Score,并将得分按降序排列,排名越靠前则相关性越大。

(4) 结果返回

因前端页面有限,故默认返回排名最靠前的前 5 条命中记录,返回前 5 条新闻的相关字段,如标题、时间等。同时,提供翻页功能,用于显示其他命中结果。

系统整体借助 Flask 框架进行展示和前后端数据交互,前端发送检索语句到后端进行处理,待后端相关模块计算完成后将结果返回至前端页面展示。如图 10-2 所示,前端页面中的检索输入框提供智能提示功能,提示用户输入相应的关键词,如输入"改革开放"进行检索。检索输入框上方为系统简要介绍,即"人民日报新闻搜索服务",同时标注了新闻的数量。页面底部为关于简单说明及相关技术介绍,如对系统的功能介绍、反馈与建议等等。

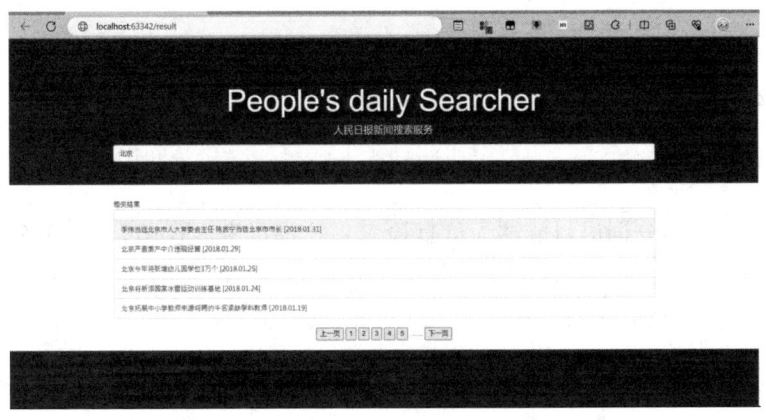

图 10-2 主页与检索结果

如图 10-2 所示,当用户在检索输入框输入相关关键词或语句进行检索时,检索输入框便会在下方展示相关结果。如输入"北京"进行检索后,下方展示了根据 BM25 模型计算得到的 Score 值最大的 5 条新闻,即"李伟当选北京市人大常委会主任 陈吉宁当选北京市市长""北京严查房产中介违规经营""北京今年将新增幼儿园学位 3 万个""北京将新添国家冰雪运动训练基地""北京拓展中小学教师来源将聘约千名紧缺学科教师"5 条最符合要求的记录。

点击图 10-2 中某条命中记录的链接,将会跳转至新闻的具体页面,如图 10-3 所示。该页面展示的是新闻的具体内容,包括新闻标题内容等相关信息。

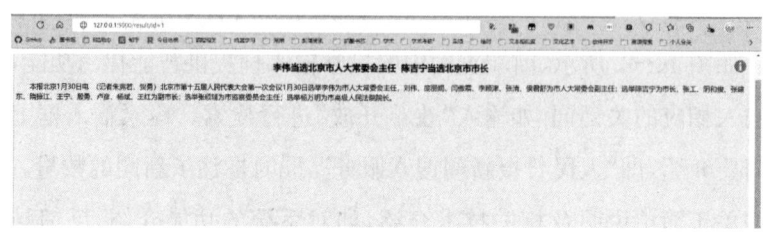

图 10-3 检索结果页面

10.4 小　结

高质量的分词语料能够为信息检索系统提供资源保障,省略了分词环节,简化了信息检索系统中的语料预处理工作,为建立高质高效的词语索引奠定了基础。

本章基于 BM25 模型构建了面向 NEPD 语料的新闻语料检索模型,搭建了可视化的检索平台,实现了文档数据集构建、检索语句分析、BM25 检索实现、结果返回 4 个方面的功能,实现了对新闻标题、内容、时间等多个字段的词汇级检索。后续既可以通过不断添加 NEPD 语料的方式实现系统复用,也可以通过信息自动抽取的方法完成数据源的扩充,为《人民日报》等新闻文本的传播与利用提供技术和平台支持。

未来还需要不断对检索模型的参数进行调整获得最优模型,同时也要对其他模型在 NEPD 分词语料上的应用和检索效果进行评测,完善新闻语料词汇级检索的检索模型,进一步提高新闻文本的知识利用率。

第11章 结 语

在大数据以及人工智能大行其道的背景下,语料库研究得到越来越多的关注和重视。训练语料的标注精准度对分词结果的影响不容忽视。在汉语通用语料方面,北京大学1998年精加工人民日报语料取得了巨大的成功,但随着时间的推移,1998年人民日报语料在词汇的时效性、完备性和覆盖度上均需要进行更新、补充和增加。

《人民日报》在语体风格、意识形态、时代价值等方面均具有权威性。以中国特色社会主义进入新时代以后的《人民日报》全文本为原始语料,构建新版人民日报分词语料库,并面向学界开放共享语料资源,可在各项中文信息任务中发挥关键作用。

在上述理念驱动下,本书以2015年至2022年《人民日报》发表的全部文章为对象,构建与时代相适应的新版人民日报分词语料库,为现代汉语自然语言处理提供规模最大、原始语料最新、加工程度最高的精标注分词语料,也为从历时角度分析现代汉语提供新的语言资源。

本书围绕NEPD的构建、当代汉语文本的句词特征、自动分词的方法与模型、分词语料库的应用示例等主要内容,对大规模现代汉语分词语料库构建的理论、方法、技术及应用进行了系统而全面的梳理、总结和研究,分析了新版分词语料库的性能、特征知识和应用范围。

首先,在现代汉语精加工大规模通用分词语料库的构建方面:

在分析已有汉语分词语料库、分词方法、语料库构建方法和现代汉语词语特征的基础上,研究了大规模现代汉语精加工分词语料库的构建方法,提出了 NEPD 的标注规范和构建流程,构建完成了包含 10 个月的《人民日报》全部文本的分词语料库,测评了语料库的性能,并与已有语料库进行了对比。具体而言,采用基于条件随机场构建的分词模型测评并对比了 NEPD 与 1998 年 1 月人民日报语料的性能。NEPD 遵循现代汉语语料库加工的标准规范,原始语料时间跨度长,语料库规模大。经测试与对比,各项具体测评指标都证明 NEPD 性能优异,同时也说明当前构建该语料库非常必要。NEPD 解决了目前现代汉语精加工通用分词语料陈旧、过时的问题,是对北京大学人民日报语料的延续和有效扩充。此外,NEPD 可以为开发新的高性能的命名实体识别模型、精准语义检索系统和浅层句法分析器提供有力的资源支撑。

其次,在当代汉语文本的句式与语词特征方面:

为方便今后开展自然语言处理和文本挖掘研究,有必要深入和系统地研究人民日报语料在句子和词汇层级上的语言特征和风格。在确定人民日报语料 6 种句子类别的基础上,基于 10 个月的 NEPD 语料,统计和分析字与词单位上的句子长度分布,并基于齐普夫定律揭示词汇静态分布情况。从句子长度分布和词汇的齐普夫分布状态看,随着时间的推移,句子的长度和词汇的分布均会发生变化,但这种变化不是突兀的,而是延续的、有关联的。

现代汉语文本语义极具复杂性,其中的一个表现形式就是同一个句子存在多种词切分方式,即分词歧义。分词歧义造成不同的语义理解,进而影响中文信息处理任务的准确度。为掌握以《人民日报》为代表的当代文本的词汇用法的丰富性和基础的词汇特征知识,从词长、切分形式的角度统计了语料中词出现的频次,研究了 NEPD 语料分词歧义特征,从语法结构角度总结分词歧义的规律,考察《人民日报》语言词汇的使用情况,为构建适应当前现代汉语发展的汉语分词词典或规则提供参考,为语料库构建、自然语言处理等研究奠定词汇知识基础,促进自动分词研究的发展。通过统计词频、词长、从合度等信息,按词性来讨论变异词的切分规律,最后发现,NEPD 中的切分变异大部分为假歧义,相同语法结构的二字词要比三字词、四字词的切分变异从合度更高。

再次,在当代汉语文本的自动分词方法与模型构建方面:

对于现代汉语文本来说,分词是后续文本自动处理及探究的基础,没有精准而高效的自动分词模型,现代汉语的词性标注、实体识别、句法分析和机器翻译等都不能有效进行。自动分词模型的构建一方面取决于高质量人工构建的能够体现时效性的语料库,另一方面也受制于机器学习模型的性能。本书在阐明汉语分词语料预处理、评价指标和参数与硬件平台的过程、种类和情况后,对所选取的 NEPD 语料按照深度学习训练和测试的要求进行预处理,并进行字嵌入的生成,分别构建基于 Bi-LSTM 和 Bi-LSTM-CRF 汉语自动分词模型,并从宏观和微观两个维度对比了两种不同模型的整体分词性能。从精准率、召回率和调和平均值 3 个指标看,所构建的深度学习自动分词模型的整体性能相对较为合理。在具体性能上,Bi-LSTM 分词模型略优于 Bi-LSTM-CRF 分词模型。

最后,在 NEPD 语料库的应用示例方面:

汉语分词作为中文信息处理的基石,有着极其广泛的应用场景。面对海量、庞杂的新闻文本,常常需要从中筛选和提炼于自身有益或感兴趣的信息,而逐篇阅读所有的新闻文本显然是不现实的。想要快速解读新闻文本,就必须对它们进行整理,实现对信息的压缩和精炼。依托于精加工 NEPD 语料,不仅可以对新闻文本的关键词进行提取,也能实现新闻文本自动摘要的生成,还能对新闻文本进行自动分类和词汇级检索。

通过对新闻文本进行关键词抽取,可以自动从文本中提取最常用和最重要的词汇,帮助总结整个新闻文本的主题思想,也可进一步应用于新闻文本的推荐和搜索。本书对比了 TF-IDF、TextRank、Rake、Yake、LDA、LSI 六种无监督关键词抽取算法的性能,并对得到的部分新闻文本的关键词进行了分析。总体而言,关键词抽取结果具有一定合理性,但各个算法提取性能不一,存在一定差距。其中,TF-IDF、Yake 和 LDI、LDA 四种算法表现较好且性能表现十分接近。

  关键词能提供的信息终究有限，而自动摘要能将长文本提炼为简洁精炼的短文本。为更有效地快速浏览新闻文本并知晓文章大意，节省阅读成本的同时提高知识利用效率，可以根据新闻文本特征，面向人民日报语料设计抽取式自动摘要和生成式自动摘要算法。定性评价表明，生成式自动摘要的结果具有更好的完整性。

  新闻文本自动分类有助于新闻信息快速准确地整合，汇聚成带有明确目标的新闻信息集，方便得到新闻信息隐藏的深层次内容。本书基于CNN、RNN和BERT三个模型从三方面探讨了影响新闻文本自动分类效果的因素。若仅基于字特征构建深度学习自动分类模型，三种模型中BERT的分类效果最好。训练集规模影响到自动分类模型的准确率，增加训练集的样本量在一定程度上能够有效提高文本的分类准确率。将分词特征应用于深度学习自动分类模型构建，在解决新闻文本的文本分类过程中矩阵稀疏问题的同时，也减少了未登录词所带来的影响，相较于仅基于字特征的模型，添加了人工分词特征的CNN和RNN的分类效果都得到较大的提升。

  高质量的分词语料还有助于提高新闻语料词汇检索的性能。基于NEPD语料搭建的《人民日报》新闻文本可视化检索平台，实现了对新闻标题、内容、时间等多个字段的词汇级检索，后续还能够不断添加经过分词的新闻文本，促进新闻文本的传播与利用。

  作为当前世界上规模最大的精加工现代汉语通用分词语料库，NEPD无疑是后续开展与自然语言有关研究的有效资源和工具。无论是在分词性能还是应用研究方面，NEPD都取得了不错的效果。本书完成了10个月《人民日报》全文本的人工分词语料库构建，提出了完整的NEPD语料库的标注规范和构建流程，分析了现代汉语文本的语言现象，构建了基于深度学习方法的自动分词模型，并尝试开展了关键词抽取、自动摘要生成、自动分类、词汇级检索等方面的应用研究。未来的研究工作仍然应该围绕语料库建设与语料库应用两个方面进行。

在语料库建设方面，NEPD语料库需要随着《人民日报》的出版不断补充新语料，使得NEPD在语言和思想意识两方面都跟上时代的发展。未来NEPD会在现有的10个月精加工语料的基础上与《人民日报》出版大致保持一致，不断补充加入经过人工分词的新年份的语料，使得NEPD语料库跟上真实语言环境的发展与变化，跟上文本内容与思想意识的发展与变化。

在基于NEPD的应用研究方面，可以开展的研究非常多。仅就分词歧义、分词模型、关键词抽取、词汇级检索等方面而言，就有许多问题值得进一步研究。比如，对分词歧义进行对比分析，对深度学习自动分词模型的参数进行深入测试，在关键词抽取中加入词语的内部和外部特征，将新闻文本自动分类当作多类问题而不是仅依赖于新闻版面的单分类问题。书中最后几章仅展示了NEPD应用研究的示例。

作为中文信息处理的基础性资源，分词语料库有着广阔的应用前景。现代汉语需要NEPD这样的大规模精加工分词语料库，古代汉语的信息处理任务也可以借鉴NEPD的思路、方法甚至语料。NEPD作为基础性语料资源，其构建方法和构建过程及应用研究的各项实践对图书情报学、语言学、新闻学、计算机等相关学科的研究，对人工智能、自然语言处理、数据管理等领域的发展，对人文社会科学研究范式的拓展，均具有促进作用。

参考文献

[1] 百度智能云.新闻摘要[EB/OL].https：//cloud.baidu.com/product/nlp_apply/news_summary,2020-05-22/2021-07-09.

[2] 柏晓静,常宝宝,詹卫东,等.构建大规模的汉英双语平行语料库[C]//机器翻译研究进展：2002年全国机器翻译研讨会论文集,北京:中国中文信息学会,2002:8.

[3] 鲍玲玲.新闻英语语料库研制及应用分析[J].宏观经济管理,2017(S1):248.

[4] 毕丽克孜.现代维吾尔语语料库词频统计实验性研究[D].乌鲁木齐:新疆大学,2003.

[5] 毕莹.个性化RSS新闻检索系统设计与实现[D].哈尔滨:哈尔滨工业大学,2007.

[6] 才让加.面向自然语言处理的大规模汉藏(藏汉)双语语料库构建技术研究[J].中文信息学报,2011(6):157-161.

[7] 蔡子龙,杨明明,熊德意.基于数据增强技术的神经机器翻译[J].中文信息学报,2018(7):30-36.

[8] 曹勇刚,曹羽中,金茂忠,等.面向信息检索的自适应中文分词系统[J].软件学报,2006(3):356-363.

[9] 曹紫琰,冯敏萱,毛雪芬,等.细颗粒度汽车评论语料库的构建和分析[J].中文信息学报,2020(9):28-35.

[10] 曾哲军.基于连续 LexRank 的多文本自动摘要优化算法研究[J].计算机应用与软件,2013(10):209-212,245.

[11] 常宝宝,俞士汶.语料库技术及其应用[J].外语研究,2009(5):43-51.

[12] 陈晨,张璐,伍之昂.词句协同排序的自动摘要算法[J].江苏大学学报(自然科学版),2016(4):443-449.

[13] 陈海华,黄永,张炯,等.基于引文上下文的学术文本自动摘要技术研究[J].数字图书馆论坛,2016(8):43-49.

[14] 陈火龙.基于 Bi-LSTM-CRF 的古汉语虚词词性标注系统[D].武汉:华中科技大学,2019.

[15] 陈晶.第二语言语法教学的句子长度与熟巧练习耗时调查[J].科学咨询(科技·管理),2020(12):82.

[16] 陈静雯,马福民,刘新,等.基于神经网络的预警领域分词仿真算法[J].计算机仿真,2021(12):1-6,38.

[17] 陈可嘉,黄思翌.中文短文本自动关键词提取的改进 RAKE 算法[J].小型微型计算机系统,2021(6):1171-1175.

[18] 陈宁,张晓枚,李晓莉.语料库技术在中医翻译人才培养中应用的可行性分析[J].中国中医基础医学杂志,2012(5):570-571.

[19] 陈晴.基于条件随机场的自动分词技术的研究[D].沈阳:东北大学,2005.

[20] 陈相,林鸿飞.基于锚信息的生物医学文献双语摘要句子对齐[J].中文信息学报,2009(1):58-62,78.

[21] 陈彦光,周一星.城市等级体系的多重 Zipf 维数及其地理空间意义[J].北京大学学报(自然科学版),2002(6):823-830.

[22] 陈燕敏,王晓龙,刘远超,等.一种基于文章主题和内容的自动摘要方法[J].计算机工程与应用,2004(33):11-14.

[23] 陈珍珍,林枫,邓宝梅,等.命名性失语的汉语普通话语料库构建[J].中国康复医学杂志,2018(6):669-674.

[24] 陈志敏,姜艺,赵耀.基于用户查询扩展的自动摘要技术[J].计算机应用研究,2011(6):2188-2190.

[25] 陈卓群,王平.面向中文微博摘录式摘要方法研究[J].情报科学,2015(3):130-134.

[26] 程爽.浅谈《人民日报》改扩版的三个变化(3)[EB/OL]. https://baike.baidu.com/redirect/7e44WWpuHPxVjlVjuIAMGFXvpzQ0nX6dtcm9N58nsqPgZqu9Xe51VC9kbRkCKxL7T3HLNLWACS5_clRah9xQ4caM3Wxuxf0d6PFTO7bT9zOcRDK1CYukrEXagCY,2012-02-27/2021-07-07.

[27] 程园,吾守尔·斯拉木,买买提依明·哈斯木.基于综合的句子特征的文本自动摘要[J].计算机科学,2015(4):226-229.

[28] 程月,季娜,洪鹿平.基于语料统计的以"不"开头双字分词不一致研究[C]//中国中文信息学会.第三届学生计算语言学研讨会论文集.北京:中国中文信息学会,2006:6.

[29] 迟呈英,于长远,战学刚.基于条件随机场的中文分词方法[J].情报杂志,2008(5):79-81.

[30] 崔大志,李媛.网络评论情感语料库的构建研究[J].中国社会科学院研究生院学报,2010(4):119-123.

[31] 崔志远,赵尔平,雒伟群,等.面向专业领域的多头注意力中文分词模型:以西藏畜牧业为例[J].中文信息学报,2021(7):72-80.

[32] 戴敏,朱珠,李寿山,等.面向中文文本的情感信息抽取语料库构建[J].中文信息学报,2015(4):67-73.

[33] 丁建立,李洋,王家亮.基于双编码器的短文本自动摘要方法[J].计算机应用,2019(12):3476-3481.

[34] 丁颖,李军辉,周国栋.基于词对建模的句子对齐研究[J].计算机工程,2019(6):211-217.

[35] 董宇,陈小荷.带标注语料库中切分变异的统计分析及思考[C]//中国

中文信息学会.第三届学生计算语言学研讨会论文集.北京:中国中文信息学会,2006:7.

[36] 董跃华,邓文龙.基于BP-HMM的词性标注方法的研究[J].计算机工程与设计,2014(4):14-24.

[37] 董志成.《人民日报》文本的历时计量研究[D].哈尔滨:黑龙江大学,2020.

[38] 杜秀英.基于聚类与语义相似分析的多文本自动摘要方法[J].情报杂志,2017(6):167-172.

[39] 杜雪琴,窦川川,晏丽,等.小型中医英语口语语料库构建研究[J].中国中医基础医学杂志,2018(9):1315-1318.

[40] 方旭,过弋,王祺,等.核心词修正的Seq2Seq短文摘要[J].计算机工程与设计,2018(12):3610-3615.

[41] 冯读娟,杨璐,严建峰.基于双编码器结构的文本自动摘要研究[J].计算机工程,2020(6):60-64.

[42] 冯冠军,禹龙,田生伟.基于CRFs自动构建维吾尔语情感词语料库[J].现代图书情报技术,2011(3):17-21.

[43] 冯雪.中文分词模型词典融入方法比较[J].计算机应用研究,2019(1):14-16.

[44] 冯志伟.齐普夫定律的来龙去脉[J].情报科学,1983(2):37-42.

[45] 冯志伟.中国术语标准化的由来与发展[J].中国标准化,2002(10):6-7.

[46] 奉国和,郑伟.国内中文自动分词技术研究综述[J].图书情报工作,2011(2):41-45.

[47] 傅兴尚.俄语词汇知识库在NLP中的运作机制[J].外语学刊,2002(3):95-99.

[48] 高定国,索郎桑姆.大型藏语平衡语料库建设中样本类别号的研究[J].西藏大学学报(自然科学版),2013(1):54-58.

[49] 高思畅,王建勤.句法结构和句子长度对汉语学习者口语韵律组块的影响[J].世界汉语教学,2020(1):115-128.

[50] 高雪霞,贾海龙.基于语句类似度优化计算的改进自动摘要算法研究[J].计算机应用与软件,2013(9):160-162,182.

[51] 高永兵,王宇,马占飞.基于 CR-PageRank 算法的个人事件自动摘要研究[J].计算机工程,2016(11):64-69.

[52] 高永兵,钟振华,王宇,等.基于混合方法的中文微博自动摘要技术研究[J].计算机工程与科学,2016(6):1257-1261.

[53] 葛厚伟.基于语料库的《尚书》英译本句法特征及译者风格分析[J].鲁东大学学报(哲学社会科学版),2020(1):54-62.

[54] 葛彦强,汪向征,杨彤.基于贝叶斯网络的甲骨文辅助考释专家系统语料库的构建[J].计算机应用与软件,2011(11):125-127,131.

[55] 谷列先,丁晓青.基于人物关系分析的视频自动摘要算法[J].高技术通讯,2010(9):929-933.

[56] 顾益军,夏天.融合 LDA 与 TextRank 的关键词抽取研究[J].现代图书情报技术,2014(Z1):41-47.

[57] 官礼和.Internet 网络新闻文本自动摘要的研究[J].计算机工程与设计,2007(14):3518-3520,3545.

[58] 管新潮,王金波.《资本论》汉译本重要术语的翻译考析:以 aufheben 一词为例[J].上海翻译,2016(6):60-66,94.

[59] 郭雨欣,陈秀宏.融合 BERT 词嵌入表示和主题信息增强的自动摘要模型[J].计算机科学,2022(6):313-318.

[60] 郭振鹏,张起贵.基于结合词典的 CNN-BiGRU-CRF 网络中文分词研究[J].电子设计工程,2021(16):64-69,74.

[61] 国家语言文字工作委员会.国家语委现代汉语语料库[EB/OL].[2019-06-02].http://www.cncorpus.org/.

[62] 韩冰,刘一佳,车万翔,等.基于感知器的中文分词增量训练方法研究

[J].中文信息学报,2015(5):49-54.

[63] 韩露,余静,吴虹,等.汉英双语平行语料库在高职英语教学中的应用研究——以中医双语翻译人才培养为例[J].职教论坛,2017(8):75-79.

[64] 韩永峰,许旭阳,李弼程,等.基于事件抽取的网络新闻多文档自动摘要[J].中文信息学报,2012(1):58-66.

[65] 郝国生,杨茂云,韩玉强,等.基于语料库的语义解释空间构建及其应用[J].江苏科技大学学报(自然科学版),2017(6):806-813.

[66] 郝晓燕,李济洪,由丽萍,等.中文阅读理解语料库构建技术研究[J].中文信息学报,2007(6):29-35.

[67] 何凤远.中文词频分布与齐夫定律的汉语适用性初探[J].现代语文(下旬·语言研究),2010(10):110-111.

[68] 何海江,陈姝.由排序支持向量机抽取博客文章的摘要[J].电子科技大学学报,2010(4):593-597.

[69] 何莘,王琬芜.自然语言检索中的中文分词技术研究进展及应用[J].情报科学,2008(5):787-791.

[70] 何婷婷.语料库研究[D].武汉:华中师范大学,2003.

[71] 侯丽微,胡珀,曹雯琳.主题关键词信息融合的中文生成式自动摘要研究[J].自动化学报,2019(3):530-539.

[72] 胡道兰.论我国报纸评论版的兴起和发展[D].北京:中央民族大学,2008.

[73] 胡开宝,李翼.当代英语教材语料库的创建与应用研究[J].外语电化教学,2016(3):34-39.

[74] 胡开宝,邹颂兵.莎士比亚戏剧英汉平行语料库的创建与应用[J].外语研究,2009(5):64-71,112.

[75] 胡韧奋,朱琦,杨丽姣.对外汉语教学领域话题语料库的研究与构建[J].中文信息学报,2015(6):62-68.

[76] 胡少虎,张颖怡,章成志.关键词提取研究综述[J].数据分析与知识发

现,2021(3):45-59.

[77] 黄昌宁,林娟,孙承杰.何谓金本位[C]//南京师范大学、清华大学智能技术与系统国家重点实验室.全国第八届计算语言学联合学术会议(JSCL-2005)论文集.北京:中国中文信息学会,2005:10.

[78] 黄昌宁.中文信息处理中的分词问题[J].语言文字应用,1997(1):73-78.

[79] 黄佳跃,熊德意.利用协同训练提高神经机器翻译系统的翻译性能[J].厦门大学学报(自然科学版),2019(2):176-183.

[80] 黄水清,李志燕,梁刚.面向计算机类文献的自动摘要系统的研究与实现[J].图书与情报,2006(3):93-97.

[81] 黄水清,王东波,何琳.基于先秦语料库的古汉语地名自动识别模型构建研究[J].图书情报工作,2015(12):135-140.

[82] 黄水清,王东波.国内语料库研究综述[J].信息资源管理学报,2021(3):4-17,87.

[83] 黄水清,王东波.基于人民日报语料的中央一号文件词频历时分析[J].农业图书情报学报,2020(3):4-9.

[84] 黄水清,王东波.新时代人民日报分词语料库构建、性能及应用(二)——深度学习自动分词模型构建[J].图书情报工作,2019(23):5-12.

[85] 黄水清,王东波.新时代人民日报分词语料库构建、性能及应用(三)——句长与词的分析比较[J].图书情报工作,2019(24):5-15.

[86] 黄水清,王东波.新时代人民日报分词语料库构建、性能及应用(一)——语料库构建及测评[J].图书情报工作,2019(22):5-12.

[87] 黄微,陈玲,范轶.数字图书馆知识组织系统热点分析[J].图书情报工作,2009(15):8-11,87.

[88] 黄小江,万小军,肖建国.基于协同图排序的对比新闻自动摘要[J].北京大学学报(自然科学版),2013(1):31-38.

[89] 黄一龙,李培峰,朱巧明.中文事件相关性语料库构建及识别方法[J].

计算机工程与科学,2015(12):2306-2311.

[90] 黄志远.网络新闻多文档摘要系统的研究与实现[D].大连:辽宁大学, 2019.

[91] 黄自然,贾成南.平均句长在语言习得研究中的应用与问题[J].长江大学学报(社会科学版),2013(1):95-97.

[92] 黄自然.以"字"为单位的汉语平均句长与句长分布研究[J].齐齐哈尔大学学报(哲学社会科学版),2018(1):133-138.

[93] 吉向东.基于搜索引擎的中文歧义词收集系统研究[J].现代情报, 2010(6):125-127.

[94] 纪文倩,李舟军,巢文涵,等.一种基于LexRank算法的改进的自动文摘系统[J].计算机科学,2010(5):151-154,218.

[95] 冀中,樊帅飞.利用超图随机游走的视频摘要生成方法[J].小型微型计算机系统,2017(11):2535-2540.

[96] 贾晓婷,王名扬,曹宇.基于加权主题分布表达的微博文本摘要生成研究[J].东北师大学报(自然科学版),2020(1):69-74.

[97] 贾晓婷,王名扬,曹宇.结合Doc2Vec与改进聚类算法的中文单文档自动摘要方法研究[J].数据分析与知识发现,2018(2):86-95.

[98] 姜猛,王子牛,高建瓴.基于异构数据联合训练的中文分词法[J].电子科技,2019(4):33-36.

[99] 蒋俊梅.基于平行语料库的双语术语抽取系统研究[J].现代电子技术,2016(15):108-111.

[100] 蒋跃,马瑞敏,韩红建.句法层面"第三语码"的计量研究[J].外语教学与研究,2021(6):830-841.

[101] 解宇涵.基于深度学习的中文分词模型应用研究[D].重庆:重庆大学,2017.

[102] 金真星.基于计算风格学的《春香传》中译本研究[D].南京:南京师范大学,2020.

[103] 金志娟,金星明.学龄前儿童普通话平均句子长度和词汇广度研究[J].中国循证儿科杂志,2008(4):261-266.

[104] 柯修,王惠临.基于混合方法的多语言多文档自动摘要系统构建及实现[J].图书馆学研究,2013(2):66-72.

[105] 李芳,何婷婷.面向查询的多模式自动摘要研究[J].中文信息学报,2011(2):9-14.

[106] 李纲,陈璟浩,毛进.突发公共卫生事件网络语料库系统构建[J].情报学报,2013(9):936-944.

[107] 李惠芬.新闻资料数据库建设与社会化服务[J].情报资料工作,1994(3):41-43.

[108] 李家福,张亚非.基于EM算法的汉语自动分词方法[J].情报学报,2002(3):269-272.

[109] 李建平,张晓菡.中美中学生英语写作句子长度对比分析:一项基于高考英语作文的研究[J].教育测量与评价(理论版),2015(7):50-53.

[110] 李景,李国鹏,汪滨,等.标准文献语料库构建研究[J].图书馆理论与实践,2013(12):41-44.

[111] 李军辉,朱巧明,李培峰.基于邮件过滤的中文邮件语料库构建[J].计算机应用与软件,2007(8):56-58,121.

[112] 李满荣,赵宏安,董文静,等.基于优先权过滤的自动摘要抽取算法[J].西北大学学报(自然科学版),2017(3):349-354.

[113] 李孟爽,昝红英,贾会贞.基于多特征和Ranking SVM的微博新闻自动摘要研究[J].郑州大学学报(理学版),2017(2):44-48.

[114] 李娜娜,刘培玉,刘文锋,等.基于TextRank的自动摘要优化算法[J].计算机应用研究,2019(4):1045-1050.

[115] 李培峰,朱巧明,钱培德.基于Web的大规模语料库构建方法[J].计算机工程,2008(7):41-43,46.

[116] 李琪.时代精神:历时文本关键词提取与解读:基于《人民日报》文本

的实践[J]. 数字人文,2020(3):125-150.

[117] 李青苗. 从《左传》的偏正结构和句子长度看现代汉语细节意义的增强[J]. 东北师大学报(哲学社会科学版),2018(4):99-103.

[118] 李庆虎,陈玉健,孙家广. 一种中文分词词典新机制:双字哈希机制[J]. 中文信息学报,2003(4):13-18.

[119] 李然,张华平,赵燕平,等. 基于主题模型与信息熵的中文文档自动摘要技术研究[J]. 计算机科学,2014(S2):298-300,332.

[120] 李淑平. 基于语料库的主题图式构建[J]. 情报科学,2009(3):402-405.

[121] 李双龙,刘群,王成耀. 基于条件随机场的汉语分词系统[J]. 微计算机信息,2006(10):178-180.

[122] 李维勇,柳斌,张伟,等. 一种基于深度学习的中文生成式自动摘要方法[J]. 广西师范大学学报(自然科学版),2020(2):51-63.

[123] 李晓光,王鹏,张威,等. 面向多领域资源的汉英双语语料库构建的研究[J]. 计算机应用,2008(1):146-148.

[124] 李雪莲,段鸿,许牧. 基于门循环单元神经网络的中文分词法[J]. 厦门大学学报(自然科学版),2017(2):237-243.

[125] 李雁群,何云琪,钱龙华,等. 中文嵌套命名实体识别语料库的构建[J]. 中文信息学报,2018(8):19-26.

[126] 梁继文,江川,王东波. 基于多特征融合的先秦典籍汉英句子对齐研究[J]. 数据分析与知识发现,2020(9):123-132.

[127] 梁茂成. 学习者英语书面语料自动词性赋码的信度研究[J]. 外语教学与研究,2006(4):279-286.

[128] 梁南元. 书面汉语自动分词系统:CDWS[J]. 中文信息学报,1987(2):44-52.

[129] 梁南元. 书面汉语的自动分词与一个自动分词系统:CDWS[J]. 北京航空学院学报,1984(4):97-104.

[130] 梁社会,陈小荷.先秦文献《孟子》自动分词方法研究[J].南京师范大学文学院学报,2013(3):175-182.

[131] 廖涛,刘宗田,王先传.基于事件的文本表示方法研究[J].计算机科学,2012(12):188-191.

[132] 林乐.特定网站新闻检索系统的设计与实现[D].广州:华南理工大学,2013.

[133] 林丽.试析框架语义标注在新闻事件抽取中的应用:以越南语军事新闻为例[J].山西大学学报(自然科学版),2013(4):510-516.

[134] 林玉萍,郑尧月,郑好洁,等.基于医学影像分割方法的多模态语料库构建[J].模式识别与人工智能,2021(4):353-360.

[135] 刘博,郑家恒,张虎.规则与统计相结合的分词一致性检验[J].计算机工程与设计,2008(7):1814-1816,1827.

[136] 刘博.中文语料库分词不一致现象的分层校验[D].太原:山西大学,2008.

[137] 刘华.超大规模分类语料库构建[J].现代图书情报技术,2006(1):71-73,70.

[138] 刘江,郑家恒,张虎.中文文本语料库分词一致性检验技术的初探[J].计算机应用研究,2005(9):52-54.

[139] 刘金凤.面向自然语言处理的汉语句子语义知识库构建研究[D].烟台:鲁东大学,2009.

[140] 刘静,肖璐.基于依存句法分析的多主题文本摘要研究[J].情报杂志,2014(6):167-171.

[141] 刘静轩,张子轩,于杰,等.多元与偏见:西方媒体北京冬奥会报道中的中国国家形象话语表征[J].武汉体育学院学报,2022(3):23-29,100.

[142] 刘茂福,李文捷,姬东鸿.基于事件项语义图聚类的多文档摘要方法[J].中文信息学报,2010(5):77-84.

[143] 刘娜,路莹,唐晓君,等.基于LDA重要主题的多文档自动摘要算法[J].计算机科学与探索,2015(2):242-248.

[144] 刘娜,肖智博,路莹,等.自适应主题融合的多文档自动摘要算法[J].中南大学学报(自然科学版),2013(S2):205-209.

[145] 刘胜久,李天瑞,珠杰.Zipf定律与网络信息计量学[J].中文信息学报,2015(4):89-94.

[146] 刘伟,黄锴宇,余浩,等.基于语境相似度的中文分词一致性检验研究[J].北京大学学报(自然科学版),2022(1):99-105.

[147] 刘晓丽.《人民日报》社论词汇统计与分析[D].南宁:广西师范学院,2015.

[148] 刘啸剑,谢飞,吴信东.基于图和LDA主题模型的关键词抽取算法[J].情报学报,2016(6):664-672.

[149] 刘星含,霍华.基于互信息的文本自动摘要[J].合肥工业大学学报(自然科学版),2014(10):1198-1203.

[150] 刘妍,熊德意.面向小语种机器翻译的平行语料库构建方法[J].计算机科学,2022(1):41-46.

[151] 刘殷,吕学强,刘坤.条件随机场与多层算法模型的实体自动识别[J].计算机工程与应用,2016(11):141-147.

[152] 刘玉德.基于深度学习的中文分词方法研究[D].广州:华南理工大学,2018.

[153] 刘远超,宋明凯,刘铭,等.用于细颗粒度挖掘的产品评论语料库构建技术[J].哈尔滨工业大学学报,2012(3):64-68.

[154] 刘泽权,汤洁.王际真与麦克休《红楼梦》英语节译本风格对比:基于语料库的考察[J].红楼梦学刊,2022(2):255-277.

[155] 刘泽文,丁冬,李春文.基于条件随机场的中文短文本分词方法[J].清华大学学报(自然科学版),2015(8):906-910,915.

[156] 留金腾,宋彦,夏飞.上古汉语分词及词性标注语料库的构建——以

《淮南子》为范例[J].中文信息学报,2013(6):6-15,81.

[157] 娄宝翠.语料库在研究生学术英语教学中的应用探索[J].学位与研究生教育,2020(7):51-56.

[158] 鲁松.网络新闻语料库建设及其分布式检索系统研究[D].武汉:华中师范大学,2019.

[159] 罗芳,汪竞航,何道森,等.融合主题特征的文本自动摘要方法研究[J].计算机应用研究,2021(1):1-6.

[160] 罗森林,白建敏,潘丽敏,等.融合句义特征的多文档自动摘要算法研究[J].北京理工大学学报,2016(10):1059-1064.

[161] 罗振声.清华大学TH大型通用汉语语料库系统的研制[J].清华大学学报(哲学社会科学版),1996(1):94-98.

[162] 吕雅娟,李生,赵铁军.基于双语模型的汉语句法分析知识自动获取[J].计算机学报,2003(1):32-38.

[163] 马海群,张涛.文献信息视阈下面向智慧服务的语料库构建研究[J].情报理论与实践,2019(6):124-130.

[164] 米硕,田丰收,孙瑞彬,等.基于RSS与机器学习的中小型新闻检索系统实现方案[J].中国战略新兴产业,2018(12):76.

[165] 苗玺.中文语料库切分不一致字串分类校验方法研究[D].太原:山西大学,2006.

[166] 苗祥,刘业政,孙春华.领域同义特征词的统计规律及其在情感分析上的应用研究[J].计算机应用研究,2014(11):3333-3336.

[167] 莫天金,李韧,杨建喜,等.公路桥梁定期检测领域命名实体识别语料库构建[J].计算机应用,2020(S1):103-108.

[168] 莫燕,王永成.中文文献摘要的自动编制[J].现代图书情报技术,1993(3):10-12.

[169] 宁珊,严馨,周枫,等.融合LSTM和LDA差异的新闻文本关键词抽取方法[J].计算机工程与科学,2020(1):153-160.

[170] 牛永洁,田成龙.融合多因素的TFIDF关键词提取算法研究[J].计算机技术与发展,2019(7):80-83.

[171] 农丁安,欧阳纯萍,阳小华.融合复制机制和input-feeding方法的中文自动摘要模型[J].计算机应用研究,2020(8):2395-2399.

[172] Rundell,M.夏立新,朱冬生.语料库词典学的最新发展和未来趋势（上）：语料库数据在学习词典中的显性应用[J].辞书研究,2009(3):71-78.

[173] Rundell,M.夏立新,朱冬生.语料库词典学的最新发展和未来趋势（下）：语料库数据在学习词典中的显性应用[J].辞书研究,2009(4):81-91.

[174] 欧阳剑.大规模古籍文本在中国史定量研究中的应用探索[J].大学图书馆学报,2016(3):5-15.

[175] 彭敏,高斌龙,黄济民,等.基于高质量信息提取的微博自动摘要[J].计算机工程,2015(7):36-42.

[176] 彭馨葭,Mark Davies.iWeb互联网语料库及其在英语教与学中的应用[J].外语电化教学,2020(4):73-81,12.

[177] 齐晖.基于语料库的医学论文摘要动词语言特点探析[J].福建医科大学学报（社会科学版）,2012(2):68-72.

[178] 钱智勇,周建忠,童国平,等.基于HMM的楚辞自动分词标注研究[J].图书情报工作,2014(4):105-110.

[179] 裘白莲,王明文,李茂西,等."细粒度英汉机器翻译错误分析语料库"的构建与思考[J].中文信息学报,2022(1):47-55.

[180] 曲春燕,关毅,杨锦锋,等.中文电子病历命名实体标注语料库构建[J].高技术通讯,2015(2):143-150.

[181] 饶高琦,李宇明.基于70年报刊语料的现代汉语历时稳态词抽取与考察[J].中文信息学报,2016(6):49-58.

[182] 饶洋辉,李青,刘文印,等.公众文本之情感词典研究进展[J].中国科

学:信息科学,2014(7):825-835.

[183] 任亮娥,杨坚定,孙鸿仁.《红楼梦》汉英平行语料库[EB/OL].[2020-11-02].http://corpus.usx.edu.cn/hongloumeng/images/shiyongshuoming.htm.

[184] 阮一峰.TF-IDF 与余弦相似性的应用(三):自动摘要[EB/OL].http://www.ruanyifeng.com/blog/2013/03/automatic_summarization.html,2013-03-26/2021-07-07.

[185] 邵党国,黄初升,马磊,等.基于 Bi-LSTM 的医学文本分词模型[J].通信技术,2022(2):151-159.

[186] 邵洲,张晖.基于完全稀疏主题模型的多文档自动摘要[J].计算机工程与设计,2014(3):1032-1036.

[187] 申强强,熊泽宇,熊岳山.一种新的基于段向量的文本自动摘要方法[J].计算机工程与科学,2019(6):1064-1070.

[188] 沈关龙.齐普夫定律与专题文献标题词频的研究及应用[J].情报理论与实践,1988(2):58-64,130.

[189] 沈勤中,周国栋,朱巧明,等.基于字位置概率特征的条件随机场中文分词方法[J].苏州大学学报(自然科学版),2008(3):49-54.

[190] 沈洲,王永成,许一震,等.一种面向新闻文献的自动摘要系统的研究与实践[J].计算机工程,2000(9):70-72.

[191] 石家亮.新闻全文检索系统的数据预处理技术[J].电脑知识与技术,2010(23):6402-6403,6420.

[192] 史磊,王永成.英文文献自动摘要系统研究[J].情报学报,1999(6):504-508.

[193] 淑琴,那顺乌日图.面向 EBMT 系统的汉蒙双语语料库的构建[J].内蒙古社会科学(汉文版),2006(1):140-144.

[194] 斯日古楞.《现代蒙古语语料库管理平台》建设[D].呼和浩特:内蒙古大学,2010.

[195] 宋鸿彦,刘军,姚天昉,等.汉语意见型主观性文本标注语料库的构建[J].中文信息学报,2009(2):123-128.

[196] 宋鹏飞.大气污染专题语料库构建与语料空间化方法研究[D].青岛:山东科技大学,2020.

[197] 宋彦,蔡东风,张桂平,等.一种基于字词联合解码的中文分词方法[J].软件学报,2009(9):2366-2375.

[198] 苏嘉,何彬,吴昊,等.基于中文电子病历的心血管疾病风险因素标注体系及语料库构建[J].自动化学报,2019(2):420-426.

[199] 苏景春.基于Lucene的全文检索系统的研究与应用[D].北京:北京交通大学,2010.

[200] 孙斌栋,王言言,张志强,等.中国城市规模分布的形态和演化与城市增长模式:基于Zipf定律与Gibrat定律的分析[J].地理科学进展,2022(3):361-370.

[201] 孙东云.BCC汉语语料库在英汉翻译教学中的应用[J].外语教学理论与实践,2018(3):71-78,98.

[202] 孙静,李军辉,周国栋.基于条件随机场的无监督中文词性标注[J].计算机应用与软件,2011(4):21-23,46.

[203] 孙茂松.谈谈汉语分词语料库的一致性问题[J].语言文字应用,1999(2):90-93.

[204] 孙清兰,王肇建.齐夫定律的词等级确定方法探讨[J].东北师大学报(自然科学版),1993(3):32-37.

[205] 孙清兰.高频,低频词的界分及词频估计方法[J].情报科学,1992(2):28-32.

[206] 谭金源,刁宇峰,祁瑞华,等.基于BERT-PGN模型的中文新闻文本自动摘要生成[J].计算机应用,2021(1):1-7.

[207] 谭金源,刁宇峰,杨亮,等.基于BERT-SUMOPN模型的抽取-生成式文本自动摘要[J].山东大学学报(理学版),2021(7):82-90.

[208] 谭志红,李铁锤. 新闻文本的特性分析[J]. 传媒观察,2009(8):44-45.

[209] 唐琳,郭崇慧,陈静锋. 中文分词技术研究综述[J]. 数据分析与知识发现,2020(2/3):1-17.

[210] 唐晓波,翟夏普. 基于混合机器学习模型的多文档自动摘要[J]. 情报理论与实践,2019(2):145-150.

[211] 唐晓波,顾娜,谭明亮. 基于句子主题发现的中文多文档自动摘要研究[J]. 情报科学,2020(3):11-16,28.

[212] 唐玉玲,张宇飞,于东. 结合深度学习和语言难度特征的句子可读性计算方法[J]. 中文信息学报,2022(2):29-39.

[213] 王成平. 信息处理用彝、汉、英三语平行语料库的建设与语料对齐技术研究[J]. 科技通报,2012(2):131-133.

[214] 王崇德,来玲. 汉语文集的齐夫分布[J]. 情报科学,1989(2):1-8.

[215] 王东波. 面向知识挖平行句法语料库构建研究[M]. 南京:南京大学出版社,2019.

[216] 王洪俊,施水才,俞士汶. 人民日报标注语料的索引方法研究[C]//全国计算语言学联合学术会议. 全国第八届计算语言学联合学术会议(JSCL-2005)论文集. 南京:南京师范大学,2005:576-578.

[217] 王华栋,饶培伦. 基于搜索引擎的中文分词评估方法[J]. 情报科学,2007(1):108-112.

[218] 王姬卜,陆锋,吴升,等. 基于自动回标的地理实体关系语料库构建方法[J]. 地球信息科学学报,2018(7):871-879.

[219] 王佳楠,梁永全. 中文分词研究综述[J]. 软件导刊,2021(4):247-252.

[220] 王晶. 基于Web信息获取的新闻数据分析研究[D]. 上海:华东师范大学,2009.

[221] 王敬,杨丽姣,蒋宏飞,等. 汉语二语教学领域词义标注语料库的研究及构建[J]. 中文信息学报,2017(1):221-229.

[222] 王凯祥,任明.基于查询的新闻多文档自动摘要技术研究[J].中文信息学报,2019(4):93-100.

[223] 王克非,刘鼎甲.大规模英汉平行语料库的检索与应用:大数据视角[J].外语电化教学,2017(6):3-11.

[224] 王克非,秦洪武.论平行语料库在翻译教学中的应用[J].外语教学与研究,2015(5):763-772,801.

[225] 王琳.汉英语码转换的句法变异问题探索:基于树库的动词句法配价分析[J].外语与外语教学,2014(5):47-53.

[226] 王梦鸽.基于深度学习中文分词的研究[D].西安:西安邮电大学,2018.

[227] 王萍,石锋.汉语普通话不同语句类型的时长分布模式[J].语言教学与研究,2019(2):101-112.

[228] 王青松,张衡,李菲.基于文本多维度特征的自动摘要生成方法[J].计算机工程,2020(9):110-116.

[229] 王若佳,赵常煜,王继民.中文电子病历的分词及实体识别研究[J].图书情报工作,2019(2):34-42.

[230] 王屾.基于Lucene的同义词扩展检索的研究与实现[D].天津:天津财经大学,2011.

[231] 王帅,赵翔,李博,等.TP-AS:一种面向长文本的两阶段自动摘要方法[J].中文信息学报,2018(6):71-79.

[232] 王素格,张永奎.基于搭配模式的汉语词性标注规则的获取方法[J].计算机工程与应用,2001(5):56-58.

[233] 王伟.基于语料库的新闻英语长句翻译研究[J].解放军外国语学院学报,2017(2):18-23,50.

[234] 王玮.基于Bi-LSTM-6Tags的智能中文分词方法[J].计算机应用,2018(S2):112-115.

[235] 王晓明,赵歆波.阅读眼动追踪语料库的构建与应用研究综述[J].计

算机科学,2020(3):174-181.

[236] 王晓玉.中古汉语语料库分词不一致问题研究[D].南京:南京师范大学,2016.

[237] 王艳文.英美文学文化语境"三源泉"语料库的构建研究[J].现代教育技术,2010(11):93-95.

[238] 王永成,许慧敏.OA中文文献自动摘要系统[J].情报学报,1997(2):128-132.

[239] 王永成.自动编制文献摘要及知识的自动提取[J].现代图书情报技术,1993(3):13-28.

[240] 王照卫.基于条件随机场的中文分词方法研究与应用[D].成都:电子科技大学,2021.

[241] 王知津.基于句子选择的自动文本摘要方法及其评价[J].现代图书情报技术,1998(1):46-51,58.

[242] 魏守华,孙宁,姜悦.Zipf定律与Gibrat定律在中国城市规模分布中的适用性[J].世界经济,2018(9):96-120.

[243] 温潇.分布式表示与组合模型在中文自然语言处理中的应用[D].南京:东南大学,2016.

[244] 文庭孝,邱均平,侯经川.汉语自动分词研究展望[J].现代图书情报技术,2004(7):6-10.

[245] 吴迪.浅谈开发《CONULEXID英汉语言资料库》的意义[J].科技与出版,1998(4):3-5.

[246] 吴福焕,林进展,周红霞.新加坡教育专用语料库的建设与应用[J].华文教学与研究,2016(3):36-45.

[247] 吴佳伟,曹斌,范菁,等.一种结合Bigram语义扩充的事件摘要方法[J].小型微型计算机系统,2019(7):1380-1385.

[248] 吴珏.语用身份观视角下的新闻标题主观性研究[D].南京:南京大学,2014.

[249] 吴蕊珠,李晗静,吕会华,等.面向 ELAN 软件的手语汉语平行语料库构建[J].中文信息学报,2019(2):43-50.

[250] 吴世鑫,黄德根,李玖一.基于语义对齐的生成式自动摘要研究[J].北京大学学报(自然科学版),2021(1):1-6.

[251] 吴世鑫,黄德根,张云霞.基于多特征融合模型的自动摘要[J].计算机工程与设计,2020(3):650-655.

[252] 吴云,杨长春,梅佳俊,等.词句协同自动摘要提取方法[J].计算机工程与设计,2018(9):2776-2779,2810.

[253] 夏天.词向量聚类加权 TextRank 的关键词抽取[J].数据分析与知识发现,2017(2):28-34.

[254] 夏天.词语位置加权 TextRank 的关键词抽取研究[J].现代图书情报技术,2013(9):30-34.

[255] 夏云.基于历时语料库的汉译语言虚义动词演化研究:以"进行"为例[J].外语教学与研究,2022(2):265-276.

[256] 肖元君,吴国文.基于 Gensim 的摘要自动生成算法研究与实现[J].计算机应用与软件,2019(12):131-136.

[257] 谢浩,孙伟.基于段落-句子互增强的自动文摘算法[J].计算机科学,2013(S2):246-250.

[258] 谢家成.论个人教学语料库的构建[J].外语电化教学,2003(3):27-30.

[259] 熊娇,王明文,李茂西,等.基于词项—句子—文档三层图模型的多文档自动摘要[J].中文信息学报,2014(6):201-207.

[260] 徐俊利,赵江江,赵宁,等.营销活动问题标签分类语料库的构建与分类研究[J].计算机应用与软件,2019(3):42-48,61.

[261] 徐琳宏,丁堃,陈娜,等.中文文献引文情感语料库构建[J].情报学报,2020(1):25-37.

[262] 徐琳宏,林鸿飞,赵晶.情感语料库的构建和分析[J].中文信息学报,

2008(1):116-122.

[263] 徐明明,杨文璐,夏斌,等.基于改进 RAKE 算法的商品关键词提取方法[J].现代计算机,2018(14):7-11.

[264] 徐润华,曲维光,陈小荷,等.多语料库中汉语四字格的切分和识别研究[J].中文信息学报,2013(5):15-21,42.

[265] 徐小龙,杨春春.一种基于主题聚类的多文本自动摘要算法[J].南京邮电大学学报(自然科学版),2018(5):70-78.

[266] 徐馨韬,柴小丽,谢彬,等.基于改进 TextRank 算法的中文文本摘要提取[J].计算机工程,2019(3):273-277.

[267] 徐绪堪,周泽聿.基于多尺度 BiLSTM-CNN 的微信推文的情感分类模型及应用研究[J].情报科学,2021(5):130-137.

[268] 许翰林.面向新闻领域的小型垂直搜索引擎[D].南京:南京信息工程大学,2018.

[269] 薛松.汉英平行语料库中名词短语对齐算法的研究[D].北京:中国科学院研究生院(软件研究所),2003.

[270] 薛源.基于深度学习算法的中文分词的研究[J].计算机产品与流通,2019(5):202.

[271] 荀恩东,饶高琦,肖晓悦,等.大数据背景下 BCC 语料库的研制[J].语料库语言学,2016(1):93-109,118.

[272] 闫鹏飞.基于语料库和语类分析的博士生学术英语教学模式[J].外语教学理论与实践,2022(1):102-110.

[273] 杨惠中,卫乃兴.语料库语言学导论[M].上海外语教育出版社,2002.

[274] 杨锦锋,关毅,何彬,等.中文电子病历命名实体和实体关系语料库构建[J].软件学报,2016(11):2725-2746.

[275] 杨凯艳.基于改进的 TFIDF 关键词自动提取算法研究[D].湘潭:湘潭大学,2015.

[276] 杨荣栋.基于 Heritrix 的新闻垂直搜索引擎的设计与实现[D].大连：大连交通大学,2017.

[277] 杨文峰,陈光英,李星.基于 PATRICIA tree 的汉语自动分词词典机制[J].中文信息学报,2001(3):44-49.

[278] 杨延娇,赵国涛,袁振强,等.融合语义特征的 TextRank 关键词抽取方法[J].计算机工程,2021(10):82-88.

[279] 杨云,王全.EM 算法在神经机器翻译模型中的应用研究[J].计算机应用与软件,2020(8):250-255.

[280] 姚天顺,张桂平,吴映明.基于规则的汉语自动分词系统[J].中文信息学报,1990(1):37-43.

[281] 姚源林,王树伟,徐睿峰,等.面向微博文本的情绪标注语料库构建[J].中文信息学报,2014(5):83-91.

[282] 叶雷,余正涛,高盛祥,等.多特征融合的汉越双语新闻摘要方法[J].中文信息学报,2018(12):84-91.

[283] 叶昭晖,杨高峰,杨岳湘.一种基于潜语义分析的中文网页自动摘要方法[J].广西大学学报(自然科学版),2012(2):341-345.

[284] 尤昉,李涓子,王作英.基于语义依存关系的汉语语料库的构建[J].中文信息学报,2003(1):46-53.

[285] 于红.美国汉学家马瑞志《世说新语》的人名翻译研究[J].国际汉学,2020(3):43-52,202.

[286] 余珊珊,苏锦钿,李鹏飞.基于改进的 TextRank 的自动摘要提取方法[J].计算机科学,2016(6):240-247.

[287] 俞敬松,魏一,张永伟,等.基于非参数贝叶斯模型和深度学习的古文分词研究[J].中文信息学报,2020(6):1-8.

[288] 俞士汶,段慧明,朱学锋.北京大学现代汉语语料库基本加工规范[J].中文信息学报,2002(5):49-64.

[289] 俞士汶,朱学锋,段慧明.大规模现代汉语标注语料库的加工规范

[J].中文信息学报,2000(6):58-64.

[290] 原伟.基于俄汉政治外交平行语料库的短语对应单位抽取研究[J].解放军外国语学院学报,2020(5):38-45.

[291] 昝红英,刘涛,牛常勇,等.面向儿科疾病的命名实体及实体关系标注语料库构建及应用[J].中文信息学报,2020(5):19-26.

[292] 詹卫东,郭锐,常宝宝,等.北京大学CCL语料库的研制[J].语料库语言学,2019(1):71-86,116.

[293] 张宝林.从1.0到2.0:汉语中介语语料库的建设与发展[J].国际汉语教学研究,2019(4):84-95.

[294] 张辰麟.基于自然语言处理技术的汉语委婉语资源库构建与应用[D].南昌:江西师范大学,2021.

[295] 张大奎,尹德春,汤世平,等.探索用户自然输入标记及其在构建分词语料库中的作用[J].中文信息学报,2018(2):58-65.

[296] 张冬瑜,杨亮,郑朴琪,等.情感隐喻语料库构建与应用[J].中国科学(信息科学),2015(12):1574-1587.

[297] 张革.新闻检索系统的研究与实现[D].大连:辽宁大学,2018.

[298] 张晗,赵玉虹.基于语义图的医学多文档摘要提取模型构建[J].图书情报工作,2017(8):112-119.

[299] 张洪刚,李焕.基于双向长短时记忆模型的中文分词方法[J].华南理工大学学报(自然科学版),2017(3):61-67.

[300] 张继东,朱亚菲.基于语料库的《追风筝的人》两译本风格对比研究[J].外语电化教学,2020(5):50-57,8.

[301] 张克君,李伟男,钱榕,等.基于深度学习的文本自动摘要方案[J].计算机应用,2019(2):311-315.

[302] 张利蕊,姚双云."语义镜像法"与词汇的多义性研究:以"其实"的语义为例[J].当代修辞学,2022(1):48-61.

[303] 张璐,曹杰,蒲朝仪,等.基于词句协同排序的单文档自动摘要算法

[J].计算机应用,2017(7):2100-2105.

[304] 张美娜,亓超,迟呈英,等.基于汉语篇章结构的自动摘要方法研究[J].情报杂志,2007(8):34-36.

[305] 张敏.基于语料库的主题词分析在国外科技人力资源跟踪中的应用[J].科技管理研究,2013(18):124-129.

[306] 张琪,江川,纪有书,等.面向多领域先秦典籍的分词词性一体化自动标注模型构建[J].数据分析与知识发现,2021(3):2-11.

[307] 张秋娈,路紫.旅游网站信息流距离衰减的集中度研究[J].地理科学,2011(7):885-890.

[308] 张绍麒,李明.小说与政论文言语风格异同的计算机统计(实验报告)[J].天津师大学报,1986(4):82-86.

[309] 张世琨,谢睿,叶蔚,等.基于关键词的代码自动摘要[J].计算机研究与发展,2020(9):1987-2000.

[310] 张姝,赵铁军,杨沐昀,等.面向事件的多语平行语料库构建研究[J].计算机应用研究,2005(11):23-24,30.

[311] 张淑静.语料库在批评话语分析中的应用[J].郑州大学学报(哲学社会科学版),2014(3):130-133.

[312] 张文静,张惠蒙,杨麟儿,等.基于Lattice-LSTM的多粒度中文分词[J].中文信息学报,2019(1):18-24.

[313] 张筱丹,胡学钢.基于向量空间模型的自动摘要冗余处理研究[J].合肥工业大学学报(自然科学版),2010(9):1355-1358.

[314] 张亚飞,左一溪,余正涛,等.基于词性软模板注意力机制的短文本自动摘要方法[J].模式识别与人工智能,2020(6):551-558.

[315] 张亚军,刘宗田,李强,等.面向事件的中文指代语料库的构建[J].上海大学学报(自然科学版),2018(6):900-911.

[316] 张哲铭,任淑霞,郭凯杰.结合主题感知与通信代理的文本摘要模型[J].西安电子科技大学学报,2020(3):97-104.

[317] 张振虹,何美,韩智.大学公共英语多模态语料库的构建与应用[J].山东外语教学,2014(3):50-55.

[318] 张子睿,刘云清.基于BI-LSTM-CRF模型的中文分词法[J].长春理工大学学报(自然科学版),2017(4):87-92.

[319] 章登义,胡思,徐爱萍.一种基于双向LSTM的联合学习的中文分词方法[J].计算机应用研究,2019(10):2920-2924.

[320] 赵芳婷,余正涛,线岩团,等.纳-汉双语语料库构建及双语语料对齐[J].广西师范大学学报(自然科学版),2009(1):161-164.

[321] 赵会军,林国滨.机器翻译词语漏译的语料库语境策略研究[J].外语教学与研究,2022(2):277-287,321.

[322] 赵俊龙.基于深度学习的文本检索与推荐系统研究[D].成都:电子科技大学,2021.

[323] 赵美勇,杨永琪,宋思睿.新闻信息检索系统设计[J].科技资讯,2019(9):6-7.

[324] 赵世奇,刘挺,李生.基于自动构建语料库的词汇级复述研究[J].电子学报,2009(5):975-980.

[325] 赵晓驰,任媛媛,丁勇.国家手语词汇语料库的建设与使用[J].中国特殊教育,2017(1):43-47.

[326] 赵衍,张永娟,陈成材,等.一种提高计算机自动赋词标引准确性的综合方法:基于创新型CBA数据库的实证分析[J].情报杂志,2012(5):185-191.

[327] 郑成朗.《人民日报社论全集》主题词研究[D].南宁:广西师范学院,2017.

[328] 郑铿涛,林楠铠,付颖雯,等.汉语-印尼语平行语料自动对齐方法研究[J].广西师范大学学报(自然科学版),2019(1):89-97.

[329] 郑艳群.语料库技术在汉语教学中的应用透视[J].语言文字应用,2013(1):131-138.

[330] 中华人民共和国机械电子工业部.信息处理用现代汉语分词规范：GB/T 13715-92[S].北京:中国标准出版社,1993:1469[2021-02-15].

[331] 仲兆满,李存华,刘宗田,等.面向Web新闻的事件多要素检索方法[J].软件学报,2013(10):2366-2378.

[332] 周邦定.客户负面新闻自动检索方法的研究与应用[D].合肥:中国科学技术大学,2015.

[333] 周强.汉语句法树库标注体系[J].中文信息学报,2004(4):1-8.

[334] 周蔚,王兆毓,魏斌.面向法律裁判文书的生成式自动摘要模型[J].计算机科学,2021(12):331-336.

[335] 周晓桐.融合拼音和平仄信息的中文分词研究[D].北京:北京交通大学,2020.

[336] 周于程.基于机器学习的时政新闻文本分析研究[D].扬州:扬州大学,2020.

[337] 朱金山.浅谈全媒体时代下要闻版编辑应有的精品意识[J].记者摇篮,2019(4):134-135.

[338] 朱珊珊,原伟.面向俄文情感分析的新闻评论语料库建设与应用[J].外语学刊,2020(1):24-29.

[339] 朱泽德,李淼,张健,等.一种基于LDA模型的关键词抽取方法[J].中南大学学报(自然科学版),2015(6):2142-2148.

[340] 邹绍艳.语料库在语言测试中的应用:回顾与反思[J].中国海洋大学学报(社会科学版),2016(6):109-114.

[341] 左思民.汉语句长的制约因素[J].汉语学习,1992(3):16-21.

[342] ADAMIC L A, HUBERMAN B A. Zipf's law and the internet[J]. Glottometrics, 2002(1): 143-150.

[343] ANTONY P J, WARRIER N J, SOMAN K P. Penn treebank-based syntactic parsers for South Dravidian languages using a

machine learning approach[J]. International journal of computer applications, 2010(8):14-21.

[344] AXTELL R L. Zipf distribution of U. S. firm sizes[J]. Science, 2001(5536):1818-1820.

[345] BERGER A, LAFFERTY J. Information retrieval as statistical translation[J]. ACM sigir forum, 2017(2):219-226.

[346] BIRGIT HELLWIG ELAN-Linguistic Annotator version 4.5.0[M/OL]. (2013-01-07)[2018-09-29]. http://tla.mpi.nl/tools/tlatools/elan/.

[347] BLEI M D, NG T A, JORDAN I M. Latent dirichlet allocation[J]. The journal of machine Learning research, 2003(3):993-1022.

[348] BOKHARI M U, ADHAMI M K, AHMAD A. Evaluation of news search engines based on information retrieval models[C]// Operations research forum. Springer international publishing, 2021(3):41.

[349] BOYD-GRABER J, BLEI D. Multilingual topic models for unaligned text[J]. arXiv preprint arXiv:1205.2657, 2012.

[350] BUNGEROTH J, STEIN D, DREUW P, et al. A German sign language corpus of the domain weather report[C]//Proceedings of the 5th international conference on language resources and evaluation.

[351] CAI B, CHEN L. Zipf's trust discovery in structured P2P network [C] // Proceedings of the WKDD2010,2010:191-194.

[352] CAI J, LI J, LI W, et al. Deeplearning model used in text classification[C]// IEEE. International computer conference on wavelet active media technology and information processing, Chengdu, 2018:123-126.

[353] CAMPOS R, MANGARAVITE V, PASQUALI A, et al. Yake!

Keyword extraction from single documents using multiple local features[J]. Information Sciences, 2020, 509: 257-289.

[354] CASTELLS P, FERNANDEZ M, VALLET D. An adaptation of the vector-space model for ontology-based information retrieval[J]. IEEE transactions on knowledge and data engineering, 2006(2): 261-272.

[355] CHEN T Q, GUESTRIN C. Xgboost: a scalable tree boosting system[C]//Proceedings of the 22nd ACM SIGKDD international conference on knowledge discovery and data mining, San Francisco, 2016: 785-794.

[356] CHEN X, ZHANG Y, ZHAO K Z, et al. Domain supervised deep learning framework for detecting Chinese diabetes-related topics [C]//Database systems for advanced qpplications. Cham: Springer International Publishing, 2018: 53-71.

[357] CLAYMAN D. Sentence length in Greek hexameter poetry[J]. Hexameter studies, quantitative linguistics, 1981(11): 107-136.

[358] COLLOBERT R, WESTON J, BOTTOU L, et al. Natural language processing (almost) from scratch[J]. Journal of machine learning research, 2011(1): 2493-2537.

[359] DEVLIN J, CHANG M W, LEE K, et al. BERT: pre-training of deep bidirectional transformers for language understanding[J/OL]. [2019-05-24]. https://arxiv.org/abs/1810.04805v1.

[360] EBADI N, JOZANI M, CHOO K R, et al. A memory network information retrieval model for identification of news misinformation [J]. IEEE transactions on big data, 2022(5): 1358-1370.

[361] EECKHOUT J. Gibrat's law for (all) cities[J]. American economic review, 2004(5): 1429-1451.

[362] FRANCIS N. Problems of assembling and computerizing large corpora[C]//Computer corpora in English language research. Bergen: Norwegian Computing Centre for the Humanities. 1982. 7-24.

[363] GABAIX X. Zipf's law for cities: an explanation[J]. The quarterly journal of economics, 1999(3): 739-767.

[364] GIESEN K, Zimmermann A, Suedekum J. The size distribution across all cities-double Pareto lognormal strikes[J]. Journal of urban economics, 2010(2): 129-137.

[365] GONG J, CHEN X, GUI T, et al. Switch-LSTMs for multi-criteria Chinese word segmentation[C]// Proceedings of the AAAI conference on artificial intelligence: Honolulu, USA. California: AAAI, 2019: 6457-6464.

[366] HANG Z, CHAO W, LI C, et al. Natural language processing service based on stroke-level convolutional networks for Chinese text classification[C]// ALTINTAS I and CHEN S. Proceeding of the 24th IEEE international conference on web services, Honolulu, 2017: 404-411.

[367] HINTON G E, OSINDERO S, TEH Y W. A fast learning algorithm for deep belief nets[J]. Neural Computation, 2006(7): 1527-1554.

[368] HOCHREITER S, SCHMIDHUBER J. Long short-term memory [J]. Neural computation, 1997(8): 1735-1780.

[369] HUANG C, ZHAO H. Chinese word segmentation: a decade review[J]. Journal of Chinese information processing, 2007(3): 8-19.

[370] HUANG W, CHENG X, CHEN K, et al. Toward fast and accurate neural chinese word segmentation with multi-criterial

learning[J]. Computation and language, 2019.

[371] HUANG Z, XU W, YU K. Bidirectional LSTM-CRF models for sequence tagging[J/OL]. [2019-11-10]. http://arxiv.org/abs/1508.01991v1.

[372] IRSOY O, CARDIE C. Deep recursive neural networks for compositionality in language[C]//GHAHRAMANI O, WELLING M CORTES C, et al. Advances in Neural Information Processing Systems, Montreal, 2014:2096-2104.

[373] JIN Q, XUE X, PENG W, et al. TBLC-rAttention: a deep neural network model for recognizing the emotional tendency of Chinese medical comment[J]. IEEE access, 2020(8):96811-96828.

[374] JOHNSTON T. W(h)ither the deaf community population, genetics, and the future of Australian sign language[J]. American annals of the deaf, 2004(5): 358-375.

[375] KALCZYNSKI P J, Chou A. Temporal document retrieval model for business news archives[J]. Information processing & management, 2005(3): 635-650.

[376] KE G, MENG Q, FINLEY T, et al. Lightgbm: a highly efficient gradient boosting decision tree[C]//31st Annual conference on neural information processing systems. Advances in neural information processing systems, Long Beach, 2017: 3146-3154.

[377] KIM Y. Convolutional neural networks for sentence classification [EB/OL]. [2014-09-03]. https://arxiv.org/abs/1408.5882.

[378] KRIZHEVSKY A, SUTSKEVER I, HINTON G. ImageNet classification with deep convolutional neural networks[J]. Advances in neural information processing systems, 2012(2).

[379] LAFFRTTY J, MCCALLUM A, PEREIRA F. Conditional

randomfields: probabilistic models for segmenting and labeling sequencedata[C]//Proceeding of international conference on machinelearning. Williamstown: International Machine Learning Society,2001: 282-289.

[380] LAI S, XU L, LIU K, et al. Recurrent convolutional neural networks for text classification[C]//Proceedings of the twenty-ninth AAAI conference on artificial intelligence, Austin, Texas: ACM, 2015.

[381] LI A, CHEN Y. Pre-processing analysis for Chinese text sentiment analysis[C]// Proceeding of the 2017 2nd international conference on communication and information systems, Wuhan, 2017: 318-323.

[382] LI J, GAO S, HAN N, et al. Music mood classification via Deep Belief Network[C]//2015 IEEE international conference on data mining workshop, Atlantic city, 2015: 1241-1245.

[383] LI Q, PENG H, LI J, et al. A survey on text classification: from shallow to deep learning[EB/OL]. [2020-10-26]. https://arxiv.org/abs/2008.00364.

[384] LI W. Zipf's Law everywhere[J]. Glottometrics, 2002(5): 14-21.

[385] LI X, MENG Y, SUN X, et al. Is word segmentation necessary for deep learning of Chinese representations? [C]// ACL. Proceedings of the 57th annual meeting of the association for computational linguistics, Florence, 2019: 3242-3252.

[386] LI X, MENG Y, SUN X, et al. Is word segmentation necessary for deep learning of Chinese representations? [J/OL]. [2019-11-10]. https://arxiv.org/abs/1508.01991v1.

[387] LIN C Y. ROUGE: A Package for automatic evaluation of summaries

[C]//Proceedings of the workshop on text summarization branches out (WAS 2004), 2004.

[388] LUHN H P. The automatic creation of literature abstracts[J]. IBM journal of research and development, 1958(2): 159-165.

[389] MA J, GANCHEV K, WEISS D. State-of-the-art Chinese word segmentation with Bi-LSTMs[C]//RILOFF E, CHIANG D, HOCKENMAIER J, et al. Proceedings of the 2018 conference on empirical methods in natural language processing. Belgium: Association for Computational Linguistics, 2018:4902-4908.

[390] MEESAD P. Thai fake news detection based on information retrieval, natural language processing and machine learning[J]. SN computer science, 2021(6): 425.

[391] MONTGOMERY M M, MONTGOMERY A A, STEPHENS M I. Sentence repetition in preschoolers: effects of length, complexity, and word familiarity[J]. Journal of psycholinguistic research, 1978(6): 435-452.

[392] NAGYPÁL G. Improving information retrieval effectiveness by using domain knowledge stored in ontologies[C]//OTM confederated international conferences "On the move to meaningful internet systems". Berlin, Heidelberg: Springer, 2005: 780-789.

[393] PAPADIMITRIOU C H, TAMAKI H, RAGHAVAN P, et al. Latent semantic indexing: a probabilistic analysis[C]//Proceedings of the seventeenth ACM SIGACT-SIGMOD-SIGART symposium on principles of database systems. Seattle, Washington. ACM, 1998: 159-168.

[394] PAPPAS N, POPESCU-BELIS A. Multilingual hierarchical attention networks for document classification[J]. arXiv preprint

arXiv:1707.00896, 2017.

[395] PEI W, GE T, CHANG B. Max-margin tensor neural network for chinese word segmentation[C]//Proceedings of the 52nd annual meeting of the association for computational linguistics. Baltimore, USA. Association for Computational Linguistics, 2014(1): 293 - 303.

[396] PENG F C, FENG F F, MCCALLUM A. Chinese segmentation and new word detection using conditional random fields[C]// Proceedings of the 20th international conference on computational linguistics. New York, ACM: 2004: 562 - 568.

[397] REED W J. The Pareto, Zipf and other power laws[J]. Economics letters, 2001(1): 15 - 19.

[398] ROBERTSON S, ZARAGOZA H. The probabilistic relevance framework: BM25 and beyond[J]. Foundations and Trends® in information retrieval, 2009(4): 333 - 389.

[399] ROSE S, ENGEL D, CRAMER N, et al. Automatic keyword extraction from individual documents[M]//Text mining. Chichester, UK: John Wiley & Sons, Ltd, 2010: 1 - 20.

[400] RUMELHART E D, HINTON E G, WILLIAMS J R. Learning representations by back-propagating errors[J]. Nature, 1986(6088):533 - 536.

[401] RUMELHART E D. Parallel distributed processing: explorations in the microstructure of cognition, vol. 1: foundations[J]. Language, 1986(4):45 - 76.

[402] SANDERSON M, RIJSBERGEN C. NRT: news retrieval tool[J]. Electronic publishing origination, dissemination, and design, 1991(4): 205 - 217.

[403] SEE A, LIU P J, MANNING C D. Get to the point: summarization with pointer-generator networks[C]// Proceedings of the 55th annual meeting of the association for computational linguistics (Volume 1: Long Papers), 2017.

[404] SINCLAIR J. Corpus, Concordance, Collocation[M]. Oxford: Oxford University Press, 1991: 171.

[405] SUN X, HE J. A novel approach to generate a large scale of supervised data for short text sentiment analysis[J]. Multimedia tools and applications, 2018(9-10): 5439-5459.

[406] TUZZI A, POPESCUI I, ALATMANN G. Zipf's laws in Italian texts[J]. Journal of quantitative linguistics, 2009(4): 354-367.

[407] VALLET D, FERNÁNDEZ M, CASTELLS P. An ontology-based information retrieval model[C]// European semantic web conference. Berlin, Heidelberg: Springer, 2005.

[408] WALLACH H M. Topic modeling: beyond bag-of-words[C]// Proceedings of the 23rd international conference on machine learning, 2006: 977-984.

[409] WANG X, WANG M, ZHANG Q. Realization of Chinese word segmentation based on deep learning method[C]// Green energy and sustainable development I. Proceedings of the international conference on green energy and sustainable development. Chongqing: American institute of physics publishing, 2017:1-6.

[410] XIANG R, LU Q, JIAO Y, et al. Leveraging writing systems changes for deep learning based Chinese affective analysis[J]. International journal of machine learning and cybernetics, 2019 (11): 3313-3325.

[411] XIONG M, LI R, LI Y, et al. Self-inhibition residual convolutional

networks for Chinese sentence classification[C]// Asia Pacific neural network Soc. lecture notes in computer science, Siem Reap, 2018: 425-436.

[412] XUE N, CONVERSE S P. Combining classifiers for Chinese word segmentation[C]//Proceeding of the first sighan workshop on Chinese language processing. Morriston, USA: Association for Computational Linguistics, 2002.

[413] XUE N. Chinese word segmentation as character tagging[J]. International journal of computational linguistics & Chinese language processing, Special issue on word formation and Chinese language processing, 2003(1): 29-48.

[414] ZHAO C, WANG S, LI D. Deep Transfer Learning for Social Media Cross-Domain Sentiment Classification[C]//CHENG X, MA W, LIU H, et al. Communications in computer and information science, Beijing, 2017: 232-243.

[415] ZHENG X, CHEN H, XU T. Deep learning for Chinese word segmentation and POS tagging[C]//YAROWSKY D, BALDWIN T, KORHONEN A, et al. Proceedings of the 2013 conference on empirical methods in natural language processing. Washington: Association for Computational Linguistics, 2013: 647-657.

[416] ZIPF G K. Human behavior and the principle of least effort: an introduction to human ecology[M]. Cambridge: Addison-Wesley Press, 1949.

附　录

附录1　NEPD语料库构建及测评

附录1-1　NEPD语料发布平台主页

说明:此图为南京农业大学人文与社会计算研究中心、领域知识关联研究中心共享资源发布平台的首页截图,平台网址为 http://corpus.njau.edu.cn/,科研机构用户可以通过该平台免费申请获得 NEPD 语料。

附录 1-2　申请免费获得 NEPD 语料的知识产权承诺书(样本)

共享学术资源申请与使用承诺书

南京农业大学：

　　因学术研究的目的，＿＿＿＿＿＿＿＿＿＿＿＿＿（填写您单位的正式名称）(以下简称"我单位"或"我们")希望获得南京农业大学人文与社会计算研究中心/领域知识关联研究中心黄水清教授团队研制的以下学术资源：＿＿＿＿＿＿＿＿＿＿＿＿＿＿（资源名称请对照主页中提供的资源名称填写,多个资源名请用分号分隔）。

　　我们承诺：

　　(1) 我单位为从事科研活动的机构。

　　(2) 我单位充分尊重黄水清教授团队研制的上述学术资源及相关知识产权,并应以其保护自身同样重要之类似成果的同等审慎态度保护上述资源,该等审慎度不应该低于合理的注意程度。

　　(3) 上述资源仅限用于学术研究,不得用于任何商业、盈利目的或任何其他用途；

　　(4) 非经黄水清教授团队书面许可,不以任何形式将上述资源披露、扩散给第三方；

　　(5) 在发表论文和申报成果时,我们将严格遵照学术规范如实声明或标注使用了黄水清教授团队研制的上述资源。

　　我们充分了解上述承诺的学术道德义务与法律责任,如有违反,愿承担相应责任。

　　我单位地址为＿＿＿＿＿＿＿＿＿＿＿＿＿＿＿＿＿,负责人为＿＿＿＿＿＿＿＿＿＿＿＿＿（负责人及职务）,本次申请的学术资源的使用人为＿＿＿＿＿＿＿＿。

单位(公章)：

负责人签名(盖章)：

使用人签名(盖章)：

年　月　日

附录1-3　NEPD语料标注及校对规范

一、语料标注及校对总体流程

首先,由标注人员按照分词规范完成对原始语料的词汇切分,词与词之间切分标记用"/"表示。例如,"坚持依法治国、依法执政、依法行政共同推进,坚持法治国家、法治政府、法治社会一体建设。",经过标注后,结果变成"坚持/依法/治国/、/依法/执政/、/依法/行政/共同/推进/，/坚持/法治/国家/、/法治/政府/、/法治/社会/一体/建设/"。

然后,由标注人员对标注结果进行校对。标注人员需重点关注标注人员是否按照规范对标注对象进行了标注。比如,成语有时被分开标注了。"向/全党/提出/扎/扎/实/实/把/全会/提出/的/各项/任务/落到/实处/的/总/要求",按照标注规范"扎扎实实"应该标注为一个词,正确的标注结果应为"向/全党/提出/扎扎实实/把/全会/提出/的/各项/任务/落到/实处/的/总/要求"。

二、语料标注及校对具体分词规范

语料标注及校对具体分词规范以国家标准《信息处理用现代汉语分词规范》GB/T 13715-92为基础,并进一步补充和细化。

规范中结合紧密、使用稳定标准的判断可以相关成熟语料词表或通用词典作为辅助工具,相关成熟语料词表可以借鉴1998年语料统计词表,通用词典可以借用CNKI的工具书总库或《汉语大词典》等检索工具。

国家标准《信息处理用现代汉语分词规范》GB/T 13715-92制定了现代汉语的分词原则,以满足信息处理的需要。它对汉语信息处理的规范化、对各种汉语信息处理系统之间的兼容性有重要的作用。

1 术语

以下术语引自国家标准《汉语信息处理词汇》GB 12200。

1.1 汉语信息处理

用计算机对汉语的音、形、义等信息进行的处理。

1.2 词

最小的能独立运用的语言单位。

1.3 词组

由两个或两个以上的词，按一定的语法规则组成，表达一定意义的语言单位。

1.4 分词单位

汉语信息处理使用的、具有确定的语义或语法功能的基本单位。它包括本规范的规则限定的词和词组。

1.5 汉语分词

从信息处理需要出发，按照特定的规范，对汉语按分词单位进行划分的过程。

2 概述

本规范以信息处理应用为目的，根据现代汉语的特点及规律，规定现代汉语的分词原则。

本规范用"/"作为分词单位标记。

2.1 标点符号

空格或标点符号是计算机中分词单位的分隔标记。作为分隔标记的标点符号有句号、逗号、顿号、分号、冒号、问号、叹号、引号、括号、破折号、省略号、书名号、间隔号、连接号等。其中注意以下几个方面：

2.1.1 两字节标点符号作为一个分词单位，例如：

——/（破折号）　　　……/（省略号）

2.1.2 符号"/"不再使用分隔标记,例如:

1/3/(分数 1/3)

2017/2018/年/(时间词 2017/2018 年)

6 000/元/平方米/(计算单位 6 000 元/平方米)

彭/帅/谢/淑薇/(双人组合 彭帅/谢淑薇)

2.1.3 百分号应与前方数字合并构成一个分词单位,例如:

98%/

2.1.4 逗号用作数字千位分隔符时,不予切分,例如:

1,163,146/

2.1.5 人名中的间隔号、连接号不予切分,例如:

何塞·佩德罗萨-加西亚/

奥利格·安东辛卡/

威廉-亚历山大/

2.1.6 日期中的间隔号不予切分,例如:

9·19/

2.1.7 数比中的冒号不予切分,例如:

33:40:27/   0:1/

2.1.8 连续相同符号作为一个分词单位,例如:

××/

2.1.9 具有完整语义的字符串中的连接号不予切分,例如:

Opt-in/   AST3-2/

2.2 非汉字符号

在现代汉语中出现的非汉字符号,例如其他语言的字符串、数学符号、化学符号、阿拉伯数字等,仍保留原有形式。具有完整语义的字符串作为一个分词单位,例如:

CAD/   3.14/

1+1+1>3/   R&D/

U13/   UNO796/

E20/号/   G405/次/列车/

A股/   A证件/

JV协议/   L1蛋白/

2.3 二字或三字

二字或三字词，以及结合紧密、使用稳定的二字或三字词组，一律为分词单位。例如：

发展/   红旗/

对不起/   自行车/

2.4 四字

四字成语一律为分词单位。例如：

胸有成竹/   欣欣向荣/

四字词或结合紧密、使用稳定的四字词组，一律为分词单位。例如：

由此可见/   春夏秋冬/

2.5 五字或五字以上

五字或五字以上的谚语、格言等，分开后如不违背原有组合的意义，应予切分。例如：

时间/就是/生命/

失败/是/成功/之/母/

人/心/齐/，/泰山/移/

上梁/不/正/下梁/歪/

结合紧密、使用稳定的词语，分开后如违背原有组合的意义，或影响进一步的处理，则不予切分。例如：

不管三七二十一/

2.6 惯用语和转义词

惯用语和有转义的词或词组，在转义的语言环境下，一律为分词单位。例如：

妇女/能/顶/半边天/

他/真/小气/，/象/个/铁公鸡/

走后门/　　　　挖墙脚/

2.7 略语

略语一律为分词单位。例如：

科技/　　　　奥运会/

工农业/　　　　发改委/

2.8 儿化音

分词单位加形成儿化音的"儿"，一律为分词单位。例如：

花儿/　　　　悄悄儿/

2.9 汉字音译外来词

现代汉语中其他语言的汉字音译外来词，不予切分。例如：

巧克力/　　　　吉普/

2.10 同形异构

不同的语言环境中的同形异构现象，按照具体语言环境的语义，根据本规范的规定进行切分。例如：

把/手/抬/起来

这个/把手/是/木/制/的

2.11 异常

在语料中出现不和谐的异常字符，可能由于编码错误导致的，核实后应替换正确字符。例如：

杨/K惜/　　　　应为：杨/摁惜/

3 具体说明

为叙述方便，本规范沿用了把词分为名词、动词、形容词、代词、数词、量词、副词、介词、连词、助词、语气词、叹词、象声词、前后加成分等十四类的方法。

3.1 名词

3.1.1 普通名词

3.1.1.1 二字的名词或结合紧密的二字名词词组,一律为分词单位。例如:

火车/　　　　　　牛肉/

3.1.1.2 结合紧密,分开后如违背原有组合的意义的名词性词组,一律为分词单位。例如:

有功功率/　　　　被子植物/

3.1.1.3 由形容词加名词组成的词组,应予切分。例如:

绿/叶/　　　　　　小/床/

形容词加名词组成的有转义的词组,一律为分词单位。例如:

小媳妇/　　　　　　戴/高帽儿/

3.1.1.4 各类专业的基本术语为分词单位。例如:

加速度/　　　　　　中央处理器/

3.1.1.5 方位词应予单独切分。例如:

桌子/上/　　　　　　长江/以北/

单字地名加单字方位词的词组应为分词单位。例如:

村里/　　　　　　海上/

3.1.1.6 除"人们"之外,仅表示前一个名词性分词单位复数的"们"单独切分。例如:

朋友/们/　　　　　　学生/们/

但是"哥儿们/　爷们儿/"等是分词单位。

3.1.1.7 时间名词或词组的分词规则如下:

a. 一年的十二个月份(汉字)以及每周的七天,一律为分词单位。例如:

　　五月/　　　　　元月/

　　星期日/　　　　礼拜三/

阿拉伯数字表示的月份中"月"为分词单位。例如:

　　5/月/　　　　　1/月/

b. "年、日、时、分、秒"分别为分词单位。例如：

  己卯/年/　　　　　　3/月/

  1988/年/3/月/15/日/

  11/时/42/分/8/秒/

c. "前、后、明、去、上、下、大前、大后"等直接与时间名词或量词组合时，它们为一个分词单位。例如：

  前天/　　　　　　　后天/

  明年/　　　　　　　去年/

  上星期/　　　　　　下月/

  大前天/　　　　　　大后年/

d. "初"加十以内的数字一律为分词单位。例如：

  初一/　　　　　　　初八/

e. "年底、月底"分别为分词单位。例如：

  2017/年底　　　　　2017/年/年底

  三/月底/　　　　　　3/月底/

当与"前、后、明、去、上、下、大前、大后"等组合时，它们为一个分词单位。例如：

  去年底/　　　　　　下月底/

f. "初、末"等直接与"年、月"等时间名词组合时，应予切分。例如：

  2017 年/初/　　　　2017 年/末/

  3 月/初/　　　　　　3 月/末/

当"年初、月初、年末、月末"单独使用时，它们为一个分词单位。例如：

  2017/年/年初/　　　　2017/年/年初/

  3/月/月末/　　　　　　三月/月末/

g. "百年、千年"用作具体的数词和量词的组合时，应予切分。例如：

  数/百/年/　　　　　　两/千/年/

"百年、千年"用作表示很长时间的形容词时，它们为一个分词单位。

例如：

  百年/以后   千年/之前/

"千百"表示多数并与时间词组合时，应予切分。例如：

  千百/年/

3.1.2　专有名词

3.1.2.1　人名、称谓

a. 汉族及与汉族取名方式类似的其他民族的人名的姓和名分别单独切分。例如：

  张/胜利/   欧阳/海/

冠夫姓以夫姓为姓氏。例如：

  林/郑月娥/

b. 不与汉族取名方式类似的其他民族的人名为一个分词单位。例如：

  才旦卓玛/   热依汗古丽·苏力旦/

  旺青/   吉狄马加/

c. 韩国人名以姓和名分别单独切分。例如：

  安/玉花/   金/旭/

d. 其他国家人名原名音译或人名汉化音译为一个分词单位。例如：

  德维尔潘/   帕特蕾兹雅·萨斯-斯坦尼舍夫斯卡/

  小保方晴子/   赤木明登/

  昂山素季/   顺通/

  史伟/(欧盟驻华大使 Hans Dietmar Schweisgut)

  李比雄/(法国著名学者 Alain Le Pichon)

  菅义伟/(日本内阁官房长官)

  赖实朝/(日本幕府将军)

  丁昂山/(缅甸海军司令，缅甸人有名无姓)

  洪森/(柬埔寨首相)

  葛萨/(泰国总理办公室部长)

e. 仍以汉族方式取名的华裔的姓和名分别单独切分。例如：

汤/之敏/（泰国正大管理学院国际学院院长）

f. 带职务、职称的称呼一律切分。例如：

张/教授/　　　　王/部长/

李/师傅/　　　　毛/主席/

g. 简称、尊称等为分词单位。例如：

老张/　　　　　　小李/

郭老/　　　　　　陈总/

h. 知名人物的简称、知名作家的笔名等为分词单位。例如：

孔子/　　　　　　孟子/

鲁迅/　　　　　　巴金/

i. 古代皇帝姓名按姓和名单独切分，但其称号（如庙号等）为一个分词单位。例如：

李/世民/　　　　唐太宗/

嬴/政/　　　　　秦始皇/

j. 和尚、大师、禅师、法师等僧侣的称号（如法号等）全名为一个分词单位。例如：

鉴真和尚/　　　　惠果大师/

荣西禅师/　　　　弘一法师/

k. 带排行的亲属称谓一律切分。例如：

三/叔/　　　　　大/女儿/

l. 以"某"代替名字的人名按姓和名切分。例如：

田/某某/　　　　杨/某/

m. 网名一律为分词单位。例如：

@/屋顶上的猫/　　　网友/不要叫我红领巾/

n. 文章记者或作者的姓名加括号标注。例如：

本报/记者/杨/文明/十九大/报告/提出/，/"/实施/乡村/振兴/

战略/"/。/

应标为：

本报/记者/(/杨/文明/)/十九大/报告/提出/，/"/实施/乡村/振兴/战略/"/。/

如记者或作者的姓名和机构、职务等其他信息已被括号括起，则不用另外加括号。

3.1.2.2 地名

a. 国家全名一律为分词单位。例如：

  大不列颠及北爱尔兰联合王国/

  圣多美和普林西比民主共和国/

b. 地名中的"省、市、州、县、乡、区、旗、新区、湾区"等应单独切分。但包括"省、市、州、县、乡、区、旗、新区、湾区"等的名称只有一个字的地名，则不予切分。例如：

浙江/省/	北京/市/
夏威夷/州/	正定/县/
巴别/乡/	城关/区/
科右前/旗/	正蓝/旗/
南沙/新区/	旧金山/湾区/
忻县/	大湾区/

c. 地名中的"自治州、自治县、自治旗"等应单独切分。例如：

  云南/迪庆/藏族/自治州/

  三江/侗族/自治县/

  莫力达瓦/达斡尔/族/自治旗/

d. "街(街道)、路、村、镇、庄、屯、苏木、部"等名称一律为分词单位。例如：

长安街/	猴嘴街道/
学院路/	刘家村/
安平镇/	王家庄/

多别屯/　　　　　　巴彦呼舒苏木/

准噶尔部/

e. "海、河、江、湖、桥、山、洋、寨、矿、坑、洞、岛、港（港口）"等名称一律为分词单位。例如：

巴伦支海/　　　　　　大哈尔腾河/

澜沧江/　　　　　　　华阳湖/

港珠澳大桥/　　　　　大朗山/

狮子洋/　　　　　　　十三寨/

赵各庄矿/　　　　　　打石坑/

渣滓洞/　　　　　　　金融岛/

迪拉瓦港/

f. 地名中的"草原、海峡、口岸、大陆、沙漠、神庙、小区、庄园、花园、公园、社区、山区、军区、机场、铁路（快铁、高铁）"等应单独切分。例如：

乌兰毛都/草原/　　　　白令/海峡/

霍尔果斯/口岸/　　　　欧亚/大陆/

库姆塔格/沙漠/　　　　阿波罗/神庙/

世纪花园/小区/　　　　安纳伯格/庄园/

乾隆/花园/　　　　　　圆明园/遗址/公园/

西河路/社区/　　　　　吕梁/山区/

冀中/军区/　　　　　　英吉拉·甘地/机场/

中老/铁路/　　　　　　蓉欧/快铁/

京张/高铁/

g. "殿、阁、亭、斋、堂、寺"等的名称一律为分词单位。例如：

文华殿/　　　　　　　文渊阁/

碧螺亭/　　　　　　　倦勤斋/

遂初堂/　　　　　　　觉性寺/

h. 并列单字地名组成的词组一律为分词单位。例如：

亚非/　　　　　　　　中美/

京津冀/　　　　　　　北上广/

3.1.2.3　机构名称

a. 高等学校名称一律为分词单位。例如：

北京大学/　　　　　　俄罗斯国立师范大学/

如果将国家名去掉后的高校名称仍然是专指，那么就将国家和高校名称切分开。例如：

法国/巴黎第六大学/

美国/麻省理工学院/

b. 高等学校的二级院部的全名按组成其全名的分词单位切分。例如：

动物/科技/学院/　　　能源/学部/

高等学校的二级院部的简称或缩写不予切分。例如：

农学院/　　　　　　　理学院/

c. 中学、小学等其他类型学校的全名按组成其全名的分词单位切分。例如：

佩里斯/联合/高中/　　寿光路/小学/

四海/孔子/书院/　　　吴桥/杂技/艺术/学校/

d. 科学院、研究院(所)、实验室等机构全名按组成其全名的分词单位切分。例如：

中国/社会/科学院/　　易居/研究院/

托卡马克/实验室/

e. 医院科室名称一律为分词单位。例如：

呼吸科/

3.1.2.4　组织名称

a. 联谊会、联合会、联盟、党派、学会、委员会(常委会)等组织的全名按组成其全名的分词单位切分。例如：

全韩/中国/学人/学者/联谊会/

欧亚/经济/联盟/　　联合国/教科文/组织/

中国/共产党/　　　中国/化学会/

b. 组织的简称按组成其简称的分词单位切分。例如：

全国/人大/常委会/　　国际/足联/

省/纪委/　　　　　　南京/市委/

十九大/

c. 结合紧密、使用稳定的组织名称不予切分。例如：

南南合作/　　　　澜湄合作/

七国集团/　　　　二十国集团/

反法西斯联盟/

新孟邦党/

3.1.2.5　会议名称

会议名称按组成其名称的分词单位切分。例如：

二中/全会/　　　　世界/互联网/大会/

3.1.2.6　单位名称

a. 政府单位按层级分别为分词单位。例如：

知识产权局/　　　　交通运输部/

中共/中央/政治局/　　中共/中央/对外联络部/

b. 企事业单位名称按组成其名称的分词单位切分。例如：

斑马/网络/　　　　河钢/集团/

呼白/酒业/　　　　科大/讯飞/

康洁/环卫/　　　　中建/三局/

家乐福/　　　　　　蜜直播/

3.1.2.7　队名

队名一律为分词单位。例如：

澳大利亚队/　　　青岛队/

南京/同曦队/　　　金州/勇士队/

浙江稠州银行队/　　　　正官庄皇真丹队/

3.1.2.8 群体

泛指一个群体的名词一律为分词单位。例如：

博士生/　　　　　　大学生/

共和党人/　　　　　十二月党人/

西方人/　　　　　　未成年人/

00后/

但具体地名或机构名加人应当分别切分。例如：

中国/人/　　　　　南京/人/

商飞/人/　　　　　河钢/人/

3.1.2.9 部队、军队

部队、军队具体名称按组成其名称的分词单位切分。例如：

第/七三一/部队/

地区加军组成的词组不予切分。例如：

克孜勒苏军/

部队、军队的种类一律为分词单位。例如：

联合军/

3.1.2.10 法律

法律全名按组成全名的分词单位切分。例如：

公共/图书馆/法/　　　刑事/诉讼/法/

两字法律名称一律为分词单位。例如：

刑法/　　　　　　　宪法/

3.1.2.11 作品

书名号中的作品名字按照切分后是否影响语义完整性来判断切分与否。

a. 中国古籍名字一律为分词单位。例如：

《/尹诰/》/　　　　　《/竹书纪年/》/

b. 组合型古籍名字按组成其名字的分词单位切分。例如：

《/汉书/·/艺文志/》/

《/国语/·/吴语/》/

《/诗经/·/陈风/·/泽陂/》/

c. 中国古代诗词标题、词牌名等一律为分词单位。例如：

《/菩萨蛮/·/书江西造口壁/》/

d. 中国古代经典作品名字一律为分词单位。例如：

《/西游记/》/　　　　《/水浒传/》/

e. 报纸、杂志的名字一律为分词单位。例如：

《/科普时报/》/　　　　《/每日电讯报/》/

《/博物/》/　　　　《/中国民航报/》/

切分后影响语义完整性的报社名一律为分词单位。例如：

光明日报社/　　　　人民日报社/

f. 书籍、论文、戏剧、电视剧、电影、音乐、游戏、文学故事、文件等作品全名按照组成其全名的分词单位切分。例如：

《/平凡/的/世界/》/（小说）

《/林/兆华/戏剧/作品集/》/（作品集）

《/闲话/奉贤/三/十/年/》/（论文）

《/卡拉马佐夫/兄弟/》/（芭蕾舞剧）

《/包公/赔/情/》/（评剧）

《/三/姊妹/·/等待/戈多/》/（话剧）

《/天堂/大/酒店/》/（默剧）

《/西部/世界/》/（电视剧）

《/变形金刚/5/》/（电影）

《/梅花三弄/》/（古琴曲）

《/美好/的/世界/》/（歌曲）

《/仙剑/奇侠/传/五/》/（游戏）

《/啼笑/姻缘/》/(文学故事)

《/核/安全/法/》/(法律文件)

《/1689/年/的/中俄/尼布楚/条约/》/(文件)

3.1.2.12 学科

学科名称一律为分词单位。例如：

航海工程与科学/　　　古文字学/

3.1.2.13 食物

具体菜名及菜名种类一律为分词单位。例如：

北京菜/　　　　　蚂蚁上树/

具体食物名字一律为分词单位。例如：

披萨饼/

3.1.2.14 店铺

店铺的种类及店铺具体名字一律为分词单位。例如：

母婴店/　　　　　　汽修店/

3.1.2.15 交通工具

交通工具的名字一律为分词单位。例如：

东方红3/(船)

火车、地铁、公交车等公共交通工具的车站名字一律为分词单位。例如：

西九龙站/

3.1.2.16 生物

a. 动物、植物、真菌等生物名称一律为分词单位。例如：

黑天鹅/(可转义为金融术语)

灰犀牛/(可转义为金融术语)

羊肚菌/　　　　　恰玛古/

跑山鸡/

b. 树、林的种类一律为分词单位。例如：

土梨树/　　　　核桃林/

公益林/　　　　天然林/

护堤/防浪林/　　抑螺/血防林/

3.1.2.17 战机、火箭、卫星

战机、火箭、卫星等的具体名字一律为分词单位。例如：

轰—6K/　　　　长征三号乙/

北斗三号/　　　慧眼/

3.1.2.18 政策

使用稳定、切分后影响语义完整性的政策名词一律为分词单位，否则应该按组成名词的分词单位切分。例如：

改革开放/　　　一带一路/

百人计划/　　　千人计划/

厕所革命/　　　包产到户/

三大纪律/　　　八项注意/

三农/　　　　　三包/

二三四十/　　　控辍保学/

营改增/　　　　春晖计划/

退/耕/还/林/　　长江/学者/

五位/一体/　　　四个/全面/

两/个/一/百/年/　四个/伟大/

八个/明确/　　　十四个/坚持/

"/四好/"/精神/　"/十六字/"/方针/

五/禁/　　　　　五/政/

3.1.2.19 政治术语

使用稳定、切分后影响语义完整性的政治术语一律为分词单位，否则应该按组成名词的分词单位切分。例如：

"三个代表"重要思想/

科学发展观/　　　　　马克思主义/

习近平新时代中国特色社会主义思想/

吃拿卡要/　　　　　第一书记/

风清/气正/　　　　　弱鸟/先飞/

咬耳/扯袖/　　　　　有/法/可/依/

3.1.2.20　工具

工具种类一律为分词单位。例如：

除霾炮/　　　　　切根机/

3.1.2.21　药

药名的种类为分词单位，具体药名全名按组成其全名的分词单位切分。例如：

靶向药/　　　　　盐酸/美金刚/缓释/胶囊/

3.1.2.22　艺术

歌曲、刺绣、戏剧等艺术形式名称一律为分词单位。例如：

喊山/　　　　　花谱/

信天游/　　　　　咏叹调/

3.1.2.23　运动

运动种类一律为分词单位，运动简称为分词单位，运动全名按组成全名的分词单位切分。例如：

女双/　　　　　女排/

女子/排球/

3.1.2.24　语言

语言种类一律为分词单位。例如：

中文/　　　　　中国话/

3.1.2.25　细胞

细胞类型一律为分词单位。例如：

体细胞/　　　　　组织细胞/

3.1.2.26 核电站

核电站名字一律为分词单位。例如：

欣克利角 C/核电站/

3.1.2.27 奖项

奖项名称按组成其名称的分词单位切分。例如：

一等/奖/　　　　　进步/奖/

诺贝尔/经济学/奖/　阿尔伯特·维达尔/奖/

3.1.2.28 课程

课程种类一律为分词单位。例如：

思政课/

3.1.2.29 天气

天气种类一律为分词单位。例如：

雾霾天/

3.1.2.30 货币

货币种类一律为分词单位。例如：

人民币/　　　　　欧元/

越南盾/　　　　　比特币/

3.1.2.31 商品、产品

商品牌号、品种、产品系列名称中的专有名词与普通名词一律分别切分。例如：

永久/牌/　　　　　中华/烟/

牡丹/B 型/

3.1.2.32 主义

"主义"组成的名词词组一律切分。例如：

成果/主义/　　　　恐怖/主义/

但使用稳定的政治术语除外。例如：

社会主义/　　　　　马克思主义/

3.2 动词

3.2.1 重叠形式

动词的重叠形式较多,具体规定如下：

a. 单字动词重叠使用为一个分词单位。例如：

看看/　　　　　动动/

b. 二字动词性分词单位的重叠方式"AABB"为一个分词单位。例如：

来来往往/　　　　拉拉扯扯/

c. "AAB、ABAB"重叠形式的动词词组应予切分。例如：

说说/看/　　　　研究/研究/

d. "A一A、A了A、A了一A"重叠形式的动词词组应予切分。例如：

谈/一/谈/　　　　想/一/想/

读/一/读/　　　　想/了/想/

想/了/一/想/

3.2.2 否定

动词前的否定副词一律单独切分。例如：

不/写/　　　　　不/能/

没/研究/　　　　未/完成/

3.2.3 肯定加否定

用肯定加否定的形式表示疑问的动词词组一律切分,不完整的则不予切分。例如：

说/没/说/　　　　看/不/看/

相信/不/相信/　　相不相信/

3.2.4 动宾结构

a. 动宾结构的词或结合紧密、使用稳定的二字动宾词组,不予切分。例如：

开会/　　　　　跳舞/

识人/　　　　　护航/

解决/吃饭/问题/　孩子/该/念书/了/

b. 结合不紧密或有众多与之相同结构词组的动宾词组一律切分。例如：

  吃/鱼/　　　　学/滑冰/

  写/信/　　　　出/海/出/省/出/边/

  涉/爆/　　　　无/粮/

  征/人/　　　　种/果/

c. 动宾结构的词或词组如中间插入其他成分，则应予切分。例如：

  吃/两/顿/饭/

3.2.5　动补结构

a. 动补结构的二字词或结合紧密、使用稳定的二字动补词组，不予切分。例如：

  打倒/　　　　提高/

  加长/　　　　做好/

  打掉/　　　　做优/

b. "2+1"或"1+2"结构的动补词组一律切分，三字以上的动补结构词组也一律切分。例如：

  整理/好/　　　　说/清楚/

  解释/清楚/

c. 动补结构的词或词组如中间插入"得、不"，应予切分。例如：

  打/得/倒/　　　　提/不/高/

3.2.6　偏正结构

偏正结构的词，以及结合紧密、使用稳定的偏正结构的词组，不予切分。否则应予切分。例如：

  胡闹/　　　　瞎说/

  死记/　　　　常怀/

  永葆/　　　　早/来/

  晚/走/　　　　重/说/

3.2.7　趋向动词

a. 复合趋向动词一律为分词单位。例如：

　　出去/　　　　　　进来/

b. 当插入"得、不"时应予切分。例如：

　　出/得/去/　　　　进/不/来/

c. 结合紧密、使用稳定的动词与趋向动词结合的二字词或词组不予切分，否则应予切分。例如：

　　走进/　　　　　　踏进/

　　提出/　　　　　　发起/

　　寄/来/　　　　　　跑/出去/

3.2.8　并列形式

a. 单字动词无连词并列，并且均保持各自独立动词意义的词组，一律切分。例如：

　　听/说/读/写/

b. 单字动词无连词并列，形成结合紧密、使用稳定或整体已改变语义的词或词组，不予切分。例如：

　　盗抢骗/案件/　　　　放管服/

c. 多字动词无连词并列，一律切分。例如：

　　调查/研究/　　　　宣传/鼓动/

3.3　形容词

3.3.1　重叠形式

a. 形容词的重叠形式"AA、AABB、ABB、AAB、A里AB"一律为分词单位。例如：

　　大大/　　　　　　高高/

　　高高兴兴/　　　　匆匆忙忙/

　　绿油油/　　　　　红通通/

　　蒙蒙亮/　　　　　马里马虎/

b. "AABB"重叠形式的形容词应予切分。例如：

雪白/雪白/　　　　滚圆/滚圆/

3.3.2 固定形式

"一 A 一 B、一 A 二 B、半 A 半 B、半 A 不 B、有 A 有 B"等类型的形容词性词组,不予切分。例如:

一心一意/　　　　一清二楚/

半明半暗/　　　　半生不熟/

有条有理/

3.3.3 并列形式

形容词的并列形式按以下规则切分:

a. 两个或三个单字形容词组成的词组,一律不予切分。例如:

长短/　　　　　深浅/

大小/　　　　　红白/

散乱污/　　　　短平快/

小微/　　　　　新低/

b. 二字形容词并列且各自保持原有形容词语义的词组,应予切分。例如:

光荣/伟大/

3.3.4 颜色

有关颜色的形容词或词组不予切分。例如:

浅黄/　　　　　橄榄绿/

3.3.5 肯定加否定

用肯定加否定的形式表示疑问的形容词词组一律切分,不完整的则不切分。例如:

容易/不/容易/　　　容不容易/

3.4 代词

3.4.1 们

单字代词加"们"为分词单位。例如:

我们/　　　　　你们/

它们/　　　　　　他们/

3.4.2 这、那、哪

a. "这、那、哪"加量词"个"或"些、样、么、里、边"等为一个分词单位。例如：

这个/　　这么/　　这边/

那些/　　那样/　　那里/

哪个/　　哪里/　　哪些/

b. "这、那、哪"加数、量、名词性分词单位一律切分。例如：

这/十/天/　　　　那/人/

那/种/　　　　　哪/天/

3.4.3 疑问代词

疑问代词或词组为分词单位。例如：

多少/　　　　　　怎样/

为什么/　　　　　什么/

3.4.4 每、各、全、本、首、当

"每、各、全、本、首、当"等代词与后面的量词或名词组成的二字词组一律不切分，三字及以上词组应予切分。例如：

每种/　　　　　　各国/

全球/　　　　　　本报/

首次/　　　　　　当晚/

全/社会/

3.4.5 某、该、此

"某、该、此"等代词与后面的量词或名词一律切分。例如：

某/地/　　　　　　该/团/

此/类/

"此"与后面的时间词或方位词组成的二字词或词组，一律不切分。例如：

此前/

3.5 数词

3.5.1 数词加量词、名词

a. 数词与量词一律切分。例如：

　　　三/成/　　　　　　一/代/

b. 数词与名词一律切分。例如：

　　　四/强/　　　　　　两/国/

3.5.2 数位词

a. 汉语数位词分别为分词单位。例如：

　　　几/千万/吨/　　　　一/亿/八/千/零/四/万/七/百/二/十/三/

b. 英语数字中千位分隔符不予切分。例如：

　　　1,163,146/

3.5.3 序数

a. 表示序数的"第"与后面的数词一律切分。例如：

　　　第/一/　　　　　　第/五/十/三/

b. 当"第一"形容程度最深、最重要或不存在"第二"时，不予切分。例如：

　　　质量/第一/　　　　第一/时间/

3.5.4 分数

a. 汉语分数一律不予切分。例如：

　　　五分之三/　　　　　百分之二/

b. 阿拉伯数字分数中的"/"不再添加分词符号。例如：

　　　1/3/　　　　　　　2/3/

c. 阿拉伯数字的百分数为一个分词单位。例如：

　　　98%/

3.5.5 概数

a. 数字并列表示概数时，表示概数的数字为分词单位。例如：

　　　八九/公斤/　　　　十/七八/岁/

当数字并列表示产业时，并列数字为分词单位。例如：

一二三/产业/

b. 表示概数的"多、来、几"等在数词或量词之后时，一律为分词单位。例如：

两/点/多/　　　　　一/千/多/人/

十/来/家/　　　　　几/十/个/

c. "些、一些、点儿、一点儿"等表示概数的词在形容词或动词之后时，一律切分。例如：

大/些/　　　　　　懂/一些/

快/点儿/　　　　　快/一点儿/

d. "近、约、数"等在数词或数位词前，与之连用表示概数时，应予切分。例如：

近/千/人/　　　　　约/三/百/

数/万/

e. "成、上"在数位词前，与之连用表示概数时，不予切分。例如：

成百/　　　　　　　上千/

3.6　量词

3.6.1　重叠

量词重叠使用不予切分。例如：

一/年年/　　　　　一/步步/

个个/　　　　　　　家家户户/

3.6.2　复合量词或词组

复合量词或词组为分词单位。例如：

人年/　　　　　　　人次/

架次/　　　　　　　吨公里/

3.7　副词

3.7.1　副词一律为分词单位。例如：

很/好/　　　　　　　太/久/

刚/走/　　　　　　　尚/早/

屡/创/　　　　　　　都/来/了/

互相/协助/

3.7.2　"最"与形容词组成的二字组成词,一律不切分。例如:

最美/　　　　　　　最佳/

3.7.3　以下经常使用,起副词作用的词组为分词单位:

越来越/　　　　　　不得不/

不能不/

起关联作用的"越…越…、又…又…"等应予切分。例如:

越/走/越/远/　　　　又/香/又/甜/

3.8　介词

介词一律为分词单位。例如:

对于/　　　　　　　由于/

按照/规定/

3.9　连词

连词一律为分词单位。例如:

工人/和/农民/　　　　光荣/而/伟大/

一方面/　　　　　　另一方面/

一方/　　　　　　　另一方/

之所以/　　　　　　下一步/

3.10　助词

3.10.1　结构助词

结构助词"的、地、得、之"一律为分词单位。例如:

他/的/书/　　　　　　慢慢/地/走/

说/得/快/　　　　　　美丽/的/城市/

中国/的/大熊猫/　　　成功/之/路/

3.10.2　时态助词

时态助词"着、了、过"一律为分词单位。例如：

看/着/　　看/了/　　看/过/

3.10.3　所

助词"所"与其后的动词一律切分。例如：

所/想/　　　　　所/认识/

老/有/所/养/　　病/有/所/医/

3.11　语气词

语气词一律为分词单位。例如：

你/好/吗/？/

快/去/吧/！/

3.12　叹词

叹词一律为分词单位。例如：

哎哟/

啊/，/真/美/！/

唉呀/，/他/走/了/！/

3.13　象声词

象声词一律为分词单位。例如：

嘟/　　　　　　当当/

轰隆隆/　　　　咕咕嘎嘎/

3.14　前后加成分

3.14.1　前加成分

a. 分词单位加如下类型的前加成分：

驻　去　非　阿

应为分词单位，例如：

驻华/　　　　　去核化/

非金属/　　　　阿哥/

b. 分词单位加如下类型的前加成分：

多 泛 超　可 被 老 受

根据语义完整性分情况切分,例如：

多边形/　　　　多/功能/

泛神论/　　　　泛/希腊/

超导体/　　　　超/时代/

可爱/　　　　　可/采纳/

被执行人/　　　被/打倒/

老张/　　　　　老/党员/

受累/　　　　　受/资助/

c. 分词单位加如下类型的前加成分：

副 代 前 所

应予切分,例如：

副/部长/　　　　代/军长/

前/司长/　　　　所/说/

3.14.2 后加成分

a. 分词单位加如下类型的后加成分：

家 手 员 师 长 子 者 头 观 类 款 版 处 部
方 化 型 性 式 级 感 线 值 数 量 率 梦 论

应为分词单位。例如：

科学家/　　　　拖拉机手/

理发员/　　　　心理师/

厅局长/　　　　椅子/

贪腐者/　　　　两者/

木头/　　　　　哲学观/

阿片类/　　　　B款/

英文版/　　　　源头处/

东南部/　　　　东西方/

定制化/　　　　　　超大型/

概括性/　　　　　　头戴式/

4A级/　　　　　　　获得感/

三四线/　　　　　　阳逻线/(地铁、铁路线)

目标值/　　　　　　在校生数/

需氧量/　　　　　　杠杆率/

发财梦/　　　　　　中国梦/

本质/还原论/　　　　中国/崩溃论/

b. 分词单位加如下类型的后加成分：

界

按是否使用稳定、切分后是否影响语义完整性分情况切分。例如：

学术界/　　　　　　物理学/界/

c. 分词单位后如有多个后加成分,则它们是一个分词单位。例如：

物理学家/　　　　　历史学家/

3.14.3　前加成分和后加成分

分词单位前后如有前加成分和后加成分,则它们是一个分词单位。例如：

非党员/　　　　　　超导性/

去核化/　　　　　　泛神论/

附录 1-4　条件随机场模型所使用的的特征模板

Unigram

U020:%x[-2,0]
U030:%x[-1,0]
U040:%x[0,0]
U050:%x[1,0]
U060:%x[2,0]

U0700:%x[-1,0]/%x[0,0]
U0800:%x[0,0]/%x[1,0]

Bigram

B

附录1-5 原始标注数据示例

```
1  全国/政协/举行/新年/茶话会/
2  习/近平/发表/重要/讲话/李/克强/张/德江/刘/云山/王/岐山/张/高丽/出席/俞/正声/主持/
3  十二月/三十一/日/，/全国/政协/在/北京/举行/新年/茶话会/。/
4  党/和/国家/领导人/习/近平/、/李/克强/、/张/德江/、/俞/正声/、/刘/云山/、/王/岐山/、/张/高丽/出席/茶话会/并/观看/演出/。/
5  新华社/记者/（/李/学仁/）/摄/
6  新华社/北京/12/月/31/日/电/（/记者/吴/晶晶/、/孙/铁翔/）/中国/人民/政治/协商/会议/全国/委员会/12/月/31/日/上午/在/全国/政协/礼堂/举行/新年/茶话会/。/
7  党/和/国家/领导人/习/近平/、/李/克强/、/张/德江/、/俞/正声/、/刘/云山/、/王/岐山/、/张/高丽/等同/各/民主党派/中央/、/全国/工商联/负责人/和/无党派/人士/代表/、/中央/和/国家/机关/有关/方面/负责人/以及/首都/各族/各界/人士/代表/欢聚一堂/，/共/迎/2015/年/元旦/。/
8  中共/中央/总书记/、/国家/主席/、/中央/军委/主席/习/近平/在/茶话会/上/发表/重要/讲话/。/
9  他/强调/，/问题/是/时代/的/声音/，/人心/是/最大/的/政治/。/
10 推进/党/和/国家/各项/工作/，/必须/坚持/问题/导向/，/倾听/人民/呼声/。/
```

附录 1-6　序列标注数据示例

1	全	B
2	国	E
3	政	B
4	协	E
5	举	B
6	行	E
7	新	B
8	年	E
9	茶	B
10	话	M
11	会	E
12		
13	习	S
14	近	B
15	平	E
16	发	B
17	表	E
18	重	B
19	要	E
20	讲	B
21	话	E
22	李	S
23	克	B
24	强	E

附录1-7 条件随机场模型结果输出示例

160	这	S	S
161	既	S	S
162	包	B	B
163	括	E	E
164	短	B	B
165	期	E	E
166	影	B	B
167	响	E	E
168	，	S	S
169	也	S	S
170	包	B	B
171	括	E	E
172	持	B	B
173	续	E	E
174	终	B	B
175	生	E	E
176	的	S	S
177	长	B	B
178	期	E	E
179	影	B	B
180	响	E	E
181	；	S	S
182	既	S	S
183	阻	B	B
184	碍	E	E
185	他	B	B
186	们	E	E
187	的	S	S

附录 1-8 整体性能数据示例—2015 年 1 月语料

模型	测评对象	精准率/%	召回率/%	调和平均值/%
模型 1	B	97.84	98.51	98.17
	E	97.75	98.41	98.08
	M	93.78	91.22	92.48
	S	97.57	96.43	97.00
	所有标记	97.24	97.08	97.16
模型 2	B	97.94	98.57	98.25
	E	97.85	98.47	98.16
	M	93.95	91.51	92.72
	S	97.65	96.59	97.12
	所有标记	97.35	97.21	97.28
模型 3	B	97.77	98.59	98.26
	E	97.64	98.45	98.04
	M	93.90	90.88	92.36
	S	97.69	96.31	96.99
	所有标记	97.26	97.05	97.16
模型 4	B	97.65	98.53	98.09
	E	97.55	98.42	97.98
	M	93.25	90.73	91.97
	S	97.77	96.19	96.97
	所有标记	97.19	96.91	97.05
模型 5	B	97.89	98.63	98.26
	E	97.78	98.51	98.14
	M	94.21	91.23	92.70
	S	97.71	96.49	97.10
	所有标记	97.36	97.13	97.24

(续表)

模型	测评对象	精准率/%	召回率/%	调和平均值/%
模型6	B	97.77	98.48	98.12
	E	97.73	98.43	98.08
	M	93.09	90.88	91.97
	S	97.66	96.39	97.02
	所有标记	97.22	97.02	97.12
模型7	B	97.84	98.56	98.20
	E	97.75	98.46	98.10
	M	93.77	91.53	92.64
	S	97.70	96.40	97.04
	所有标记	97.32	97.10	97.21
模型8	B	97.83	98.51	98.17
	E	97.76	98.41	98.08
	M	93.54	91.55	92.53
	S	97.63	96.41	97.02
	所有标记	97.28	97.08	97.18
模型9	B	97.82	98.59	98.21
	E	97.73	98.49	98.11
	M	94.00	91.30	92.63
	S	97.76	96.44	97.10
	所有标记	97.33	97.12	97.23
模型10	B	97.82	98.64	98.22
	E	97.75	98.55	98.15
	M	94.08	91.49	92.77
	S	97.87	96.42	97.14
	所有标记	97.39	97.15	97.27

附录 1-9 整体性能示例数据—2016 年 1 月语料

模型	测评对象	精准率/%	召回率/%	调和平均值/%
模型 1	B	97.99	98.61	98.30
	E	97.93	98.52	98.22
	M	94.24	91.47	92.83
	S	97.69	96.72	97.20
	所有标记	97.40	97.29	97.34
模型 2	B	98.07	98.59	98.33
	E	98.07	98.59	98.33
	M	94.11	92.10	93.09
	S	97.71	96.83	97.27
	所有标记	97.49	97.37	97.43
模型 3	B	98.01	98.54	98.27
	E	98.02	98.53	98.28
	M	93.86	91.86	92.85
	S	97.70	96.79	97.24
	所有标记	97.45	97.32	97.38
模型 4	B	98.05	98.62	98.33
	E	98.06	98.63	98.34
	M	93.94	92.10	93.01
	S	97.89	96.86	97.37
	所有标记	97.55	97.38	97.46
模型 5	B	98.00	98.52	98.26
	E	97.98	98.47	98.23
	M	94.18	91.35	92.74
	S	97.62	96.92	97.27
	所有标记	97.37	97.32	97.35

(续表)

模型	测评对象	精准率/%	召回率/%	调和平均值/%
模型6	B	97.95	98.56	98.25
	E	97.91	98.51	98.21
	M	93.77	91.11	92.42
	S	97.70	96.72	97.21
	所有标记	97.36	97.24	97.30
模型7	B	98.02	98.65	98.33
	E	97.98	98.60	98.29
	M	93.97	91.65	92.80
	S	97.85	96.75	97.29
	所有标记	97.50	97.35	97.42
模型8	B	98.01	98.67	98.34
	E	97.99	98.65	98.32
	M	94.36	91.56	92.94
	S	97.80	96.70	97.25
	所有标记	97.49	97.35	97.42
模型9	B	97.94	98.61	98.28
	E	97.87	98.54	98.20
	M	94.27	90.91	92.55
	S	97.73	96.71	97.22
	所有标记	97.37	97.27	97.32
模型10	B	97.94	98.64	98.29
	E	97.90	98.60	98.25
	M	94.41	91.69	93.03
	S	97.84	96.62	97.22
	所有标记	97.47	97.30	97.38

附录 1-10　整体性能示例数据—2017 年 1 月语料

模型	测评对象	精准率/%	召回率/%	调和平均值/%
模型 1	B	98.25	98.85	98.55
	E	98.24	98.84	98.54
	M	95.78	93.88	94.82
	S	98.45	97.32	97.88
	所有标记	98.01	97.83	97.92
模型 2	B	98.36	98.98	98.68
	E	98.39	98.92	98.66
	M	95.96	93.92	94.93
	S	98.57	97.50	98.04
	所有标记	98.15	97.99	98.07
模型 3	B	98.49	98.99	98.74
	E	98.47	98.96	98.72
	M	96.10	94.08	95.08
	S	98.53	97.68	98.11
	所有标记	98.20	98.09	98.15
模型 4	B	98.41	98.95	98.68
	E	98.40	98.94	98.67
	M	95.75	93.86	94.80
	S	98.57	97.59	98.08
	所有标记	98.15	98.01	98.08
模型 5	B	98.44	98.94	98.69
	E	98.46	98.95	98.71
	M	95.63	94.03	94.82
	S	98.51	97.59	98.05
	所有标记	98.15	98.01	98.08

(续表)

模型	测评对象	精准率/%	召回率/%	调和平均值/%
模型 6	B	98.44	98.94	98.69
	E	98.45	98.95	98.70
	M	95.81	93.87	94.83
	S	98.56	97.69	98.12
	所有标记	98.18	98.06	98.12
模型 7	B	98.40	98.90	98.65
	E	98.40	98.90	98.65
	M	96.14	93.69	94.90
	S	98.41	97.62	98.02
	所有标记	98.08	98.00	98.04
模型 8	B	98.44	98.95	98.69
	E	98.42	98.90	98.65
	M	95.58	94.48	95.03
	S	98.50	97.53	98.01
	所有标记	98.15	97.97	98.06
模型 9	B	98.34	98.89	98.61
	E	98.34	98.89	98.61
	M	95.57	93.87	94.71
	S	98.49	97.46	97.97
	所有标记	98.06	97.89	97.98
模型 10	B	98.39	98.92	98.65
	E	98.41	98.93	98.67
	M	96.11	93.92	95.00
	S	98.52	97.63	98.07
	所有标记	98.13	98.02	98.08

附录2 NEPD 语料句长与词汇分布实验

附录2-1 切分句子实验

输入文本：
全文/如下/：/
同志/们/、/朋友/们/！/
人民/在/期待/着/我们/，/历史/在/期待/着/我们/，/世界/在/期待/着/我们/。/
历史/的/发展/，/总/有/一些/关键/的/时间/节点/。/
决胜/全面/建成/小康/社会/的/历史/大幕/已经/拉开/，/向/全面/建成/小康/社会/冲刺/的/艰巨/任务/落/在/我们/这/一/代/人/肩上/。/
冲刺/是/咬紧牙关/的/时候/，/是/屏息/聚力/的/时候/，/是/比拼/意志/的/时候/。/
对于/预审/不/合格/的/，/对/群众/予以/耐心/解释/；/预审/通过/后/，/在/受理/地/现场/办理/。/
记忆/中/的/雪/会/不/会/等/得/有些/焦急/？/
记忆/中/的/雪/会/不/会/最终/等/得/不/耐烦/和/绝望/，/感到/寒冷/和/孤独/？/

输出后每个句子为一个列表的元素，按不同标点筛选后输出的结果如下所示：
感叹号：['同志/们/、/朋友/们/！']
句号：['人民/在/期待/着/我们/，/历史/在/期待/着/我们/，/世界/在/期待/着/我们/。', '历史/的/发展/，/总/有/一些/关键/的/时间/节点/。', '决胜/全面/建成/小康/社会/的/历史/大幕/已经/拉开/，/向/全面/建成/

小康/社会/冲刺/的/艰巨/任务/落/在/我们/这/一/代/人/肩上/。','冲刺/是/咬紧牙关/的/时候/，/是/屏息/聚力/的/时候/，/是/比拼/意志/的/时候/。','对于/预审/不/合格/的/，/对/群众/予以/耐心/解释/；/预审/通过/后/，/在/受理/地/现场/办理/。']

问号：['记忆/中/的/雪/会/不/会/等/得/有些/焦急/？','记忆/中/的/雪/会/不/会/最终/等/得/不/耐烦/和/绝望/，/感到/寒冷/和/孤独/？']

分号：['对于/预审/不/合格/的/，/对/群众/予以/耐心/解释/；']

冒号：['全文/如下/：']

附录2-2 按字统计句子长度统计实验

例：

输入：金融街/法庭/庭长/刘/建勋/总/有/一/种/强烈/的/紧迫感/。/
还有/一些/案件/，/看/起来/不/起眼/，/但/往往/与/国家/金融/监管/、/金融/决策/直接/相关/。/
安徽/股民/陈/先生/起诉/一/家/上市/公司/，/认为/自己/受/公司/误导/购买/股票/而/产生/损失/，/以/证券/欺诈/为由/要求/赔偿/。/
2016/年/，/被告/公司/募集/一/笔/30/亿/元/的/永续债/，/募集/成功/后/，/将/30/亿/计入/公司/权益/，/并/在/季报/中/公开/。/
陈/先生/赶紧/买入/股票/，/却/没有/等/来/涨/停/。/
他/反复/研究/公司/季报/和/会计/报告/，/查询/了/专业/书籍/，/认为/被告/公司/构成/欺诈/。/
在/国际/资本/市场/上/，/永续债/是/一/种/成熟/的/金融/产品/，/2013/年/开始/进入/中国/市场/。/

输出：['金融街/法庭/庭长/刘/建勋/总/有/一/种/强烈/的/紧迫感/。','还有/一些/案件/，/看/起来/不/起眼/，/但/往往/与/国家/金融/监管/、

/金融/决策/直接/相关/。/','安徽/股民/陈/先生/起诉/一/家/上市/公司/,/认为/自己/受/公司/误导/购买/股票/而/产生/损失/,/以/证券/欺诈/为/由/要求/赔偿/。/','2016/年/,/被告/公司/募集/一/笔/30/亿/元/的/永续债/,/募集/成功/后/,/将/30/亿/计入/公司/权益/,/并/在/季报/中/公开/。/','陈/先生/赶紧/买入/股票/,/却/没有/等/来/涨停/。/','他/反复/研究/公司/季报/和/会计/报告/,/查询/了/专业/书籍/,/认为/被告/公司/构成/欺诈/。/','在/国际/资本/市场/上/,/永续债/是/一/种/成熟/的/金融/产品/,/2013/年/开始/进入/中国/市场/。/']

输出即为每个句子按字统计的结果

输入数据:2018 年 1 月人民日报分词文本 txt 格式

输出数据示例:

[(26,1668),

(27,1634),

(33,1621),

(25,1602),

(34,1599),……]

统计各标点的句子长度需筛选出各标点句子再进行统计。

附录 2-3 按词统计句子长度实验

例:

输入:决胜/全面/建成/小康/社会/的/历史/大幕/已经/拉开/,/向/全面/建成/小康/社会/冲刺/的/艰巨/任务/落/在/我们/这/一/代/人/肩上/。/

输出:['决胜', '全面', '建成', '小康', '社会', '的', '历史', '大幕', '已经', '拉开', '向 ', '全面', '建成', '小康社会', '冲刺', '的', '艰巨', '任务', '落', '在', '我们', '这', '一', '代', '人', '肩上']

输入数据:2018年1月《人民日报》分词文本数据 txt 格式

输出数据示例:

[(15,2834),

(18,2708),

(16,2681),

(22,2667),

(20,2647),……]

统计各标点的句子长度需筛选出各标点句子再进行统计。

附录 2-4　句长统计数据示例——2015 年 1 月语料

<table>
<tr><th colspan="9">2015 年 1 月《人民日报》按词统计句子长度</th></tr>
<tr><th>序号</th><th>词</th><th>频次</th><th>序号</th><th>词</th><th>频次</th><th>序号</th><th>词</th><th>频次</th></tr>
<tr><td>1</td><td>16</td><td>2 915</td><td>18</td><td>25</td><td>2 127</td><td>35</td><td>37</td><td>928</td></tr>
<tr><td>2</td><td>15</td><td>2 868</td><td>19</td><td>26</td><td>1 989</td><td>36</td><td>38</td><td>852</td></tr>
<tr><td>3</td><td>17</td><td>2 842</td><td>20</td><td>27</td><td>1 916</td><td>37</td><td>39</td><td>795</td></tr>
<tr><td>4</td><td>14</td><td>2 836</td><td>21</td><td>7</td><td>1 790</td><td>38</td><td>40</td><td>763</td></tr>
<tr><td>5</td><td>13</td><td>2 817</td><td>22</td><td>28</td><td>1 676</td><td>39</td><td>2</td><td>737</td></tr>
<tr><td>6</td><td>12</td><td>2 807</td><td>23</td><td>29</td><td>1 612</td><td>40</td><td>41</td><td>666</td></tr>
<tr><td>7</td><td>18</td><td>2 795</td><td>24</td><td>6</td><td>1 575</td><td>41</td><td>42</td><td>624</td></tr>
<tr><td>8</td><td>19</td><td>2 684</td><td>25</td><td>30</td><td>1 523</td><td>42</td><td>43</td><td>559</td></tr>
<tr><td>9</td><td>11</td><td>2 617</td><td>26</td><td>31</td><td>1 381</td><td>43</td><td>44</td><td>539</td></tr>
<tr><td>10</td><td>20</td><td>2 570</td><td>27</td><td>32</td><td>1 297</td><td>44</td><td>45</td><td>474</td></tr>
<tr><td>11</td><td>21</td><td>2 533</td><td>28</td><td>5</td><td>1 192</td><td>45</td><td>46</td><td>443</td></tr>
<tr><td>12</td><td>10</td><td>2 489</td><td>29</td><td>34</td><td>1 187</td><td>46</td><td>47</td><td>442</td></tr>
<tr><td>13</td><td>22</td><td>2 441</td><td>30</td><td>33</td><td>1 185</td><td>47</td><td>1</td><td>437</td></tr>
<tr><td>14</td><td>9</td><td>2 259</td><td>31</td><td>35</td><td>1 087</td><td>48</td><td>48</td><td>373</td></tr>
<tr><td>15</td><td>23</td><td>2 244</td><td>32</td><td>3</td><td>1 013</td><td>49</td><td>49</td><td>341</td></tr>
<tr><td>16</td><td>24</td><td>2 182</td><td>33</td><td>36</td><td>953</td><td>50</td><td>50</td><td>326</td></tr>
<tr><td>17</td><td>8</td><td>2 137</td><td>34</td><td>4</td><td>949</td><td></td><td></td><td></td></tr>
</table>

附录2-5 词频统计数据示例(前300)—2015年1月语料

序号	词	词频	序号	词	词频	序号	词	词频
1	的	91 458	32	说	4 457	63	把	2 618
2	在	20 544	33	都	4 315	64	来	2 610
3	是	18 643	34	经济	4 268	65	第	2 600
4	和	18 585	35	从	4 231	66	本报	2 589
5	了	18 041	36	更	4 142	67	下	2 497
6	一	16 421	37	以	3 982	68	之	2 494
7	不	12 250	38	大	3 921	69	市	2 477
8	年	10 543	39	社会	3 915	70	重要	2 462
9	有	8 433	40	记者	3 889	71	元	2 455
10	为	8 250	41	改革	3 801	72	后	2 432
11	对	7 567	42	建设	3 725	73	于	2 419
12	中国	7 560	43	我们	3 715	74	被	2 418
13	个	7 200	44	问题	3 713	75	市场	2 410
14	也	6 904	45	企业	3 609	76	很	2 384
15	等	6 629	46	能	3 590	77	三	2 363
16	发展	6 614	47	文化	3 334	78	制度	2 298
17	上	6 477	48	我	3 325	79	进行	2 218
18	多	6 424	49	他	3 184	80	管理	2 173
19	与	6 402	50	服务	3 160	81	北京	2 140
20	中	6 167	51	政府	3 150	82	时	2 105
21	这	5 746	52	但	3 126	83	合作	2 083
22	月	5 646	53	地	2 994	84	没有	2 083
23	要	5 617	54	而	2 992	85	通过	2 081
24	将	5 293	55	会	2 971	86	次	2 072
25	到	5 289	56	万	2 962	87	干部	2 068
26	人	5 273	57	着	2 951	88	人民	2 027
27	就	5 007	58	让	2 936	89	创新	2 021
28	日	4 966	59	并	2 933	90	已	2 019
29	新	4 776	60	两	2 893	91	部门	1 989
30	国家	4 724	61	好	2 836	92	向	1 983
31	工作	4 459	62	还	2 786	93	中央	1 983

(续表)

序号	词	词频	序号	词	词频	序号	词	词频
94	世界	1 939	128	名	1 546	162	他们	1 346
95	群众	1 938	129	地区	1 546	163	政治	1 340
96	国际	1 930	130	活动	1 540	164	情况	1 334
97	全面	1 923	131	政策	1 537	165	方式	1 332
98	出	1 922	132	增长	1 532	166	方面	1 324
99	全国	1 915	133	作为	1 529	167	提高	1 323
100	环境	1 884	134	种	1 528	168	传统	1 316
101	可以	1 884	135	历史	1 528	169	教育	1 299
102	成为	1 875	136	关系	1 526	170	里	1 295
103	党	1 869	137	目前	1 520	171	已经	1 295
104	实现	1 834	138	用	1 510	172	责任	1 294
105	省	1 830	139	人员	1 509	173	县	1 290
106	推进	1 830	140	李	1 509	174	法律	1 289
107	安全	1 823	141	领导	1 482	175	机制	1 289
108	组织	1 814	142	电	1 460	176	产业	1 288
109	得	1 813	143	建立	1 453	177	资源	1 285
110	需要	1 793	144	张	1 449	178	开展	1 283
111	我国	1 756	145	家	1 446	179	时间	1 274
112	高	1 710	146	最	1 444	180	会议	1 264
113	项目	1 704	147	二	1 441	181	机构	1 264
114	其	1 694	148	城市	1 438	182	前	1 257
115	生活	1 682	149	同时	1 438	183	习	1 253
116	可	1 674	150	一些	1 429	184	基础	1 249
117	给	1 665	151	就是	1 421	185	中心	1 247
118	表示	1 660	152	所	1 420	186	认为	1 245
119	又	1 643	153	看	1 409	187	解决	1 241
120	自己	1 631	154	做	1 400	188	十	1 231
121	技术	1 622	155	精神	1 393	189	王	1 229
122	加强	1 606	156	这些	1 388	190	主要	1 227
123	要求	1 602	157	信息	1 379	191	几	1 225
124	公司	1 590	158	提供	1 369	192	过	1 221
125	亿	1 581	159	推动	1 368	193	区	1 220
126	起	1 575	160	研究	1 366	194	单位	1 214
127	由	1 548	161	保护	1 360	195	领域	1 204

(续表)

序号	词	词频	序号	词	词频	序号	词	词频
196	走	1 196	231	农村	1 051	266	以来	936
197	或	1 177	232	提出	1 049	267	如何	936
198	必须	1 177	233	能力	1 047	268	司法	936
199	近平	1 169	234	积极	1 047	269	其中	934
200	投资	1 164	235	网络	1 028	270	条	929
201	及	1 163	236	位	1 025	271	价格	928
202	金融	1 160	237	使	1 023	272	成	924
203	该	1 150	238	小	1 022	273	介绍	919
204	地方	1 149	239	却	1 022	274	促进	914
205	各	1 147	240	去年	1 021	275	以及	911
206	机关	1 147	241	进一步	1 013	276	公共	909
207	体系	1 140	242	如果	1 012	277	重大	898
208	美国	1 138	243	收入	1 010	278	们	891
209	相关	1 132	244	水平	1 009	279	治理	887
210	作用	1 125	245	支持	1 005	280	平台	884
211	影响	1 123	246	此	1 005	281	发挥	883
212	基本	1 122	247	据	1 003	282	书记	882
213	内	1 122	248	行政	1 000	283	核心	872
214	法治	1 121	249	重点	998	284	系统	869
215	保障	1 119	250	科学	995	285	完善	868
216	再	1 117	251	标准	993	286	共同	866
217	规定	1 116	252	农业	993	287	监督	863
218	不断	1 108	253	深化	972	288	刘	860
219	坚持	1 101	254	科技	971	289	对于	859
220	这样	1 099	255	四	969	290	没	859
221	去	1 099	256	天	967	291	银行	858
222	这个	1 096	257	应	965	292	她	858
223	生产	1 095	258	落实	962	293	医疗	858
224	生态	1 085	259	依法	951	294	意见	857
225	实施	1 084	260	国	951	295	还是	851
226	资金	1 081	261	至	950	296	现在	848
227	副	1 079	262	项	949	297	提升	845
228	可能	1 073	263	案件	947	298	较	844
229	农民	1 065	264	开始	945	299	战略	840
230	形成	1 059	265	才	942	300	持续	836

附录2-6 词频统计数据示例(前300)—2016年1月语料

序号	词	频次	序号	词	频次	序号	词	频次
1	的	91 090	32	大	4 284	63	还	2 701
2	在	20 656	33	经济	4 275	64	政府	2 660
3	和	19 332	34	更	4 223	65	地	2 642
4	是	17 926	35	从	4 213	66	重要	2 628
5	了	17 480	36	问题	4 206	67	人民	2 605
6	一	15 821	37	说	4 173	68	市场	2 592
7	年	10 899	38	建设	4 144	69	把	2 572
8	不	10 699	39	以	4 132	70	三	2 568
9	中国	9 344	40	都	3 977	71	第	2 559
10	发展	9 205	41	企业	3 670	72	本报	2 459
11	为	8 447	42	社会	3 568	73	中央	2 372
12	有	7 898	43	改革	3 409	74	国际	2 364
13	对	7 291	44	记者	3 364	75	全面	2 349
14	等	7 062	45	我们	3 265	76	被	2 338
15	个	7 040	46	创新	3 241	77	下	2 331
16	与	6 759	47	两	3 140	78	于	2 296
17	上	6 693	48	能	3 124	79	元	2 271
18	也	6 442	49	万	3 026	80	世界	2 252
19	中	6 270	50	服务	3 012	81	市	2 251
20	多	6 011	51	让	2 925	82	来	2 242
21	新	5 843	52	着	2 918	83	后	2 238
22	要	5 815	53	文化	2 880	84	干部	2 235
23	这	5 413	54	好	2 877	85	习	2 230
24	到	5 249	55	并	2 842	86	实现	2 200
25	将	5 114	56	他	2 825	87	管理	2 166
26	月	4 986	57	但	2 815	88	很	2 132
27	国家	4 823	58	合作	2 803	89	进行	2 122
28	人	4 802	59	而	2 797	90	推进	2 118
29	工作	4 590	60	我	2 763	91	北京	2 101
30	就	4 534	61	会	2 748	92	次	2 094
31	日	4 286	62	之	2 722	93	通过	2 063

(续表)

序号	词	频次	序号	词	频次	序号	词	频次
94	向	2 050	128	其	1 596	162	张	1 414
95	党	2 045	129	作为	1 595	163	看	1 404
96	全国	2 044	130	人员	1 594	164	王	1 391
97	地区	2 027	131	可	1 590	165	方式	1 384
98	近平	2 019	132	由	1 588	166	主席	1 381
99	成为	1 970	133	战略	1 585	167	解决	1 377
100	安全	1 967	134	用	1 584	168	给	1 375
101	已	1 947	135	要求	1 578	169	种	1 374
102	制度	1 942	136	历史	1 566	170	李	1 373
103	时	1 926	137	增长	1 564	171	资源	1 373
104	项目	1 926	138	又	1 563	172	精神	1 357
105	技术	1 926	139	表示	1 549	173	公司	1 355
106	出	1 907	140	名	1 541	174	责任	1 347
107	我国	1 907	141	起	1 532	175	生产	1 339
108	城市	1 900	142	研究	1 528	176	国	1 325
109	部门	1 883	143	领域	1 519	177	农业	1 316
110	组织	1 867	144	十	1 509	178	体系	1 306
111	关系	1 843	145	机制	1 505	179	建立	1 302
112	产业	1 835	146	实施	1 499	180	目前	1 289
113	可以	1 808	147	自己	1 490	181	同时	1 289
114	政策	1 807	148	提供	1 485	182	所	1 280
115	高	1 800	149	最	1 483	183	能力	1 276
116	加强	1 773	150	家	1 480	184	地方	1 273
117	没有	1 770	151	开展	1 470	185	支持	1 273
118	推动	1 761	152	生活	1 469	186	活动	1 269
119	教育	1 743	153	代表	1 464	187	做	1 269
120	领导	1 707	154	农村	1 462	188	提出	1 266
121	亿	1 696	155	电	1 458	189	不断	1 261
122	省	1 695	156	一些	1 450	190	主要	1 259
123	需要	1 681	157	方面	1 449	191	他们	1 254
124	基础	1 652	158	二	1 441	192	美国	1 250
125	群众	1 643	159	提高	1 440	193	这些	1 236
126	环境	1 624	160	坚持	1 431	194	中心	1 234
127	得	1 623	161	政治	1 420	195	会议	1 231

(续表)

序号	词	频次	序号	词	频次	序号	词	频次
196	就是	1 220	231	提升	1 077	266	理念	959
197	几	1 215	232	产品	1 076	267	据	958
198	前	1 213	233	相关	1 075	268	思想	957
199	各	1 211	234	这个	1 064	269	持续	956
200	里	1 206	235	同	1 064	270	却	955
201	机构	1 205	236	再	1 063	271	单位	952
202	落实	1 204	237	保障	1 053	272	这样	938
203	及	1 203	238	网络	1 051	273	农民	917
204	时间	1 194	239	基本	1 049	274	科学	908
205	作用	1 192	240	规定	1 041	275	以及	905
206	传统	1 188	241	标准	1 039	276	应	904
207	副	1 179	242	内	1 038	277	工程	902
208	信息	1 179	243	保护	1 036	278	们	902
209	全球	1 177	244	金融	1 036	279	五	901
210	投资	1 167	245	项	1 033	280	文明	901
211	过	1 160	246	促进	1 021	281	开始	899
212	去	1 159	247	规划	1 018	282	区	899
213	治理	1 159	248	重点	1 012	283	人才	899
214	情况	1 152	249	重大	1 009	284	如何	896
215	水平	1 151	250	影响	1 006	285	平台	895
216	已经	1 149	251	发挥	995	286	学习	894
217	县	1 137	252	进一步	995	287	机关	888
218	形成	1 131	253	至	985	288	可能	886
219	该	1 125	254	质量	981	289	位	884
220	认为	1 116	255	其中	979	290	深入	869
221	积极	1 116	256	以来	976	291	伊朗	867
222	小	1 109	257	银行	973	292	强调	866
223	或	1 106	258	四	973	293	参与	864
224	条	1 105	259	成	970	294	法律	858
225	共同	1 103	260	需求	969	295	有关	853
226	科技	1 100	261	此	968	296	交流	852
227	必须	1 093	262	使	966	297	任务	852
228	走	1 089	263	生态	964	298	天	852
229	监督	1 084	264	资金	961	299	发现	849
230	完善	1 083	265	目标	960	300	行政	848

附录2-7 词频统计数据示例(前300)—2017年1月语料

序号	词	频率	序号	词	频率	序号	词	频率
1	的	78 550	32	就	3 877	63	并	2 290
2	在	18 317	33	日	3 800	64	重要	2 289
3	和	16 900	34	更	3 788	65	市	2 285
4	了	16 141	35	以	3 656	66	创新	2 261
5	是	15 358	36	都	3 591	67	改革	2 259
6	一	15 150	37	从	3 376	68	三	2 247
7	年	9 672	38	问题	3 280	69	习	2 231
8	不	8 913	39	大	3 247	70	本报	2 218
9	中国	8 892	40	我们	3 200	71	政府	2 211
10	为	7 561	41	记者	3 129	72	而	2 184
11	个	6 818	42	社会	3 038	73	后	2 157
12	有	6 646	43	能	2 955	74	但	2 156
13	发展	6 583	44	我	2 955	75	党	2 150
14	等	6 509	45	两	2 944	76	之	2 149
15	对	6 223	46	建设	2 912	77	元	2 105
16	也	5 742	47	世界	2 903	78	人民	2 043
17	上	5 627	48	好	2 847	79	被	2 001
18	多	5 608	49	让	2 832	80	近平	1 980
19	与	5 593	50	万	2 798	81	很	1 956
20	中	5 555	51	第	2 771	82	北京	1 933
21	要	5 077	52	着	2 753	83	次	1 907
22	到	4 661	53	他	2 741	84	来	1 882
23	这	4 621	54	文化	2 693	85	技术	1 881
24	新	4 578	55	企业	2 673	86	下	1 881
25	月	4 446	56	服务	2 629	87	中央	1 866
26	将	4 349	57	还	2 482	88	于	1 847
27	工作	4 258	58	会	2 438	89	组织	1 817
28	国家	4 197	59	合作	2 364	90	生活	1 812
29	经济	4 060	60	地	2 364	91	制度	1 787
30	人	4 036	61	把	2 342	92	向	1 787
31	说	3 941	62	国际	2 304	93	实现	1 754

(续表)

序号	词	频率	序号	词	频率	序号	词	频率
94	成为	1 751	128	表示	1 438	162	增长	1 242
95	市场	1 740	129	干部	1 432	163	产业	1 239
96	通过	1 739	130	人员	1 429	164	李	1 237
97	全国	1 738	131	用	1 414	165	信息	1 236
98	进行	1 729	132	电	1 404	166	领域	1 226
99	时	1 727	133	要求	1 401	167	——	1 225
100	安全	1 715	134	给	1 399	168	做	1 218
101	政治	1 705	135	活动	1 395	169	方面	1 217
102	管理	1 684	136	名	1 395	170	就是	1 204
103	推进	1 672	137	家	1 380	171	最	1 204
104	已	1 624	138	传统	1 377	172	时间	1 201
105	十	1 621	139	可	1 376	173	他们	1 198
106	全面	1 610	140	没有	1 345	174	提高	1 198
107	出	1 590	141	精神	1 343	175	中心	1 190
108	加强	1 583	142	亿	1 340	176	研究	1 182
109	得	1 568	143	县	1 333	177	由	1 179
110	省	1 568	144	作为	1 302	178	领导	1 170
111	教育	1 568	145	美国	1 300	179	公司	1 167
112	地区	1 567	146	基础	1 297	180	监督	1 161
113	政策	1 562	147	起	1 295	181	保护	1 157
114	二	1 549	148	王	1 288	182	同时	1 157
115	关系	1 548	149	坚持	1 284	183	几	1 151
116	高	1 547	150	张	1 283	184	建立	1 145
117	主席	1 521	151	全球	1 276	185	积极	1 145
118	我国	1 515	152	不断	1 275	186	机制	1 143
119	项目	1 489	153	里	1 275	187	目前	1 132
120	部门	1 487	154	看	1 275	188	前	1 130
121	可以	1 476	155	开展	1 271	189	落实	1 094
122	推动	1 463	156	国	1 263	190	区	1 094
123	群众	1 458	157	其	1 255	191	治理	1 087
124	需要	1 455	158	提供	1 254	192	媒体	1 087
125	环境	1 452	159	资源	1 250	193	过	1 086
126	又	1 441	160	种	1 244	194	投资	1 082
127	自己	1 440	161	历史	1 243	195	一些	1 075

(续表)

序号	词	频率	序号	词	频率	序号	词	频率
196	们	1 075	231	形成	937	266	介绍	825
197	能力	1 074	232	认为	932	267	去年	814
198	所	1 071	233	影响	930	268	开始	813
199	方式	1 069	234	单位	926	269	据	806
200	主要	1 063	235	该	921	270	时代	804
201	情况	1 062	236	平台	920	271	学生	803
202	网络	1 049	237	进一步	917	272	基本	803
203	解决	1 047	238	完善	914	273	法律	802
204	城市	1 032	239	再	913	274	旅游	801
205	及	1 030	240	以来	912	275	农村	796
206	已经	1 025	241	核心	910	276	应	794
207	去	1 021	242	提出	909	277	位	789
208	这些	1 019	243	思想	907	278	天	785
209	四	1 019	244	战略	897	279	同	784
210	基层	1 019	245	水平	893	280	她	781
211	春节	1 018	246	促进	892	281	以及	779
212	共同	1 015	247	学习	892	282	重大	770
213	实施	1 009	248	科学	872	283	扶贫	767
214	作用	1 005	249	人才	868	284	意见	767
215	生态	1 005	250	产品	856	285	全	765
216	各	988	251	规定	856	286	至	762
217	责任	982	252	却	853	287	金融	762
218	相关	980	253	收入	852	288	不同	759
219	体系	979	254	地方	851	289	成	759
220	这个	977	255	标准	847	290	更加	758
221	或	974	256	质量	847	291	此	757
222	保障	972	257	重点	844	292	这样	756
223	副	968	258	农业	836	293	必须	750
224	走	966	259	持续	834	294	继续	748
225	支持	961	260	会议	833	295	参与	747
226	提升	957	261	有关	832	296	其中	745
227	机构	957	262	生产	830	297	目标	739
228	小	953	263	发挥	828	298	条	734
229	机关	948	264	党员	828	299	过程	734
230	科技	941	265	内	825	300	深入	731

附录2-8 词频统计数据示例(前300)—2018年1月语料

序号	词	频次	序号	词	频次	序号	词	频次
1	的	84 783	32	就	4 088	63	把	2 490
2	在	19 497	33	从	4 064	64	而	2 478
3	和	17 454	34	建设	4 044	65	并	2 463
4	了	17 044	35	说	4 037	66	政府	2 429
5	一	16 444	36	经济	4 004	67	但	2 425
6	是	15 920	37	日	3 949	68	地	2 425
7	年	10 558	38	都	3 925	69	来	2 344
8	不	9 393	39	问题	3 728	70	合作	2 292
9	中国	9 182	40	我们	3 608	71	会	2 246
10	为	8 993	41	大	3 507	72	改革	2 245
11	发展	8 193	42	社会	3 455	73	后	2 241
12	个	7 723	43	党	3 447	74	元	2 215
13	有	7 293	44	企业	3 306	75	重要	2 199
14	等	7 022	45	能	3 188	76	于	2 194
15	对	6 427	46	万	3 154	77	创新	2 176
16	上	6 390	47	记者	3 144	78	全面	2 168
17	也	5 909	48	第	3 116	79	次	2 153
18	多	5 837	49	让	3 101	80	三	2 126
19	与	5 810	50	服务	2 957	81	省	2 126
20	这	5 723	51	我	2 941	82	高	2 111
21	中	5 654	52	好	2 877	83	本报	2 097
22	新	5 567	53	着	2 820	84	通过	2 094
23	要	5 301	54	人民	2 757	85	下	2 082
24	到	5 150	55	文化	2 749	86	很	2 057
25	月	4 932	56	市	2 711	87	管理	2 044
26	将	4 649	57	还	2 647	88	被	2 031
27	国家	4 427	58	世界	2 640	89	技术	2 030
28	人	4 401	59	两	2 570	90	国际	2 013
29	以	4 281	60	实现	2 545	91	群众	1 993
30	更	4 181	61	他	2 519	92	进行	1 962
31	工作	4 159	62	之	2 497	93	环境	1 957

(续表)

序号	词	频次	序号	词	频次	序号	词	频次
94	生活	1 900	128	提供	1 555	162	其	1 341
95	成为	1 900	129	部门	1 548	163	领导	1 341
96	推进	1 888	130	得	1 543	164	给	1 341
97	向	1 885	131	干部	1 535	165	方面	1 333
98	全国	1 875	132	用	1 532	166	活动	1 325
99	市场	1 875	133	加强	1 525	167	中心	1 320
100	推动	1 818	134	组织	1 515	168	研究	1 319
101	已	1 786	135	质量	1 500	169	张	1 315
102	出	1 786	136	体系	1 490	170	提高	1 313
103	需要	1 776	137	安全	1 476	171	电	1 302
104	我国	1 773	138	可	1 470	172	能力	1 301
105	时	1 750	139	历史	1 469	173	十九大	1 299
106	产业	1 736	140	增长	1 457	174	资源	1 295
107	项目	1 723	141	开展	1 450	175	前	1 291
108	制度	1 711	142	自己	1 449	176	关系	1 277
109	教育	1 683	143	保护	1 448	177	提升	1 274
110	生态	1 673	144	解决	1 440	178	主要	1 273
111	北京	1 666	145	不断	1 437	179	同时	1 271
112	要求	1 662	146	美国	1 431	180	特色	1 265
113	十	1 649	147	又	1 431	181	信息	1 264
114	政治	1 645	148	近平	1 415	182	所	1 259
115	地区	1 634	149	实施	1 408	183	他们	1 258
116	政策	1 619	150	起	1 397	184	平台	1 257
117	没有	1 606	151	家	1 395	185	社会主义	1 256
118	坚持	1 599	152	中央	1 391	186	就是	1 253
119	种	1 585	153	王	1 386	187	区	1 250
120	名	1 583	154	亿	1 383	188	几	1 247
121	二	1 575	155	里	1 379	189	治理	1 246
122	精神	1 566	156	基础	1 378	190	提出	1 242
123	表示	1 565	157	人员	1 378	191	最	1 242
124	农村	1 563	158	公司	1 371	192	时代	1 224
125	习	1 561	159	李	1 363	193	建立	1 223
126	作为	1 561	160	县	1 362	194	城市	1 222
127	可以	1 559	161	由	1 343	195	时间	1 219

(续表)

序号	词	频次	序号	词	频次	序号	词	频次
196	看	1 215	231	必须	1 027	266	各	921
197	机制	1 211	232	内	1 026	267	重点	920
198	做	1 210	233	这个	1 019	268	未来	919
199	目前	1 205	234	会议	1 018	269	项	914
200	一些	1 195	235	基本	1 014	270	完善	914
201	工程	1 193	236	认为	1 011	271	法律	913
202	这些	1 184	237	共同	1 011	272	她	911
203	全球	1 182	238	乡村	994	273	贫困	907
204	领域	1 175	239	产品	989	274	全	906
205	科技	1 168	240	们	986	275	四	905
206	该	1 160	241	积极	983	276	这样	900
207	已经	1 128	242	去	983	277	任务	897
208	新时代	1 128	243	走	981	278	支持	894
209	网络	1 126	244	责任	979	279	起来	893
210	相关	1 121	245	小	976	280	其中	891
211	保障	1 112	246	或	971	281	影响	890
212	传统	1 103	247	扶贫	968	282	更加	888
213	战略	1 096	248	科学	966	283	不仅	885
214	副	1 094	249	至	964	284	介绍	882
215	农业	1 092	250	思想	964	285	收入	881
216	金融	1 074	251	目标	964	286	进一步	872
217	方式	1 072	252	监督	964	287	主席	867
218	基层	1 069	253	作用	961	288	条	861
219	以来	1 065	254	投资	958	289	文明	860
220	情况	1 065	255	脱贫	956	290	近	857
221	重大	1 060	256	报告	953	291	深入	852
222	落实	1 060	257	系统	941	292	数据	850
223	形成	1 053	258	国	937	293	核心	847
224	学习	1 052	259	标准	936	294	天	844
225	及	1 051	260	据	935	295	人才	840
226	生产	1 039	261	地方	934	296	书记	840
227	机构	1 039	262	过	932	297	旅游	835
228	再	1 036	263	学生	929	298	促进	833
229	水平	1 035	264	持续	924	299	现在	832
230	农民	1 028	265	成	923	300	完成	826

附录 2-9　齐普夫定律验证数据示例—2015 年 1 月语料

词	词频(f)	序号 r	log(f)	log(r)
的	91 458	1	4.96	0
在	20 544	2	4.31	0.3
是	18 643	3	4.27	0.48
和	18 585	4	4.27	0.6
了	18 041	5	4.26	0.7
一	16 421	6	4.22	0.78
不	12 250	7	4.09	0.85
年	10 543	8	4.02	0.9
有	8 433	9	3.93	0.95
为	8 250	10	3.92	1
对	7 567	11	3.88	1.04
中国	7 560	12	3.88	1.08
个	7 200	13	3.86	1.11
也	6 904	14	3.84	1.15
等	6 629	15	3.82	1.18
发展	6 614	16	3.82	1.2
上	6 477	17	3.81	1.23
多	6 424	18	3.81	1.26
与	6 402	19	3.81	1.28
中	6 167	20	3.79	1.3
这	5 746	21	3.76	1.32
月	5 646	22	3.75	1.34
要	5 617	23	3.75	1.36
将	5 293	24	3.72	1.38
到	5 289	25	3.72	1.4
人	5 273	26	3.72	1.41
就	5 007	27	3.7	1.43
日	4 966	28	3.7	1.45

(续表)

词	词频(f)	序号 r	log(f)	log(r)
新	4 776	29	3.68	1.46
国家	4 724	30	3.67	1.48
工作	4 459	31	3.65	1.49
说	4 457	32	3.65	1.51
都	4 315	33	3.63	1.52
经济	4 268	34	3.63	1.53
从	4 231	35	3.63	1.54
更	4 142	36	3.62	1.56
以	3 982	37	3.6	1.57
大	3 921	38	3.59	1.58
社会	3 915	39	3.59	1.59
记者	3 889	40	3.59	1.6
改革	3 801	41	3.58	1.61
建设	3 725	42	3.57	1.64
我们	3 715	43	3.57	1.65
问题	3 713	44	3.57	1.66
企业	3 609	45	3.56	1.68
能	3 590	46	3.56	1.69
文化	3 334	47	3.52	1.7
我	3 325	48	3.52	1.71
他	3 184	49	3.5	1.72
服务	3 160	50	3.5	1.72

附录 2-10 齐普夫定律验证数据示例——2016 年 1 月语料

词	词频(f)	序号 r	log(f)	log(r)
的	91 090	1	11.42	0
在	20 656	2	9.94	0.69
和	19 332	3	9.87	1.1

(续表)

词	词频(f)	序号 r	log(f)	log(r)
是	17 926	4	9.79	1.39
了	17 480	5	9.77	1.61
一	15 821	6	9.67	1.79
年	10 899	7	9.3	1.95
不	10 699	8	9.28	2.08
中国	9 344	9	9.14	2.2
发展	9 205	10	9.13	2.3
为	8 447	11	9.04	2.4
有	7 898	12	8.97	2.48
对	7 291	13	8.89	2.56
等	7 062	14	8.86	2.64
个	7 040	15	8.86	2.71
与	6 759	16	8.82	2.77
上	6 693	17	8.81	2.83
也	6 442	18	8.77	2.89
中	6 270	19	8.74	2.94
多	6 011	20	8.7	3
新	5 843	21	8.67	3.04
要	5 815	22	8.67	3.09
这	5 413	23	8.6	3.14
到	5 249	24	8.57	3.18
将	5 114	25	8.54	3.22
月	4 986	26	8.51	3.26
国家	4 823	27	8.48	3.3
人	4 802	28	8.48	3.33
工作	4 590	29	8.43	3.37
就	4 534	30	8.42	3.4
日	4 286	31	8.36	3.43
大	4 284	32	8.36	3.47
经济	4 275	33	8.36	3.5

(续表)

词	词频(f)	序号 r	log(f)	log(r)
更	4 223	34	8.35	3.53
从	4 213	35	8.35	3.56
问题	4 206	36	8.34	3.58
说	4 173	37	8.34	3.61
建设	4 144	38	8.33	3.64
以	4 132	39	8.33	3.66
都	3 977	40	8.29	3.69
企业	3 670	41	8.21	3.76
社会	3 568	42	8.18	3.78
改革	3 409	43	8.13	3.81
记者	3 364	44	8.12	3.85
我们	3 265	45	8.09	3.87
创新	3 241	46	8.08	3.89
两	3 140	47	8.05	3.91
能	3 124	48	8.05	3.93
万	3 026	49	8.01	3.95
服务	3 012	50	8.01	3.97

附录 2-11　齐普夫定律验证数据示例——2017 年 1 月语料

词	词频(f)	序号 r	log(f)	log(r)
的	78 550	1	11.27	0
在	18 317	2	9.82	0.69
和	16 900	3	9.74	1.1
了	16 141	4	9.69	1.39
是	15 358	5	9.64	1.61
一	15 150	6	9.63	1.79
年	9 672	7	9.18	1.95
不	8 913	8	9.1	2.08

(续表)

词	词频(f)	序号 r	log(f)	log(r)
中国	8 892	9	9.09	2.2
为	7 561	10	8.93	2.3
个	6 818	11	8.83	2.4
有	6 646	12	8.8	2.48
发展	6 583	13	8.79	2.56
等	6 509	14	8.78	2.64
对	6 223	15	8.74	2.71
也	5 742	16	8.66	2.77
上	5 627	17	8.64	2.83
多	5 608	18	8.63	2.89
与	5 593	19	8.63	2.94
中	5 555	20	8.62	3
要	5 077	21	8.53	3.04
到	4 661	22	8.45	3.09
这	4 621	23	8.44	3.14
新	4 578	24	8.43	3.18
月	4 446	25	8.4	3.22
将	4 349	26	8.38	3.26
工作	4 258	27	8.36	3.3
国家	4 197	28	8.34	3.33
经济	4 060	29	8.31	3.37
人	4 036	30	8.3	3.4
说	3 941	31	8.28	3.43
就	3 877	32	8.26	3.47
日	3 800	33	8.24	3.5
更	3 788	34	8.24	3.53
以	3 656	35	8.2	3.56
都	3 591	36	8.19	3.58
从	3 376	37	8.12	3.61
问题	3 280	38	8.1	3.64

(续表)

词	词频(f)	序号 r	$\log(f)$	$\log(r)$
大	3 247	39	8.09	3.66
我们	3 200	40	8.07	3.69
记者	3 129	41	8.05	3.71
社会	3 038	42	8.02	3.74
能	2 955	43	7.99	3.76
我	2 955	44	7.99	3.78
两	2 944	45	7.99	3.81
建设	2 912	46	7.98	3.83
世界	2 903	47	7.97	3.85
好	2 847	49	7.95	3.89
让	2 832	50	7.95	3.91

附录3 面向NEPD语料的分词歧义分析实验

附录3-1 分词情况示例(分词形式种数大于3)——2015年1月语料

字串	分词形式数量	频数	字串	分词形式数量	频数
最高人民法院	5	102	对外开放	3	88
十八届三中全会	5	78	简政放权	3	82
抓铁有痕	5	13	没想到	3	80
日电	4	434	一个个	3	80
依法治国	4	325	长期以来	3	75
有利于	4	308	大宗商品	3	61
越来越多	4	188	也就是	3	60
从严治党	4	184	中西部	3	59
有助于	4	127	建设用地	3	58

(续表)

字串	分词形式数量	频数	字串	分词形式数量	频数
国内外	4	81	中高速	3	58
落到实处	4	65	十八届三中	3	57
绝大多数	4	54	前不久	3	54
不同于	4	35	一大批	3	53
也就是说	4	35	中国人民大学	3	53
三严三实	4	24	新年伊始	3	52
十一连增	4	20	也不是	3	52
第十一	4	18	家门口	3	48
知识产权局	4	16	越来越大	3	48
常抓不懈	4	14	不久前	3	47
除此之外	4	14	南南合作	3	44
自查自纠	4	14	以人为本	3	43
守土有责	4	11	至关重要	3	43
踏石留印	4	10	不利于	3	42
动真碰硬	4	9	营改增	3	42
让利于民	4	9	不一定	3	41
第十七	4	8	第十二	3	40
一年四季	4	8	决不能	3	39
有禁不止	4	7	互利合作	3	38
有所不同	4	7	大冬会	3	35
毕其功于一役	4	6	深水区	3	35
回过头	4	5	说到底	3	35
金台论道	4	4	所说的	3	35
老中青	4	4	新三板	3	35
进一步	3	1 025	兰芝柏	3	34
越来越	3	548	交通运输部	3	33
近年来	3	425	着眼于	3	32
日电	3	366	高新技术	3	30
十八届	3	306	攻坚克难	3	29
人民法院	3	280	看起来	3	29
丝绸之路	3	221	投融资	3	28

(续表)

字串	分词形式数量	频数	字串	分词形式数量	频数
另一方面	3	207	份子钱	3	27
四中全会	3	173	第三产业	3	26
八项规定	3	161	中高端	3	26
与此同时	3	148	二等奖	3	25
发展中国家	3	131	法治热点面对面	3	25
中小企业	3	129	绝大部分	3	25
大多数	3	128	老城区	3	25
而不是	3	128	心中有责	3	25
省区市	3	122	一次次	3	25
致力于	3	92	县处级	3	24
标本兼治	3	23	天人合一	3	11
建言献策	3	23	要不要	3	11
行之有效	3	23	有所作为	3	11
中金所	3	23	招投标	3	11
老大难	3	22	DMTO	3	10
时有发生	3	22	核电机组	3	10
夏布绣	3	22	人财物	3	10
依法治	3	22	上百万	3	10
称之为	3	21	相比之下	3	10
就是说	3	21	一条条	3	10
大案要案	3	20	阿荣旗	3	9
大打折扣	3	20	埃博拉留观	3	9
第一书记	3	20	大操大办	3	9
民事诉讼法	3	20	拒腐防变	3	9
那一刻	3	20	心系群众	3	9
文化人	3	20	兴弘嘉	3	9
五位一体	3	20	总的来看	3	9
可操作性	3	19	大包大揽	3	8
生鲜乳	3	19	得票率	3	8
团团伙伙	3	19	第十九	3	8
重特大	3	19	二十年	3	8

(续表)

字串	分词形式数量	频数	字串	分词形式数量	频数
不可为	3	18	各安其位	3	8
不足以	3	18	焦裕禄式	3	8
大中城市	3	18	生活会上	3	8
劳动密集型	3	18	数百万	3	8
党内生活	3	17	数十万	3	8
第十六	3	17	私募债	3	8
必由之路	3	16	相互之间	3	8
大中型	3	16	行政诉讼法	3	8
东西方	3	16	一大片	3	8
国事访问	3	16	职业经理人	3	8
二三十	3	15	秉公用权	3	7
抚慰金	3	15	不可小觑	3	7
仅次于	3	15	驰而不息	3	7
连茅圈	3	15	大政方针	3	7
建章立制	3	14	第一手	3	7
两极分化	3	14	禁不止	3	7
令人担忧	3	14	两手抓	3	7
齐抓共管	3	14	取信于民	3	7
社保费率	3	14	如此一来	3	7
双色球	3	14	文以载道	3	7
中东部	3	14	下半时	3	7
财政赤字	3	13	心存敬畏	3	7
好几个	3	13	印尼亚航	3	7
人均收入	3	13	正人先正己	3	7
收支平衡	3	13	转改·一线	3	7
塌方式	3	13	最高峰	3	7
招拍挂	3	13	当回事	3	6
只不过	3	13	更有甚者	3	6
和而不同	3	12	解疑释惑	3	6
劳动合同法	3	12	聚乳酸	3	6
廉洁从政	3	12	库阿希兄弟	3	6

(续表)

字串	分词形式数量	频数	字串	分词形式数量	频数
时不时	3	12	令人满意	3	6
一代代	3	12	令人信服	3	6
不尽相同	3	11	输油管道	3	6
毫不动摇	3	11	酥油茶	3	6
司法不公	3	11	腾笼换鸟	3	6
相比较	3	6	三四万	3	4
页岩气	3	6	上诉人	3	4
助人为乐	3	6	四个着力	3	4
艾因阿拉伯	3	5	四两拨千斤	3	4
冰山一角	3	5	松松绑	3	4
不可偏废	3	5	无一例外	3	4
不可逾越	3	5	小盘股	3	4
不墨千秋画	3	5	新和县	3	4
村两委	3	5	一般来说	3	4
大风大浪	3	5	一回事	3	4
弹劾案	3	5	有所为	3	4
地市级	3	5	邹城市	3	4
各取所需	3	5	走转改	3	4
跟团游	3	5	不败之地	3	3
功于一役	3	5	不可不	3	3
计划单列市	3	5	东帝汶	3	3
记大过	3	5	功夫不负有心人	3	3
润物细无声	3	5	广西师范大学	3	3
万诚金	3	5	好大喜功	3	3
小有名气	3	5	红丝带	3	3
新城区	3	5	伙力伙村	3	3
亚太国家	3	5	接处警	3	3
议决案	3	5	了然于胸	3	3
因小失大	3	5	领军人	3	3
有法不依	3	5	陆陆续续	3	3
终身受益	3	5	摩天大楼	3	3

(续表)

字串	分词形式数量	频数	字串	分词形式数量	频数
暴恐音	3	4	前前后后	3	3
不见得	3	4	上万亿	3	3
除此以外	3	4	十五日	3	3
除恶务尽	3	4	王冠上	3	3
高枕无忧	3	4	物尽其用	3	3
寒暑假	3	4	熊猫谷	3	3
警钟长鸣	3	4	一番话	3	3
九龙治水	3	4	印尼方	3	3
离心离德	3	4	永载史册	3	3
儒释道	3	4	有名有姓	3	3

附录 3-2　分词情况示例(分词形式种数大于 3)—2015 年 6 月语料

字串	分词形式数量	频数	字串	分词形式数量	频数
两个一百年	7	36	取得了	3	158
从严治党	5	189	依法治国	3	153
绝大多数	5	53	十八大	3	142
一心为民	5	9	项目的	3	140
第一次	4	171	小微企业	3	135
反法西斯战争	4	114	第一个	3	128
并不是	4	78	抗日战争	3	128
中高速	4	52	中共中央政治局	3	127
中高端	4	51	中小企业	3	122
中小微	4	48	大多数	3	121
一百年	4	46	作出了	3	114
另一个	4	44	多年来	3	112
中东呼吸综合征	4	41	简政放权	3	107
落到实处	4	38	与此同时	3	98

(续表)

字串	分词形式数量	频数	字串	分词形式数量	频数
没有人	4	31	最高人民法院	3	93
人民日报社	4	31	东方之星	3	91
不同于	4	30	国内外	3	79
决不能	4	27	长期以来	3	79
第二次世界大战	4	25	合作共赢	3	78
一家人	4	24	第一书记	3	74
绝不是	4	21	不得不	3	72
国家体育总局	4	20	对外开放	3	71
第十一次	4	19	一个个	3	69
以权谋私	4	17	恒大队	3	67
不足以	4	16	义务教育	3	65
这本书	4	16	下半年	3	62
小长假	4	13	一大批	3	59
真抓实干	4	12	端午节	3	58
不得已	4	10	人民大会堂	3	58
不好意思	4	10	层面的	3	56
二等奖	4	10	中东欧	3	56
千百年来	4	10	中小学	3	54
百万元	4	9	少先队员	3	51
数百万	4	9	二十五	3	50
不经意间	4	7	几十年	3	50
更有甚者	4	6	新一代	3	50
数千万	4	6	有没有	3	50
新民主主义	4	6	最高人民检察院	3	50
一方有难	4	6	负责任	3	47
被判刑人	4	5	第十四	3	45
大吃大喝	4	5	省区市	3	45
面对面的	4	5	下一代	3	45
大块头	4	4	八项规定	3	43
碳排放权	4	4	广州恒大队	3	43
进一步	3	1 167	十一届	3	43

(续表)

字串	分词形式数量	频数	字串	分词形式数量	频数
一带一路	3	432	第十八	3	42
近年来	3	428	农牧民	3	42
中共中央	3	296	一句话	3	42
四个全面	3	273	交通运输部	3	41
三严三实	3	231	所在地	3	41
可持续发展	3	223	申冬奥	3	40
全国人大常委会	3	212	也就是说	3	37
发展中国家	3	206	第二届	3	36
越来越多	3	176	就是说	3	36
另一方面	3	165	助人为乐	3	36
有助于	3	162	不利于	3	35
时有发生	3	35	引进来	3	19
总决赛	3	34	海内外	3	18
反腐倡廉	3	32	民主集中制	3	18
网信办	3	32	日本军国主义	3	18
第七届	3	31	生物质能	3	18
近些年	3	31	最高法	3	18
十几年	3	31	大气污染防治法	3	17
世界大战	3	31	第一家	3	17
新三板	3	31	各行各业	3	17
攻坚克难	3	30	一分钱	3	17
社会科学院	3	30	除此之外	3	16
广电总局	3	29	从无到有	3	16
业内人士	3	29	地热能	3	16
产业园区	3	28	第一线	3	16
一下子	3	28	黄丝带	3	16
不可替代	3	27	连日来	3	16
无党派人士	3	27	准备金率	3	16
朴槿惠	3	26	产学研	3	15
招投标	3	26	第二十三	3	15
环境保护法	3	25	二十国集团	3	15

(续表)

字串	分词形式数量	频数	字串	分词形式数量	频数
中长期	3	25	仅次于	3	15
南京大屠杀	3	24	谈不上	3	15
五位一体	3	24	有所不同	3	15
一次次	3	24	住房城乡建设部	3	15
不可避免	3	23	城中村	3	14
还有的	3	23	村规民约	3	14
执法检查组	3	23	低价团	3	14
经纪人	3	22	经济特区	3	14
招商引资	3	22	老大难	3	14
值得一提	3	22	上下游	3	14
作文题	3	22	少数人	3	14
必由之路	3	21	时不时	3	14
高级别	3	21	行政诉讼法	3	14
工业和信息化部	3	21	严以修身	3	14
绝大部分	3	21	要不要	3	14
南苏丹	3	21	一代代	3	14
前些年	3	21	一等奖	3	14
一年一度	3	21	重特大	3	14
与会代表	3	21	代码证	3	13
预选赛	3	21	动车组	3	13
村镇银行	3	20	二三十	3	13
企事业单位	3	20	疾控中心	3	13
体育总局	3	20	建档立卡	3	13
有的人	3	20	南沙岛礁	3	13
保监会	3	19	文化大革命	3	13
殡仪馆	3	19	以至于	3	13
不容忽视	3	19	中资企业	3	13
看不见	3	19	拨乱反正	3	12
看上去	3	19	驰而不息	3	12
人财物	3	19	副总编辑	3	12
深有感触	3	19	富有成效	3	12
相比之下	3	19			

附录 3-3 分词情况示例（分词形式种数大于 3）——2017 年 1 月语料

字串	分词形式数量	频数	字串	分词形式数量	频数
日电	4	660	近些年	3	51
越来越多	4	218	脱贫致富	3	51
中高速	4	56	动车组	3	44
利雅得	4	54	高新技术	3	42
多规合一	4	50	十三届	3	42
中高端	4	50	不只是	3	41
绝大多数	4	40	去年底	3	41
两个一百年	4	39	说到底	3	41
黄标车	4	38	第十一	3	38
不利于	4	34	多里安	3	37
决不能	4	28	中国人民大学	3	36
中阿共建	4	25	中民投	3	34
绝不是	4	24	时有发生	3	32
行稳致远	4	18	上一级	3	31
有别于	4	14	又一个	3	31
驰而不息	4	13	一等奖	3	29
几十万	4	12	转基因	3	29
新发地	4	12	上半年	3	28
有所不同	4	11	不正之风	3	26
劝和促谈	4	8	强有力	3	26
抓铁有痕	4	8	第十八	3	25
一大片	4	6	久久为功	3	25
助人为乐	4	6	学前教育	3	25
进一步	3	1 052	应有之义	3	24
越来越	3	537	人均收入	3	23
日电	3	390	十一届	3	23
有利于	3	335	越来越少	3	23
十八届	3	261	不足以	3	21

(续表)

字串	分词形式数量	频数	字串	分词形式数量	频数
另一方面	3	198	对外贸易	3	21
五中全会	3	175	经贸合作区	3	21
第一次	3	170	第十六	3	20
发展中国家	3	163	第十四	3	20
可持续发展	3	151	假冒伪劣	3	20
三严三实	3	139	武士龙	3	20
十三冬	3	136	卢克索神庙	3	19
有助于	3	126	中小学生	3	19
第一书记	3	119	全要素生产率	3	18
大多数	3	115	也就是说	3	18
一个人	3	112	第十五	3	17
不得不	3	97	公款吃喝	3	17
国内外	3	93	换句话说	3	16
中央八项	3	93	看上去	3	16
新一轮	3	91	一二三	3	16
第三方	3	90	用能权	3	16
简政放权	3	89	历史唯物主义	3	15
生产总值	3	89	忍不住	3	15
第三十	3	85	时不时	3	15
第十三	3	71	一家亲	3	15
没想到	3	69	吃拿卡要	3	14
一个个	3	68	仅次于	3	14
国内生产总值	3	65	就是说	3	14
对外开放	3	62	劳动密集型	3	14
落到实处	3	61	市州委	3	14
有没有	3	54	先手棋	3	14
不久前	3	52	这样一来	3	14
二十国集团	3	52	不可分割	3	7
字里行间	3	14	北上广深	3	7
催人奋进	3	13	不辱使命	3	7
第二十八	3	13	不无关系	3	7
第三十三	3	13	从严治吏	3	7
发展中经济体	3	13	大中小	3	7

(续表)

字串	分词形式数量	频数	字串	分词形式数量	频数
老榆树	3	13	第四十九	3	7
齐抓共管	3	13	渐行渐远	3	7
无愧于	3	13	精神病患	3	7
不尽相同	3	12	靠山吃山	3	7
第二十二	3	12	农田水利工程	3	7
减免税	3	12	前前后后	3	7
数十万	3	12	如尼罗河水	3	7
县市区	3	12	深学笃用	3	7
意想不到	3	12	塔科马市	3	7
占补平衡	3	12	夏洛特	3	7
治病救人	3	12	献计献策	3	7
大手笔	3	11	半年多	3	6
第二十六	3	11	半日闲谭	3	6
第二十一	3	11	大字报	3	6
工业和信息化部	3	11	核污染	3	6
无处不在	3	11	民相亲	3	6
下一级	3	11	那都是	3	6
新三板	3	11	始终不渝	3	6
找上门	3	11	输不起	3	6
中埃苏伊士	3	11	隋文静	3	6
中国银行业	3	11	要不要	3	6
不是说	3	10	朱拉隆功大学	3	6
第十七	3	10	不顾一切	3	5
第一手	3	10	吃不消	3	5
和而不同	3	10	大中小企业	3	5
互通有无	3	10	第三版	3	5
拉沙热	3	10	第三十七	3	5
令人担忧	3	10	高高在上	3	5
三年行动	3	10	和记黄埔	3	5
行政诉讼法	3	10	零和思维	3	5
一年四季	3	10	令人欣喜	3	5
一条条	3	10	农商行	3	5
原油船	3	10	算大账	3	5

(续表)

字串	分词形式数量	频数	字串	分词形式数量	频数
不经意间	3	9	文化人	3	5
不可否认	3	9	意料之中	3	5
第二十三	3	9	不言自明	3	4
第三名	3	9	大中专	3	4
林可胜	3	9	当回事	3	4
零和博弈	3	9	第三局	3	4
沙静梅	3	9	第四十八	3	4
新苏伊士运河	3	9	副局级	3	4
拔穷根	3	8	敢作敢为	3	4
不可忽视	3	8	惶恐不安	3	4
初具规模	3	8	计划单列市	3	4
第三十五	3	8	开笔礼	3	4
建章立制	3	8	连心桥	3	4
茅以升	3	8	令人满意	3	4
美藤果油	3	8	摩天轮	3	4
人财物	3	8	三河市	3	4
无一例外	3	8	无量寺乡	3	4
西城区	3	8	二十日	3	3
一代代	3	8	海城市	3	3
形象片	3	4	内外兼修	3	3
有所为	3	4	桃李不言	3	3
这番话	3	4	万重山	3	3
中铁建	3	4	往访国	3	3
周景王	3	4	歇口气	3	3
转改·一线	3	4	洋为中用	3	3
自掏腰包	3	4	一方平安	3	3
总的来看	3	4	一排排	3	3
LOGO	3	3	一字排开	3	3
比不过	3	3	长一智	3	3
城六区	3	3	自成一体	3	3
除恶务尽	3	3	大音希声	3	3
传媒圈	3	3			

附录3-4 分词情况示例(分词形式种数大于3)—2018年1月语料

字串	分词形式数量	频数	字串	分词形式数量	频数
从严治党	5	420	前不久	3	67
与此同时	5	139	生产总值	3	66
有利于	4	206	是不是	3	66
有助于	4	132	一大批	3	65
长期以来	4	77	得益于	3	61
绝大多数	4	60	国内外	3	61
落到实处	4	54	建档立卡	3	61
不只是	4	43	脱贫致富	3	61
决不能	4	37	四个意识	3	60
不利于	4	36	高新技术	3	58
微克立方米	4	33	对外开放	3	53
攻坚克难	4	30	围填海	3	53
二十国集团	4	29	有没有	3	52
省区市	4	28	一句话	3	47
中国社会科学院	4	25	业内人士	3	46
随处可见	4	23	负责任	3	44
真抓实干	4	22	中小学生	3	41
不同于	4	20	毫不动摇	3	40
中高端	4	20	一辈子	3	39
第一线	4	17	卫计委	3	38
企事业单位	4	17	上半年	3	35
不足以	4	16	下半年	3	33
做实上	4	14	必由之路	3	31
留下来	4	13	中国人民大学	3	31
题中应有之义	4	13	看得见	3	30
融为一体	4	12	人民日报社	3	30
两学一做	4	11	省市县	3	30
有所不同	4	11	自贸试验区	3	30
脱实向虚	4	10	最高人民法院	3	30

(续表)

字串	分词形式数量	频数	字串	分词形式数量	频数
为数不多	4	9	前些年	3	29
知行合一	4	8	社会科学院	3	29
减免税	4	6	标本兼治	3	28
另一方	4	6	久久为功	3	28
上百年	4	4	中资企业	3	28
习近平	3	1 418	除此之外	3	27
近年来	3	510	市场准入	3	27
方面的	3	240	微信群	3	27
相结合	3	157	稳中向好	3	27
坚定不移	3	124	风清气正	3	26
李克强	3	123	海内外	3	26
第三方	3	118	不法分子	3	25
澜湄合作	3	112	老人们	3	24
项目的	3	101	县市区	3	24
不可能	3	99	值得一提	3	23
不久前	3	98	不容忽视	3	22
大多数	3	97	时有发生	3	22
不忘初心	3	94	退耕还林	3	22
事实上	3	93	应有之义	3	22
中小企业	3	88	不正之风	3	21
中小学	3	84	建言献策	3	21
十二届	3	83	也就是说	3	21
十九届	3	83	简政放权	3	20
自然保护区	3	83	立德树人	3	20
没想到	3	81	全明星赛	3	20
八项规定	3	78	深有感触	3	20
第一时间	3	78	所在地	3	20
稳中求进	3	20	重特大	3	11
只争朝夕	3	20	此同时	3	10
不能不	3	19	打折扣	3	10
乘势而上	3	19	环保税法	3	10
村两委	3	19	宽松软	3	10
二十国	3	19	五六十	3	10

(续表)

字串	分词形式数量	频数	字串	分词形式数量	频数
交通运输部	3	19	县乡村	3	10
仅次于	3	19	新民主主义	3	10
前三季度	3	19	亚太经合组织	3	10
保驾护航	3	18	一大早	3	10
不可替代	3	18	建章立制	3	9
党工委	3	18	尽锐出战	3	9
加工业	3	18	两手抓	3	9
经得起	3	18	扑面而来	3	9
看不见	3	18	十字路口	3	9
三位一体	3	18	水十条	3	9
无愧于	3	18	无从谈起	3	9
一盘棋	3	18	一班人	3	9
正风肃纪	3	18	有法可依	3	9
柴油车	3	17	召之即来	3	9
多措并举	3	17	北斗三号	3	8
逢山开路	3	17	不远处	3	8
经济特区	3	17	产油国	3	8
千百年	3	17	好不容易	3	8
中小学校	3	17	看上去	3	8
密不可分	3	16	琼达卓嘎)	3	8
不可忽视	3	15	人财物	3	8
行之有效	3	15	时不时	3	8
一整套	3	15	顺势而为	3	8
引进来	3	15	苏尼特右旗	3	8
遇水架桥	3	15	一般来说	3	8
的路上	3	14	一大笔	3	8
独具特色	3	14	一年四季	3	8
绝大部分	3	14	引人深思	3	8
苦干实干	3	14	最强音	3	8
散乱污	3	14	不经意间	3	7
来源于	3	13	不可逆转	3	7
齐抓共管	3	13	大半个	3	7
适用于	3	13	第一手	3	7

(续表)

字串	分词形式数量	频数	字串	分词形式数量	频数
四个伟大	3	13	恨不得	3	7
00后	3	12	黄标车	3	7
不可避免	3	12	建制村	3	7
不容乐观	3	12	渐行渐远	3	7
改扩建	3	12	教科文组织	3	7
劣V类	3	12	科右中旗	3	7
前段时间	3	12	令人振奋	3	7
有的是	3	12	清晰可见	3	7
拔地而起	3	11	设区市	3	7
高大上	3	11	算下来	3	7
交通运输厅	3	11	所在国	3	7
数百年	3	11	占比达	3	7
说到底	3	11	中老年人	3	7
随之而来	3	11	自古以来	3	7
一排排	3	11	不离不弃	3	6
一条条	3	11	不无关系	3	6
由此可见	3	11	驰而不息	3	6
只不过	3	11	更有甚者	3	6
拒之门外	3	6	解疑释惑	3	4
率先垂范	3	6	经营不善	3	4
南京大屠杀	3	6	拒腐防变	3	4
容不得	3	6	前几日	3	4
如此一来	3	6	强基固本	3	4
神舟五号	3	6	三分球	3	4
始终不渝	3	6	腾笼换鸟	3	4
四位一体	3	6	心存敬畏	3	4
四周跳	3	6	一点一滴	3	4
团结一心	3	6	一盘散沙	3	4
文化人	3	6	正当其时	3	4
无止境	3	6	知法犯法	3	4
新高地	3	6	中餐馆	3	4
有赖于	3	6	筑巢引凤	3	4
中广核	3	6	走村串户	3	4

(续表)

字串	分词形式数量	频数	字串	分词形式数量	频数
走村入户	3	6	埃及人党	3	3
不懂得	3	5	不绝于耳	3	3
不可小觑	3	5	大半年	3	3
出新时代	3	5	等不及	3	3
闯关夺隘	3	5	店大欺客	3	3
从未有过	3	5	东中西部	3	3
到头来	3	5	富营养化	3	3
奋勇向前	3	5	鼓足干劲	3	3
尽收眼底	3	5	寒暑假	3	3
老少边穷	3	5	好感度	3	3
民主集中制	3	5	黑臭河	3	3
破土而出	3	5	互通有无	3	3
千里江山图	3	5	花样滑冰队	3	3
日趋激烈	3	5	奖优罚劣	3	3
善作善成	3	5	教科文卫	3	3
省市区	3	5	令人发指	3	3
世界杯赛	3	5	全副武装	3	3
说不完	3	5	全然不知	3	3
文广新局	3	5	升降旗	3	3
勇挑重担	3	5	十一月	3	3
摘帽县	3	5	数以亿计	3	3
中英文	3	5	睡大觉	3	3
忠于职守	3	5	送审稿	3	3
抓铁有痕	3	5	物美价廉	3	3
单列市	3	4	心理咨询师	3	3
当回事	3	4	一步到位	3	3
东中西	3	4	一江水	3	3
付诸实践	3	4	一行人	3	3
毫不为过	3	4	意外之喜	3	3
黄楚标学校	3	4	招拍挂	3	3
婚丧嫁娶	3	4	自查自纠	3	3
坚中之坚	3	4	最高值	3	3
肩并肩	3	4	左右岸	3	3

附录 4 面向 NEPD 语料的深度学习分词实验

附录 4-1 模型训练环境配置要求

\# This file may be used to create an environment using:

\# $ conda create--name<env>--file<this file>

\# platform: win-64

_tflow_1100_select=0.0.2=eigen

absl-py=0.4.1=py35_0

astor=0.7.1=py35_0

blas=1.0=mkl

certifi=2018.8.24=py35_1

gast=0.2.0=py35_0

grpcio=1.12.1=py35h1a1b453_0

icc_rt=2017.0.4=h97af966_0

intel-openmp=2019.1=144

libprotobuf=3.6.0=h1a1b453_0

markdown=2.6.11=py35_0

mkl=2018.0.3=1

mkl_fft=1.0.6=py35hdbbee80_0

mkl_random=1.0.1=py35h77b88f5_1

numpy=1.15.2=py35ha559c80_0

numpy-base=1.15.2=py35h8128ebf_0

pip=10.0.1=py35_0

protobuf=3.6.0=py35he025d50_0

python=3.5.6=he025d50_0

pyyaml=3.13=py35hfa6e2cd_0

setuptools=40.2.0=py35_0

six=1.11.0=py35_1

tensorboard=1.10.0=py35he025d50_0

tensorflow=1.10.0=eigen_py35h38c8211_0

tensorflow- base=1.10.0=eigen_py35h45df0d8_0

termcolor=1.1.0=py35_1

vc=14.1=h0510ff6_4

vs2015_runtime=14.15.26706=h3a45250_0

werkzeug=0.14.1=py35_0

wheel=0.31.1=py35_0

wincertstore=0.2=py35hfebbdb8_0

yaml=0.1.7=hc54c509_2

zlib=1.2.11=h62dcd97_3

附录 4-2 深度学习自动分词模型输入数据示例

本 B	围 B
报 E	绕 E
电 B	南 B
E	向 E
中 S	通 B
日 S	道 E
友 B	建 B
好 E	设 E
医 B	， S
院 E	2 B
在 S	0 I
国 B	1 I
内 E	8 E
率 B	年 S
先 E	广 B
开 B	西 E
展 E	相 B
支 B	关 E
气 E	部 B
管 S	门 E
热 B	提 B
成 E	出 E
形 B	包 B
术 E	括 E

治疗重症难治性哮喘,成为国内开展该手术例数最多的医院。

北部湾区域性国际航运中心、跨境铁路公路、北向高铁

附录4-3 Bi-LSTM模型十折交叉训练结果示例

Call initializer instance with the dtype argument instead of passing it to the constructor

2022-03-07 17:13:38,630:INFO: path_train　　　　　　　data/train2.txt

2022-03-07 17:13:38,630:INFO:训练参数配置：

2022-03-07 17:13:38,630:INFO: feature_num　　　　　　1

2022-03-07 17:13:38,630:INFO: feature_weight_dropout_list　　[1]

2022-03-07 17:13:38,630:INFO: label2id　　　　　　　　{'B': 0, 'I': 1, 'E': 2, 'S': 3}

2022-03-07 17:13:38,630:INFO: batch_size　　　　　　　32

2022-03-07 17:13:38,630:INFO: epoch_num　　　　　　　200

2022-03-07 17:13:38,630:INFO: max_patience　　　　　　10

2022-03-07 17:13:38,630:INFO: bilstm_layers_num　　　　2

2022-03-07 17:13:38,631:INFO: rnn_unit　　　　　　　　lstm

2022-03-07 17:13:38,631:INFO: hidden_dim　　　　　　　256

2022-03-07 17:13:38,631:INFO: dropout　　　　　　　　0.5

2022-03-07 17:13:38,631:INFO: optimizer　　　　　　　Adam

2022-03-07 17:13:38,631:INFO: lr　　　　　　　　　　0.001

2022-03-07 17:13:38,631:INFO: clip　　　　　　　　　5

2022-03-07 17:13:38,631:INFO: use_crf　　　　　　　　False

2022-03-07 17:13:38,631:INFO:

附录 4-4 Bi-LSTM-CRF 模型十折交叉训练结果实例

Instructions for updating:

If using Keras pass * _constraint arguments to layers.

2022-03-15 10:53:06,644:INFO: path_train　　　　　　　data/train2.txt

2022-03-15 10:53:06,644:INFO:训练参数配置：

2022-03-15 10:53:06,644:INFO: feature_num　　　　　　1

2022-03-15 10:53:06,644:INFO: feature_weight_dropout_list　　[1]

2022-03-15 10:53:06,644:INFO: label2id　　　　　　　{'B': 0, 'I': 1, 'E': 2, 'S': 3}

2022-03-15 10:53:06,644:INFO: batch_size　　　　　　32

2022-03-15 10:53:06,644:INFO: epoch_num　　　　　　200

2022-03-15 10:53:06,644:INFO: max_patience　　　　　10

2022-03-15 10:53:06,644:INFO: bilstm_layers_num　　　2

2022-03-15 10:53:06,644:INFO: rnn_unit　　　　　　　lstm

2022-03-15 10:53:06,644:INFO: hidden_dim　　　　　　256

2022-03-15 10:53:06,644:INFO: dropout　　　　　　　0.5

2022-03-15 10:53:06,644:INFO: optimizer　　　　　　　Adam

2022-03-15 10:53:06,644:INFO: lr　　　　　　　　　　0.001

2022-03-15 10:53:06,644:INFO: clip　　　　　　　　　5

2022-03-15 10:53:06,644:INFO: use_crf　　　　　　　True

2022-03-15 10:53:06,644:INFO:

附录5　面向NEPD的关键词抽取实验

附录5-1　抽取关键词示例—2015年1月语料

中国/经济/社会/文化/干部/人民/中央/公司/地区/人员/研究/产业/会议/中心/生产/农村/科学/深化/科技/司法/价格/公共/书记/意见/医院/社会主义/时代/思想/未来/社区/产品/利益/代表/总书记/学习/特色/人才/主席/法院/数据/互联网/中拉/消费/价值/国内/学生/国务院/维护/公开/自然/日本/负责人/铁路/主体/纪委/主任/经验/业务/民族/村民/电影/网站/学校/委员会/德国/拉美/比赛/大学/人口/民生/科研/联合/巴西/思维/道路/总统/文学/患者/委员/县委/俄罗斯/和平/人大/劳动/老人/道德/公安/中华/儿童/基地/相互/机会/青年/用户/音乐/乡村/团队/亚洲/局长/西方/人物/非法/电子/老师/新年/发展/国家/工作/改革/建设/企业/服务/政府/市场/制度/管理/北京/合作/创新/部门/世界/群众/国际/全国/环境/推进/组织/我国/项目/生活/技术/活动/政策/历史/关系/领导/城市/精神/信息/保护/政治/传统/教育/责任/机制/法律/资源/时间/机构/基础/解决/单位/领域/近平/投资/金融/地方/机关/体系/美国/法治/保障/生态/资金/农民/能力/网络/收入/水平/支持/行政/标准/农业/落实/依法/治理/平台/核心/系统/完善/监督/医疗/银行/战略/腐败/工程/目标/全球/质量/财政/土地/基层/上海/纪律/模式/措施/需求/体制/污染/行业/报告/欧洲/实践/结构/事业/艺术/交流/调整/健康/专家/风险/内容/居民/规划/同志/设施/规范/理论/旅游/调查/计划/监管/制定/力量/违法/试点/执法/法国/经营/执行/文明/论坛/成果/设计/开发/体育/专业/探索/常态/成本/规矩/规模/意识/审批/养老/开放/环保/美元/现实/权力/投入/价值观/分析/区域/知识/工资/方案/贸易/创造/形

势/形式/作品/交通/检查/改变/卫生/职业/高度/出台/原则/协调/空间/方向/出口/工业/作风/集团/专项/欧盟/贯彻/考核/矛盾/改善/创作/启动/交易/转型/犯罪/传播/家庭/指导/竞争/公平/粮食/评价/队伍/部署/高校/理念/程序/培训/压力/引导/新型/公益/程度/贷款/就业/资本/建筑/培育/公众/能源/集体/创业/现场/功能/培养/办理/突破/宣传/打击/商业/鼓励/运动/文艺/打造/改造/挑战/河北/文物/生命/医生/民众/城乡/教授/革命/效果/购买/石油/推广/推出/民主/支付/设备/构建/手机/控制/手段/承担/覆盖/中共/汽车/观众/现代化/商品/党中央/材料/游客/吸引/销售/市民/市场经济/拉共体/智库/治国/基金/决策/动力/诉讼/政协/立法/法规/统筹/升级/党风/廉政/资产/巡视/引领/斗争/查处/渠道/危机/运营/指标/融资/职工/协议/协商/品牌/公正/运输/举措/法官/航道/税收/党/人民政府/士官/反贪总局/国民经济/五中全会/欠薪/精神文明/中国特色社会主义/三严三实/对外贸易/中共中央/通货/市场经济体/禁塑令/基础设施/共产国际/反腐倡廉/讨薪/旷工/军队/希腊/扶贫/器官/非洲/住/村落/雪/农民工/贫困/残疾人/公路/冰雪/央行/信用/体检/俄/分配/服务业/克强/评审/欧元/保护区/家属/军事/房/产权/台湾/高铁/戏剧/重庆/监察/纪检/垃圾/动物/福利/野生/审判/全息/货币/图书馆/常委会/旅客/住房/食品/老百姓/中华民族/优化/复兴/小康/中国梦/对外/外交/十八大/新兴/协同/治党/学术/驱动/马克思主义/共产党/权益/职能/机遇/丝绸之路/实力/联盟/经济学/金砖/布局/国有/印发/示范/格局/效益/海外/一带一路/城镇化/大国/政法/评估/传承/研发/

附录 5-2　抽取关键词示例—2016 年 1 月语料

经济/社会/文化/人民/中央/人员/研究/农村/主席/公司/生产/中心/科技/产品/思想/农民/科学/人才/学习/互联网/未来/委员会/数据/利益/时代/消费/人口/公共/民族/总书记/学生/一带一路/和平/主体/统一/现代

化/特色/经营/国务院/村民/价格/学校/党中央/纪委/社会主义/司法/医院/自然/社区/维护/贸易/联合/科研/价值/道路/消费者/铁路/农民工/比赛/部队/青年/西方/民生/十三五/竞争/法院/公开/中共/农产品/供给侧/出版/老人/学术/电子/日本/成员/网站/大学/协会/俄罗斯/机器人/公布/公安/机会/中国/发展/国家/工作/建设/企业/改革/创新/服务/合作/政府/市场/国际/世界/干部/管理/推进/北京/全国/地区/近平/制度/项目/技术/我国/城市/部门/组织/关系/产业/政策/教育/领导/基础/群众/环境/战略/历史/领域/机制/生活/代表/政治/解决/资源/精神/责任/农业/体系/建立/能力/支持/地方/美国/机构/落实/时间/传统/信息/全球/投资/治理/水平/监督/完善/保障/网络/标准/保护/金融/规划/质量/银行/需求/生态/资金/目标/理念/文明/平台/机关/法律/交流/行政/创业/国内/系统/行业/理论/设施/收入/扶贫/体制/模式/力量/法治/风险/能源/结构/措施/计划/开发/大会/艺术/稳定/上海/调整/基层/开放/协调/实践/内容/旅游/腐败/依法/探索/纪律/区域/居民/优势/医疗/专业/集团/调查/空间/制定/美元/家庭/报告/成本/贯彻/执行/规模/投入/经验/土地/成功/党委/中东/监管/设计/建成/分析/规范/贫困/财政/现实/专家/意识/健康/绿色/培训/创造/案件/就业/交通/汽车/升级/执法/污染/应急/巡视/品牌/作品/动力/工业/党员/打造/改善/引领/长期/英国/转型/评价/欧洲/矛盾/启动/引导/试点/脱贫/专项/小康/资本/正式/贷款/创作/困难/原则/业务/鼓励/运动/形势/队伍/健全/出台/覆盖/培养/精准/共享/犯罪/事件/现象/突破/知识/实行/新型/城乡/供给/文艺/欧盟/事故/宣传/职业/世纪/挑战/改变/游客/举措/负责/销售/亚投行/协议/环保/推广/结构性/海外/优秀/中方/违法/体育/广东/培育/资产/制造/基地/现场/注重/切实/检查/冰雪/传播/新疆/人大/阅读/降低/高校/改造/教师/亚洲/民主/乡村/集体/布局/举办/功能/渠道/大国/研发/军委/格局/思维/革命/浙江/公众/打击/速度/统计/马克思主义/坚定/生命/手机/追求/韩国/商业/商品/期待/吸引/控制/建筑/食品/斗争/常务/效果/设

备/道德/大众/互联网+/五中全会/冬运会/治党/部署/贡献/种子/基金/伙伴/政协/品种/融合/法规/协商/产能/考核/进程/统筹/作风/履行/支撑/整改/对接/程序/融资/交易/户口/审批/规律/军事/外交/权力/高铁/党/市场经济/国民经济/中共中央/中国特色社会主义/对外贸易/文化年/人民政府/反腐倡廉/国家机关/讨薪/两孩/精神文明/退市/市场经济体/奶农/督察组/小说/种植/农户/猴子/文物/春节/动物/粮食/猿/西游记/驱动/陆军/监测/青铜/养老/壁画/救援/商务/音乐/林场/淘宝村/补贴/学者/供电/卫生/选举/民间/育种/旅客/春运/国有/物流/增速/十八大/电商/品质/住/中华民族/儿童/城镇/平湖/林业/境外/自主/处分/先进/考古/野生/患者/共产党/共赢/协同/全局/治国/军队/复兴/新兴/城镇化/互利/中国梦/领导人/全会/装备/国防/廉政/论坛/机遇/中华/党风/一体/拓展/和谐/多边/联合国/双边/经贸/变革/示范/一体化/京津冀

附录5-3 抽取关键词示例—2017年1月语料

中国/发展/国家/经济/工作/社会/建设/世界/文化/企业/服务/合作/国际/创新/改革/党/政府/近平/人民/中央/技术/北京/制度/组织/生活/政治/市场/全国/管理/教育/政策/地区/部门/项目/群众/环境/干部/人员/传统/精神/全球/美国/资源/产业/领域/信息/历史/监督/领导/中心/保护/研究/机制/公司/落实/治理/投资/媒体/网络/基层/城市/生态/体系/责任/春节/保障/机关/机构/科技/完善/核心/思想/战略/学习/人才/科学/产品/质量/收入/标准/农业/地方/党员/生产/法律/时代/旅游/农村/学生/金融/扶贫/健康/交通/互联网/规划/交流/未来/公共/监管/内容/设施/资金/稳定/银行/行业/事业/工程/创业/维护/深化/脱贫/意识/高校/文明/特色/规范/和平/党中央/模式/贸易/风险/腐败/空间/知识/污染/民族/国务院/调查/融合/集团/家庭/利益/实践/体育/体制/职业/结构/犯罪/治党/医疗/论坛/自然/纪委/农民/学校/主体/财政/专家/委员会/医

院/全球化/村民/新年/社会主义/共享/行政/人口/产权/开放/一带一路/开发/纪律/就业/规模/能源/食品/社区/创造/贡献/构建/区域/消费/培训/鼓励/依法/中华/高度/价值/司法/贫困/卫生/绿色/经营/党委/阶段/宣传/队伍/检查/传播/评价/执法/形势/违法/中华民族/日本/部署/电子/法院/联合/支付/改善/居民/试点/贫困户/业务/工资/土地/挑战/耕地/联合国/监察/医生/健全/中共/共产党/住/游客/覆盖/命运/商业/转型/统筹/春运/环保/运动/资本/伙伴/民主/科研/国有/党组织/旅客/民众/团队/纪检/消费者/铁路/青年/俄罗斯/布局/突破/决策/观众/期待/工业/民生/销售/梦想/数量/自信/海洋/交易/人大/国防/商品/公众/外交/领导人/设备/审查/协会/智慧/公安/竞争/大学/资产/舆论/学院/大数据/政协/巡视/品牌/贷款/用户/树立/统计/成长/电影/市民/信心/结构性/成绩/支撑/劳动/印度/美好/网站/形象/供给侧/渠道/压力/毕业生/协议/药品/保证/建筑/成员/十八大/活力/研发/现代化/共同体/学术/人生/民间/乡村/面积/汽车/海外/基地/森林/种植/新疆/台湾/美丽/农产品/工人/老师/公益/改革开放/十三五/十九大/经济带/研究院/科学家/公安部/检察院/竞争力/价值观/市场化/服务业/中国梦/党支部/亚太/独特/学者/亚洲/华人/道德/互利/科普/思维/互联/便利/公路/供给/依托/大气/效率/联赛/农户/精彩/线路/路线/致富/常委/攻坚/专利/合格/扎实/联邦/主办/权威/主权/登记/多元/音乐/语言/转移/共识/联动/人力/资格/互动/总理/黄金/年轻/公民/路径/内部/廉政/民办/部队/医学/客户/发达/教学/公园/市委/多边/山西/生物/街道/用人/奋斗/化解/基因/四川/和谐/共建/云南/独立/消息/联盟/主管/省委/处分/难民/园区/检察/球员/转化/财富/慰问/年代/权力/货币/斗争/观察/出版/天下/全民/主流/战争/务实/航天/地产/读者/公正/烟花/员工/刑事/实力/产能/指挥/运营/潜力/人文/赛事/气候/国民/示范/威胁/权益/倡导/出口/电力/污水/合同/财产/防范/办理/共赢/成就/实体/机遇/友好/对外/公平/治国/培育/东盟/越南/复兴/革命/驱动/变革/新型/法治/常态/营造/紧密/协同/规律/

中方/双边/制造/融资/动能/涉外/节能/国情/减灾/拓展/包容/效益/平衡/峰会/新兴/举措/救灾/金砖/拜年/岗位/年货/养老/爆竹/春晚/祖国/团圆

附录 5–4 抽取关键词示例—2018 年 1 月语料

十九大/中国/国家/社会/人民/文化/创新/国际/全国/地区/农村/干部/近平/中央/人员/公司/中心/研究/能力/特色/平台/社会主义/科技/新时代/学习/水平/会议/科学/思想/地方/学生/未来/贫困/主席/数据/人才/书记/公共/社区/统一/医院/人类/深化/一带一路/互联网/村民/学校/现代化/意见/利益/自然/污染/维护/主体/强化/总书记/人口/民族/联合/道路/开放/国内/消费/委员会/日本/绿色/共享/和平/俄罗斯/国务院/中共/贫困户/攻坚/纪委/人大/习近平新时代中国特色社会主义思想/用户/铁路/价格/西方/基地/老人/智慧/共产党/能源/德国/网站/法院/科研/数量/效率/主题/人工智能/智能/青年/大数据/消费者/带动/电影/部队/公路/中华/协会/坚定/梦想/泰国/电子/新年/党/发展/工作/建设/经济/企业/服务/世界/政府/合作/改革/管理/技术/群众/环境/生活/市场/我国/产业/项目/制度/教育/生态/北京/政治/政策/精神/部门/组织/质量/体系/历史/保护/美国/基础/领导/活动/资源/关系/信息/治理/建立/城市/机制/工程/全球/领域/网络/保障/传统/战略/农业/金融/基层/落实/机构/生产/农民/乡村/产品/责任/扶贫/监督/目标/投资/脱贫/报告/系统/标准/完善/法律/支持/收入/文明/核心/旅游/风险/实践/监管/资金/行政/单位/需求/同志/行业/模式/专业/努力/力量/医疗/培训/内容/健康/事业/成果/计划/贯彻/规划/设施/银行/措施/矛盾/探索/党员/理论/稳定/交流/孩子/综合/理念/调查/构建/居民/依法/机关/区域/经验/规模/专家/执法/优势/指导/结构/艺术/创造/体制/就业/开发/价值/高度/案件/方案/党中央/工业/打造/成功/成立/形式/医生/设计/长期/创业/规

范/成本/培养/升级/意识/现实/教师/制定/贡献/分析/经营/资产/精准/改善/上海/集团/家庭/作品/职业/法治/投入/空间/贸易/振兴/改造/知识/革命/土地/考核/引导/国有/评价/面临/集体/体育/力度/优化/深刻/队伍/司法/业务/协调/部署/交通/改变/党委/奋斗/运动/原则/最终/环保/高校/建筑/监察/引领/违法/建议/挑战/英国/试点/汽车/出台/功能/突破/统计/执行/党建/故事/文艺/卫生/财政/犯罪/宣传/专项/深度/正式/欧洲/整治/中华民族/训练/启动/腐败/检查/设备/团队/转型/世纪/食品/儿童/共同体/美元/海洋/统筹/交易/品牌/支付/合作社/种植/销售/创作/政协/运营/研发/渠道/传播/平衡/公开/材料/吸引/游客/联合国/商业/民众/观众/天津/党组织/竞争/十八大/格局/特朗普/供给侧/宪法/北极/治党/动力/命运/使命/论坛/政党/健全/城乡/活力/养老/民生/把握/担当/决策/协议/复兴/变革/成就/机遇/进程/强国/供给/举措/住房/培育/小康/产权/法规/实体/审批/贷款/资本/租赁/冰雪/全科/讲话/作风/老百姓/大学/香港/患者/祖国/美丽/加工/劳动/互联网＋/冬运会/审查/药品/军事/选举/备案/农民工/比赛/分类/货币/海南/水稻/工资/书店/疫苗/住/国防/海上/刑事/数字/公安/隧道/科普/杂交/教学/罗马/博物馆/种子/学术/阅读/秦岭/联邦/外卖/聚焦/公众/高铁/逮捕/评估/权力/治国/图书馆/渔船/赛事/运输/布局/改革开放/军队/结构性/历史性/全球化/大国/审议/地位/先进/民主/公平/团结/三农/共建/发达/马克思主义/执政/斗争/共赢/纪律/基金/外交/航天/海外/融资/遗产/和谐/伙伴/长江/中国梦/有机/权威/传承/制造业/信用/一体

附录5-5 前500高频词示例—2015年1月语料

中国/发展/国家/工作/经济/社会/改革/建设/企业/文化/服务/政府/市场/制度/管理/北京/合作/干部/人民/创新/部门/中央/世界/群众/国际/全国/环境/党/推进/组织/我国/项目/生活/技术/公司/地区/活动/政策/

历史/关系/人员/领导/建立/城市/精神/信息/研究/保护/政治/传统/教育/责任/法律/机制/产业/资源/时间/会议/机构/基础/中心/解决/单位/领域/近平/投资/金融/地方/机关/体系/美国/法治/保障/生产/生态/资金/农民/农村/能力/网络/收入/水平/支持/行政/重点/科学/标准/农业/深化/科技/落实/依法/案件/司法/价格/公共/治理/平台/书记/核心/系统/完善/监督/医疗/银行/意见/战略/腐败/医院/工程/目标/社会主义/全球/时代/思想/质量/未来/努力/社区/财政/土地/产品/基层/利益/上海/纪律/模式/措施/体制/需求/代表/污染/参与/行业/总书记/学习/报告/特别/特色/实践/欧洲/结构/事业/艺术/人才/交流/调整/健康/孩子/风险/内容/专家/主席/居民/法院/统一/数据/互联网/规划/同志/设施/规范/理论/旅游/调查/计划/中拉/监管/消费/制定/力量/价值/国内/违法/学生/国务院/试点/执法/法国/综合/经营/稳定/事件/执行/维护/党员/文明/成果/论坛/公开/自然/设计/日本/开发/体育/探索/专业/常态/成本/规矩/成立/规模/意识/审批/养老/开放/环保/负责人/主体/铁路/美元/现实/权力/纪委/成功/长期/投入/英国/主任/价值观/优势/经验/分析/故事/区域/业务/民族/村民/知识/面临/电影/工资/方案/智库/强化/贸易/创造/形势/形式/网站/交通/作品/检查/学校/改变/卫生/职业/委员会/实行/高度/出台/力度/原则/最终/协调/空间/德国/方向/拉美/出口/下降/工业/困难/作风/讲话/比赛/集团/专项/欧盟/现象/整体/贯彻/矛盾/考核/改善/创作/启动/交易/治国/转型/大学/负责/人口/犯罪/传播/家庭/公布/指导/竞争/住/民生/公平/优秀/评价/粮食/队伍/部署/科研/高校/正式/联合/党委/理念/基金/程序/培训/压力/引导/新型/公益/程度/思维/巴西/决策/世纪/贷款/资本/就业/道路/建筑/数量/培育/公众/总统/患者/文学/委员/县委/做好/和平/俄罗斯/能源/动力/贡献/创业/集体/现场/表现/安排/功能/培养/人大/办理/山东/平均/建议/诉讼/突破/宣传/政协/打击/健全/商业/因素/鼓励/保证/运动/切实/文艺/举办/劳动/面积/改造/打造/老人/公安/挑战/道德/方法/文物/河北/中华/设立/申请/生命/

符合/公里/医生/立法/追求/法规/民众/城乡/儿童/环节/同比/基地/事故/统筹/年度/围绕/网上/教授/建成/革命/效果/相互/降低/购买/取消/机会/主题/石油/推广/升级/主义/党风/人类/主动/深刻/青年/总体/廉政/资产/推出/民主/巡视/支付/构建/设备/奖/引领/手机/用户/斗争/查处/控制/手段/连续/渠道/态度/部长/首次/音乐/危机/承担/有利于/活力/乡村/支撑/覆盖/团队/中共/亚洲/美/缺乏/运营/应对/指标/理解/西方/局长/融资/小组/效率/汽车/观众/新疆/人物/现代化/相比/商品/快速/进程/党中央/协议/统计/职工/广西/协会/协商/材料//总理/公正/广东/江苏/先进/品牌/非法/吸引/运输/游客/举措/给予/法官/地位/担当/期待/预算/兰州/电子/老师/航道/销售/冰雪/感受/税收/新年

附录5-6 前500高频词示例—2016年1月语料

中国/发展/国家/工作/经济/建设/企业/社会/改革/创新/服务/文化/合作/政府/人民/市场/中央/国际/世界/干部/管理/推进/北京/党/全国/地区/近平/制度/技术/项目/我国/城市/部门/组织/关系/产业/政策/教育/领导/基础/群众/环境/人员/战略/历史/研究/领域/机制/生活/代表/农村/政治/主席/解决/资源/精神/公司/责任/生产/农业/体系/建立/能力/支持/地方/活动/美国/中心/会议/机构/落实/时间/传统/信息/全球/投资/治理/水平/科技/监督/完善/产品/保障/网络/标准/金融/保护/规划/重点/质量/银行/需求/生态/资金/目标/理念/思想/单位/农民/科学/工程/文明/人才/平台/学习/机关/伊朗/参与/法律/交流/创业/行政/意见/国内/互联网/未来/理论/系统/行业/设施/深化/收入/扶贫/体制/委员会/数据/模式/成果/力量/法治/书记/风险/能源/结构/措施/计划/特别/努力/开发/利益/时代/消费/核心/人口/公共/大会/稳定/艺术/上海/调整/基层/民族/综合/开放/协调/实践/总书记/学生/一带一路/埃及/和平/主体/内容/统一/旅游/成立/孩子/现代化/腐败/特色/依法/经营/探索/纪

律/区域/居民/优势/同志/强化/医疗/国务院/专业/集团/调查/空间/制定/美元/村民/家庭/价格/报告/成本/学校/贯彻/执行/电影/规模/投入/经验/土地/成功/党委/中东/监管/设计/党中央/纪委/建成/分析/贫困/规范/财政/现实/健康/意识/专家/社会主义/高度/事业/绿色/培训/主任/创造/司法/医院/案件/自然/社区/就业/交通/阿拉伯/汽车/维护/升级/贸易/执法/方向/力度/决策/污染/方案/应急/巡视/品牌/人类/委员/作品/动力/工业/党员/形式/打造/联合/改善/科研/负责人/引领/价值/长期/治党/道路/建议/评价/英国/转型/沙特/矛盾/欧洲/启动/引导/消费者/脱贫/试点/做好/指导/故事/面临/专项/小康/德国/资本/正式/贷款/困难/创作/原则/构建/业务/鼓励/运动/形势/数量/队伍/健全/出台/部署/覆盖/培养/精准/共享/讲话/犯罪/事件/现象/突破/知识/铁路/新型/实行/城乡/农民工/供给/文艺/相互/欧盟/访问/比赛/事故/宣传/职业/贡献/最终/深刻/世纪/种子/基金/伙伴/部队/设立/青年/下降/政协/登记/主动/美/西方/民生/十三五/优化/常态/竞争/挑战/观众/中共/改变/住/法院/公开/游客/程度/举措/负责/着力/销售/亚投行/协议/农产品/把握/友好/环保/推广/结构性/整体/品种/海外/出版/供给侧/应对/总体/中方/优秀/各国/体育/违法/老人/表现/融合/广东/培育/资产/制造/基地/现场/学术/公里/切实/注重/检查/法规/围绕/符合/文学/方法/传播/冰雪/新疆/电子/日本/人大/阅读/协商/首次/给予/产能/降低/活力/高校/改造/进程/成员/考核/网站/亚洲/教师/大学/民主/乡村/布局/集体/协会/统筹/各项/举办/发表/俄罗斯/功能/有利于/作风/渠道/担当/安排/机器人/手段/教授/大国/压力/保证/因素/履行/难题/支撑/研发/军委/格局/公布/思维/带动/浙江/革命/整改/对接/同比/平均/公众/程序/当代/打击/速度/统计/融资/公安/交易/人数/马克思主义/坚定/审批/户口/生命/规律/机会/手机/韩国/追求/期待/环节/军事/商业/商品/职能/吸引/快速/俄/控制/奖/整合/外交/建筑/人次/治/食品/斗争/常务/权力/事项/地位/效果/设备/高铁/道德

附录 5-7　前 500 高频词示例—2017 年 1 月语料

中国/发展/工作/国家/经济/社会/建设/世界/文化/企业/服务/合作/国际/创新/改革/政府/党/人民/近平/北京/技术/中央/组织/生活/制度/市场/全国/政治/管理/推进/教育/地区/政策/关系/主席/我国/项目/部门/群众/环境/干部/人员/活动/传统/精神/美国/基础/全球/资源/历史/产业/信息/领域/时间/中心/研究/领导/公司/监督/保护/建立/机制/落实/媒体/治理/投资/能力/方式/网络/解决/城市/基层/春节/生态/责任/体系/保障/支持/机构/机关/科技/单位/平台/完善/核心/思想/战略/水平/学习/科学/人才/产品/收入/地方/标准/质量/重点/农业/会议/生产/党员/时代/学生/法律/旅游/农村/扶贫/意见/金融/参与/目标/过程/健康/互联网/交通/代表/规划/未来/内容/交流/总书记/公共/监管/资金/设施/稳定/银行/行业/同志/需求/数据/事业/努力/措施/力量/工程/脱贫/创业/孩子/希望/维护/文明/深化/专业/规范/特色/高校/意识/系统/和平/执行/成果/模式/瑞士/人类/党中央/案件/贸易/条件/风险/统一/贯彻/综合/理念/计划/空间/上海/知识/艺术/污染/民族/报告/腐败/调查/关注/国务院/家庭/负责人/集团/体育/英国/融合/实践/成功/强化/体制/利益/协调/优势/结构/书记/职业/犯罪/党内/医疗/学校/农民/自然/村民/论坛/制定/治党/医院/专家/纪委/引导/方向/国内/主体/方案/财政/新年/全球化/理论/探索/委员会/行政/共享/人口/打造/社会主义/讲话/开放/一带一路/开发/产权/主任/成立/就业/规模/食品/社区/创造/区域/贡献/构建/能源/纪律/消费/调整/原则/做好/培训/优秀/道路/设计/鼓励/依法/成本/价值/司法/贫困/中华/经验/现实/高度/面临/卫生/指导/培养/经营/主义/阶段/作品/传播/绿色/队伍/检查/党委/宣传/评价/形式/力度/美元/执法/困难/各国/违法/形势/投入/日本/中华民族/法院/电子/分析/联合/支付/动力/部署/奖/贫困户/改善/欧洲/居民/举办/改变/价格/

新春/耕地/工资/业务/挑战/试点/全会/德国/土地/医生/深刻/同比/精准/升级/手机/现场/联合国/健全/监察/共产党/游客/住/担当/中共/覆盖/最终/春运/正式/启动/公开/命运/出台/委员/商业/环保/转型/世纪/浙江/事件/比赛/老人/设立/运动/统筹/资本/下降/出席/首次/过年/坚定/伙伴/围绕/科研/优化/程度/负责/垃圾/民主/国有/旅客/总体/环节/建成/感受/创作/规则/故事/党组织/民众/危机/实行/消费者/主题/切实/团队/铁路/俄罗斯/观众/表现/100/现象/青年/应对/总统/突破/梦想/期待/决策/工业/回家/销售/相互/文学/布局/访问/民生/国防/数量/推广/主动/安排/公众/引领/海洋/功能/商品/纪检/快速/程序/外交/领导人/广东/自信/美/交易/符合/配置/吸引/公里/人大/推出/设备/村里/自由/公安/建议/因素/竞争/协会/自我/智慧/来到/审查/方法/巡视/发表/把握/节日/资产/政协/学院/电影/50/专项/用户/大学/各项/矛盾/舆论/大数据/打击/品牌/贷款/市民/部长/人次/效果/比例/统计/机会/着力/药品/先进/树立/成长/建筑/信心/印度/网上/成绩/降低/网站/支撑/劳动/毕业生/结构性/形象/整体/压力/共同体/儿童/协议/韩国/美好/供给侧/渠道/保证/成员/人士/学术/地位/现代化/广州/平均/传承/文艺/大会/十八大/研发/活力/控制/体验/改造/

附录 5-8 前 500 高频词示例—2018 年 1 月语料

中国/发展/国家/工作/建设/经济/社会/党/企业/服务/人民/文化/世界/政府/合作/改革/创新/管理/技术/国际/群众/环境/生活/推进/全国/市场/我国/产业/项目/制度/教育/生态/北京/政治/地区/政策/精神/农村/部门/干部/组织/质量/体系/历史/保护/解决/美国/近平/中央/人员/基础/公司/领导/活动/中心/研究/能力/十九大/资源/关系/特色/信息/平台/社会主义/治理/时代/建立/城市/时间/机制/工程/全球/领域/科技/新时代/网络/保障/传统/战略/农业/金融/基层/落实/学习/机构/生产/水

平/农民/会议/乡村/产品/责任/扶贫/科学/思想/监督/目标/投资/脱贫/报告/系统/标准/地方/学生/重点/未来/完善/法律/贫困/支持/收入/主席/文明/数据/核心/书记/人才/旅游/参与/风险/实践/监管/资金/行政/单位/公共/需求/同志/行业/社区/模式/统一/专业/医院/努力/人类/深化/一带一路/力量/互联网/医疗/内容/培训/代表/健康/事业/成果/计划/贯彻/村民/学校/规划/现代化/设施/银行/意见/利益/措施/矛盾/探索/理论/党员/稳定/特别/交流/综合/孩子/主任/理念/调查/自然/构建/居民/依法/机关/区域/经验/规模/污染/专家/建成/维护/执法/优势/指导/主体/结构/强化/创造/艺术/总书记/体制/就业/人口/开发/宪法/价值/高度/案件/联合/民族/方案/党中央/道路/工业/开放/成功/形式/打造/成立/国内/医生/消费/设计/长期/委员会/创业/日本/规范/成本/培养/绿色/升级/意识/现实/方向/覆盖/教师/制定/主义/共享/分析/贡献/经营/资产/精准/改善/上海/集团/美好/和平/家庭/作品/投入/法治/职业/俄罗斯/空间/调整/贸易/垃圾/振兴/国务院/北极/负责人/改造/知识/中共/比赛/革命/治党/土地/考核/住/引导/评价/国有/面临/集体/体育/力度/贫困户/攻坚/纪委/困难/优化/深刻/动力/队伍/司法/业务/人大/协调/习近平新时代中国特色社会主义思想/部署/命运/交通/用户/改变/党委/奋斗/铁路/运动/全省/表现/使命/原则/价格/最终/环保/高校/建筑/西方/监察/做好/论坛/引领/政党/违法/建议/挑战/英国/优秀/试点/基地/老人/汽车/下降/成员/出台/智慧/突破/功能/各国/统计/执行/党建/同比/文学/故事/文艺/宣传/卫生/犯罪/财政/专项/深度/正式/公里/融合/共产党/欧洲/整治/中华民族/能源/德国/程度/网站/训练/启动/小区/腐败/浙江/检查/健全/现象/设备/面积/法院/团队/鼓励/现场/城乡/大会/事件/世纪/活力/科研/转型/数量/食品/民生/首次/养老/主动/把握/儿童/推广/共同体/美元/担当/效率/手机/主题/海洋/统筹/决策/协议/手段/智能/复兴/人工智能/青年/教授/交易/大数据/消费者/带动/品牌/优先/举办/网上/总体/办理/负责/支付/电影/设立/合作社/变革/种植/销售/符

合/切实/实行/年度/方法/成就/创作/部队/高速/降低//公路/机遇/进程/强国/快速/中华/平均/供给/协会/研发/运营/美/政协/感受/围绕/举措/住房/小康/培育/产权/传播/渠道/平衡/自我/公开/年底/材料/整体/吸引/控制/委员/法规/实体/制造/追求/游客/审批/贷款/资本/效果/安排/着力/租赁/理解/河北/村里/坚定/自信/推出/难题/梦想/联合国/泰国/常委会/商业/部长/冰雪/电子/作风/讲话/因素/全科/民众/相互/课程/观众/保证/党组织/天津/修改/竞争/体验/十八大/应对/新年/激发/格局

附录6 面向NEPD语料的新闻自动摘要生成实验

附录6-1 生成式自动摘要输入数据示例

{

"abstract"："习近平发表重要讲话李克强张德江刘云山王岐山张高丽出席俞正声主持十二月三十一日，全国政协在北京举行新年茶话会。新华社记者（李学仁）摄新华社北京12月31日电中国人民政治协商会议全国委员会12月31日上午在全国政协礼堂举行新年茶话会。全面推进依法治国是国家治理领域一场广泛而深刻的革命。人民政协要深入进行调研视察、协商议政，积极开展民主监督，讲真话、进诤言，出实招、谋良策。"

"content"："习近平发表重要讲话李克强张德江刘云山王岐山张高丽出席俞正声主持十二月三十一日，全国政协在北京举行新年茶话会。党和国家领导人习近平、李克强、张德江、俞正声、刘云山、王岐山、张高丽出席茶话会并观看演出。新华社记者（李学仁）摄新华社北京12月31日电（记者吴晶晶、孙铁翔）中国人民政治协商会议全国委员会12月31日上午在全国政协礼堂举行新年茶话会。党和国家领导人习近平、李克强、张德江、俞正声、刘云山、王岐山、张高丽等同各民主党派中央、全国工商联负责人和无党派人士代表、中央和国家机关有关方面负责人以及首都各族各界人士代表欢聚一堂,共迎2015年元旦。中共中央总书记、国家主席、中央军委主席习近平在茶话会上发表重要讲话。他强调,问题是时代的声音,人心是最大的政治。推进党和国家各项工作,必须坚持问题导向,倾听人民呼声。我们的目标越伟大,我们的使命越艰巨,就越需要所有人拧成一股绳去干事创业。让我们更加紧密地团结起来,向着我们共同的奋斗目标、向着更加辉煌的明天奋勇前进。习近平代表中共中央、国务院和中央军委,向各民主党派、工商联和无党派人士、各人民团体,向全国广大工人、农民、知识分子、干部和各界人士,向人民解放军指战员、武警官兵和公安干警,向香港特别行政区同胞、澳门特别行政区同胞、台湾同胞和海外侨胞,向关心和支持中国现代化建设的国际友人,致以节日的祝福,祝大家新年好。习近平指出,在过去的一年里,中共中央团结带领全国各族人民,坚持稳中求进工作总基调,积极适应经济发展新常态,注重谋划全局性、战略性、长远性的重大问题,推动社会主义经济建设、政治建设、文化建设、社会建设、生态文明建设以及国防和军队建设、外交工作取得重大进展。中共中央重点抓了党的群众路线教育实践活动,聚焦惩治形式主义、官僚主义、享乐主义和奢靡之风,党风政风为之一新。我们加大反腐败斗争力度,坚持"老虎"、"苍蝇"一起打,一批腐败分子被绳之以党纪国法。一年来,我们蹄疾步稳地推进各项改革,中央全面深化改革领导小组确定的80个重点改革任务基本完成,此外中央有关部门还完成了108个改革任务,各方面共出台370条改革成果,一些多年来难啃的硬骨头啃下来了,改革为我国发展注入了强大动力。这些成绩,是大家共同创造的,光荣属于大家。习近平强调,当前,时和势总体有利,但艰和险在增多。我们要全面贯彻落实中共十八大和十八届三中、四中全会精神,以邓小平理论、"三个代表"重要思想、科学发展观为指导,继续推进全面建成小康社会、全面深化改革、全面依法治国、全面从严治党,突出创新驱动,强化风险防控,加强民生保障,如期完成"十二五"规划确定的各项目标任务。我们要坚定不移维护香港、澳门长期繁荣稳定。我们要深化两岸合作交流,促进两岸一家亲、共筑中国梦。我们要高举和平、发展、合作、共赢旗帜,积极实施"一带一路"战略,促进人类文明进步事业。习近平指出,中共十八届四中全会对全面推进依法治国作出顶层设计和总体部署。全面推进依法治国是国家治理领域一场广泛而深刻的革命。我们要逐条逐项落实全面推进依法治国各项部署和措施。习近平强调,在即将过去的一年里,我们隆重庆祝了中国人民政治协商会议成立65周年,人民政协发挥作为协商民主重要渠道作用,着力搭建协商平台、创新协商载体、增加协商密度,聚焦改革发展稳定重大问题深入调查研究、反映社情民意、开展民主监督,为推进改革开放和社会主义现代化建设作出了重要贡献。新的一年,我们要巩固和发展最广泛的爱国统一战线,坚持和完善中国共产党领导的多党合作和政治协商制度,不断为事业发展凝聚人心、增添力量。人民政协要深入进行调研视察、协商议政,积极开展民主监督,讲真话、进诤言,出实招、谋良策。要加强协商民主制度建设,为各党派团体和各族各界人士搭建协商平台、丰富协商形式、创造民主氛围,为我国社会主义民主政治发展注入新的活力。"

},

{

"abstract":"茶话会由中共中央政治局常委、全国政协主席俞正声主持。随后,部分全国政协委员和文艺工作者表演了精彩节目,会场洋溢着喜庆祥和的热烈气氛。在京中共中央政治局委员、中央书记处书记,全国人大常委会、国务院部分领导同志,全国政协领导同志和曾任全国政协副主席的在京老同志出席茶话会。"

"content":"茶话会由中共中央政治局常委、全国政协主席俞正声主持。他指出,习近平总书记的重要讲话回顾2014年中共中央团结带领全国各族人民奋力推进改革开放和社会主义现代化建设取得的重要成就,分析当前我们面临的形势和任务,强调做好2015年党和国家各项工作必须坚持的重要原则,对于我们深入贯彻落实中共十八大和十八届三中、四中全会精神,主动适应新常态,奋力开创新局面,协调推进全面建成小康社会、全面深化改革、全面推进依法治国、全面从严治党进程,具有重要指导意义。讲话充分肯定一年来人民政协围绕中心、服务大局,认真履行职能取得的新成绩,结合新形势新任务,对进一步发挥统一战线重要作用、做好人民政协各项工作提出明确要求。我们一定要认真学习领会、深入贯彻落实,切实把思想和行动统一到中共中央决策部署上来,积极开展调查研究,扎实推进协商民主,广泛汇聚各方力量,不断提升履职能力,努力为党和国家事业发展作出新贡献。民盟中央主席张宝文代表各民主党派中央、全国工商联和无党派人士讲话,表示将更加紧密地团结在以习近平同志为总书记的中共中央周围,继承和发扬多党合作的优良传统,凝心聚力,锐意进取,共同开创中国特色社会主义事业新局面,为全面建成小康社会、实现"两个一百年"奋斗目标和中华民族伟大复兴的中国梦而努力奋斗。茶话会上,习近平等来到各界人士中间,亲切地同大家握手交谈,互致问候。随后,部分全国政协委员和文艺工作者表演了精彩节目,会场洋溢着喜庆祥和的热烈气氛。在京中共中央政治局委员、中央书记处书记,全国人大常委会、国务院部分领导同志,全国政协领导同志和曾任全国政协副主席的在京老同志出席茶话会。"

},

{

"abstract":"本报北京 12 月 31 日电 31 日,长春至白城铁路扩能改造工程开工建设。2014 年底我国中西部及东北铁路加快开工建设,仅 12 月就有川藏铁路成都至雅安段、拉萨至林芝铁路、南昌至吉安至赣州铁路客运、南昆铁路南宁至百色段增建二线工程、商丘至合肥至杭州铁路客运专线、长白铁路扩能改造工程等六大项目相继开工,项目总里程近 2200 公里,"火车头"继续对稳增长、调结构、惠民生发挥牵引作用。"

"content":"本报北京 12 月 31 日电(记者陆娅楠)31 日,长春至白城铁路扩能改造工程开工建设。京沪高速铁路至天津西站北联络线(简称京沪北联线)也于当日具备开通条件,将于 2015 年春运前投入使用。2014 年底我国中西部及东北铁路加快开工建设,仅 12 月就有川藏铁路成都至雅安段、拉萨至林芝铁路、南昌至吉安至赣州铁路客运、南昆铁路南宁至百色段增建二线工程、商丘至合肥至杭州铁路客运专线、长白铁路扩能改造工程等六大项目相继开工,项目总里程近 2 200 公里,"火车头"继续对稳增长、调结构、惠民生发挥牵引作用。"

},

{

"abstract":"专家提示据新华社成都 1 月 2 日电上海外滩陈毅广场拥挤踩踏事故再次敲响安全警钟。如何预防踩踏事故的发生?四川省急救中心主任胡卫建认为,预防踩踏事故最好的方法是提高公众的安全避险意识,避免到人多拥挤的地方。在空间有限、人群又相对集中的场所,比如球场、商场、楼梯、影院、景区等,一定要提高安全防范意识,留心出口和紧急通道。遭遇踩踏事故时如何自救?"

"content":"专家提示据新华社成都 1 月 2 日电(记者董小红)上海外滩陈毅广场拥挤踩踏事故再次敲响安全警钟。如何预防踩踏事故的发生?遭遇拥挤环境时,如何逃生、自救和互救?四川省急救中心主任胡卫建认为,预防踩踏事故最好的方法是提高公众的安全避险意识,避免到人多拥挤的地方。一方面,政府需要制定完善的应急处置预案,另一方面,公众的自我保护意识也亟待提高。在空间有限、人群又相对集中的场所,比如球场、商场、楼梯、影院、景区等,一定要提高安全防范意识,留心出口和紧急通道。遭遇踩踏事故时如何自救?四川省红十字应急救援救护中心高级讲师辛罡建议,一旦遇到人流拥挤的情况,不要慌乱、保持冷静,不要逆向人流,尽量顺着人流方向移动。同时,寻找附近牢固物体进行依靠。如果摔倒了,立即将双臂交叉环形护住头和胸腔,这个姿势不仅可以保护身体的重要部位,还可以预留空间保持呼吸,增加获救机会。"

},

{

"abstract":""深水区"自有"深水区"的压力。因此,必须以高度的责任感,科学的安排和完善的顶层制度设计积极稳妥推进"三项改革"。中央强调,必须坚守"三条底线",即坚持土地公有制性质不改变、耕地红线不突破、农民利益不受损。这"三底线",其实守护着"一大片"。守住了这三条底线,就守住了农民的利益,守住了农村基本经营制度,守住了城乡共存共荣的发展格局、公平格局,从而也就守住了我国经济社会持续健康发展的大局。"

"content":"南埂又是一份重要的农村土地制度改革文件,沉甸甸的。农村土地制度征收、集体经营性建设用地入市、宅基地制度"三项改革",桩桩改革都标志着农村土地制度改革蹚入深水区。"深水区"自有"深水区"的压力。土地是农民的命根子,是经济社会发展的重要资源支撑,农村土地制度是国家的基础性制度,农村土地制度改革牵一发而动全身,涉及重要法律修改,涉及重大利益调整,涉及农村集体经济制度、村民自治制度等重要制度的完善……连接着亿万农民的心,连接着城乡要素的流动,连接着社会公平,连接着发展效率。因此,必须以高度的责任感,科学的安排和完善的顶层制度设计积极稳妥推进"三项改革"。试点,就是负责态度。试点,就是科学安排。试点,就是顶层设计。试点,固然可以试"对";试点,同样可以试"错"。对的就坚持,错的就改正。最终试点会试出可复制、可推广的改革成果,为科学立法、修改完善相关法律法规提供支撑。农村土地制度改革,必然涉及重大利益调整。中央强调,必须坚守"三条底线",即坚持土地公有制性质不改变、耕地红线不突破、农民利益不受损。这"三底线",其实守护着"一大片"。守住了这三条底线,就守住了农民的利益,守住了农村基本经营制度,守住了城乡共存共荣的发展格局、公平格局,从而也就守住了我国经济社会持续健康发展的大局。"

},

{

"abstract":"郭声琨要求,要毫不动摇坚持党对军队绝对领导的根本原则和制度,始终在思想上、政治上、行动上与以习近平同志为总书记的党中央保持高度一致,坚决听从党中央、中央军委和习主席的指挥。要积极适应全面推进依法治国新要求,大力加强法治武警建设,不断提高部队建设法治化水平。要锲而不舍推进部队作风建设,深入开展"三严三实"专题教育整顿,努力营造风清气正的良好政治生态。"

"content":"郭声琨在武警部队党委全会上强调本报北京 1 月 10 日电(记者张洋)国务委员、公安部部长、武警部队党委第一书记郭声琨 10 日在武警部队党委二届六次全体(扩大)会议上强调,武警部队要深入学习贯彻党的十八大和十八届三中、四中全会精神,深入学习贯彻习主席系列重要讲话精神,紧紧围绕强军目标,牢牢把握战斗力这个唯一的根本的标准,坚持稳中求进、改革创新,坚持依法治警、从严治警,全面加强部队革命化现代化正规化建设,不断开创武警部队建设新局面。郭声琨要求,要毫不动摇坚持党对军队绝对领导的根本原则和制度,始终在思想上、政治上、行动上与以习近平同志为总书记的党中央保持高度一致,坚决听从党中央、中央军委和习主席的指挥。要大力加强实战化训练和现代化建设,着力提升部队遂行多样化任务能力,确保国家安全和社会稳定。要积极适应全面推进依法治国新要求,大力加强法治武警建设,不断提高部队建设法治化水平。要锲而不舍推进部队作风建设,深入开展"三严三实"专题教育整顿,努力营造风清气正的良好政治生态。冬日暖阳 10 日,数九寒天,南京城艳阳高照暖意浓浓。(孙军摄)(人民视觉)"

},

{

"abstract":"要全面落实社会救助各项政策,突出"救急难"、兜底线、保基本,加强社会救助制度与其他保障制度的有效衔接,进一步完善"一门受理、协同办理"的工作机制。"

"content":"王勇在广西调研时强调新华社南宁 1 月 10 日电 近日,国务委员王勇到广西壮族自治区调研民政和残疾人有关工作,看望慰问困难群众、优抚对象、老红军和残疾人。他强调,要认真贯彻落实党中央、国务院关于保障和改善民生的一系列重要决策部署,加大社会救助力度,扎实做好困难群众基本生活保障工作。1月8日至10日,王勇深入到南宁市和百色市的部分区县、乡镇和社区,实地考察了解社会救助、社区服务、养老服务、优抚安置和残疾人就业服务、技能培训、康复服务等工作,走访了基层民政、残疾人经办和服务机构,听取基层干部群众意见建议。王勇充分肯定了广西壮族自治区民政、残疾人工作取得的成绩。他指出,地方各级政府要把民政和残疾人工作摆在突出的位置,更加注重保障困难群众基本民生。要全面落实社会救助各项政策,突出"救急难"、兜底线、保基本,加强社会救助制度与其他保障制度的有效衔接,进一步完善"一门受理、协同办理"的工作机制。要格外关心、格外关注残疾人,建立健全困难残疾人生活补贴、重度残疾人护理补贴和残疾儿童康复救助制度,搞好残疾人基本服务状况和需求调查工作,加快推进残疾人小康进程,让他们生活得更加殷实、更有尊严。王勇强调,要不断加大民生投入,加强基层民政和残联服务能力建设。要大力发展慈善事业,充分发挥社会组织、社会工作者和志愿者的作用,动员和鼓励社会各界积极参与社会救助,推动慈善事业与政府救助形成合力,共同织牢织密民生保障安全网。"

},

{

"abstract":"交通部海事局今年6月30日前落实到位本报北京1月10日电 近日,交通运输部海事局决定,调整下放13项海事执法事权,并于6月30日前落实到位。今后直属海事局将不再承担具体审批工作,船舶安全证书、文书将全部由基层海事处直接核发。据介绍,经过调整,审批事权下放至直属海事局和分支海事局的有:外国船员证书承认签证、跨省实施的大型设施移动式平台超限物体水上拖带等3项。"

"content":"交通部海事局今年6月30日前落实到位本报北京1月10日电 (记者刘志强)近日,交通运输部海事局决定,调整下放13项海事执法事权,并于6月30日前落实到位。今后直属海事局将不再承担具体审批工作,船舶安全证书、文书将全部由基层海事处直接核发。据介绍,经过调整,审批事权下放至直属海事局和分支海事局的有:外国船员证书承认签证、跨省实施的大型设施移动式平台超限物体水上拖带等 3 项。直属海事局审批事权下放至分支海事局的有:通航水域岸线安全使用和水上水下活动许可、打捞或者拆除沿海水域内沉船沉物审批、航行通警告发布、一类内河船舶船员适任证书核发、船舶油污损害民事责任保险或其他财务保证证书签发、船舶所有人经营人或者管理人防治船舶污染海洋环境应急预案审批、危险化学品水路运输人员资格认可、跨市实施的大型设施移动式平台超限物体水上拖带等 8 项。"

},

{

"abstract":"拉美国家各界对此次会议给予高度评价。与会官员、专家学者以及拉美国家媒体纷纷表示,此次会议意义重大,中拉合作将由此开启新篇章。墨西哥驻华大使温立安对记者说,中拉论坛使中国与拉美和加勒比国家有了一个新的对话平台,可以就共同关心的话题进行全面对话。委内瑞拉《世界报》突出报道中拉贸易额提高到 5 000 亿美元以及中国向拉美青年提供奖学金等消息,指出这是中拉关系未来发展的"新平台和新起点"。

"content":"——拉美各界高度评价中拉论坛首届部长级会议本报北京 1 月 10 日电 综合本报记者报道:中国—拉共体论坛首届部长级会议 9 日在北京闭幕,会议通过了《中拉论坛首届部长级会议北京宣言》《中国与拉美和加勒比国家合作规划(2015—2019)》《中拉论坛机制设置和运行规则》3 个重要成果文件。拉美国家各界对此次会议给予高度评价。与会官员、专家学者以及拉美国家媒体纷纷表示,此次会议意义重大,中拉合作将由此开启新篇章。中拉论坛首届部长级会议从构建变为现实,为深化拓展双边关系搭建了一个整体合作的平台哥斯达黎加总统索利斯说,拉共体非常欢迎中国对于拉美地区所表现出的兴趣,对此我们深感荣幸,中拉论坛首届部长级会议开启了中拉以及国际关系新的历史。我们认为此次会议将为拉美地区和中国发展长期友好的关系奠定基础。厄瓜多尔总统科雷亚表示,厄中两国政府有着相似的发展任务,中国和厄瓜多尔的关系正处于历史最好时期。2007年,厄瓜多尔国内只有7家中国公司,现在有80多家中国公司,希望未来有更多的中国公司到厄瓜多尔投资,同时也希望厄瓜多尔公司前往中国投资兴业。委内瑞拉总统马杜罗表示,我们与中国之间有着兄弟般的友谊。我们与中国的合作取得了很多实质性的进展,相信两国关系将会得到进一步巩固。两国还不断开辟新的合作领域,如工业、技术、金融等。巴哈马总理克里斯蒂表示,自建交以来,巴哈马和中国不断加强和深化友谊与外交关系。两国之间在教育领域的交流给巴哈马带来了很大的好处。在巴哈马大学建立的孔子学院给当地学生提供了很多机会,不仅可以学汉语,还可了解中国深厚的文化。中国政府还向巴哈马学生提供了政府奖学金,给巴哈马学生在中国进修提供了非常好的机会。两国还将进一步扩大合作。秘鲁驻华大使胡安·卡洛斯·卡普纳伊对本报记者表示,中拉在很多年前就开始各领域密切合作,但一直未形成一个综合全面的合作计划。中拉论坛致力于规划一个蓝图,包括未来应做些什么,可以在哪些领域进行合作。中国与拉美和加勒比国家建立了"1+3+6"务实合作框架。中国和秘鲁的一些合作项目,如中国、秘鲁、巴西合作的两洋铁路等基础设施建设,也将助力拉丁美洲的发展。墨西哥驻华大使温立安对记者说,中拉论坛使中国与拉美和加勒比国家有了一个新的对话平台,可以就共同关心的话题进行全面对话。墨西哥与中国建立了全面战略伙伴关系,墨中两国有着密切的合作。特立尼达和多巴哥外交部长温斯顿·杜克兰对记者表示,中国和加勒比国家有着长期的传统友好关系。中国是和平发展的大国,相信在中拉论坛框架下,加勒比国家和中国的合作将上升到一个更高层次。墨西哥经济学家彼得斯在接受本报记者采访时表示,中拉论坛首届部长级会议从构建变为现实,意味着中拉关系掀开了一个新的篇章,为双方未来在各领域的务实合作、不断深化拓展双边关系搭建了一个整体合作的平台,具有重大意义。中方提出了未来5年中拉开展整体合作的重点领域,再次重申了10

年内双边贸易和投资的具体目标,不仅有助于进一步深化双方在经贸领域的合作,更将拓展双方未来的合作范围,实现中拉的互惠互利,造福两国人民。拉共体第一次整体与一个发展中国家建立对话机制,对于南南合作而言是一个良好的示范阿根廷外交部官方网站文章称,阿外长蒂梅尔曼认为,中拉论坛的启动,表明了中国对拉共体的高度重视。蒂梅尔曼指出,能源、交通、通信等基础建设领域的投资,将是中阿合作的重要部分。这些投资将有助于提高阿根廷经济竞争力,推动阿根廷企业更好地进入中国和世界市场。同时中阿之间还要积极推动科技、教育、人力资源培训等方面的合作。巴西圣保罗大学国际关系教授费利西亚诺·吉马良斯对记者说,对巴西而言,论坛将成为与中国沟通的更加有效的渠道。在拉丁美洲地区,中国将显示出越来越大的影响力,这将有利于地区的长远发展。巴西利亚大学国际关系教授、中国问题专家普罗科皮奥对记者说,中拉论坛除了显而易见的经济影响,在双方政治交往方面也有一定意义。巴西瓦加斯基金会客座经济学家保罗·维拉斯科对记者说,此次会议见证了中国和拉美国家的友谊。近年来,双边政治和经贸关系得到了飞速发展,双方经贸和投资不断增长。中国经济奇迹般的发展直接刺激了拉美地区各国大宗商品的出口,极大推进了该地区的经济发展。中拉论坛是拉共体第一次整体与一个发展中国家建立对话机制,对于南南合作而言也是一个良好的示范。墨西哥国立自治大学中墨研究中心主任杜赛尔在接受本报记者采访时表示,中拉论坛首届部长级会议的召开对于中拉关系发展具有十分积极、重要的意义。中国目前是拉美第二大贸易伙伴国和第三大投资来源国,拉美的发展离不开中国。而中拉论坛的建立也是拉美首次以区域整体合作方式与中国展开双边合作,从而推动中拉双方在政治、经济、文化和社会等多个领域开展整体合作,为中拉关系的未来发展注入强劲的动力,使中拉关系发展迈入新的阶段。秘鲁《商报》网站载文表示,未来10年内,中拉双方贸易规模将达到5 000亿美元,双方投资存量将达到至少2 500亿美元。这对拉美来说是个鼓舞人心的消息。委内瑞拉《世界报》突出报道中拉贸易额提高到5 000亿美元以及中国向拉美青年提供奖学金等消息,指出这是中拉关系未来发展的"新平台和新起点"。(本报记者(赵明昊)、(张慧中)、(姜波)、(范剑青)、(侯露露)、(颜欢)、(张卫中)、(吴志华))"

},

{

"abstract":"昔日,一些人曾对中拉合作进程及其实际行动力流露出怀疑。首先,中拉双方的合作理念趋于一致。中拉双方高度认同在当前国际体系深刻调整的背景下,深化南南合作不仅重要,而且迫切。再者,以往中拉双边合作积累的能量和经验,铺就了中拉迈向整体合作新阶段的台阶。拉方日益重视加强对华合作,搭乘中国经济增长快车的意愿十分强烈。"

"content":"(吴白乙)新平台、新起点、新机遇已然出现,中拉双方共同培育,必将让中拉论坛这株破土而出的嫩苗长成参天大树中国—拉共体论坛首届部长级会议通过了3个重要成果文件,双方就深化政府互信、扩大互利合作、推进论坛建设等达成广泛共识。这一路线图式的答卷,标志着中拉论坛整体合作迈出了坚实的第一步。昔日,一些人曾对中拉合作进程及其实际行动力流露出怀疑。毕竟,拉美和加勒比地区33个发展中国家与当今世界最大的发展中国家之间要将合作承诺变成现实,协调的复杂性和不确定性显而易见。究竟是什么原因使中拉整体合作新局面如此迅速而富有实效地展现于人们面前?首先,中拉双方的合作理念趋于一致。中拉双方高度认同在当前国际体系深刻调整的背景下,深化南南合作不仅重要,而且迫切。哥斯达黎加总统索利斯的一段话颇具代表性:"当今时代,旧的世界格局正在逐渐淡化,中国等新兴市场国家正在崛起,拉丁美洲也以独立自主的方式活跃在世界舞台上……中拉论坛部长级会议在北京召开,意味着拉丁美洲在世界上将扮演一个新的角色,意味着国际秩序将进一步更新。"一大批发展中国家和新兴市场国家快速发展,通过南南合作相互输送动力,增强自身实力和自主发展能力,为后国际金融危机时期的世界经济注入新的动力,这符合时代潮流的要求。其次,双方合作的基础是互利共赢,包容协作。

多边合作需要发动机,其可持续动力不是来自强者对弱者、大国对小国的主导甚至强制,而是来自平等参与和友好协商;不是来自以脱离各成员国发展实际的"高标准,严要求",而是充分考虑相关各方的不同利益诉求,照顾彼此舒适度,兼顾眼前和长远、局部和全体的利益。中国同拉美和加勒比国家是潜力巨大又各具特点的两大市场,双方在产品结构、产业结构和资源优势上具有较强的互补性,而且都面临经济下行压力和产业升级的挑战。共同但有区别的需求推动双方迈开步子,走向会议桌和规划室。再者,以往中拉双边合作积累的能量和经验,铺就了中拉迈向整体合作新阶段的台阶。双方高层交往密切,政治互信不断深化,经贸合作取得丰硕成果。拉方日益重视加强对华合作,搭乘中国经济增长快车的意愿十分强烈。同时,随着经济发展模式的转变,中国政府和企业也对资源丰富、市场广阔的拉美地区更加青睐,将对拉贸易、投资和金融合作视为进一步提升国际竞争力、参与全球生产链重组的重要战略选项。新平台、新起点、新机遇已然出现,中拉双方共同培育,必将让中拉论坛这株破土而出的嫩苗长成参天大树。(作者为中国社科院拉丁美洲研究所所长)"

}

附录6-2 抽取式自动摘要输入数据示例

全国/政协/举行/新年/茶话会/
习/近平/发表/重要/讲话/ /李/克强/张/德江/刘/云山/王/岐山/张/高丽/出席/ 俞/正声/主持/
12/月/31/日/,/全国/政协/在/北京/举行/新年/茶话会/。/
党/和/国家/领导人/习/近平/、/李/克强/、/张/德江/、/俞/正声/、/刘/云山/、/王/岐山/、/张/高丽/出席/茶话会/并/观看/演出/。/
新华社/记者/ (庞/兴雷/)/摄/
本报/北京/12/月/31/日/电/ /(/记者/李/昌禹/)/中国/人民/政治/协

商/会议/全国/委员会/12/月/31/日/上午/在/全国/政协/礼堂/举行/新年/茶话会/。/

党/和/国家/领导人/习/近平/、/李/克强/、/张/德江/、/俞/正声/、/刘/云山/、/王/岐山/、/张/高丽/等同/各/民主党派/中央/、/全国/工商联/负责人/和/无党派/人士/代表/、/中央/和/国家/机关/有关/方面/负责人/以及/首都/各族/各界/人士/代表/欢聚一堂/,/共/迎/2016/年/元旦/。/

中共/中央/总书记/、/国家/主席/、/中央/军委/主席/习/近平/在/茶话会/上/发表/重要/讲话/。/

他/强调/,/决胜/全面/建成/小康/社会/的/历史/大幕/已经/拉开/,/向/全面/建成/小康/社会/冲刺/的/艰巨/任务/落/在/我们/这/一/代/人/肩上/。/

冲刺/是/咬紧牙关/的/时候/,/是/屏息/聚力/的/时候/,/是/比拼/意志/的/时候/。/

决胜/全面/建成/小康/社会/的/伟大/进军/,/每/一个/中国/人/都/有/自己/的/责任/。/

全党/全国/各族/人民/要/拧/成/一/股/绳/,/以/必胜/的/信心/、/昂扬/的/斗志/、/扎实/的/努力/投身/新/的/历史/进军/,/朝着/全面/建成/小康/社会/的/宏伟/目标/奋勇/前进/。/

习/近平/代表/中共/中央/、/国务院/和/中央军委/,/向/各/民主党派/、/工商联/和/无党派/人士/、/各/人民团体/,/向/全国/广大/工人/、/农民/、/知识分子/、/干部/和/各界/人士/,/向/人民/解放军/指战员/、/武警/官兵/和/公安/干警/,/向/香港/特别/行政区/同胞/、/澳门/特别/行政区/同胞/、/台湾/同胞/和/海外/侨胞/,/向/关心/和/支持/中国/现代化/建设/的/国际/友人/,/致以/节日/的/祝福/,/祝/大家/新年/好/。/

习/近平/指出/,/2015/年/,/是/党/和/国家/事业/发展/很/不/平凡/

的/一/年/。/

中共/中央/团结/带领/全国/各族/人民/，/把握/国内外/发展/大势/，/协调/推进/"/四个/全面/"/战略/布局/，/经济/增长/继续/居于/世界/前列/，/推动/经济/建设/、/政治/建设/、/文化/建设/、/社会/建设/、/生态/文明/建设/和/党/的/建设/取得/了/新/进步/。/

我们/加快/推进/各/领域/改革/，/2015/年/中央/全面/深化/改革/领导/小组/确定/的/101/个/重点/改革/任务/基本/完成/，/中央/有关/部门/完成/153/个/改革/任务/，/各/方面/共/出台/改革/成果/415/条/，/改革/呈现/全面/发力/、/纵深/推进/的/良好/态势/。/

我们/深入/贯彻/党/在/新/形势/下/的/强军/目标/，/全面/实施/改革/强军/战略/，/部署/深化/国防/和/军队/改革/。/

我们/重点/抓/了/"/三/严/三/实/"/专题/教育/，/继续/推进/反/腐败/斗争/，/彰显/了/有/腐/必/惩/、/有/贪/必/肃/的/决心/，/进一步/赢得/党心/民心/。/

习/近平/强调/，/这/一/年/，/我们/隆重/纪念/中国/人民/抗日战争/暨/世界/反/法西斯/战争/胜利/70/周年/并/进行/阅兵/，/鲜明/昭示/铭记/历史/、/缅怀/先烈/、/珍爱/和平/、/开创/未来/的/正义/理念/和/民族/意志/。/

我们/坚持/"/一国两制/"/方针/，/坚持/依法/办事/，/加强/内地/同/香港/、/澳门/的/交流/合作/。/

我们/积极/推进/两岸/关系/，/实现/两岸/领导人/会面/。/

我们/推进/全/方位/外交/，/在/国际/社会/发出/中国/声音/、/提供/中国/方案/，/为/人类/和平/与/发展/的/崇高/事业/作出/了/新/的/贡献/。/

习/近平/指出/，/随着/"/十二五/"/规划/全面/完成/，/我国/发展/正/站/在/一个/新/的/历史/起点/上/。/

我们/要/全面/贯彻/中共/十八大/和/十八届/三中/、/四中/、/五中全会/精神/,/以/马克思列宁主义/、/毛泽东思想/、/邓小平理论/、/"三个代表"重要思想/、/科学发展观/为/指导/,/按照/"/五位/一体/"/总体/布局/和/"/四个/全面/"/战略/布局/要求/,/坚持/以/人民/为/中心/的/发展/思想/,/坚持/创新/、/协调/、/绿色/、/开放/、/共享/的/发展/理念/,/坚持/稳/增长/、/促/改革/、/调/结构/、/惠/民生/、/防/风险/,/确保/"/十三五/"/开好/局/、/起/好/步/。/

我们/要/坚定不移/贯彻/"/一国两制/"/、/港人治港/、/澳人治澳/、/高度/自治/的/方针/,/保持/香港/、/澳门/长期/繁荣/稳定/。/

我们/要/坚持/"/九二共识/"/,/保持/两岸/关系/正确/发展/方向/。/

我们/要/高举/和平/、/发展/、/合作/、/共赢/的/旗帜/,/扩大/同/世界/各国/利益/交汇点/,/推动/构建/人类/命运/共同体/。/

习/近平/强调/,/新/的/一/年/里/,/我们/要/巩固/和/发展/最/广泛/的/爱国/统一战线/,/坚持/和/完善/中国/共产党/领导/的/多/党/合作/和/政治/协商/制度/,/不断/为/事业/发展/凝聚/人心/、/增添/力量/。/

人民/政协/要/建/真言/、/谋/良策/、/出/实招/,/为/全面/建成/小康/社会/、/加快/推进/社会主义/现代化/作出/新/的/更/大/贡献/。/

(/讲话/全文/见/第/二/版/)/

茶话会/由/中共/中央/政治局/常委/、/全国/政协/主席/俞/正声/主持/。/

他/指出/,/习/近平/总书记/讲话/回顾/了/2015/年/中共/中央/团结/带领/全国/各族/人民/坚持/和/发展/中国/特色/社会主义/事业/所/取得/的/重要/成就/,/分析/了/当前/形势/和/任务/,/提出/了/做好/明年/各项/工作/、/推动/党/和/国家/事业/实现/新/发展/的/明确/要求/,/对/实现/"/十三五/"/时期/经济/社会/发展/良好/开局/,/具有/重要/指导/意义/。/

习/近平/总书记/在/讲话/中/充分/肯定/一/年/来/人民/政协/紧紧/围

绕党和国家中心工作履职尽责所作出的努力和贡献，对发挥统一战线重要作用、做好人民政协各项工作提出明确要求。

我们一定要认真学习贯彻习近平总书记重要讲话精神，切实把思想和行动统一到中共中央决策部署上来，把坚持和发展中国特色社会主义作为巩固共同思想政治基础的主轴，把为"十三五"规划纲要制定和实施献计出力作为履行职能的主线，深入调查研究，广泛协商议政，加强民主监督，推进协商民主，为全面建成小康社会、加快推进社会主义现代化作出新的贡献。

民建中央主席陈昌智代表各民主党派中央、全国工商联和无党派人士讲话，表示将更加紧密地团结在以习近平同志为总书记的中共中央周围，凝心聚力，攻坚克难，为夺取全面建成小康社会决胜阶段的伟大胜利而努力奋斗。

茶话会上，习近平等来到各界人士中间，同大家亲切握手，互致问候。

随后，部分全国政协委员和文艺工作者表演了精彩节目，会场内气氛热烈。

在京中共中央政治局委员、中央书记处书记，全国人大常委会、国务院部分领导同志，全国政协领导同志和曾任全国政协副主席的在京老同志出席茶话会。

国家主席习近平发表二〇一六年新年贺词

新年前夕，国家主席习近平通过中国国际广播电台、中央人民广播电台、中央电视台发表2016年新年贺词。

新华社记者 （兰红光）摄

新华社北京12月31日电 新年前夕，国家主席习近平通过中国国际广播电台、中央人民广播电台、中央电视台，

发表/了/2016/年/新年/贺词/。/

全文/如下/:/

再/过/几/个/小时/,/新年/的/钟声/就要/敲响/了/。/

我们/即将/告别/2015/年/,/迎来/2016/年/的/第/一/缕/阳光/。/

在/这/辞旧迎新/的/时刻/,/我/向/全国/各族/人民/,/向/香港/特别/行政区/同胞/和/澳门/特别/行政区/同胞/,/向/台湾/同胞/和/海外/侨胞/,/向/世界/各/国/和/各/地区/的/朋友/们/,/致以/新年/的/祝福/!/

有/付出/,/就/会/有/收获/。/

2015/年/,/中国/人民/付出/了/很/多/,/也/收获/了/很/多/。/

我国/经济/增长/继续/居于/世界/前列/,/改革/全面/发力/,/司法/体制/改革/继续/深化/,/"/三/严/三/实/"/专题/教育/推动/了/政治/生态/改善/,/反/腐败/斗争/深入/进行/。/

经过/全国/各族/人民/共同/努力/,/"/十二五/"/规划/圆满/收官/,/广大/人民/群众/有/了/更/多/获得感/。/

这/一/年/,/我们/隆重/纪念/了/中国/人民/抗日战争/暨/世界/反/法西斯/战争/胜利/70/周年/,/举行/了/盛大/阅兵/,/昭示/了/正义/必胜/、/和平/必胜/、/人民/必胜/的/真理/。/

我们/全面/实施/改革/强军/战略/,/宣布/裁军/30/万/。/

我/和/马/英九/先生/在/新加坡/会面/,/实现/了/跨越/66/年/时空/的/握手/,/表明/两岸/关系/和平/发展/是/两岸/同胞/的/共同/心愿/。/

这/一/年/,/北京/获得/第/24/届/冬奥会/举办权/,/人民币/纳入/国际/货币/基金/组织/特别/提款权/货币/篮子/,/我国/自主/研制/的/C919/大型/客机/总装/下线/,/中国/超级/计算机/破/世界/纪录/蝉联/"/六/连/冠/"/,/我国/科学家/研制/的/暗/物质/探测/卫星/发射/升空/,/屠/呦呦/成为/我国/首位/获得/诺贝尔/奖/的/科学家/……/这/说明/,/只要/坚持/,/梦想/总是/可以/实现/的/。/

这一年,我们有欣喜,也有悲伤。
"东方之星"号客轮翻沉、天津港特别重大火灾爆炸、深圳滑坡等事故造成不少同胞失去了生命,还有我们的同胞被恐怖分子残忍杀害,令人深感痛心。
我们怀念他们,愿逝者安息、生者安康!
群众的生活中还有一些困难和烦恼。
党和政府一定会继续努力,切实保障人民生命财产安全、保障人民生活改善、保障人民身体健康。
2016年是我国进入全面建成小康社会决胜阶段的开局之年。
中共十八届五中全会明确了未来5年我国发展的方向。
前景令人鼓舞、催人奋进,但幸福不会从天降。
我们要树立必胜信念、继续埋头苦干,贯彻创新、协调、绿色、开放、共享的发展理念,着力推进结构性改革,着力推进改革开放,着力促进社会公平正义,着力营造政治上的绿水青山,为全面建成小康社会决胜阶段开好局、起好步。
全面建成小康社会,13亿人要携手前进。
让几千万农村贫困人口生活好起来,是我心中的牵挂。
我们吹响了打赢扶贫攻坚战的号角,全党全国要勠力同心,着力补齐这块短板,确保农村所有贫困人口如期摆脱贫困。
对所有困难群众,我们都要关爱,让他们从内心感受到温暖。
我们只有一个地球,这是各国人民共同的家园。
这一年,我国领导人参加了不少国际会议,开展了不少外交活动,推动"一带一路"建设取得实质性进展,参与了

联合国/2030/年/可/持续/发展/议程/、/应对/全球/气候/变化/等/国际/事务/。/

世界/那么/大/,/问题/那么/多/,/国际/社会/期待/听到/中国/声音/、/看到/中国/方案/,/中国/不能/缺席/。/

面对/身陷/苦难/和/战火/的/人们/,/我们/要/有/悲悯/和/同情/,/更/要/有/责任/和/行动/。/

中国/将/永远/向/世界/敞开/怀抱/,/也/将/尽/已/所/能/向/面临/困境/的/人们/伸出/援手/,/让/我们/的/"/朋友圈/"/越来越/大/。/

我/衷心/希望/,/国际/社会/共同/努力/,/多/一/份/平和/,/多/一/份/合作/,/变/对抗/为/合作/,/化/干戈/为/玉帛/,/共同/构建/各国/人民/共有/共享/的/人类/命运/共同体/。/

谢谢/大家/。/

附录6-3　生成式自动摘要人工评价结果

序号	信息量	简洁度	流畅性	语法	综合质量	序号	信息量	简洁度	流畅性	语法	综合质量
1	4	4	5	5	4.5	47	5	3	4	5	4.25
2	4	5	5	5	4.75	48	4	4	5	5	4.5
3	2	4	3	4	3.25	49	5	1	5	5	4
4	4	5	4	5	4.5	50	4	4	4	5	4.25
5	3	5	3	4	3.75	51	5	4	4	5	4.5
6	3	5	4	4	4	52	4	4	4	4	4
7	5	4	5	5	4.75	53	4	5	4	4	4.25
8	3	4	3	4	3.5	54	4	4	5	5	4.5
9	2	2	3	3	2.5	55	4	4	4	5	4.25
10	4	4	5	4	4.25	56	4	4	5	5	4.5
11	4	4	5	5	4.5	57	4	4	5	5	4.5
12	4	4	3	5	4	58	4	4	4	5	4.25
13	4	4	5	5	4.5	59	5	4	4	5	4.5
14	5	4	5	5	4.75	60	4	3	4	5	4

序号	信息量	简洁度	流畅性	语法	综合质量	序号	信息量	简洁度	流畅性	语法	综合质量
15	5	4	5	5	4.75	61	5	3	4	5	4.25
16	4	4	5	5	4.5	62	4	3	5	4	4
17	4	4	5	5	4.5	63	5	4	4	4	4.25
18	5	3	4	5	4.25	64	5	3	4	5	4.25
19	5	4	5	5	4.75	65	3	3	2	2	2.5
20	4	5	4	5	4.5	66	5	1	5	5	4
21	5	4	5	5	4.75	67	4	3	4	5	4
22	4	4	5	5	4.5	68	4	4	5	5	4.5
23	4	3	4	4	3.75	69	3	3	4	3	3.25
24	5	4	5	5	4.75	70	4	4	4	5	4.25
25	5	1	5	5	4	71	5	3	5	5	4.5
26	4	4	4	5	4.25	72	3	4	4	5	4
27	4	4	4	5	4.25	73	4	3	5	5	4.25
28	3	3	4	5	3.75	74	4	4	4	5	4.25
29	3	3	4	5	3.75	75	3	4	4	5	4
30	3	3	4	4	3.5	76	4	4	5	5	4.5
31	5	3	4	5	4.25	77	5	4	4	4	4.25
32	5	3	5	5	4.5	78	4	5	4	4	4.25
33	4	4	5	5	4.5	79	3	4	4	4	3.75
34	4	3	4	5	4	80	4	4	5	5	4.5
35	4	2	3	5	3.5	81	4	4	4	4	4
36	4	3	4	5	4	82	4	3	4	4	3.75
37	4	4	4	4	4	83	4	3	4	4	3.75
38	5	1	5	5	4	84	5	4	5	4	4.5
39	4	4	4	5	4.25	85	4	3	4	4	3.75
40	4	4	4	5	4.25	86	5	4	4	5	4.5
41	4	4	4	5	4.25	87	4	4	5	5	4.5
42	3	4	4	4	3.75	88	5	3	5	5	4.5
43	3	4	4	4	3.75	89	4	3	4	4	3.75
44	4	4	5	5	4.5	90	5	1	5	5	4
45	4	4	4	4	4	91	4	3	3	4	3.5
46	3	4	4	5	4	平均值	4.08	3.59	4.30	4.64	4.15

附录 7 面向 NEPD 语料的文本自动分类实验

数据集 1

TextCNN no 1
label0：0.957 1　0.973 2　0.965 1
label1：0.727 3　0.8　0.761 9
label2：0.865 2　0.658 1　0.747 6
label3：0.985　0.963 2　0.974
label4：0.769 2　0.860 2　0.812 2
label5：0.824 4　0.857 1　0.840 5
Performance is precision：0.880 460，recall：0.880 460，fscore：0.880 460，right：766，predict：870，standard：870.

TextCNN no 2
label0：0.939 2　0.972 4　0.955 5
label1：0.842 1　0.842 1　0.842 1
label2：0.802 1　0.706 4　0.751 2
label3：0.955 6　0.955 6　0.955 6
label4：0.804 1　0.772 3　0.787 9
label5：0.808 2　0.855 1　0.831
Performance is precision：0.874 713，recall：0.874 713，fscore：0.874 713，right：761，predict：870，standard：870.

TextCNN no 3
label0：0.956 4　0.956 4　0.956 4
label1：0.871 6　0.703 7　0.778 7
label2：0.681 8　0.84　0.752 7
label3：0.965 2　0.948 7　0.956 9
label4：0.766 7　0.741 9　0.754 1
label5：0.779 5　0.792　0.785 7
Performance is precision：0.852 874，recall：0.852 874，fscore：0.85 2874，right：742，predict：870，standard：870.

TextRNN no 1
label0：0.956 8　0.966 4　0.961 6
label1：0.839 1　0.73　0.780 7
label2：0.772 4　0.812　0.791 7
label3：0.963 5　0.970 6　0.967
label4：0.757　0.871　0.81
label5：0.834 8　0.761 9　0.796 7
Performance is precision：0.879 310，recall：0.879 310，fscore：0.879 310，right：765，predict：870，standard：870.

TextRNN no 2
label0：0.960 3　0.952 8　0.956 5
label1：0.848 7　0.759 4　0.801 6
label2：0.767 9　0.789　0.778 3
label3：0.969 9　0.955 6　0.962 7
label4：0.769 2　0.891 1　0.825 7
label5：0.839 4　0.833 3　0.836 4
Performance is precision：0.877 011，recall：0.877 011，fscore：0.877 011，right：763，predict：870，standard：870.

TextRNN no 3
label0：0.942 9　0.96　0.951 4
label1：0.791　0.785 2　0.788 1
label2：0.733 3　0.792　0.761 5
label3：0.974 1　0.965 8　0.97
label4：0.75　0.838 7　0.791 9
label5：0.861 4　0.696　0.769 9
Performance is precision：0.858 621，recall：0.858 621，fscore：0.858 621，right：747，predict：870，standard：870.

TextCNN no 4
label0: 0.956 8   0.974 4   0.965 5
label1: 0.838 2   0.832 1   0.835 2
label2: 0.868 4   0.634 6   0.733 3
label3: 0.949 6   0.977 8   0.963 5
label4: 0.781 5   0.861 1   0.819 4
label5: 0.729 5   0.787 6   0.757 4
Performance is precision: 0.873 563,
recall: 0.873 563, fscore: 0.873 563,
right: 760, predict: 870, standard: 870.

TextCNN no 5
label0: 0.958 8   0.980 8   0.969 7
label1: 0.760 3   0.786 3   0.773 1
label2: 0.828 9   0.642 9   0.724 1
label3: 0.985   0.949 3   0.966 8
label4: 0.754 2   0.839 6   0.794 6
label5: 0.832 3   0.86   0.845 9
Performance is precision: 0.873 563,
recall: 0.873 563, fscore: 0.873 563,
right: 760, predict: 870, standard: 870.

TextCNN no 6
label0: 0.901 8   0.976 4   0.937 6
label1: 0.905 2   0.729 2   0.807 7
label2: 0.733 3   0.765 2   0.748 9
label3: 0.966 9   0.928 6   0.947 4
label4: 0.724 1   0.807 7   0.763 6
label5: 0.819 7   0.787 4   0.803 2
Performance is precision: 0.852 874,
recall: 0.852 874, fscore: 0.852 874,
right: 742, predict: 870, standard: 870.

TextCNN no 7
label0: 0.947 2   0.982 9   0.964 7
label1: 0.769 2   0.775 9   0.772 5
label2: 0.780 7   0.809 1   0.794 6
label3: 0.985 6   0.971 6   0.978 6
label4: 0.766 7   0.821 4   0.793 1
label5: 0.878 5   0.740 2   0.803 4

TextRNN no 4
label0: 0.963 2   0.959 7   0.961 5
label1: 0.853 8   0.810 2   0.831 5
label2: 0.806 5   0.721 2   0.761 4
label3: 0.95   0.985 2   0.967 3
label4: 0.905 3   0.796 3   0.847 3
label5: 0.671 4   0.831 9   0.743 1
Performance is precision: 0.874 713,
recall: 0.874 713, fscore: 0.874 713,
right: 761, predict: 870, standard: 870.

TextRNN no 5
label0: 0.958 2   0.965 5   0.961 8
label1: 0.756 1   0.794 9   0.775
label2: 0.793 1   0.704 1   0.745 9
label3: 0.944 1   0.978 3   0.960 9
label4: 0.830 2   0.830 2   0.830 2
label5: 0.831 1   0.82   0.825 5
Performance is precision: 0.873 563,
recall: 0.873 563, fscore: 0.873 563,
right: 760, predict: 870, standard: 870.

TextRNN no 6
label0: 0.964   0.948 8   0.956 3
label1: 0.888   0.770 8   0.825 3
label2: 0.789 5   0.782 6   0.786
label3: 0.932 3   0.984 1   0.957 5
label4: 0.771 4   0.778 8   0.775 1
label5: 0.783 2   0.881 9   0.829 6
Performance is precision: 0.872 414,
recall: 0.872 414, fscore: 0.872 414,
right: 759, predict: 870, standard: 870.

TextRNN no 7
label0: 0.938 1   0.986 3   0.961 6
label1: 0.841 6   0.732 8   0.783 4
label2: 0.852 6   0.736 4   0.790 2
label3: 0.978 4   0.964 5   0.971 4
label4: 0.774 2   0.857 1   0.813 6
label5: 0.807 4   0.858 3   0.832 1

Performance is precision: 0.880 460, recall: 0.880 460, fscore: 0.880 460, right: 766, predict: 870, standard: 870.

TextCNN no 8
label0: 0.945 7　0.970 3　0.957 8
label1: 0.891 9　0.779 5　0.831 9
label2: 0.764 7　0.838 7　0.8
label3: 1.0　0.969 7　0.984 6
label4: 0.849 6　0.842 1　0.845 8
label5: 0.814 3　0.844 4　0.829 1
Performance is precision: 0.891 954, recall: 0.891 954, fscore: 0.891 954, right: 776, predict: 870, standard: 870.

TextCNN no 9
label0: 0.977 4　0.955 7　0.966 4
label1: 0.702 5　0.779 8　0.739 1
label2: 0.725 2　0.819　0.769 2
label3: 0.963 8　1.0　0.981 5
label4: 0.890 8　0.815 4　0.851 4
label5: 0.833 3　0.720 7　0.772 9
Performance is precision: 0.871 264, recall: 0.871 264, fscore: 0.871 264, right: 758, predict: 870, standard: 870.

TextCNN no 10
label0: 0.957 9　0.968 1　0.963
label1: 0.875　0.809 9　0.841 2
label2: 0.709 5　0.84　0.769 2
label3: 0.976 6　0.925 9　0.950 6
label4: 0.840 9　0.778 9　0.808 7
label5: 0.782 6　0.762 7　0.772 5
Performance is precision: 0.873 288, recall: 0.873 288, fscore: 0.873 288, right: 765, predict: 876, standard: 876.

Performance is precision: 0.886 207, recall: 0.886 207, fscore: 0.886 207, right: 771, predict: 870, standard: 870.

TextRNN no 8
label0: 0.959 3　0.962 8　0.961
label1: 0.915 1　0.763 8　0.832 6
label2: 0.75 7　0.871　0.81
label3: 0.984 7　0.977 3　0.981
label4: 0.848 2　0.833 3　0.840 7
label5: 0.805 6　0.859 3　0.831 5
Performance is precision: 0.893 103, recall: 0.893 103, fscore: 0.893 103, right: 777, predict: 870, standard: 870.

TextRNN no 9
label0: 0.932 6　0.918 8　0.925 7
label1: 0.708 7　0.825 7　0.762 7
label2: 0.858 5　0.784 5　0.819 8
label3: 0.984 4　0.947 4　0.965 5
label4: 0.854 8　0.815 4　0.834 6
label5: 0.796 6　0.846 8　0.821
Performance is precision: 0.868 966, recall: 0.868 966, fscore: 0.868 966, right: 756, predict: 870, standard: 870.

TextRNN no 10
label0: 0.965　0.978 7　0.971 8
label1: 0.748 2　0.859 5　0.8
label2: 0.815 8　0.744　0.778 2
label3: 0.984 1　0.918 5　0.950 2
label4: 0.812 5　0.821 1　0.816 8
label5: 0.852 2　0.830 5　0.841 2
Performance is precision: 0.882 420, recall: 0.882 420, fscore: 0.882 420, right: 773, predict: 876, standard: 876.

数据集 2

CNN＋人工分词十折交叉验证结果
TextCNN human 1
label0：0.896 8　0.965 8　0.93
label1：0.773 6　0.640 6　0.700 9
label2：0.848 5　0.482 8　0.615 4
label3：0.873　0.916 7　0.894 3
label4：0.670 2　0.887 3　0.763 6
label5：0.741 9　0.754 1　0.748
TextCNN human 2
label0：0.957 1　0.899 3　0.927 3
label1：0.603 2　0.703 7　0.649 6
label2：0.692 3　0.818 2　0.75
label3：0.884 1　0.968 3　0.924 2
label4：0.829 3　0.755 6　0.790 7
label5：0.867 9　0.707 7　0.779 7
TextCNN human 3
label0：0.910 8　0.953 3　0.931 6
label1：0.833 3　0.648 1　0.729 2
label2：0.653 8　0.723 4　0.686 9
label3：0.970 6　0.942 9　0.956 5
label4：0.642 9　0.562 5　0.6
label5：0.7　0.790 3　0.742 4
TextCNN human 4
label0：0.935 5　0.928　0.931 7
label1：0.765 6　0.7　0.731 3
label2：0.746 3　0.724 6　0.735 3
label3：0.841 5　0.971 8　0.902
label4：0.848 5　0.717 9　0.777 8
label5：0.737 7　0.789 5　0.762 7
TextCNN human 5
label0：0.923 6　0.947 7　0.935 5
label1：0.794 9　0.659 6　0.720 3
label2：0.644 1　0.791 7　0.710 3
label3：0.835 6　0.897 1　0.865 2
label4：0.738 1　0.659 6　0.696 6

CNN＋机器分词十折交叉验证结果
TextCNN jieba 1
label0：0.907 1　0.933 8　0.920 3
label1：0.807 7　0.711 9　0.756 8
label2：0.731 3　0.731 3　0.731 3
label3：0.890 4　0.942　0.915 5
label4：0.75　0.692 3　0.72
label5：0.705 9　0.75　0.727 3
TextCNN jieba 2
label0：0.943 1　0.899 2　0.920 6
label1：0.487 8　0.784 3　0.601 5
label2：0.641 5　0.607 1　0.623 9
label3：0.956 5　0.929 6　0.942 9
label4：0.784 3　0.754 7　0.769 2
label5：0.773 6　0.577 5　0.661 3
TextCNN jieba 3
label0：0.905 5　0.927 4　0.916 3
label1：0.805 6　0.805 6　0.805 6
label2：0.795 5　0.522 4　0.630 6
label3：0.852 9　1.0　0.920 6
label4：0.7　0.823 5　0.756 8
label5：0.733 3　0.745 8　0.739 5
TextCNN jieba 4
label0：0.942　0.948 9　0.945 5
label1：0.714 3　0.789 5　0.75
label2：0.75　0.795 9　0.772 3
label3：1.0　0.915 5　0.955 9
label4：0.737 7　0.865 4　0.796 5
label5：0.884 6　0.707 7　0.786 3
TextCNN jieba 5
label0：0.933 8　0.900 7　0.917
label1：0.656 2　0.763 6　0.705 9
label2：0.714 3　0.673 1　0.693 1
label3：0.984 1　0.911 8　0.946 6
label4：0.857 1　0.777 8　0.815 5

label5：0.803 3   0.720 6   0.759 7

TextCNN human 6

label0：0.939 2   0.945 6   0.942 4

label1：0.730 8   0.745 1   0.737 9

label2：0.640 6   0.694 9   0.666 7

label3：0.831 2   0.984 6   0.901 4

label4：0.766   0.818 2   0.791 2

label5：0.930 2   0.615 4   0.740 7

TextCNN human 7

label0：0.854 2   0.960 9   0.904 4

label1：0.614   0.573 8   0.593 2

label2：0.896 6   0.530 6   0.666 7

label3：0.986 8   0.925 9   0.955 4

label4：0.682 5   0.826 9   0.747 8

label5：0.806 5   0.833 3   0.819 7

TextCNN human 8

label0：0.877 7   0.924 2   0.900 4

label1：0.732 4   0.742 9   0.737 6

label2：0.627 1   0.770 8   0.691 6

label3：0.859 2   0.983 9   0.917 3

label4：0.866 7   0.541 7   0.666 7

label5：0.819 7   0.704 2   0.757 6

TextCNN human 9

label0：0.958 3   0.927 4   0.942 6

label1：0.629 6   0.894 7   0.739 1

label2：0.903 2   0.528 3   0.666 7

label3：0.985 7   0.92   0.951 7

label4：0.934 8   0.728 8   0.819

label5：0.686 7   0.904 8   0.780 8

TextCNN human 10

label0：0.900 8   0.921 9   0.911 2

label1：0.693 5   0.671 9   0.682 5

label2：0.759 3   0.650 8   0.700 9

label3：0.95   0.904 8   0.926 8

label4：0.714 3   0.849 1   0.775 9

label5：0.75   0.761 9   0.755 9

label5：0.728 6   0.836 1   0.778 6

TextCNN jieba 6

label0：0.938   0.896 3   0.916 7

label1：0.587 3   0.672 7   0.627 1

label2：0.818 2   0.383   0.521 7

label3：0.984 6   0.941 2   0.962 4

label4：0.717   0.791 7   0.752 5

label5：0.697   0.884 6   0.779 7

TextCNN jieba 7

label0：0.922   0.935 3   0.928 6

label1：0.741 9   0.766 7   0.754 1

label2：0.686 3   0.614   0.648 1

label3：0.920 6   0.920 6   0.920 6

label4：0.853 7   0.760 9   0.804 6

label5：0.726   0.803   0.762 6

TextCNN jieba 8

label0：0.955 9   0.922   0.938 6

label1：0.789 5   0.545 5   0.645 2

label2：0.661   0.661   0.661

label3：0.853 3   0.984 6   0.914 3

label4：0.761 9   0.695 7   0.727 3

label5：0.617 3   0.769 2   0.684 9

TextCNN jieba 9

label0：0.937 5   0.937 5   0.937 5

label1：0.682 9   0.848 5   0.756 8

label2：0.617   0.783 8   0.690 5

label3：0.985 7   0.907 9   0.945 2

label4：0.8   0.75   0.774 2

label5：0.860 5   0.616 7   0.718 4

TextCNN jieba 10

label0：0.887 2   0.929 1   0.907 7

label1：0.792 5   0.677 4   0.730 4

label2：0.82   0.706 9   0.759 3

label3：0.917 8   0.971   0.943 7

label4：0.709 7   0.785 7   0.745 8

label5：0.825 4   0.838 7   0.832

CNN＋无分词十折交叉验证结果
TextCNN no 1
label0：0.971 7　0.837 4　0.899 6
label1：0.649 4　0.746 3　0.694 4
label2：0.653 1　0.542 4　0.592 6
label3：0.952 4　0.895 5　0.923 1
label4：0.708 3　0.723 4　0.715 8
label5：0.681 8　0.882 4　0.769 2
TextCNN no 2
label0：0.891 2　0.909 7　0.900 3
label1：0.653 3　0.859 6　0.742 4
label2：0.770 8　0.596 8　0.672 7
label3：0.950 8　0.920 6　0.935 5
label4：0.772 7　0.629 6　0.693 9
label5：0.732 1　0.803 9　0.766 4
TextCNN no 3
label0：0.913 3　0.925 7　0.919 5
label1：0.551 7　0.653 1　0.598 1
label2：0.661 3　0.694 9　0.677 7
label3：0.888 9　0.955 2　0.920 9
label4：0.720 9　0.596 2　0.652 6
label5：0.804 3　0.660 7　0.725 5
TextCNN no 4
label0：0.861 3　0.929 1　0.893 9
label1：0.656 2　0.75　0.7
label2：0.660 4　0.673 1　0.666 7
label3：1.0　0.881 6　0.937 1
label4：0.804 3　0.755 1　0.778 9
label5：0.765v6　0.690 1　0.725 9
TextCNN no 5
label0：0.969 7　0.914 3　0.941 2
label1：0.541 7　0.838 7　0.658 2
label2：0.822 2　0.698 1　0.755 1
label3：0.844 8　0.875　0.859 6
label4：0.680 9　0.64　0.659 8
label5：0.811 3　0.614 3　0.699 2
TextCNN no 6

CNN＋未登录词十折交叉验证结果
TextCNN unknown 1
label0：0.946 2　0.904 4　0.924 8
label1：0.826 9　0.728 8　0.774 8
label2：0.742 9　0.776 1　0.759 1
label3：0.893 3　0.971　0.930 6
label4：0.724 1　0.807 7　0.763 6
label5：0.739 1　0.708 3　0.723 4
TextCNN unknown 2
label0：0.933 9　0.876　0.904
label1：0.566 7　0.666 7　0.612 6
label2：0.805 6　0.517 9　0.630 4
label3：0.802 3　0.971 8　0.879
label4：0.78　0.735 8　0.757 3
label5：0.628 2　0.690 1　0.657 7
TextCNN unknown 3
label0：0.905 5　0.927 4　0.916 3
label1：0.734 9　0.847 2　0.787 1
label2：0.761 2　0.761 2　0.761 2
label3：0.863 6　0.982 8　0.919 4
label4：0.82　0.803 9　0.811 9
label5：0.921 1　0.593 2　0.721 6
TextCNN unknown 4
label0：0.953 8　0.905 1　0.928 8
label1：0.818 2　0.631 6　0.712 9
label2：0.655 2　0.775 5　0.710 3
label3：0.983 9　0.859 2　0.917 3
label4：0.682 5　0.826 9　0.747 8
label5：0.729 7　0.830 8　0.777
TextCNN unknown 5
label0：0.969 9　0.914 9　0.941 6
label1：0.576 9　0.818 2　0.676 7
label2：0.866 7　0.5　0.634 1
label3：0.953 8　0.911 8　0.932 3
label4：0.754 1　0.851 9　0.8
label5：0.781 2　0.819 7　0.8
TextCNN unknown 6

label0：0.909 1　0.965 5　0.936 5
label1：0.718 8　0.807　0.760 3
label2：0.735 8　0.764 7　0.75
label3：0.980 8　0.927 3　0.953 3
label4：0.829 8　0.735 8　0.78
label5：0.885 2　0.771 4　0.824 4

TextCNN no 7

label0：0.889 7　0.928 1　0.908 5
label1：0.637 7　0.687 5　0.661 7
label2：0.732 1　0.672 1　0.700 9
label3：0.784 8　0.968 8　0.867 1
label4：0.789 5　0.714 3　0.75
label5：0.840 9　0.606 6　0.704 8

TextCNN no 8

label0：0.91　0.819 8　0.862 6
label1：0.616 3　0.803　0.697 4
label2：0.680 9　0.695 7　0.688 2
label3：0.896 6　0.951 2　0.923 1
label4：0.916 7　0.721 3　0.807 3
label5：0.761 9　0.738 5　0.75

TextCNN no 9

label0：0.878　0.871　0.874 5
label1：0.607 1　0.576 3　0.591 3
label2：0.686 3　0.625　0.654 2
label3：0.844 4　0.962　0.899 4
label4：0.660 4　0.777 8　0.714 3
label5：0.793 1　0.676 5　0.730 2

TextCNN no 10

label0：0.909 7　0.927 6　0.918 6
label1：0.64　0.581 8　0.609 5
label2：0.791 7　0.76　0.775 5
label3：0.984 6　0.927 5　0.955 2
label4：0.694 9　0.773 6　0.732 1
label5：0.649 1　0.672 7　0.660 7

label0：0.960 3　0.896 3　0.927 2
label1：0.772 7　0.618 2　0.686 9
label2：0.733 3　0.702 1　0.717 4
label3：0.817 1　0.985 3　0.893 3
label4：0.711 9　0.875　0.785
label5：0.84　0.807 7　0.823 5

TextCNN unknown 7

label0：0.915 5　0.935 3　0.925 3
label1：0.783 3　0.783 3　0.783 3
label2：0.625　0.701 8　0.661 2
label3：1.0　0.936 5　0.967 2
label4：0.759 3　0.891 3　0.82
label5：0.884 6　0.697　0.779 7

TextCNN unknown 8

label0：0.903 4　0.929 1　0.916 1
label1：0.636 4　0.636 4　0.636 4
label2：0.701 8　0.678　0.689 7
label3：0.851 4　0.969 2　0.906 5
label4：0.619　0.565 2　0.590 9
label5：0.724 1　0.646 2　0.682 9

TextCNN unknown 9

label0：0.880 5　0.972 2　0.924 1
label1：0.712 1　0.712 1　0.712 1
label2：0.763 2　0.783 8　0.773 3
label3：0.851 9　0.907 9　0.879
label4：0.837 8　0.645 8　0.729 4
label5：0.86　0.716 7　0.781 8

TextCNN unknown 10

label0：0.926 2　0.889 8　0.907 6
label1：0.671 6　0.725 8　0.697 7
label2：0.75　0.724 1　0.736 8
label3：0.984 8　0.942　0.963
label4：0.625　0.803 6　0.703 1
label5：0.882 4　0.725 8　0.796 5

RNN＋人工分词十折交叉验证结果

TextRNN human 1
label0：0.972 7　0.914 5　0.942 7
label1：0.68　0.796 9　0.733 8
label2：0.666 7　0.689 7　0.678
label3：0.964 3　0.9　0.931
label4：0.863 6　0.802 8　0.832 1
label5：0.718 8　0.754 1　0.736

TextRNN human 2
label0：0.985 9　0.939 6　0.962 2
label1：0.708 3　0.629 6　0.666 7
label2：0.721 3　0.8　0.758 6
label3：0.983 6　0.952 4　0.967 7
label4：0.760 9　0.777 8　0.769 2
label5：0.753 4　0.846 2　0.797 1

TextRNN human 3
label0：0.946 7　0.946 7　0.946 7
label1：0.666 7　0.814 8　0.733 3
label2：0.8　0.680 9　0.735 6
label3：0.971 4　0.971 4　0.971 4
label4：0.76　0.791 7　0.775 5
label5：0.818 2　0.725 8　0.769 2

TextRNN human 4
label0：0.952 4　0.96　0.956 2
label1：0.690 5　0.828 6　0.753 2
label2：0.828 6　0.840 6　0.834 5
label3：0.985 3　0.943 7　0.964
label4：0.848 5　0.717 9　0.777 8
label5：0.8　0.701 8　0.747 7

TextRNN human 5
label0：0.96　0.941 2　0.950 5
label1：0.610 2　0.766　0.679 2
label2：0.548 4　0.708 3　0.618 2
label3：0.969 7　0.941 2　0.955 2
label4：0.825　0.702 1　0.758 6
label5：0.814 8　0.647 1　0.721 3

TextRNN human 6

RNN＋机器分词十折交叉验证结果

TextRNN jieba 1
label0：0.938 9　0.904 4　0.921 3
label1：0.78　0.661　0.715 6
label2：0.763 9　0.820 9　0.791 4
label3：0.814 8　0.956 5　0.88
label4：0.745 5　0.788 5　0.766 4
label5：0.761 9　0.666 7　0.711 1

TextRNN jieba 2
label0：0.968 5　0.953 5　0.960 9
label1：0.486 8　0.725 5　0.582 7
label2：0.729 2　0.625　0.673 1
label3：1.0　0.915 5　0.955 9
label4：0.728 8　0.811 3　0.767 9
label5：0.803 6　0.633 8　0.708 7

TextRNN jieba 3
label0：0.957 3　0.903 2　0.929 5
label1：0.712 5　0.791 7　0.75
label2：0.716 2　0.791　0.751 8
label3：0.95　0.982 8　0.966 1
label4：0.866 7　0.764 7　0.812 5
label5：0.8　0.745 8　0.771 9

TextRNN jieba 4
label0：0.929 6　0.963 5　0.946 2
label1：0.790 7　0.596 5　0.68
label2：0.732 1　0.836 7　0.781
label3：0.984 8　0.915 5　0.948 9
label4：0.851 1　0.769 2　0.808 1
label5：0.740 3　0.876 9　0.802 8

TextRNN jieba 5
label0：0.942 4　0.929 1　0.935 7
label1：0.589 7　0.836 4　0.691 7
label2：0.782 6　0.692 3　0.734 7
label3：0.954 5　0.926 5　0.940 3
label4：0.8　0.740 7　0.769 2
label5：0.865 4　0.737 7　0.796 5

TextRNN jieba 6

label0：0.959 2　0.959 2　0.959 2
label1：0.652 2　0.882 4　0.75
label2：0.72　0.610 2　0.660 6
label3：1.0　0.984 6　0.992 2
label4：0.863 6　0.863 6　0.863 6
label5：0.807　0.707 7　0.754 1
TextRNN human 7
label0：0.902 3　0.937 5　0.919 5
label1：0.755 1　0.606 6　0.672 7
label2：0.714 3　0.816 3　0.761 9
label3：0.974 4　0.938 3　0.956
label4：0.843 1　0.826 9　0.835
label5：0.765 6　0.816 7　0.790 3
TextRNN human 8
label0：0.938　0.916 7　0.927 2
label1：0.720 6　0.7　0.710 1
label2：0.616 7　0.770 8　0.685 2
label3：0.967 7　0.967 7　0.967 7
label4：0.795 5　0.729 2　0.760 9
label5：0.823 5　0.788 7　0.805 8
TextRNN human 9
label0：0.92　0.927 4　0.923 7
label1：0.742 4　0.859 6　0.796 7
label2：0.727 3　0.603 8　0.659 8
label3：0.891 6　0.986 7　0.936 7
label4：0.807 7　0.711 9　0.756 8
label5：0.819 7　0.793 7　0.806 5
TextRNN human 10
label0：0.966 7　0.906 2　0.935 5
label1：0.649 4　0.781 2　0.709 2
label2：0.75　0.666 7　0.705 9
label3：1.0　0.936 5　0.967 2
label4：0.783 3　0.886 8　0.831 9
label5：0.774 2　0.761 9　0.768

label0：0.976 4　0.918 5　0.946 6
label1：0.636 4　0.636 4　0.636 4
label2：0.648 1　0.744 7　0.693 1
label3：0.984 4　0.926 5　0.954 5
label4：0.851 1　0.833 3　0.842 1
label5：0.785 7　0.846 2　0.814 8
TextRNN jieba 7
label0：0.947 8　0.913 7　0.930 4
label1：0.833 3　0.75　0.789 5
label2：0.544 3　0.754 4　0.632 4
label3：1.0　0.920 6　0.958 7
label4：0.860 5　0.804 3　0.831 5
label5：0.841 3　0.803　0.821 7
TextRNN jieba 8
label0：0.941 6　0.914 9　0.928 1
label1：0.6　0.654 5　0.626 1
label2：0.678 6　0.644 1　0.660 9
label3：0.864 9　0.984 6　0.920 9
label4：0.645 8　0.673 9　0.659 6
label5：0.767 9　0.661 5　0.710 7
TextRNN jieba 9
label0：0.932 4　0.958 3　0.945 2
label1：0.683 5　0.818 2　0.744 8
label2：0.65　0.702 7　0.675 3
label3：0.986 1　0.934 2　0.959 5
label4：0.878　0.75　0.809
label5：0.882 4　0.75　0.810 8
TextRNN jieba 10
label0：0.92　0.905 5　0.912 7
label1：0.718 8　0.741 9　0.730 2
label2：0.754 1　0.793 1　0.773 1
label3：0.891 9　0.956 5　0.923 1
label4：0.775 5　0.678 6　0.723 8
label5：0.819 7　0.806 5　0.813

RNN＋无分词十折交叉验证结果
TextRNN no 1
label0：0.932 2　0.894 3　0.912 9
label1：0.657 9　0.746 3　0.699 3
label2：0.617 6　0.711 9　0.661 4
label3：0.983 6　0.895 5　0.937 5
label4：0.767 4　0.702 1　0.733 3
label5：0.8　0.764 7　0.782

TextRNN no 2
label0：0.933 8　0.881 9　0.907 1
label1：0.745 5　0.719 3　0.732 1
label2：0.666 7　0.645 2　0.655 7
label3：0.871 4　0.968 3　0.917 3
label4：0.775 9　0.833 3　0.803 6
label5：0.653 8　0.666 7　0.660 2

TextRNN no 3
label0：0.858　0.939 2　0.896 8
label1：0.790 7　0.693 9　0.739 1
label2：0.744 7　0.593 2　0.660 4
label3：0.8　0.895 5　0.845 1
label4：0.808 5　0.730 8　0.767 7
label5：0.754 4　0.767 9　0.761 1

TextRNN no 4
label0：0.834 5　0.952 8　0.889 7
label1：0.655 2　0.678 6　0.666 7
label2：0.633 3　0.730 8　0.678 6
label3：0.985 7　0.907 9　0.945 2
label4：0.861 1　0.632 7　0.729 4
label5：0.790 3　0.690 1　0.736 8

TextRNN no 5
label0：0.916 7　0.942 9　0.929 6
label1：0.843 1　0.693 5　0.761 1
label2：0.703 7　0.717　0.710 3
label3：0.791　0.946 4　0.861 8
label4：0.772 7　0.68　0.723 4
label5：0.690 1　0.7　0.695

TextRNN no 6

RNN＋未登录词十折交叉验证结果
TextRNN unknown 1
label0：0.927 5　0.941 2　0.934 3
label1：0.808 5　0.644 1　0.717
label2：0.739 1　0.761 2　0.75
label3：0.971　0.971　0.971
label4：0.714 3　0.769 2　0.740 7
label5：0.730 8　0.791 7　0.76

TextRNN unknown 2
label0：0.938 5　0.945 7　0.942 1
label1：0.760 9　0.686 3　0.721 6
label2：0.666 7　0.607 1　0.635 5
label3：0.970 1　0.915 5　0.942
label4：0.592 1　0.849 1　0.697 7
label5：0.770 5　0.662　0.712 1

TextRNN unknown 3
label0：0.974 8　0.935 5　0.954 7
label1：0.714 3　0.763 9　0.738 3
label2：0.698 8　0.865 7　0.773 3
label3：0.934 4　0.982 8　0.958
label4：0.866 7　0.764 7　0.812 5
label5：0.804 3　0.627 1　0.704 8

TextRNN unknown 4
label0：0.956 8　0.970 8　0.963 8
label1：0.697　0.807　0.748
label2：0.770 8　0.755 1　0.762 9
label3：0.970 6　0.929 6　0.949 6
label4：0.869 6　0.769 2　0.816 3
label5：0.843 8　0.830 8　0.837 2

TextRNN unknown 5
label0：0.904 8　0.943 3　0.923 6
label1：0.630 1　0.836 4　0.718 8
label2：0.780 5　0.615 4　0.688 2
label3：0.925 4　0.911 8　0.918 5
label4：0.863 6　0.703 7　0.775 5
label5：0.796 6　0.770 5　0.783 3

TextRNN unknown 6

label0：0.939 2   0.958 6   0.948 8
label1：0.725 5   0.649 1   0.685 2
label2：0.606 1   0.784 3   0.683 8
label3：0.980 8   0.927 3   0.953 3
label4：0.775 9   0.849 1   0.810 8
label5：0.910 7   0.728 6   0.809 5

TextRNN no 7
label0：0.893 6   0.906 5   0.9
label1：0.585 7   0.640 6   0.611 9
label2：0.676 1   0.786 9   0.727 3
label3：0.967 2   0.921 9   0.944
label4：0.729 7   0.642 9   0.683 5
label5：0.784 3   0.655 7   0.714 3

TextRNN no 8
label0：0.888 9   0.864 9   0.876 7
label1：0.701 5   0.712 1   0.706 8
label2：0.686 3   0.760 9   0.721 6
label3：0.860 2   0.975 6   0.914 3
label4：0.88   0.721 3   0.792 8
label5：0.741 9   0.707 7   0.724 4

TextRNN no 9
label0：0.787 1   0.983 9   0.874 6
label1：0.777 8   0.474 6   0.589 5
label2：0.763 2   0.517 9   0.617
label3：0.961   0.936 7   0.948 7
label4：0.569   0.733 3   0.640 8
label5：0.791   0.779 4   0.785 2

TextRNN no 10
label0：0.946 3   0.927 6   0.936 9
label1：0.660 7   0.672 7   0.666 7
label2：0.647 9   0.92   0.760 3
label3：0.942   0.942   0.942
label4：0.829 3   0.641 5   0.723 4
label5：0.75   0.654 5   0.699

label0：0.976 2   0.911 1   0.942 5
label1：0.764 7   0.709 1   0.735 8
label2：0.725 5   0.787 2   0.755 1
label3：0.837 5   0.985 3   0.905 4
label4：0.863 6   0.791 7   0.826 1
label5：0.810 1   0.820 5   0.815 3

TextRNN unknown 7
label0：0.940 7   0.913 7   0.927
label1：0.7   0.816 7   0.753 8
label2：0.706 9   0.719 3   0.713
label3：1.0   0.936 5   0.967 2
label4：0.826 1   0.826 1   0.826 1
label5：0.857 1   0.818 2   0.837 2

TextRNN unknown 8
label0：0.970 1   0.922   0.945 5
label1：0.578 1   0.672 7   0.621 8
label2：0.75   0.661   0.702 7
label3：0.924 2   0.938 5   0.931 3
label4：0.727 3   0.695 7   0.711 1
label5：0.690 1   0.753 8   0.720 6

TextRNN unknown 9
label0：0.955 6   0.895 8   0.924 7
label1：0.717 9   0.848 5   0.777 8
label2：0.702 7   0.702 7   0.702 7
label3：0.986 1   0.934 2   0.959 5
label4：0.795 9   0.812 5   0.804 1
label5：0.766 7   0.766 7   0.766 7

TextRNN unknown 10
label0：0.937 5   0.944 9   0.941 2
label1：0.671 2   0.790 3   0.725 9
label2：0.745 8   0.758 6   0.752 1
label3：0.957 1   0.971   0.964
label4：0.727 3   0.714 3   0.720 7
label5：0.877 6   0.693 5   0.774 8

	数据集 1			数据集 2		
		BERT 1				
label0：	0.983 3	0.986 6	0.984 9	0.966 4	0.935	0.950 4
label1：	0.862 1	0.75	0.802 1	0.803	0.791	0.797
label2：	0.798 4	0.846 2	0.821 6	0.792 5	0.711 9	0.75
label3：	0.977 9	0.977 9	0.977 9	0.878 4	0.970 1	0.922
label4：	0.910 1	0.871	0.890 1	0.732 1	0.872 3	0.796 1
label5：	0.851 9	0.912 7	0.881 2	0.873	0.808 8	0.839 7
		BERT 2				
label0：	0.976 4	0.976 4	0.976 4	0.959 5	0.986 1	0.972 6
label1：	0.881 5	0.894 7	0.888 1	0.819 7	0.877 2	0.847 5
label2：	0.898	0.807 3	0.850 2	0.925 9	0.806 5	0.862 1
label3：	0.992 4	0.970 4	0.981 3	0.913	1	0.954 5
label4：	0.820 8	0.861 4	0.840 6	0.898	0.814 8	0.854 4
label5：	0.855 2	0.898 6	0.876 3	0.84	0.823 5	0.831 7
		BERT 3				
label0：	0.961 3	0.992 7	0.976 7	0.960 5	0.986 5	0.973 3
label1：	0.818 2	0.866 7	0.841 7	0.611 9	0.836 7	0.706 9
label2：	0.788 3	0.864	0.824 4	0.777 8	0.711 9	0.743 4
label3：	0.982 8	0.974 4	0.978 5	0.970 1	0.970 1	0.970 1
label4：	0.881	0.795 7	0.836 2	0.883 7	0.730 8	0.8
label5：	0.867 9	0.736	0.796 5	0.833 3	0.714 3	0.769 2
		BERT 4				
label0：	0.989	0.985 3	0.987 2	0.938 9	0.968 5	0.953 5
label1：	0.929 1	0.861 3	0.893 9	0.677 4	0.75	0.711 9
label2：	0.830 2	0.846 2	0.838 1	0.76	0.730 8	0.745 1
label3：	0.992 5	0.985 2	0.988 8	1	0.934 2	0.966
label4：	0.916 7	0.916 7	0.916 7	0.755 1	0.755 1	0.755 1
label5：	0.813	0.885	0.847 5	0.852 9	0.816 9	0.834 5
		BERT 5				
label0：	0.988 5	0.984 7	0.986 6	0.978 3	0.964 3	0.971 2
label1：	0.839	0.846 2	0.842 6	0.841 3	0.854 8	0.848
label2：	0.8	0.816 3	0.808 1	0.692 3	0.849 1	0.762 7
label3：	0.985 3	0.971	0.978 1	0.871	0.964 3	0.915 3
label4：	0.950 5	0.905 7	0.927 5	0.829 8	0.78	0.804 1
label5：	0.864 5	0.893 3	0.878 7	0.928 6	0.742 9	0.825 4

			BERT 6			
label0：	0.988	0.976 4	0.982 2	0.972 8	0.986 2	0.979 5
label1：	0.855 2	0.861 1	0.858 1	0.867 9	0.807	0.836 4
label2：	0.861 1	0.808 7	0.834 1	0.86	0.843 1	0.851 5
label3：	0.976 4	0.984 1	0.980 2	0.883 3	0.963 6	0.921 7
label4：	0.868 7	0.826 9	0.847 3	0.870 4	0.886 8	0.878 5
label5：	0.807 1	0.889 8	0.846 4	0.925 4	0.885 7	0.905 1
			BERT 7			
label0：	0.979 5	0.979 5	0.979 5	0.977 4	0.935 3	0.955 9
label1：	0.864 9	0.827 6	0.845 8	0.718 8	0.718 8	0.718 8
label2：	0.854 5	0.854 5	0.854 5	0.803 6	0.737 7	0.769 2
label3：	0.992 9	0.992 9	0.992 9	0.818 2	0.984 4	0.893 6
label4：	0.873 6	0.904 8	0.888 9	0.692 3	0.857 1	0.766
label5：	0.868 2	0.881 9	0.875	0.836 7	0.672 1	0.745 5
			BERT 8			
label0：	0.981 5	0.985 1	0.983 3	0.972	0.936 9	0.954 1
label1：	0.888	0.874	0.881	0.842 1	0.727 3	0.780 5
label2：	0.825 2	0.914	0.867 3	0.744 7	0.760 9	0.752 7
label3：	0.992 4	0.984 8	0.988 6	0.901 1	1	0.948
label4：	0.876 1	0.868 4	0.872 2	0.863 6	0.934 4	0.897 6
label5：	0.906 2	0.859 3	0.882 1	0.841 3	0.815 4	0.828 1
			BERT 9			
label0：	0.981 5	0.977 9	0.979 7	0.942 6	0.927 4	0.935
label1：	0.807	0.844	0.825 1	0.740 7	0.678	0.708
label2：	0.808 7	0.801 7	0.805 2	0.807 7	0.75	0.777 8
label3：	0.992 4	0.985	0.988 7	0.875	0.974 7	0.922 2
label4：	0.957 3	0.861 5	0.906 9	0.833 3	0.888 9	0.860 2
label5：	0.811 5	0.891 9	0.849 8	0.880 6	0.867 6	0.874 1
			BERT 10			
label0：	0.992 9	0.989 4	0.991 1	0.980 1	0.973 7	0.976 9
label1：	0.872	0.900 8	0.886 2	0.813 6	0.872 7	0.842 1
label2：	0.858 4	0.776	0.815 1	0.846 2	0.88	0.862 7
label3：	0.992 4	0.963	0.977 4	0.92	1	0.958 3
label4：	0.821 8	0.873 7	0.846 9	0.898	0.830 2	0.862 7
label5：	0.832	0.881 4	0.856	0.854 2	0.745 5	0.796 1

后　记

　　高质量的人工标注精加工语料库,对于图书情报学、语言学、计算机科学等多个学科领域均有重大意义,尤其是大规模通用语料,在当前的人工智能时代对包括生成式 AI 在内的各种深度学习模型与算法至为关键。北京大学俞士汶先生 20 多年前主持研制的 1998 年 1 月人民日报标注语料库,即北京大学人民日报语料库,因其高质量的标注以及原始语料《人民日报》的权威性,20 多年来被学界业界广泛采用,是受到普遍欢迎的大规模现代汉语精加工通用语料库。精加工语料的人工标注工作量巨大,北大人民日报语料库推出时俞先生年事已高,之后再无精力补充添加新的标注语料,时至今日,北大人民日报语料库中的精加工语料依然仅包含 1998 年 1 月的语料。

　　伴随着时代的变迁、语言的发展,与当代语言环境相适应的精加工现代汉语大规模通用语料库一方面需求迫切,一方面却难以得见。近年来,机器标注的大规模网络语料常被用于各种模型、算法与应用系统,但是网络语料的原始文本内容复杂,机器标注过程缺乏人工控制,原始语料的偏见会被带入并影响训练模型,最终结果难于预料。比如,腾讯和微软都曾经以机器标注后的亿万网民网络聊天记录为训练语料分别推出过网络聊天机器人,由于网络原始语料中的错误与偏见没有受到约束,这两款聊天机器人分别在与东西方网民的聊天过程中生成了不当言论,违反了所在地的主流社会意识,相继在上线不到 24 小时后便紧急下线。

我和我的研究团队长期关注文本信息处理与检索方向,精加工现代汉语通用语料在我们的工作中不可或缺。多年来,我们受益于俞先生的北大人民日报语料,也尝试使用过能收集到的其他精加工语料。但在语料使用过程中我们发现,现代汉语的语言风格和使用习惯较之20世纪90年代末已经发生了许多变化,在已有的精加工语料库中却没有得到体现,用20年前的标注语料训练当前文本时很容易发生错漏。由此,我们萌生了自行研制与时俱进的大规模通用现代汉语规范文本的标注语料库的想法,具体来说,就是推出能与《人民日报》的出版发行基本保持同步的新版人民日报标注语料库(本书将其简称为 NEPD)。

作为中共中央的机关报,《人民日报》不但在新闻事件报道、政策方略宣传方面具有权威性,也是同时期现代汉语书面语的典型代表和规范文本。《人民日报》刊载的文章是具有时代特点的规范化通用型现代汉语书面语的原始语料。况且,俞先生的1998年1月《人民日报》标注语料珠玉在前,如果能够持续性地以《人民日报》的文章为原始语料构建精加工语料库,既满足了各学科领域对现代汉语精加工大规模通用语料库的需求,也是对俞先生最好的致敬方式,于学界业界而言善莫大焉。

2013年5月,我们正式确定了研制 NEPD 的目标。通过对现有语料库、分词方法、标注规范以及《人民日报》文本特点的分析与比对,并经过反复的试标、测评和验证,2015年年初我们初步制定了 NEPD 的分词标注规范。随后,正式获取了2015年1月份的《人民日报》文本,对其完成了数据清洗、加工整理、编码转换等数据预处理工作,在此过程中,同时形成了 NEPD 原始语料文本数据预处理规范。以此为基础,遵照所制定的分词标注规范,以2015年上半年的《人民日报》文本为对象,在小规模文本上不断进行人工分词的尝试。2016年,在总结人工标注经验的基础上,制定了标注工作流程,调整和修订了分词规范,形成了正式的 NEPD 标注规范与构建流程,并将人工标注对象扩大到2015年上半年和2016年1月的《人民日报》全部文本。2017、2018和2019年,在补充原始语料并继续完成新语料标注的同时,组织人员对分词标注结果再次进行人工核对,并基于已有的人工标注的 NEPD 语料分别构建了基于条件随机场和基于深度学习模型的自动分词模型。此外,还分析对比了 NEPD 与北大 1998 年 1 月人民日报语料的分词性能,以及经过 20 年的变迁,现代汉语在词汇、句子类型、句子长度等方面的变化。2019 年年底,NEPD 正式对外发布,2020 年向全世界开放共享,供学术界免费获取。2020 年以后,除继续开展人工标注、扩展 NEPD 语料库的规模外,重点关注 NEPD 的应用研究,基于 NEPD 语料库并结合情报学知识组织和知识挖掘的理论与方法,从关键词抽取、自动分类、自动摘要和信息检索等角度展开语料库应用实践的示例性研究。

南京理工大学经济管理学院沈思副教授审读了全书。南京农业大学信息管理系的硕博士研究生胡昊天、范文洁、梁媛、彭秋茹、朱子赫、纪有书、周好等同学分别参与了标注规范、分词标注、模型训练和应用实践等方面的研究工作,陈诗、程书文、崔斌、冯钰童、何宏旭、江川、孔玲、郎坤、梁继文、梁柱、林立涛、刘畅、刘欢、刘江峰、刘肖、陆昊翔、宋旭雯、汪雨培、王璐璐、吴梦成、许乾坤、薛佳楠、闫文浩、严顺、杨丽、杨世坤、叶文豪、张琪、张逸勤、卓可秋、左明聪等同学也部分参与了 NEPD 语料库的研制。南京农业大学信息管理系 2011 级以后的历届本科毕业生在不同的阶段分别标注了部分语料。没有同学们多年来的辛苦付出,就不可能有 NEPD 语料库。没有多个学科领域的专家学者在 NEPD 研究过程中给予我们的鼓励和支持,也不可能有 NEPD 语料库。在此,一并致谢!

本书的内容围绕大规模现代汉语分词语料库的构建方法、新版人民日报语料库的构建实践以及应用实践展开。本书首先在分析已有汉语分词语料库、分词方法、语料库构建方法、现代汉语词语特征等的基础上,综合多方面因素,形成并提出了大规模现代汉语分词语料库的标注规范与构建流程,完成了大规模现代汉语分词语料库构建方法的研究。随后,构建了包含 10 个月《人民日报》刊载的全部文章总字数超过 3 000 万字的分词语料库,即 NEPD,完成了大规模现代汉语规范文本通用语料库的构建实践,解决了当前大规模现代汉语精加工通用分词语料建设落后于时代和语言发展的问题。此外，基于 NEPD 开展了语料库应用实践方面的研究，分析了当代汉语文本的句词特征，探讨了分词歧义现象及对应处理方法，构建了基于大规模精加工训练语料的现代汉语自动分词模型，尝试开展新闻文本关键词抽取、自动摘要、自动分类、词汇级检索等方面的研究，为 NEPD 的应用实践提供思路和启示。

NEPD 是当前世界上规模最大的精加工现代汉语通用分词语料库。与已有语料库的测评对比表明，NEPD 各项性能指标优异，可以为诸如高性能的命名实体识别、精准语义检索和浅层句法分析等中文信息处理任务提供有力的语料资源支持。为促进学术交流和语料资源共享，NEPD 已向全世界学术界开放，供免费获取。未来 NEPD 还将不断更新和扩充，力争与时代发展、语言演变保持同步，使语料资源在标注质量和文本内容两方面都保持高标准，为以现代汉语文本为对象的相关研究提供素材，为包括生成式 AI 在内的机器学习模型和算法确立正确的"学习对象"，以语料资源支持科学技术的进步与发展。

黄水清

2023 年 10 月于南京卫岗